JV

SHLOMO AVINERI

Theodor Herzl und die Gründung des jüdischen Staates

Aus dem Englischen von Eva-Maria Thimme

Jüdischer Verlag
im Suhrkamp Verlag

Die Originalausgabe erschien 2014 unter dem Titel *Theodor Herzl and the Foundation of the Jewish State* im Verlag Weidenfeld & Nicolson, London.

Erste Auflage 2016

Satz: Satz-Offizin Hümmer GmbH, Waldbüttelbrunn
Druck: CPI – Ebner & Spiegel, Ulm
Printed in Germany
ISBN 978-3-633-54275-8

Theodor Herzl
und die Gründung
des jüdischen Staates

Unmöglich dünkt mich, daß ich nenne
Die Länder alle, die ich fand:
Das eine nur, nach dem ich brenne,
Ich find es nicht: mein Heimatland.

Richard Wagner, *Der fliegende Holländer*

Niemand dachte daran, das gelobte Land dort zu suchen, wo es ist – und doch liegt es so nahe.
Das ist es: in uns selbst.

Theodor Herzl, Tagebuch, Juni 1895

Inhalt

Vorwort

Theodor Herzl war nicht der erste, der die Gründung eines jüdischen Gemeinwesens forderte. Als seine Vorläufer sind hier zunächst der Sozialist Moses Hess und sein Werk *Rom und Jerusalem* von 1862 zu nennen, ferner der russische Arzt und Intellektuelle Leon Pinsker, der 1882 eine Schrift mit dem Titel *Auto-Emancipation!* veröffentlichte, und schließlich die ursprünglich in Odessa beheimatete Bewegung der *Choveve Zion*, der *Zionsliebenden*, die seit Beginn der achtziger Jahre des 19. Jahrhunderts entscheidend den Aufbau jüdischer Siedlungen in Palästina vorantrieb. Herzls Tätigkeit indessen war von ausschlaggebender Bedeutung hinsichtlich der institutionellen und organisatorischen Struktur, mit deren Hilfe es gelang, die Aufmerksamkeit führender Politiker sowie der internationalen öffentlichen Meinung für das Vorhaben eines jüdischen Staates zu erregen.

Nun herrscht wahrlich kein Mangel an ausführlichen Biographien Herzls – einige lobhudelnd, andere eher kritisch. Manche stellen irrtümlich den Dreyfus-Prozeß ins Zentrum, der Herzl an der versprochenen Emanzipation der europäischen Juden habe verzweifeln lassen. Dagegen möchte ich jene Entwicklungen in der Österreich-Ungarischen Monarchie herausarbeiten, die Herzl die Suche nach einer jüdischen Heimstatt aufnehmen ließen. Nicht wenige Darstellungen von Herzls Vision übersehen, wie beharrlich er darauf bestand, daß im zukünftigen jüdischen Gemeinwesen die arabische Bevölkerung Palästinas vollkommen gleichberechtigt sein und am politischen Leben des Landes teilnehmen sollte. Es ist nicht ganz einfach, eine einigermaßen zutreffende Vorstellung von seiner intellektuellen Entwicklung zu geben und die sakrosankte Ikone einer überlebensgroßen Person – vom »Visionär des Staates«, wie es in Israel landläufig heißt – in das Bild eines realen, lebenden menschlichen Wesens zu überführen, um dieses von den mythologischen Zuschreibungen zu befreien, die mit seinem Namen verknüpft sind. Darum geht es vor allem in diesem Buch.

Herzl war ein vergleichsweise junger Mann von 35 Jahren, als er an die Öffentlichkeit trat, um sich, wie er sagte, für »die Judensache« stark zu machen. Er war eine Privatperson, der keinerlei organisatorische Mittel und Möglichkeiten zur Verfügung standen, und insofern hätte er leicht scheitern und sein Name in der Versenkung verschwinden können. Dennoch gelang es ihm innerhalb von weniger als neun Jahren, die öffentliche Debatte über die »Judenfrage« auf ein ganz neues Niveau zu heben und in der Weltpolitik die Vorstellung einer Rückkehr nach Zion – wenngleich noch weit von einer praktischen Umsetzung entfernt – als durchaus realistisch erscheinen zu lassen. Aber nichts sprach eigentlich dafür, daß Herzls Vorhaben erfolgreich sein und nicht wie so viele Fehlschläge in der Geschichte enden würde.

In meiner Darstellung liegt der Schwerpunkt hauptsächlich auf Herzls intellektueller und spiritueller Odyssee, auf der Herausarbeitung seiner Zweifel, seiner Fehlstarts, seiner Irrwege wie auch seiner unbestreitbaren Leistungen. Auf dieser Strecke wurde aus dem unbedeutenden Privatmann Herzl ein führender jüdischer Politiker, und der Zionismus mutierte von einer esoterischen, um nicht zu sagen verschrobenen Idee zu einer tragenden Rolle auf der internationalen Szene. Und Herzl durchlief hier einen Prozeß der Selbstfindung und Selbstbildung.

Aus diesem Grund sind Herzls Tagebücher die Hauptquelle dieses Buches. Von einigen wenigen Ausnahmen abgesehen, wurden bislang die Einträge, die immerhin 1500 Seiten umfassen, kaum herangezogen, um zu verdeutlichen, wie komplex und keineswegs zielgerichtet-vorbestimmt Herzls mühevolles Wirken war. Wie immer, wenn auf Tagebücher einer im öffentlichen Leben stehenden

Persönlichkeit zurückgegriffen wird, bei der es sich überdies noch um einen begabten Schriftsteller handelt, müssen die Einträge mit einem Körnchen Salz genommen werden: Doch zeichnen sie detailgetreu das kaum glaubliche soziale Beziehungsgeflecht nach, das Herzl innerhalb der höchst unterschiedlichen gesellschaftlichen Ebenen im Europa des *fin de siècle* aufzubauen verstand. Und da diese Tagebuchnotizen vielfach Herzls Gefühlsschwankungen, sein Versagen bezeugen, spiegeln sie glaubwürdig wider, wie groß seine Unsicherheit hinsichtlich dessen war, was er eigentlich erreichen wollte, auch wie er aus seinen Fehlern lernte. Die Tagebücher könnte man als seinen persönlichen *Bildungsroman* bezeichnen, und genau diese Entwicklung in Verbindung mit seinem nie nachlassenden Engagement allen Widerständen zum Trotz möchte ich in diesem Buch beschreiben.

Mein Interesse an Herzls intellektueller Entwicklung wurde von den Herausgebern der vollständigen hebräischen Übersetzung der Tagebücher Herzls geweckt – von Josef Wenkert und dem verstorbenen Michael Heyman vom *Central Zionist Archive* in Jerusalem. Hätten sie mich nicht gebeten, die Einleitung zu der von ihnen besorgten dreibändigen Ausgabe zu schreiben, wäre dieses Buch nicht zustande gekommen. Damals wurde mir klar, daß meine Kenntnis der Herzl'schen Schriften ziemlich beschränkt und unzulänglich war, sie bezog sich im wesentlichen auf die kanonischen Werke *Der Judenstaat* und *Altneuland*. So kam es, daß ich Hunderte von Seiten in Herzls Tagebüchern durchackerte, wo er anschaulich seine Kontakte und Begegnungen mit Hunderten von Personen schilderte – sie mochten jüdisch sein oder auch nicht –, ein getreues Abbild der europäischen *Welt von Gestern*. Doch im Unterschied zu Stefan Zweigs Erinnerungen schrieb Herzl seine Tagebücher – um einen heute geläufigen Ausdruck zu verwenden – in der Jetztzeit und nicht im Rückblick: Sie sind also nicht nur nicht im Nachhinein geschrieben, sondern ihnen geht auch jegliche – verständliche – Nostalgie ab, die gelegentlich Zweigs Beschwörung einer verlorengegangenen Welt beeinträchtigt. Als ich die Tagebücher von der ersten bis zur letzten Seite durchlas – was offenkundig, wie ich wohl behaupten darf, so mancher der bisherigen Herzl-Biographen versäumt hat –, wurde mir die unglaubliche Bandbreite von Herzls unermüdlichem Wirken angesichts der gewaltigen Widerstände, denen er sich gegenübersah, deutlich vor Augen geführt.

Mein Dank gilt Zvi Yekutiel, Direktor des *Zalman Shazar Center for Jewish History* in Jerusalem, der mir vorschlug, für die von ihm herausgegebene Reihe über jüdische Theoretiker eine intellektuelle Biographie Herzls zu schreiben. Ich danke Yehiel Leket, Präsident des *Jewish National Fund History Institute*, für die Unterstützung bei meinen Recherchen. Ich habe eine Menge von meinem englischen Übersetzer Chaim Watzman gelernt, der, selbst ein talentierter und vielseitiger Schriftsteller, von großer Hilfe war, den Text dem mit jüdischer Geschichte nicht so vertrauten Publikum zu erschließen. Seine Übersetzung liegt der deutschen Fassung zugrunde. Ein besonderer Dank geht an meinen Assistenten Eyal Tsur, der die Zitate in verschiedenen englischen Übersetzungen von Herzls Schriften einschließlich der Tagebücher ausfindig machte und identifizierte. Cathie Arrington, Lucinda McNeile, Anat Banin und Rochelle Rubinstein halfen, die Abbildungen zu identifizieren und herauszusuchen.

Wie immer war meine Frau Dvora eine höchst kritische Leserin, und mein Dank an sie vermag nur einen flüchtigen Eindruck davon zu vermitteln, was ich ihrer Geduld und klugen Einsicht schulde.

Und schließlich möchte ich diesen Band meinen Enkelkindern Eynat, Noa und Ido widmen – quicklebendige Zeugen, daß Herzls Vision nicht ein Traum blieb.

Kapitel 1
Jeruscholajim

Ende Oktober 1898 befand sich der kleine Dampfer *Rossija* auf der Fahrt von der ägyptischen Hafenstadt Alexandria über Port Said nach Jaffa. Unter den Passagieren waren Theodor Herzl sowie vier weitere Mitglieder einer zionistischen Delegation: Ihr Ziel war Jerusalem, wo sie mit dem deutschen Kaiser Wilhelm II. während dessen Reise durch das Heilige Land zusammentreffen wollten. In seinem Tagebuch notierte Herzl, daß »es Nachts in der Cabine, die wir selbfünft bewohnten, unerträglich heiss« war, so daß sie sich entschieden, die letzte Nacht ihrer Reise an Deck zu verbringen.

Gerade einmal zwei Jahre zuvor war Herzl ein erfolgreicher Wiener Journalist und ein weniger erfolgreicher Bühnenautor ohne jegliche politische Ambitionen, ohne ein eigenständiges öffentliches Ansehen gewesen.

Das änderte sich 1896, als Herzl eine Broschüre mit dem Titel *Der Judenstaat* veröffentlichte, in der er eine politisch-territoriale Lösung der sogenannten Judenfrage forderte. Im folgenden Jahr berief er den ersten Zionistischen Kongreß nach Basel ein; dort wurde die Zionistische Organisation gegründet, deren Aufgabe es war, eine nationale Heimstatt für das jüdische Volk in Palästina zu schaffen, die international juristisch anerkannt und gesichert werden sollte. Die Gründung der zionistischen Bewegung erregte einiges Aufsehen in der jüdischen Öffentlichkeit und in der internationalen Presse, doch im Laufe der ersten zwei Jahre ihres Bestehens gewann die Zionistische Organisation kaum an politischer oder öffentlicher Bedeutung. Zwar hatte Herzl alles nur Erdenkliche getan, um mit europäischen Politikern und nationalen

Führungspersönlichkeiten in Verbindung zu treten, doch waren seine Bemühungen weitgehend ohne Erfolg geblieben. Nun aber, weniger als 15 Monate nach dem Baseler Zionistenkongreß, befand sich Herzl auf dem Weg nach Jerusalem zu einer öffentlichen Audienz mit einem der bedeutendsten Staatsmänner der Welt.

Tatsächlich war Herzl in Konstantinopel zu einem Geheimtreffen mit Wilhelm zusammengekommen. Bei dieser ersten, vorläufigen Begegnung hatte der Kaiser seiner begeisterten Unterstützung der zionistischen Idee Ausdruck verliehen und bekräftigt, daß Deutschland eine führende Rolle bei der Errichtung eines Protektorats über die jüdischen Siedlungen in Palästina übernehmen werde.

Kein Wunder also, daß Herzl hellauf begeistert in Jaffa an Land ging. Er war zuvor noch nie in Palästina gewesen und wußte so wenig über das Land Bescheid wie über jüdische Themen allgemein. Aber was er empfand, geht aus seinem Tagebuch hervor, in das er wenige Tage später eintrug:

> Das Meer war Nachts u. Morgens wunderbar still und verschiedenartig schimmernd. Als es hell wurde, begannen wir nach der jüdischen Küste auszuspähen. […] Mit gemischten Gefühlen näherten wir uns dem Land unserer Väter. Sonderbar, welche Gefühle dieses öde Land in den meisten Menschen aufrührt: in dem alten deutschen Pastor aus Südafrika, in dem russischen Muschik der übelriechenden dritten Klasse, in den Arabern, die seit Konstantinopel mitfahren, in uns Zionisten, in dem armen rumänischen Judenweib, das zu ihrer kranken Tochter nach Jeruscholajim will …

Das steht da tatsächlich so – er schrieb »Jeruscholajim«, eine deutsche Umschrift des hebräischen Namens der Stadt, statt des sonst üblichen »Jerusalem«. Und das aus der Feder eines Mannes, der seine Zweifel hegte, ob das Hebräische als Umgangssprache des jüdischen Staates wiederbelebt werden sollte. »Wer von uns weiß genug Hebräisch, um in dieser Sprache ein Bahnbillet zu verlangen?«, fragte Herzl in *Der Judenstaat.* Aber er war sich auch sehr wohl der universellen Bedeutung Jerusalems bewußt. Schließlich war diese Stadt in historischer und religiöser Hinsicht nicht nur für Juden, sondern für alle Nationen der Welt, nicht zuletzt auch für Araber, von kaum zu überschätzender Bedeutung. Diese Ambivalenz zwischen dem universellen und dem jüdischen Jerusalem sollte Herzl während der gesamten Dauer seiner gefühlsbeladenen und spannungsreichen Reise in Palästina empfinden.

Wie aber war es dazu gekommen, daß Herzl und seine Delegation sich nach Palästina aufmachten, um dort den Kaiser zu treffen? Schließlich war die Zionistische Organisation noch weit von einem Durchbruch entfernt, der das zionistische Vorhaben auf die politisch-diplomatische Agenda der Weltöffentlichkeit setzen würde. Tatsächlich traf es Herzl völlig überraschend, als sich ihm die unerwartete Gelegenheit bot, mit dem deutschen Kaiser in Jerusalem zusammenzukommen. Zunächst skeptisch, gelangte er dann zu der Überzeugung, daß sich hier eine außergewöhnliche Chance bot. Und zwar so außergewöhnlich, daß er befürchtete, die türkischen Behörden könnten ihm den Landgang in Jaffa untersagen, wenn sie erst einmal die politische Tragweite dieses Ereignisses erfaßt hatten. Nachdem er später unbehelligt an Land gegangen war, hatte er immer noch Angst, ausgewiesen oder verhaftet zu werden. Er fürchtete sogar um sein Leben, obwohl diese Sorge ganz unbegründet und eher seinem journalistischen Drang zu Ausschmükkungen und Überdramatisierung zuzuschreiben war.

Die Initiative zu Herzls Reise nach Palästina und seiner Begegnung mit Wilhelm in Jerusalem war von dem deutschen Botschafter in Wien, Graf Philipp von Eulenburg, ausgegangen. Herzl hatte den Umgang mit diesem Diplomaten gepflegt und ihn zu überreden versucht, er möge ihm, Herzl, eine Audienz mit dem Monarchen verschaffen. Die Beziehungen zwischen dem Deutschen und dem Osmanischen Reich wurden zusehends enger, was zum Teil dem Vorhaben geschuldet war, eine Eisenbahnlinie zu bauen, die

Berlin über Konstantinopel mit Bagdad verbinden würde. Das Projekt der Bagdadbahn gehörte zu Deutschlands imperialem Wettkampf mit England, das durch die Kontrolle über den Suezkanal die Oberhoheit über den Handel mit Indien und dem Fernen Osten besaß. Herzl begriff, daß die deutsche Unterstützung seines Vorhabens von entscheidend wichtiger Bedeutung war, zumal nach dem Scheitern seiner sämtlichen Bemühungen, unmittelbaren Kontakt zum Hof des Sultans herzustellen. Herzl vernahm, daß der Kaiser im Rahmen seiner Orientpolitik eine Pilgerfahrt nach Jerusalem unternehmen wollte, offensichtlich, um dort die neu errichtete evangelische Erlöserkirche einzuweihen. Als er überdies noch erfuhr, daß der deutsche Kaiser einen Zwischenaufenthalt in Konstantinopel plante, verstärkte er seine Bemühungen. Anläßlich eines Besuchs des deutschen Außenministers Bernhard von Bülow in Wien arrangierte Botschafter von Eulenburg ein Treffen, in dessen Verlauf Herzl das zionistische Programm vorstellte und darum ersuchte, vom Kaiser selbst empfangen zu werden. Herzl hatte den Eindruck, daß der Außenminister aufmerksam und mit einem gewissen Maß an Wohlwollen zuhörte. Doch Wochen gingen ins Land ohne ein Wort aus Berlin. Herzl neigte dazu, diplomatische *politesse* als Zustimmung zu mißdeuten.

Dann kam der 2. Oktober 1898: Herzl weilte in Amsterdam, wo er vor zionistischen Aktivisten und Bankern über das Vorhaben sprechen sollte, eine zionistische Bank zu gründen, als ihm die Aufforderung zugestellt wurde, sich unverzüglich zum deutschen Konsulat zu begeben. Dort nahm er eine dringende Nachricht von Graf von Eulenburg in Empfang, die mit der diplomatischen Post eingegangen war. Er öffnete den Brief und fühlte sich »wie betäubt« – allem Anschein nach trugen seine diplomatischen Bemühungen zum ersten Mal Früchte. Der deutsche Botschafter in Wien schrieb, Kaiser Wilhelm II. sei bereit, während seines Besuchs in Konstantinopel dem Sultan das zionistische Programm vorzustellen und es persönlich zu befürworten. Ferner zeigte sich der Kaiser geneigt, ein deutsches Protektorat über das zionistische

Vorhaben zu übernehmen – ein zugegebenermaßen unscharfes Konzept, das unwägbare Implikationen barg. Schließlich stimmte er zu, eine zionistische Abordnung in Jerusalem zu empfangen. Sollte die Delegation von Herzl angeführt werden, so wolle der Kaiser, wie von Eulenburg schrieb, Herzl gern gestatten, dort bei einer offiziellen Audienz die zionistische Position zu erläutern. Von Eulenburg legte auch noch die Route des Kaisers mit allen Stationen in Konstantinopel und Jerusalem bei. Bis dahin sollte Herzl unverzüglich nach Berlin aufbrechen, um den Botschafter zu treffen und die nächsten Schritte zu erörtern.

Von Eulenburg entwarf Herzl ein Bild in den leuchtendsten Farben – das, wie sich später herausstellen sollte, über alle Maßen optimistisch war. Aber Herzl genügte es, daß er zum ersten Mal eine Einladung erhalten hatte, vor dem obersten Repräsentanten einer Weltmacht aufzutreten, die damals der engste Verbündete des Osmanischen Reiches war, das über Palästina herrschte, und daß die Audienz in Jerusalem stattfinden würde. Unbeschadet dessen sah Herzl sehr genau, wie kompliziert die Situation war.

Er war Redakteur von Wiens einflußreichster Zeitung, der *Neuen Freien Presse*, doch bekleidete er kein öffentliches Amt. Er war, wie man in Diplomatenkreisen sagt, nicht mehr als eine Privatperson. Er würde die Redaktion um Urlaub bitten müssen. Im Tagebuch schrieb er, daß er schließlich nicht mehr als »ein abhängiger Knecht« sei, außerdem zählten die Herausgeber nicht eben zu Anhängern der zionistischen Sache. Indes war der Wunsch des Kaisers gleichbedeutend mit einem Befehl – und in der Tat hatte von Eulenburg geschrieben, »es wäre eine Enttäuschung für den Kaiser, wenn er mich [d. h. Herzl] nicht in Jerusalem sähe«.

Bei einem Diner in Den Haag am Ende des Tages, an dem er die Aufforderung erhalten hatte, teilte Herzl unter dem Siegel der Verschwiegenheit den anderen Mitgliedern der zionistischen Exekutive den Inhalt des Briefes mit. Persönlich hielt Herzl die Angelegenheit für »noch verfrüht«. Er nahm sich vor, bei der Begegnung in Berlin von Eulenburg davon zu überzeugen, daß es besser sei, wenn der Kaiser ihn vertraulich in Berlin empfange statt offiziell in Jerusalem.

Von Den Haag reiste Herzl weiter nach London zu bereits vereinbarten Beratungen über die zionistische Bank und zu einer öffentlichen Massenveranstaltung in Whitechapel, die, wie Herzl in seinem Tagebuch notierte, »von zehntausend Personen besucht« wurde. Der optimistische Ton seiner dort gehaltenen Rede, die am nächsten Tag in den jüdischen Zeitungen Londons veröffentlicht wurde, war zweifellos von der Ermutigung getragen, die er seinem Empfinden nach aus Berlin erhielt.

Nun änderte Herzl seine Reisepläne. Ursprünglich hatte er von London nach Wien zurückkehren wollen, stattdessen begab er sich direkt nach Berlin. Während der beiden anstrengenden Tage, die er in der deutschen Hauptstadt verbrachte, nahm er an einer Reihe von Zusammenkünften in Potsdam, der königlich-preußischen Residenz vor den Toren Berlins, teil, indes schlug seine zuvor noch himmelhochjauchzende Stimmung in abgrundtiefe Melancholie um. Zum ersten Mal in seinem Leben in Kontakt mit der Spitzendiplomatie, mußte er zu seinem Leidwesen feststellen, daß sie vor Tricks und hinterhältigen Kniffen nur so strotzte.

Bei seiner Ankunft am Abend des 6. Oktober in Berlin ging Herzl davon aus, daß eine Nachricht von Graf von Eulenburg für ihn bereitliege. Seine Erwartung wurde enttäuscht. Er tauschte Telegramme mit dem Botschafter aus und empfing schließlich die Anweisung, am folgenden Morgen den Zug nach Schloß Liebenberg, von Eulenburgs Rittergut in Brandenburg, zu nehmen. Es war dies die erste Begegnung Herzls mit der weiten Ebene des nordöstlichen Deutschlands, die sich so scharf von der dramatisch-romantischen Berglandschaft unterschied, die er aus Österreich und Süddeutschland kannte. Überrascht stellte er fest, daß Brandenburg wunderschöne grüne Stellen hatte und »lange keine solche Sandwüste ist, wie man sagt«. Und als er vom Fenster des Zuges aus die preußische Landschaft betrachtete, konnte er nicht umhin und notierte in seinem Tagebuch: »So werden auch wir aus der Sandwüste unseres Landes eine schöne Mark machen.«

Herzls Ankunft auf von Eulenburgs Schloß erfolgte just auf dem Höhepunkt der Jagdsaison – der Graf empfing ihn in Jägertracht. Scharf empfand Herzl die Kluft zwischen dem aristokratischen Milieu, in das er gelangt war, in dem sich hohe Politik und Fasanenjagd miteinander verbanden, und seinem eigenen Status eines bürgerlichen Juden aus Wien. Zwar war er ein bekannter Journalist, Schriftsteller und Dramatiker, aber er hatte bis dahin noch nie Zugang zu einem adligen Landsitz und dessen eigentümlicher Atmosphäre gehabt. Er wußte nur zu gut, daß zwischen ihm und seiner sozialen Herkunft einerseits und der preußischen militärischen Tradition, auch der Begeisterung für die Jagd andererseits Lichtjahre lagen – letzteres zeigte sich unübersehbar an den im Herrenhaus ausgestellten Rüstungen und den an den Wänden angebrachten Lanzen und Schwertern.

All das trat aber in den Hintergrund, als Herzl sich zum Gespräch mit seinem Gastgeber an einen Tisch setzte. Von Eulenburg teilte ihm mit, daß sein Brief auf Geheiß des Kaisers geschrieben worden sei, der persönlich den Inhalt gebilligt habe. Ferner sei es ihm im Laufe etlicher Gespräche gelungen, den Kaiser für die zionistische Idee zu begeistern, letztendlich sei »der Kaiser [...] sehr warm für die Sache«. Er fügte noch hinzu, daß auch Außenminister von Bülow überzeugt worden sei, ungeachtet der Vorbehalte, die er bei ihrem Treffen in Wien Herzl gegenüber zum Ausdruck gebracht hatte.

»Er hat sich zurückgehalten – begreiflich bei einem ersten Zusammenkommen. Man ist vorsichtig, läßt sich nicht gleich gehen. Aber die Hauptsache ist nicht, was er Ihnen sagte, sondern was er mir sagte, als ich ihm zuredete. Ich habe ihn überzeugt.«

Als Herzl seine Zweifel äußerte, ob es ratsam sei, in Jerusalem die Audienz zu gewähren, erwiderte von Eulenburg, daß eben dies Wunsch und Wille des Kaisers sei. Wilhelm wünschte, nicht nur Herzl, sondern eine gesamte zionistische Deputation zu empfangen, da er »sich schon ganz in den Protektoratsgedanken eingelebt habe«. So ergab ein geheimgehaltenes Treffen gar keinen Sinn. Das Besuchsprogramm würde ohnehin bekannt werden, insofern war es besser, gleich von Anfang an ein öffentliches Ereignis daraus zu machen. Angesichts der zusehends weniger frostigen Beziehungen zwischen dem Deutschen und dem Russischen Reich zeigte sich von Eulenburg zuversichtlich, daß der Zar der Vorstellung eines deutschen Protektorats günstig gesonnen sei. »Im schlimmsten Fall könnte unser Kaiser ihm einen Brief schreiben und ihn für den Zionismus gewinnen.« Nach von Eulenburgs Ansicht zweifelte der Kaiser nicht, daß der Sultan seinem Vorschlag zustimmen würde.

Der Botschafter regte an, daß Herzl mit von Bülow zusammenkomme, um das Protokoll der Audienz festzulegen. Ferner halte sich der Onkel des Kaisers, der Großherzog von Baden, der Herzls Vorhaben bereits unterstützte, in Potsdam auf. Es böte sich die Gelegenheit zu einem neuerlichen Treffen der beiden.

Herzl sah sich ermutigt:

> Das Protectorat! Viele werden den Kopf dazu schütteln. Aber ich glaube, es ist das Richtige, es dankbar zu acceptiren, nachdem es angeboten wurde. Es hat doch Keiner unter uns Königsträume ... Auch kämen wir mit einem Schlage zu vollkommen geordneten inneren und äußeren Rechtszuständen. Die Suzeränität der Pforte und das Protectorat Deutschlands wären doch genügende Rechtspfeiler.

Ägyptens damaliger halb-autonomer Status bot Herzl ein passendes administratives Modell für das zionistische Gemeinwesen, das in Palästina errichtet werden sollte.

Tatsächlich war Herzl so hochgestimmt, daß er die Angelegenheit schon fast für ein *fait accompli* hielt. War das Protektorat einmal errichtet, würde er sich – so seine Überlegungen – von der Leitung der zionistischen Bewegung zurückziehen, um alle Vermutungen zu widerlegen, er habe persönlichen Vorteil oder politische Macht angestrebt. Er würde seinen Rücktritt auf dem Höhepunkt der Bewegung erklären, »und das ist der letzte Dienst, den ich den Juden erweise«. Doch mußte er sich eingestehen, daß dies nicht möglich sein würde: »Denn die deutsche Regierung, die mit mir Abmachungen trifft, wird wünschen, daß ich auch dableibe, um sie einzuhalten.«

Indes verflüchtigten sich diese Luftschlösser schon am nächsten Tag. Zwar bestätigte der Großherzog von Baden von Eulenburgs Zusicherungen, der Kaiser sei »ganz enthusiastisch eingenommen für Ihre Idee. Er spricht mit großer Lebhaftigkeit davon«, auch würde der Sultan das Vorhaben unterstützen. Aber seine Begegnung mit dem Außenminister war eine kalte Dusche: Von Bülow war alles andere als enthusiastisch. Herzl hatte es geschafft, Zugang zu den höchsten Kreisen der europäischen Politik zu erhalten, doch was er vom deutschen Außenminister zu hören bekam, war durchaus nicht ermutigend. Abermals schlug seine Stimmung um. In seinem Tagebuch schilderte er sein Eintreffen zum Gespräch mit von Bülow im Schloß – er wurde von Offizieren in tadellos sitzenden Uniformen und unterwürfigen Höflingen in »ein kleines kokettes Rococo-Appartement hineingeführt«. »In ein kaiserliches Office hineingeblickt. Grösser kann das Alles nicht mehr sein.« Von Bülow erwartete ihn in seinem eleganten Salon, anwesend war auch »ein kleiner, schiefgewachsener mit Orden behängter alter Herr, ein gelbes Grossband über der Hoftracht«, der Herzl als Reichskanzler Fürst Chlodwig von Hohenlohe-Schillingsfürst vorgestellt wurde.

Herzl war wie vom Donner gerührt – die Anwesenheit des Reichskanzlers war ein Zeichen dafür, wie ernsthaft sich die deutsche Regierung der Sache annahm. Doch er wurde von der ersten Frage des Reichskanzlers unangenehm überrascht: »Glauben Sie, daß die Juden ihre Börse im Stich lassen u. mit Ihnen gehen werden? Die Juden, die hier in Berlin gut installirt sind?« Herzl antwortete mit dem bewährten zionistischen Argument, demzufolge die jüdischen Börsianer wohl kaum, dafür aber die armen Juden, auch aus Berlin, bestimmt mit ihm gehen würden.

Nach diesem wenig Gutes versprechenden Beginn stellte der Reichskanzler einige praktische Fragen. Wieviel Land die Zionisten beanspruchten, »ob schon Beyrut oder gar darüber hinaus?«. Herzl erwiderte darauf: »Wir verlangen, was wir brauchen. – je mehr Einwanderer, desto mehr Land.« Von wem sie denn das Land kaufen wollten? Darauf Herzl: »Araber, Griechen, die ganze mixed multitude des Orients.« Ob sie dort einen Staat gründen wollten? Herzls Antwort: »Wir wollen Autonomie und Selbstschutz.«

Das Gespräch wandte sich dann anderen Themen zu. Wie würde sich die Türkei verhalten? Welche Mittel stünden zur Verfügung, um die Übersiedlung zu finanzieren? Herzl wies »auf die verschiedenen Fonds hin, die sich im Ernstfall vereinigen würden. Einer dieser Fonds betrage zehn Millionen Pfund« – tatsächlich existierten diese Summen einzig in seiner blühenden Phantasie. Von Bülow kommentierte: »Das ist viel ... Das Jeld wird's vielleicht machen. Damit wird man an die Sache ran können.« Um dann ironisch anzumerken: »Es würde jedenfalls die erste Wanderung der Israeliten nach Osten sein. Bisher zogen sie immer nach Westen.«

Von Eulenburg hatte Herzl zu verstehen gegeben, daß die ihm gewährte Audienz in Jerusalem stattfinden würde. Er war daher höchst verwundert, als von Bülow ihn mit den Worten verabschiedete: »Auf Wiedersehen in Konstantinopel, Herr Doctor!« Herzl fragte nach: »In Konstantinopel und in Jerusalem?« Worauf der Außenminister kühl erwiderte: »Jedenfalls nur einmal!« Immerhin gelang es Herzl, eine zustimmende Antwort auf seine folgende Frage vom Außenminister zu erhalten: »Ich werde also die Ansprache, die ich in Jerusalem halten soll, in Konstantinopel vorlegen?«

Das Gespräch wurde abgebrochen, weil die Deutschen zu einem Staatsbankett eilen mußten. Herzl blieb mit einem unguten Gefühl zurück. Es war ihm klargeworden, daß die beiden wichtigsten Politiker des Deutschen Reichs dem zionistischen Projekt durchaus distanziert gegenüberstanden und antisemitischen Klischees anhingen. Er hatte weder Mittel noch Möglichkeiten herauszufinden, ob der Kaiser anderer Auffassung war. Vielleicht aber redeten die beiden Politiker als erfahrene Diplomaten einfach nur mit äußerster Vorsicht, um etwaigen Verpflichtungen vorzubeugen?

Wenn auch unterm Strich sonst nichts aus diesen beiden Tagen in Potsdam blieb, so waren sie Herzl eine Lehre über die Komplexität und Unwägbarkeit, denen er in Konstantinopel und Jerusalem wieder begegnen sollte.

Herzl kehrte am 9. Oktober nach Wien zurück und begann unverzüglich, seine Reise vorzubereiten. Zunächst mußte er seine Zeitung um Urlaub bitten. Verleger und Redakteure der *Neuen Freien Presse* waren zwar alles andere als begeisterte Zionisten, immerhin aber konnten sie die Bedeutung der Angelegenheit nicht leugnen – schließlich sollte Herzl den deutschen Kaiser treffen. Gleichwohl machte es ihnen der Umstand, daß Herzl auf zwei Hochzeiten tanzte, nicht eben leicht – er war einer der Redakteure der Zeitung und Kopf einer unbedeutenden politischen Bewegung, der es geschafft hatte, in die höchsten Kreise der Politik vorzudringen.

Zugleich berief Herzl seine Mitarbeiter des Zionistischen Exekutivbüros ein. Alle wollten der Delegation angehören, und natürlich waren jene, die nicht bestimmt wurden, beleidigt. Nach einer Reihe von Zusammenkünften und fieberhaftem Austausch von Telegrammen wurde beschlossen, daß der Abordnung fünf Mitglieder angehören sollten: Herzl als Vorsitzender der Zionistischen Exekutive; Moritz Schnirer, Vizepräsident der Zionistischen Exekutive; Max Bodenheimer, Präsident der Zionistischen Vereinigung Deutschlands; David Wolffsohn, Vorsitzender des Planungsausschusses der zionistischen Bank und später Herzls Nachfolger als Vorsitzender der Zionistischen Organisation; und Joseph Seidener, ein aus Rußland stammender Ingenieur, der als einziger früher schon Palästina bereist hatte, und zwar im Jahr 1891 als Repräsentant der Choveve-Zion-Bewegung. Es sollte zu den Ironien von

Herzls Leben und der Geschichte des Zionismus gehören, daß die einzige Reise des Begründers der zionistischen Bewegung ins Land der Väter auf Anregung des deutschen Kaisers unternommen wurde.

Die Delegation bestieg am 14. Oktober den Zug nach Konstantinopel – nicht einmal zwei Wochen nachdem Herzl vom Wunsch des Kaisers unterrichtet worden war, ihn in Palästina zu treffen. In letzter Minute noch vor der Abfahrt traf sich Herzl mit dem türkischen Botschafter in Wien, Mohammed Nadim Bey. Herzl hatte gehofft, persönliche Einführungsschreiben an die Adresse türkischer Persönlichkeiten zu erhalten, doch der Botschafter zierte sich und speiste ihn mit blumigen Redewendungen ab. Außerdem las Herzl noch unmittelbar vor der Abreise Schauspielern sein neuestes Stück *Unser Käthchen* vor, dessen Aufführung am Burgtheater in Aussicht stand. Seine Eltern besuchten ihn zu Hause, um sich von ihm zu verabschieden – ängstlich-besorgt wegen der im Orient lauernden Gefahren. Ihre Befürchtungen waren noch durch eine Warnung aus Jerusalem verstärkt worden – Elieser Ben Jehuda, der Lexikograph der hebräischen Sprache und Journalist, warnte Herzl vor möglichen Mordanschlägen.

Die türkischen Botschafter in Wien und Berlin, mit denen Herzl durch seine Tätigkeit für die Presse bekannt war, fuhren im selben Zug wie die Zionisten. Herzl nahm die Gelegenheit wahr und plauderte mit ihnen, ohne allerdings den Zweck seiner Reise zu enthüllen. Vermutlich meinten sie, Herzl fahre als Journalist nach Konstantinopel, um über Wilhelms Staatsbesuch zu berichten.

Herzl war zuvor schon für die zionistische Bewegung in Konstantinopel gewesen, ohne irgend etwas zu erreichen. Jetzt schien es ihm wie bei seinem kurzen Aufenthalt in Potsdam, als bewegte er sich auf ganz unsicherem Terrain. Man hatte ihm mitgeteilt, der Kaiser würde ihn empfangen, aber nicht, wann und wo die Audienz stattfinden sollte. Vergeblich bemühte er sich, den deutschen Botschafter in der osmanischen Hauptstadt zu treffen.

Dem türkischen Protokollchef war sehr daran gelegen, jeglichen Kontakt mit der Delegation zu vermeiden. Während sie noch gespannt darauf warteten, zum Kaiser befohlen zu werden, sahen Herzl und seine Mitstreiter ein Stück, das von einer jiddischen Theatergruppe als Gastspiel aufgeführt wurde. »Der Eindruck war deprimirend«, wie Herzl im Tagebuch festhielt. Ansonsten verbrachten sie ihre Zeit damit, das politische Programm zu erörtern, das sie dem Kaiser vorstellen wollten. Nach vier Tagen ergebnislosen, angespannten Wartens sandte Herzl in seiner Verzweiflung Schreiben an Außenminister von Bülow und den Hofmarschall. Er verwies auf den engen Zeitraum hin – um rechtzeitig in Jerusalem anzukommen und den Kaiser zu treffen, müsste die Delegation am folgenden Tag, dem 19. Oktober, bereits nach Alexandria segeln. Ob es wohl möglich sei, eine kurze Mitteilung der allergnädigsten Majestät zu erhalten?

Herzl legte eine persönliche Mitteilung an den Kaiser dem Umschlag bei, in dem sich der an den Hofmarschall gerichtete Brief befand. Da er nicht wissen konnte, ob der Kaiser ihn wirklich empfangen würde, zählte er die wesentlichsten Punkte auf, die er darzulegen wünschte. Seine Hoffnung war, daß Deutschland tatsächlich das Protektorat über die jüdische Ansiedlung in Palästina errichten würde, wie man es ihm ja zuvor zu verstehen gegeben hatte. Frankreich, das eindeutige Interessen im Mittleren Osten verfolgte, würde sehr wahrscheinlich diesem Plan Widerstände entgegensetzen. Aber Frankreichs internationale Stellung wäre schwach. Für Rußland wiederum würde die zionistische Lösung der Judenfrage »eine ungeheure Erleichterung« bedeuten. Herzl empfahl, der Kaiser möge dem Sultan, seinem Verbündeten, darlegen, »welche Hilfe seinem verarmten verfallenden Staate durch die Zionisten gebracht würde«. Um dahin zu gelangen, genügte es, seine Zustimmung zur Schaffung »einer *Jüdischen Landgesellschaft für Syrien und Palästina* unter deutschem Protectorat« zu erlangen. Herzl beendete sein Schreiben mit der dringenden Bitte an den Kaiser, ihn zu einer vertraulichen Audienz vor dem Ablegen des letzten möglichen Schiffes zu empfangen. Der Kaiser und sein Hof würden auf der kaiserlichen Yacht *Hohenzollern* in See stechen und waren daher nicht von den Abfahrtszeiten der Passagierdampfer abhängig. Herzl betonte ausdrücklich, daß er Wert darauf legte, persönlich einen Überblick über den Plan zu geben, den er bei der bevorstehenden Zusammenkunft »im Lande Israel« vorstellen würde – bei dieser Gelegenheit benutzte er nicht »Palästina«, die übliche geographische Bezeichnung.

Herzl schrieb diese Briefe einschließlich seiner detaillierten Notizen sämtlich mit der Hand (zweimal unterliefen ihm Fehler bei der ersten Reinschrift). Er und die Mitglieder der Delegation konnten in Konstantinopel nicht auf die Hilfe eines Büros oder von assistierenden Mitarbeitern zurückgreifen. Wolffsohn wurde in einer Mietdroschke losgeschickt, die Briefe abzugeben – in der Hoffnung, er würde durch die türkischen und deutschen Wachen am Eingang des Yildiz-Palastes durchkommen, wo der Kaiser und seine Entourage weilten.

Nachmittags um Viertel nach drei und damit in beinahe letzter Minute kam eine nicht gezeichnete Nachricht von den Deutschen. Herzl wurde knapp aufgefordert, um halb fünf vor dem Kaiser zu erscheinen. In Begleitung von Wolffsohn eilte Herzl zum Yildiz-Palast. Bevor er sich auf den Weg machte, streckte er seine Hand vor den anderen Mitgliedern der Abordnung aus, um ihnen zu zeigen, daß sie nicht zitterte: »Ich gab Seidener meine Hand, daß sie ganz ruhig sei. Von Schnirer liess ich mir den Puls greifen. Er fand 108, was bei mir sehr viel ist.« Schnirer war es auch, der ihn fragte, ob er Brom zur Beruhigung seiner Nerven einnehmen wollte, aber als man ihm sagte, daß das Medikament erst nach einer halben Stunde seine Wirkung entfalte, entschied er sich dagegen. Herzl versäumte nicht, im Tagebuch seine »sorgfältige Toilette« zu erwähnen: »Namentlich die Farbe meiner Handschuhe war gelungen: ein feines Grau.«

Als er zur angegebenen Stunde am Palast eintraf, stellte sich heraus, daß sich der Kaiser – wie könnte es anders sein – bei einem

Besuch der deutschen Botschaft und einer deutschen Schule verspätet hatte. Türkische Adjutanten baten Herzl höflich, aber bestimmt, in einem Vorzimmer zu warten, das er allerdings dann nicht mehr verlassen durfte. Um Viertel nach fünf, also mit einer Dreiviertelstunde Verspätung, traf der Kaiser ein, woraufhin der Hofmarschall Graf Eulenburg Herzl und Außenminister von Bülow in den kaiserlichen Salon geleitete.

In der Schilderung der Audienz, die Herzl in seinem Tagebuch niederlegte, verbindet sich die detailgetreue Reportage des Journalisten mit dem Respekt und der Befangenheit, die er bei diesem politischen Treffen empfand – dem wichtigsten, zu dem es in Sachen Zionismus je gekommen war. Heute, da wir die Ereignisse des Ersten Weltkriegs kennen, fällt es schwer, Herzls Bewunderung für die Persönlichkeit des Kaisers nachzuvollziehen. Seine Beschreibung von Wilhelms Augen ist kaum erträglich: »Er hat wirklich kaiserliche Augen. Solche Augen habe ich nie gesehen. Es liegt eine merkwürdige, kühne, suchende Seele darin.« Aber Wilhelm war zu jenem Zeitpunkt noch relativ jung, allem Neuen und Modernen begeistert zugetan und genoss in Europa durchaus Ansehen. Die brutale Seite seiner Persönlichkeit, die in den Jahren vor dem Ersten Weltkrieg und während dessen gesamter Dauer einen tiefen Schatten über Europa warf, war noch nicht zutage getreten. Immerhin mäßigte Herzl seine Bewunderung, indem er bemerkte, daß der Kaiser, »in dunkler Husarenuniform«, sich wegen seines körperlichen Defekts – der rechte Arm war kürzer als der linke – offenbar »genirte«.

Trotz Herzls verständlicher Nervosität nahm die Audienz einen guten Verlauf. Man hielt sich nicht mit Präliminarien auf – der Kaiser verlangte, Herzl möge unmittelbar mit seinem Bericht beginnen. Nach kurzer Verlegenheit – »Wo soll ich einsetzen, Kaiserliche Majestät?« – fasste sich Herzl und lieferte eine überzeugende Darstellung, wobei er sich auf die Themen konzentrierte, die er in seinem Memorandum aufgeführt hatte – die Gründung einer Landgesellschaft unter deutschem Protektorat. Im Tagebuch notierte Herzl, der Kaiser hätte zustimmend genickt und ihm noch einmal versichert, er wäre der zionistischen Bewegung günstig gesonnen. Er forderte Herzl auf, ihm »mit einem Wort« zu sagen, was er vom Sultan verlangen sollte. Worauf Herzl antwortete: »Eine ›chartered company‹ – unter deutschem Schutz.« Darauf der Kaiser: »Gut! Eine ›chartered company‹!«*

Alles schien gut zu verlaufen, besser als erwartet. Zwei Sachen allerdings machten Herzl zu schaffen. Zum einen konnte er nicht umhin, immer dann, wenn Wilhelm auf die Juden an sich zu sprechen kam, einen »nicht gerade freundlichen Ton« auszumachen – dies ungeachtet seiner offenkundigen Bereitschaft, im Rahmen der deutschen Politik in der Levante das zionistische Vorhaben unter seine Schirmherrschaft zu stellen. Er verwendete die Formulierung »Ihre Landsleute«, um noch hinzuzufügen: »Es gibt unter Ihren Landsleuten Elemente, die in Palästina unterzubringen recht gut wäre. Ich denke zum Beispiel an Hessen, wo es unter der Landbevölkerung Wucherer gibt.« Gleichwohl bemerkte der Kaiser, daß der Antisemitismus am stärksten in Frankreich wäre, »denn dort ist die Kirche dahinter«. Und gleich darauf: »Der Herr v. Rothschild scheint das auch zu wissen, denn er läßt seine Kunstsammlungen nach London bringen.«

Das war nun höchst unangenehm.

Zum anderen wurde die Atmosphäre der Unterhaltung durch von Bülow belastet. Er warf in das Gespräch ein, daß »die Juden neuestens undankbar gegen das Haus Hohenzollern seien, dem sie doch viel zu verdanken hätten« hinsichtlich ihrer bürgerlichen Gleichstellung und ihres materiellen Wohlstandes im Zuge der Reichseinigung. Doch »jetzt sähe man die Juden bei allen Oppositionsparteien, sogar bei den antimonarchischen«. Der Kaiser murmelte den Namen von Paul Singer, dem jüdischen Vorsitzenden der Sozialdemokratischen Partei. Wie so manches Mal zuvor mußte

* Gemeint ist eine Gesellschaft, der von einem Monarchen bzw. Parlament ein Schutz- und Garantiebrief ausgestellt wurde. [Anm. d. Übers.]

Herzl auch hier wieder feststellen, daß führende europäische Politiker – bewußt oder unbewußt – ihre ausdrückliche Befürwortung der Idee eines jüdischen Staates mit typischen antisemitischen Vorurteilen verbanden.

Die Unterhaltung wurde mit einem kenntnisreichen Gedankenaustausch über die europäische Politik fortgesetzt. Bei diesem Teil der Audienz fühlte sich Herzl wohl in seiner Haut – als Redakteur eines einflußreichen Presseorgans und als Kopf der zionistischen Bewegung war er in dieser Thematik bestens bewandert. Auch wenn der Ton nicht immer verbindlich war, so handelte es sich doch um eine beeindruckende Errungenschaft: Drei Jahre intensiven Arbeitens, so notierte Herzl im Tagebuch, hatten »aus dem unbekannten Worte ›Zionismus‹ einen terme reçu gemacht«, der an den Residenzen von Königen und Kaisern gang und gäbe war – keine geringe Leistung.

Nach der Audienz, die mehr als eine Stunde dauerte, begleitete von Bülow Herzl zu seiner Droschke. In den Mienen der Hofleute und Offiziere, die sie auf dem Weg zum Ausgang passierten, spiegelte sich angesichts der höflichen Geste Verblüffung. Von Bülow fasste noch einmal die Einzelheiten der bevorstehenden Audienz in Jerusalem zusammen und bat Herzl eindringlich, vor seiner Abreise aus Konstantinopel dem deutschen Botschafter eine Abschrift der Rede zu übergeben, die er vor dem Kaiser in Jerusalem halten würde. Man kam überein, daß Bülow sie lesen und billigen sollte. Es verstand sich, daß Herzl nichts einfügen würde, das nicht zuvor abgesprochen worden war.

Von der einvernehmlichen Atmosphäre der Audienz hell begeistert, zugleich aber im Bewusstsein der Grenzen der deutschen Unterstützung, machte sich Herzl sofort an die Ausarbeitung seiner Ansprache. Im Ungewissen darüber, ob sie tatsächlich nach Palästina weiterreisen könnten, hatten die Mitglieder der Delegation noch keine Vorbereitungen für die Überfahrt getroffen. Im letzten Augenblick schafften sie es, sich Passagierkarten für das russische Schiff *Imperator Nikolaus II.* zu sichern.

Das Schiff legte in Piräus und Izmir an. Beim ersten Zwischenaufenthalt besichtigte die Delegation die Akropolis in Athen, aber Herzl fehlten Lust und Laune für Sehenswürdigkeiten. Er war völlig von der Reise nach Palästina eingenommen, dem unbekannten Reich jüdischer Sehnsucht, zugleich auch der Ort dessen, was ihm wie eine prophetische Vision vor Augen stand. Er würde dort von einem Herrscher empfangen werden, der anscheinend stärker als alle anderen Politiker, denen er bis dahin begegnet war, die zionistische Idee unterstützte. Es war so überraschend, so unerwartet, und die Zukunft blieb geheimnisvoll verborgen. Die Ironie des Schiffsnamens konnte Herzl schwerlich entgangen sein – der Zar, ein Cousin Wilhelms II., stand an der Spitze eines Unterdrückungsregimes, das in erheblichem Maße für die härtesten Leiden verantwortlich war, die das jüdische Volk in der neueren Zeit betroffen hatten. Die grausame Unterdrückung, unter der die Juden unter dem Zar litten, hatte die proto-zionistische Bewegung der Choveve Zion hervorgebracht. Eine weitere Ironie, die ebenfalls in Herzls Tagebuch keine Erwähnung findet, war der Name des Dampfers, der die Delegation von Alexandria nach Jaffa bringen sollte – die *Rossija*.

Am 26. Oktober 1898 ging Herzl in Jaffa an Land. Er verbrachte mit seinen Gefährten knapp zehn Tage in Palästina, die meiste Zeit in Jerusalem. Es war eine anstrengende Zeit, voller denkwürdiger Erfahrungen, und die Einträge in Herzls Tagebuch zeugen von seinem aufgewühlten Gefühlszustand. Dafür gab es drei Gründe.

Zum einen war es die elektrisierende Begegnung mit dem Land Israel, der alten Heimat des jüdischen Volkes, Ausgangspunkt und Ziel religiösen Gedenkens und weltlichen Hoffens auf ein Ende des Exils; dazu kam der zwiespältige Eindruck, den die Besichtigung der ersten jüdischen Siedlungen hinterließ. Zum anderen war es die konkrete Realität des Landes, insbesondere von Jerusalem, wie sie sich einem gebildeten Mann von Welt darbot, der sich zwar des Waltens historischer Kräfte bewußt war, zugleich aber von der Verwahrlosung und Hinfälligkeit, die er überall wahrnahm, angewidert abwandte. Schließlich waren es seine Erwartungen und seine Nervosität hinsichtlich der bevorstehenden Audienz beim Kaiser, deren Verlauf und Bedeutung für die Zukunft der zionistischen Bewegung. Kein Wunder, daß man in seinen Tagebucheinträgen Unsicherheit und Widersprüchliches über Jerusalem wie die Reise dorthin findet. »Wenn ich künftig deiner gedenke, Jerusalem, wird es nicht mit Vergnügen sein.« Doch er konnte auch poetisch werden: »Ich sehe nur aus den Fenstern und finde, daß Jerusalem prachtvoll daliegt. Es ist noch in seinem jetzigen Verfall eine schöne Stadt und kann, wenn wir herkommen, wieder eine der schönsten Städte der Welt werden.«

Die Unordnung, der Lärm und das ganze Durcheinander in den Straßen Jaffas und im Hafen machten Herzl schwer zu schaffen – genau wie anderen Touristen damals. »Wieder Armuth u. Elend und Hitze in lustigen Farben«, notierte er. Sein Aufenthalt an der Küste galt weitgehend der Besichtigung jüdischer Landwirtschaftsbetriebe, den *Moschavot*, die von den Choveve Zion und den ersten jüdischen Einwanderern der Neuzeit, der Ersten Alija, gegründet worden waren. Er besuchte auch die Landwirtschaftsschule in Mikveh Israel vor den Toren Jaffas. Er war beeindruckt, zugleich blieb er distanziert – Mikveh Israel war, so meinte er, ausgezeichnet, aber seine von der französischen Alliance Israélite Universelle gestellte Leitung blickte scheel auf Herzl und seine Abordnung. »Über allem schwebt die Furcht vor dem Herrn Baron in Paris«, d. h. vor Baron Edmond de Rothschild, der die finanzielle Grundlage für jüdische Siedlungen bereitstellte. Rothschild scheute jeglichen Kontakt mit der zionistischen Organisation wegen deren politischen Orientierung, was, wie Herzl im Tagebuch vermerkte, dazu führte, daß »die armen Colonisten [...] eine Angst mit der anderen vertauscht« haben. Ähnlich ungute Einstellungen vermutete er beim Besuch der *Moschava* von Rischon le-Zion, obwohl er dort höflich empfangen wurde. Einer der Siedler hielt eine Willkommensansprache, »worin er die Pflichtschuld gegen den

Herrn Baron mit der Liebe zu mir in einen ebenso unmöglichen Einklang zu bringen versuchte«. Der von Rothschild eingesetzte Administrator »empfing uns mit feiger Miene«. Auch die Gesichter der Siedler hinterließen bei ihm keinen guten Eindruck: »Wieder ein Spalier von Gesichtern, die ich in London, Berlin, Brünn, überall gesehen habe.«

Die Besichtigung einer anderen landwirtschaftlichen Gemeinschaft, Rechovot, bot ein vielversprechenderes Bild, möglicherweise deshalb, weil diese *Moschava* nicht unter der Administration der Rothschild'schen Stiftung stand. Als sich die Gruppe der Siedlung näherte, stürmte eine Schar von ungefähr zwanzig berittenen jungen Männern zu ihrer Begrüßung heran und führte eine Art *fantasia* auf, indem sie hebräische Lieder sangen und den hebräischen Hochruf *Hedad!* hören ließen. Er und seine Gefährten hatten, wie Herzl eingestand, »Thränen in den Augen, als wir diese flinken muthigen Reiter sahen, in die sich die hosenverkaufenden Jünglinge verwandeln können«. Die Anspielung war deutlich – hier, in Rechovot, sah Herzl die Entgegnung auf die widerwärtige Hetze des antisemitischen Historikers Heinrich von Treitschke, der vor der Einwanderung armer Juden aus dem Osten nach Deutschland gewarnt hatte, vor den »strebsamen Hosen verkaufenden Jünglingen«, deren Nachfahren einmal die deutsche Presse und Wirtschaft dominieren würden. Hier, in Palästina, konnte ein neues Geschlecht freier und selbstbewußter Juden heranwachsen, fern von entwürdigenden Tätigkeiten und dem Erwerbstrieb der Bourgeoisie. Kein Wunder, daß Herzl von diesem Besuch so stark beeindruckt war: »Solch großartige Erfolge mit solch geringen Mitteln.«

Am nächsten Tag gelang Herzl ein Bravourstück in Sachen Public Relations, das allerdings nur teilweise von Erfolg gekrönt war. Als er erfuhr, daß sich der Kaiser, mittlerweile in Jaffa an Land gegangen, zu Pferd nach Jerusalem begeben würde, und zwar auf einer Straße, die an der Schule Mikveh Israel vorbeiführte, stellte sich Herzl an der Strecke auf, um eine zufällige Begegnung zu inszenieren. Die Administratoren der Schule indessen hatten ihn nicht darum gebeten, vielmehr waren Schüler nach draußen geschickt worden, um die kaiserliche Entourage zu empfangen. Herzl regte an, den Direktor Joseph Niego, dessen Bekanntschaft er tags zuvor gemacht hatte, dem Kaiser vorzustellen, »wenn mich dieser erkennen u. ansprechen sollte«. Doch »Niego bat mich, dies zu unterlassen, da es als eine zionistische Manifestation angesehen werden u. ihm schaden könnte«. Es war nicht die einzige Abfuhr, die Herzl und seine zionistische Abordnung von Angehörigen des Jischuv, der jüdischen Gemeinschaft in Palästina, einstecken mußten.

Als sich die deutsche Gruppe mit dem Kaiser an der Spitze Mikveh Israel näherte, stimmte der Schülerchor die deutsche Kaiserhymne *Heil Dir im Siegerkranz* an. Herzl hatte sich neben einem der Pflüge der Landwirtschaftsschule aufgestellt und lüftete ehrerbietig seinen Korkhelm. Mit Freude stellte er fest, daß der Kaiser ihn »schon von fern« erkannt hatte, sein Pferd zu ihm hinlenkte und ihm, indem »er sich auf den Hals des Pferdes niederbeugte«, die Hand zur Begrüßung reichte. Auch der Hofmarschall Eulenburg, ebenfalls hoch zu Ross, grüßte ihn liebenswürdig. Höflich erkundigte sich Herzl, wie die Reise des Kaisers bislang verlaufen sei. »Sehr heiß! Aber das Land hat eine Zukunft«, gab er zur Antwort. »Wasser braucht es! Viel Wasser!« Herzl stimmte zu, und der Kaiser wiederholte: »Es ist ein Land der Zukunft«, bevor er davonritt. Der Schülerchor sang noch einmal die Hymne, und die kaiserliche Gesellschaft setzte ihren Weg fort.

Eine bedeutungslosere Unterhaltung läßt sich kaum vorstellen, aber das Bild von Herzl, wie er, den Hut in der Hand, vor dem Kaiser zu Pferd steht, wurde zu einer zionistischen Ikone. Es verstand sich ja keineswegs von selbst, daß Wilhelm anhielt, um mit Herzl ein paar Worte zu wechseln. »Die Schaugäste von Mikweh waren ganz verblüfft«, hielt er in seinem Tagebuch fest. »Die Rothschildschen Administratoren blickten scheu u. verdrießlich.« Doch die beiden von Bodenheimer aufgenommenen Fotografien waren mißlungen. Tatsächlich handelt es sich bei dem berühmten Bild, das Herzl mit gezogenem Hut vor dem Kaiser hoch zu Ross zeigt, um eine Fotomontage. Gleichwohl ist die Begegnung fest in der zionistischen Legende verankert.

Die meiste Zeit seiner Reise war Herzl kränklich – seitdem er in Jaffa an Land gegangen war, hatte er sich nicht mehr wohl gefühlt. Mit ständig erhöhter Temperatur fühlte er sich während der Dauer seines Aufenthalts in Palästina schwach. Möglicherweise hatte er sich tatsächlich eine Krankheit zugezogen, vielleicht Malaria, vielleicht war es einfach nervliche Überreiztheit. Schnirer, von Beruf Arzt, empfahl Chinin, doch Herzl vertrug es nicht und mußte sich erbrechen; Abreibungen mit Alkohol und Kampfer halfen auch nicht. Was immer auch der Grund gewesen sein mag – Herzls begreifliche psychische Erregung ging einher mit physischer Schwäche, was während der Reise deutlich zutage trat.

Später am Tag, einem Freitag, bestiegen Herzl und seine Begleiter den Zug von Jaffa nach Jerusalem. »Eine Stunde dauerte die Abfahrt allein auf dem Bahnhofe von Jaffa. Es war eine Marter in dem engen, dichtbesetzten Coupé.« Die Verspätung hatte zur Folge, daß der Zug in Jerusalem nach Sonnenuntergang und damit nach Beginn des Sabbats ankam. Herzl und seine Begleiter sollten in einem Hotel absteigen, das eine halbe Stunde Fußwegs vom Bahnhof lag, doch war nicht sicher, ob Herzl das in seinem Zustand schaffen würde. Die Delegation beriet sich und entschied, daß eine Droschkenfahrt von der Bahnstation zum Hotel auf keinen Fall in Frage käme – die Halacha untersagt das Reisen per Bahn, Wagen oder Schiff am heiligen Ruhetag. Also, schrieb Herzl im Tagebuch, »musste ich mich entschliessen, mit meiner Fiebermüdigkeit in die Stadt zu gehen. Ich wankte ordentlich auf meinem Stock, den anderen Arm stützte ich auf Wolffsohn u. Schubs Arm.« So hatte er sich seinen Einzug in Jerusalem nicht vorgestellt. Doch einmal untergebracht, konnten Herzl – ungeachtet seines geschwächten Zustands – und seine Begleiter die Stadt in ihrer ganzen Schönheit wahrnehmen, während sie auf eine offizielle Benachrichtigung wegen der bevorstehenden Audienz beim Kaiser warteten.

Auf dem Fußmarsch vom Bahnhof zum Hotel machte die Stadt auf den von Fieber geschüttelten Herzl einen gewaltigen Eindruck. »Trotz der Mattigkeit machte mir Jerusalem im Mondstaub mit seinen großartigen Umrissen doch einen mächtigen Eindruck. Prachtvoll die Silhouette der Feste Zion, der Davidsburg. Die Gassen waren voll von im Mondschein lustwandelnden Judenscharen.«* Den Samstag verbrachte er, zu geschwächt um auszugehen, in seinem Hotelzimmer, am Sonntag aber unternahm er einen Spaziergang mit seinen Begleitern. Das romantische Bild vom Freitagabend war verschwunden – jetzt sah er Verwahrlosung, Verfall und die schwelende Feindseligkeit zwischen den unterschiedlichen Glaubensrichtungen in der Stadt. Weltlich gesonnen, kultiviert, mit der Geschichte der Stadt vertraut und sich der daraus ergebenden Folgeerscheinungen bewußt, war Herzl vom Schmutz und den Bettlern, die in Scharen die heiligen Stätten belagerten, schockiert. Doch dem fügte er in seinem Tagebuch eine Vision bei, wie er ein modernes Jerusalem aufzubauen gedachte:

> Die dumpfen Niederschläge zweier Jahrtausende voll Unmenschlichkeit, Unduldsamkeit u. Unreinlichkeit sitzen in den übelriechenden Gassen. Der Eine Mensch, der liebenswürdige Schwärmer von Nazareth, der in all der Zeit hier war, hat nur dazu beigetragen, den Hass zu vermehren. Bekommen wir jemals Jerusalem, u. kann ich zu der Zeit noch etwas bewirken, so würde ich es zunächst reinigen. Alles, was nicht Heiligthum ist, liesse ich räumen, würde Arbeiterwohnungen ausserhalb der Stadt errichten, die Schmutznester leeren, niederreissen, die nicht heiligen Trümmer verbrennen u. die Bazare anderswohin verlegen. Dann unter möglichster Beibehaltung des alten Baustyls eine comforta-

* Diese Schilderung des Vorabends vom Sabbat in Jerusalem hatte sich tief in Herzls Gedächtnis eingegraben und sollte später Grundlage der Beschreibung des Sabbatbeginns in Jerusalem unter gänzlich anderen Voraussetzungen werden – im Roman *Altneuland*.

ble, ventilirte, canalisirte neue Stadt um die Heiligthümer herum errichten.

Etwas später notierte er:

Von der Galerie einer alten Synagoge genossen wir im Vormittagssonnenschein die Aussicht auf den Tempelplatz, Oelberg u. die ganze legendäre Landschaft. Ich bin ganz überzeugt, daß sich außerhalb der alten Stadtmauern ein prachtvolles Neu-Jerusalem errichten liesse. Das alte Jerusalem wäre u. bliebe Lourdes u. Mekka u. Jeruscholajim. Eine sehr hübsche elegante Stadt wäre daneben ganz möglich.

Zwei Tage später schrieb er:

Nachmittags waren wir auf dem Oelberg. Grosse Ausblicke. Was liesse sich aus dieser Landschaft machen. Eine Stadt wie Rom, u. der Oelberg böte eine Aussicht wie der Gianiculo. Die alte Stadt mit ihren Reliquien würde ich einkapseln, allen Tagesverkehr hinausziehen, nur Gotteshäuser u. Wohlthätigkeitsanstalten sollten innerhalb der alten Mauern verbleiben. Und auf die Hügellehnen rings im weiten Kreise, die sich unter unserer Arbeit begrünen würden, käme ein herrliches Neu-Jerusalem zu liegen. Den Weg nach dem Oelberg würden die Elegantesten aller Welttheile befahren. Durch die Pflege ist ein Juwel aus Jerusalem zu machen. Alles Heilige in die alten Mauern einschliessen. Alles Neue ringsumher ausbreiten.
Wir stiegen auf den russischen Thurm … Unvergleichliche Aussicht auf das Jordanthal mit seinen Berglehnen, das Todte Meer, das Gebirge Moab, die ewige Stadt Jerusalem. Man müsste Zeit u. einen freien Kopf haben, um alle diese Eindrücke auszuarbeiten.

Die allen Juden heiligste Stätte in der Stadt, die Klagemauer, fand er abstoßend: »Wir waren bei der Klagemauer. Eine tiefere Bewegung will nicht aufkommen, weil sich an diesem Ort ein häßlicher, elender, speculativer Bettel breit macht. So war es wenigstens gestern in den Abend- und heute in den Morgenstunden, als wir dort waren.« Mehr denn je war er überzeugt, daß die Stadt einer gründlichen Erneuerung bedurfte.

Auf ihrem Gang durch die Altstadt stießen Herzl und seine Freunde allerdings noch auf andere Probleme. Als sie zur Via Dolorosa gelangten, beschleunigten sie ihre Schritte, »weil es dort für Juden nicht geheuer sein solle«. Auch verzichtete die Gruppe auf die Besichtigung der Moscheen auf dem Tempelberg, andernfalls »verfällt man dem Bann der Rabbiner«. Vermutlich hätte Herzl als Privatperson, als hochkultivierter Intellektueller mit besonderem Interesse für historische Zusammenhänge gern sowohl die Grabeskirche als auch den Felsendom besichtigt, doch leuchtete es ihm ein, daß eine offizielle zionistische Delegation – wie weltlich ihre Mitglieder auch immer eingestellt sein mochten – bei ihrem Tun und Lassen in der Öffentlichkeit die Empfindlichkeiten religiöser Juden berücksichtigen mußte.

Auch mit den Angehörigen des alten Jischuv geriet Herzl in Konflikt, und zwar sowohl mit den Aschkenasim wie den Sephardim, die gleichermaßen den Zionismus strikt ablehnten und nichts mit der Abordnung zu tun haben wollten.

Die stärkste Spannung allerdings rührte von der Frage her, ob es tatsächlich zur Audienz mit dem Kaiser kommen würde. Dringende Schreiben gingen hin und her, und die Zionisten wurden immer wieder an dem großartigen Zeltlager neben dem Russischen Platz vorstellig, in dem der Kaiser sein Hauptquartier aufgeschlagen hatte.

In Palästina hatten Herzl und seine Freunde keine Möglichkeit, sich über das Weltgeschehen zu informieren. »Wir haben hier keine Zeitung, seit 14 Tagen keine Nachricht mehr von den Weltvorgängen«, klagte er im Tagebuch. Am 31. Oktober, nachmittags um drei Uhr – die Tatsache, daß er die Uhrzeit so genau festhielt, zeigt, wie nervös und angespannt er war –, wurde er von der Nachricht überrascht, die eine seiner Kontaktpersonen am kaiserlichen Hof von dort mitbrachte, derzufolge es bei der sudanesischen Stadt Faschoda zu einer Konfrontation zwischen Engländern und Franzosen gekommen sei. Beinahe wäre es zu einem Schusswechsel zwischen den Truppen der beiden Mächte gekommen, und Herzls Gewährsmann wußte zu berichten, daß Frankreich England den Krieg erklärt habe. »Die Sache kommt mir unglaublich vor«, notierte Herzl im Tagebuch, allerdings bestätigte ein jüdischer Beamter des russischen Konsulats das Gerücht. Die zionistische Delegation befürchtete, daß sie, sollte Europa sich in ein Schlachtfeld verwandeln, in Palästina steckenbliebe. Wenige Stunden später aber stellte sich heraus, daß es sich um falschen Alarm gehandelt hatte, zu der anglo-französischen Konfrontation war es allerdings tatsächlich gekommen, und in Jerusalem hieß es, der Kaiser werde seinen Besuch abbrechen und direkt nach Beirut abreisen. Wiederum entsandte Herzl Boten ins kaiserliche Zeltlager. Sie kehrten mit der festen Zusage zurück, daß die Audienz stattfinden würde. »Morgen oder übermorgen.«

Am 1. November wurde Herzl – allein – in das deutsche Generalkonsulat bestellt. Dort hieß es, er sollte zu den kaiserlichen Zelten weiterfahren, um dort einen Diplomaten namens Kemeth zu treffen, von dem Herzl noch nie zuvor gehört hatte. Er eilte zum Zeltlager des Kaisers und stellte erst einmal fest, daß der Name falsch ausgesprochen worden war, es handelte sich um einen Herrn Klehmet, seines Zeichens Legationsrat im Auswärtigen Amt. Klehmet überreichte – »mit einiger Herablassung« – Herzl die redigierte und zensierte Fassung der Ansprache, die er vor dem Kaiser halten sollte. Der Deutsche forderte Herzl auf, ihm eine neue, bereinigte Version der Rede vorzulegen, ohne die gestrichenen Stellen. Diese Anweisung sowie die demütigende Art und Weise waren in höchstem Maße ärgerlich, immerhin war es aber ein deutliches Zeichen, daß die Audienz tatsächlich stattfinden würde.

Nachdem Herzl am Abend dem »wichtigen Herrn Legationsrath« – im Tagebuch nannte er ihn spöttisch »Seine Importanz« – die Reinschrift seiner Ansprache zugesandt hatte, erfuhr er, daß er am nächsten Tag vom Kaiser empfangen würde. Der Delegation wurde befohlen, das Ereignis nicht publik zu machen, auch nicht, nachdem es stattgefunden hatte – ungeachtet der Tatsache, daß, so Klehmet, Herzl »von einer Veröffentlichung gesprochen« hatte. In fieberhafter Hast begann die Delegation, die Zusammenkunft vorzubereiten. Herzl, wie immer äußerst nervös, erkundigte sich bei seinen Begleitern, ob »ihre Kleider, Wäsche, Kravatten, Handschuhe, Hüte in Ordnung seien«. Bodenheimer hatte »einen grotesken Cylinder und zu weite Manschetten, an denen die Unterärmel hervorrutschten. Im letzten Augenblick mußte man ihm andere Manschetten hervorsuchen.« Nach reiflicher Überlegung beschloß man, zur Beruhigung kein Brom zu nehmen. Allen fünf stand dieser historische Augenblick klar und deutlich vor Augen. Später schrieb Herzl im Tagebuch: »Dieser kurze Empfang wird in der Geschichte der Juden für immerwährende Zeiten aufbewahrt werden u. es ist nicht unmöglich, dass er auch geschichtliche Folgen haben wird.«

Herzl sollte nur halb recht behalten – die Begebenheit war denkwürdig, aber sie hatte keinerlei Bedeutung für den weiteren historischen Verlauf.

Die Audienz war enttäuschend und blieb weit hinter den Erwartungen zurück, die durch die Zusammenkunft in Konstantinopel geweckt worden waren. Damals war Herzl zu dem Schluß gelangt, der Kaiser würde sich den Plan eines deutschen Protektorats zu eigen machen. Aus Dokumenten des deutschen Auswärtigen Amtes und seiner Korrespondenz mit offiziellen Instanzen anderer Staaten sollte später hervorgehen, daß von Bülow und seine Diplomaten die etwas romantische Begeisterung ihres jungen Monarchen zu dämpfen gewußt hatten. Das konnte Herzl zu jenem Zeitpunkt freilich nicht wissen. Hinzu kam, daß Wilhelm für zahlreiche Themen leicht zu begeistern war, und seine Berater häufig seinen Feuereifer mäßigen mußten. In späteren Jahren entledigte er sich dieser Fachleute am Hof und ersetzte sie durch Personen, die seinem Charakter und Temperament besser entsprachen. Das sollte im weiteren dazu führen, daß Deutschland alle Vorsicht in den Wind schlug und vertragliche Verpflichtungen von großer Tragweite einging, die am Ende das Reich und ganz Europa in einen katastrophalen Krieg zogen.

»Im brennenden Mittagssonnenschein u. weissen Staube« kam die Delegation am kaiserlichen Zelt an. Herzl durfte seine vier Begleiter vorstellen. Von Bülow, »in einem bestaubten grauen Saccoanzug« – offenkundig machte der Orient nicht nur den Zionisten zu schaffen! –, stand neben dem Kaiser, eine Abschrift von Herzls überarbeiteter Rede in der Hand. Herzl las seine Ansprache vom Blatt ab; aus dem Augenwinkel bemerkte er, wie der Außenminister mit dem Finger Wort für Wort in seinem Exemplar folgte. Als er geendet hatte, dankte der Kaiser mit freundlichen Worten: »Ich danke Ihnen für Ihre Mittheilungen, die mich sehr interessiert haben. Die Sache bedarf jedenfalls noch eines eingehenden Studiums und weiterer Aussprachen.« Er äußerte sich lobend über die Ansiedlungen in Palästina, sowohl die der Deutschen Templer als auch »Ihrer Landsleute«. »Das Land hat Platz für Alle. Schaffen Sie nur Wasser und Schatten. Auch für die eingeborene Bevölkerung werden die Arbeiten der Colonisten als anregendes Muster dienen. Ihre Bewegung, die ich genau kenne, enthält einen gesunden Gedanken.«

Man kam auf das Wetter zu sprechen, der Kaiser bemerkte, daß sie in Ramleh, auf dem Weg nach Jerusalem, die Temperatur gemessen hatten: 31° im Schatten, 41° in der Sonne, um dann noch einmal auf das Wasser zurückzukommen. Herzl wies darauf hin, daß die Entwicklung eines Bewässerungssystems sehr teuer werde, worauf der Kaiser, Herrscher der mächtigsten Industrienation Europas, erwiderte: »Na, Geld haben Sie ja genug. ... Mehr Geld wie wir Alle.« Von Bülow pflichtete ihm bei: »Ja, das Geld, das uns so viele Schwierigkeiten macht, haben Sie reichlich.«

In diesem Ton und nachdem noch ein paar technische Einzelheiten erörtert worden waren, wie Wasserkraft sinnvoll genutzt werden könnte – Elektrizität, Hygiene, Bekämpfung von Augenkrankheiten –, endete die Audienz.

Was für eine abgrundtiefe Enttäuschung! Keine politische Diskussion, kein Wort zur Landgesellschaft, zum deutschen Protektorat oder zur »chartered company«. Herzl bemühte sich, seine Enttäuschung zu überspielen, indem er beim Verlassen des Kaiserzeltes zu seinen Begleitern sagte: »Er hat nicht Ja noch Nein gesagt.« Er schickte unmittelbar darauf ein Telegramm an den Großherzog von Baden, von dem er zuvor so großen Zuspruch erhalten hatte. Lakonisch dankte Herzl ihm »aus tiefstem Herzen für alle Gnade«, ohne weiter auf Inhalt und Verlauf der Audienz einzugehen. Es gab wirklich nichts zu berichten.

Am nächsten Tag, es war der 3. November, bestiegen die Delegierten den Zug nach Jaffa. Da sie so lange im Ungewissen gelassen worden waren, ob sie tatsächlich mit dem Kaiser zusammentreffen würden, hatten sie ihre Rückfahrt per Schiff nicht vorausplanen und organisieren können und mußten sich folglich jetzt um Kabinenplätze balgen. Mit Müh und Not ergatterten sie schließlich Plätze auf dem »englischen Orangendampfer *Dundee*«. Herzl hatte es eilig, Palästina zu verlassen: teils weil ihm zugetragen worden war, anti-zionistisch gesonnene Juden in Jaffa verbreiteten das bösartige Gerücht, er und seine Begleiter seien »ein Werkzeug der englischen Judenmission«, teils weil er, wie es im Tagebuch heißt, seine Festnahme durch die türkischen Behörden befürchtete, die in der Zwischenzeit vom politischen Inhalt der zionistischen Petition an den Kaiser möglicherweise Wind bekommen hatten. In Herzls Tagebuch findet sich kein weiterer Bericht mit Einzelheiten, keine Bewertung, keine Zusammenfassung der Audienz, obwohl er und seine Begleiter diese in den darauffolgenden Tagen zweifellos erörtert haben dürften. Wiederum flohen die fünf vor der drückenden Hitze in den Kabinen an Deck, wo sie die meiste Zeit der Überfahrt verbrachten. Im Tagebuch sprach Herzl sich selbst Mut zu: »Und trotz dieser schlimmen Fahrt fühle ich mich wohl, wenn ich bedenke, dass dieses Wagnis der Prätendentenfahrt nach Palästina vorläufig bestanden ist.«

Die Sinn- und Zwecklosigkeit der Audienz war nicht der einzige Grund für die Niedergeschlagenheit der Zionisten – es war ihnen zudem noch untersagt worden, irgendetwas über eine stattgefundene Begegnung mit dem Kaiser verlautbaren zu lassen. Als Journalist kannte Herzl nur zu gut die Bedeutung von Öffentlichkeitsarbeit und war zutiefst von dem Verbot enttäuscht, das der deutsche Hof erlassen hatte. Noch fassungsloser reagierte er, als er bei der Rückkehr nach Wien in der Presse die Notiz einer Nachrichtenagentur fand:

> Jerusalem, 2. November. Kaiser Wilhelm empfieng eine jüdische Deputation, welche ein Album mit Ansichten der in Palästina errichteten jüdischen Colonien überreichte. Auf die Ansprache des Führers der Deputation erwiderte Kaiser Wilhelm, dass alle diejenigen Bestrebungen auf sein wohlwollendes Interesse zählen können, welche auf die Hebung der Landwirtschaft Palästinas zum Besten der Wohlfahrt des türkischen Reiches unter voller Respectierung der Souveränität des Sultans abzielte.

Kein Wort über eine zionistische Abordnung, keine namentliche Erwähnung Herzls. Es drehte sich lediglich um die Entwicklung der Landwirtschaft in Palästina mit einer Verbeugung vor der Oberhoheit des Sultans, um diesem bloß nicht zu nahe zu treten. Eine farb- und bedeutungslosere Mitteilung war kaum vorstellbar. Die Delegation unter Herzl hatte sich mit ihrer Zustimmung dem Hof gegenüber verpflichtet, nicht ihre eigene Darstellung der Audienz an die Presse zu geben – doch selbst, wenn man es ihr gestattet hätte, wäre damit kein greifbares diplomatisches Ergebnis erzielt worden.

Allmählich dämmerte es Herzl, daß die Reise umsonst gewesen

war. In einem langen Brief an den Großherzog von Baden, der ihm von Anfang an Mut zugesprochen hatte, gab Herzl seiner Enttäuschung Ausdruck. Der größte Fehlschlag seiner Ansicht nach war, daß der Kaiser sich nicht durchgerungen hatte, die Idee eines deutschen Protektorats wohlwollend aufzugreifen. Völlig zu recht nahm Herzl an, daß »sich zwischen der Privataudienz in Konstantinopel u. dem Empfang der Abordnung in Jerusalem Schwierigkeiten erhoben« haben, und zwar wahrscheinlich in den deutsch-türkischen Beziehungen. Aber das war ein schwacher Trost – es »haben nur äussere Schwierigkeiten und nicht eine Sinnesänderung Seiner Majestät die von uns erwartete Erklärung des deutschen Protectorates vorläufig hinausgeschoben«. Auch wenn das der Fall gewesen wäre, es hätte an der Sache selbst nichts geändert – Herzl war kein diplomatischer Durchbruch gelungen. Trotzdem fand er in alldem noch etwas Gutes:

> Dass der Kaiser in Jerusalem das Protectorat nicht übernommen hat, ist für die spätere Entwicklung unserer Sache natürlich vorzüglich. Meine Begleiter waren ja recht enttäuscht. Denn das Protectorat wäre ein klarer nächster Vortheil gewesen. Aber kein fernerer. Wir hätten für dieses Protectorat späterhin die schwersten Wucherzinsen zahlen müssen.

Hier kommt einem Herzl wie der Fuchs mit den sauren Trauben vor. Aber bei seiner Rückkehr nach Wien, wo er von den zionistischen Anhängern »stürmisch« willkommen geheißen wurde – immerhin war die Abordnung vom deutschen Kaiser empfangen worden! –, bat er inständig darum, alle Vorbereitungen eines geplanten prächtigen Balls, eines »Monstre-Commers« zu seinen Ehren in einem der vornehmsten Konzert- und Tanzsäle der Stadt einzustellen. Es war jetzt, wie er sagte, nicht die Zeit zum Feiern.

Mit einem Seufzer endete eine der faszinierendsten politischen Initiativen, die Herzl in den wenigen Jahren zwischen dem ersten Zionistischen Kongreß 1897 und seinem Tod 1904 auf den Weg gebracht hatte. Aber war es wirklich nur ein Mißerfolg? Unbedingt, legt man als Maßstab Herzls große Hoffnungen zugrunde, die er auf die Begegnung mit dem Kaiser in Jerusalem gesetzt hatte, die – daran sollte noch einmal erinnert werden – nicht auf seine Initiative zurückging, sondern auf die der Deutschen. Bei der Reihe von Begebenheiten bis zur offiziellen Audienz – in Potsdam, Konstantinopel und Jerusalem – hatte Herzl sich als Politiker gesehen, der die Bühne der internationalen Politik betrat, kurz vor einem dramatischen historischen Durchbruch, in dessen Verlauf das jüdische Volk wieder als aktiv handelnder Partner in die Welt der internationalen Politik zurückkehren sollte. Er sah sich selbst als Figur in einem historischen Tableau mit dem Schauplatz Jerusalem. Die Stadt war beinahe schon in seine Hände übergeben worden, so daß er sie von einem rückständigen Nest in der Levante zu einem Juwel hätte umwandeln können. Sehr wahrscheinlich hätte er nicht derlei Luftschlösser gebaut, wäre er nicht der festen Ansicht gewesen, an einem Wendepunkt der Geschichte zu stehen. Anstatt seine Träume nun verwirklicht zu sehen und eine Nation durch staatsmännisches Handeln bilden zu können, mußte er erkennen, daß er wenig mehr als ein ganz gewöhnlicher Bittsteller war, der in einer Sphäre von Hofintrigen ausgetrickst worden war, in der er nichts zu sagen hatte und deren Funktionsmechanismen er nicht durchschaute.

Gleichwohl aber barg der Fehlschlag einen beispiellosen Erfolg in sich. Nie zuvor war ein jüdischer Repräsentant mit einem großmächtigen Herrscher zusammengekommen, um sich für die politische Unabhängigkeit der Juden einzusetzen; nie zuvor war einer der weltweit einflußreichsten Herrscher so offen und unmittelbar bereit gewesen, dem Vorhaben der Gründung eines jüdischen Gemeinwesens sein Ohr zu leihen; nie zuvor in der Neuzeit war die Idee, eine jüdische Heimstatt auf dem historischen Territorium der Juden zu schaffen, auf die internationale politische Agenda gesetzt worden; nie zuvor war die zionistische Causa auf solch hohem Niveau zur Sprache gekommen – von Kaiser und Sultan, von Regierungschefs und Außenministern, von Spitzendiplomaten der bedeutendsten Weltmächte. Auch wenn das Vorhaben zurückgewiesen worden war, so hatten doch zum ersten Mal die Mächtigen, in deren Hände alle Fäden zusammenliefen, sich mit ihm auseinandergesetzt und es begutachtet – auch wenn sie es dann ablehnten. Die zionistische Idee hatte es auf die Weltkarte geschafft und würde von nun an ein Faktor in den internationalen Beziehungen sein.

Herzls Jerusalemer Audienz beim Kaiser war in gewissem Sinne Symbol seiner gesamten politischen Tätigkeit – auch seine diplomatischen Bemühungen an anderen Stellen führten zu nichts. Die Zionistische Organisation, die unter Herzls Leitung eine ganze Reihe bis dahin getrennter Gruppierungen und Persönlichkeiten zusammengeführt hatte, schuf die institutionelle Struktur, die später als Grundlage des Staates Israel dienen sollte. Doch zu Lebzeiten Herzls war sie schwach, marginal und ohne jeden Einfluß. Immerhin wandelte Herzl die Vorstellung der politischen Lösung der Judenfrage von einer luftigen Idee, die eine Handvoll jüdischer Intellektueller im Kaffeehaus oder in jüdischen Zeitschriften debattierte, in eine Herausforderung an die internationale Gemeinschaft um. Das war seine phänomenale Leistung.

Herzls Mißerfolg beim deutschen Kaiser wie auch bei anderen Potentaten der Welt gehörte unmittelbar zum Einzug der zionistischen Idee in die Weltarena.

Dieser Mißerfolg sollte später, nach der Balfour-Deklaration und dem Mandat des Völkerbundes, zum Teilungsbeschluß der Vereinten Nationen am 29. November 1947 und schließlich zur Gründung des Staates Israel führen. Es war ein großartiger Mißerfolg, der beeindruckende Ergebnisse zeitigte.

Kapitel 2
Das Unbehagen an der Emanzipation

Die zweite Hälfte des 19. Jahrhunderts – jene Zeit also, in der Herzl lebte – gehörte lange zu den friedlichsten Perioden Europas. Für die europäischen Juden war sie zugleich eine Ära, wie sie kaum besser hätte sein können. Zwar hatte der Deutsch-Französische Krieg von 1870-1871 kurzzeitig die herrschende Ruhe unterbrochen, doch kehrte der Frieden bald wieder zurück – begleitet von einem bis dahin beispiellosen Wohlstand. Ein Russisch-Türkischer Krieg brach 1877 am Balkan aus, an den äußersten Enden des Kontinents, aber das lag weit entfernt und beeinträchtigte kaum das tagtägliche Leben der Einwohner von Wien, Budapest, Berlin, Paris und London, überhaupt sah es nicht so aus, als könnte das Geschehen ernsthafte Konsequenzen irgendwelcher Art für ihre weitere Zukunft haben. Als unmittelbar nach dem Krieg der Berliner Kongreß 1878 zusammentrat, um die Landkarte des Balkans neu zu zeichnen, führten die europäischen Politiker unter Leitung des deutschen Reichskanzlers Otto von Bismarck und des britischen Premierministers Benjamin Disraeli aller Welt vor Augen, auf welche Art und Weise eine ausgeklügelte, auf Wahrung des Gleichgewichts der Kräfte und Ausgewogenheit der Interessen beruhende Diplomatie Kompromisse, weitreichende Verständigung und friedliche Koexistenz herzustellen vermochte.

Die Gegebenheiten dieser fünf Jahrzehnte unterschieden sich völlig von denen der revolutionären Ära zwischen 1789 und 1814, als die Französische Revolution, dann die Napoleonischen Kriege Europa wie nie zuvor erschütterten. Dynastien wurden gestürzt, Köpfe von Königen rollten, Grenzen wurden gleichsam über Nacht aufgehoben und neu gezogen. Manche Länder verschwanden, andere entstanden. Zigtausende wurden eingezogen, die mordend, plündernd und verwüstend Europa von Norden nach Süden, von Osten nach Westen durchquerten und irgendwann selbst in Scharen getötet wurden. Am Ende stand Napoleons Niederlage und die Wiedereinsetzung der Bourbonen auf dem französischen Thron, doch Frieden und Stabilität, welche die Neuordnung zunächst hergestellt hatte, waren von kurzer Dauer. 1848 überrollte eine neue Welle radikaler, revolutionärer Leidenschaft den europäischen Kontinent. In den deutschsprachigen Ländern und auf der italienischen Halbinsel, in Österreich, Ungarn und Polen verbanden Aufständische sozialrevolutionäre Begeisterung mit radikalen Forderungen nach nationaler Souveränität. Die Doktrin der nationalen Selbstbestimmung drohte, Monarchien zu Grabe zu tragen und ganze Reiche zu Fall zu bringen. Die um die Jahrhundertmitte ausbrechenden Aufstände machten unmißverständlich deutlich, daß die von der Französischen Revolution freigesetzten, vorübergehend unterdrückten Kräfte unter dem anscheinend friedlichen Boden Europas immer noch gärten.

Doch im Lauf der zweiten Hälfte des Jahrhunderts ließ der Elan des revolutionären sozialen und politischen Umsturzes, wie er sich im *Kommunistischen Manifest* von 1848 widerspiegelt, allmählich zugunsten liberaler und sozialdemokratischer Bewegungen nach, die eher zu reformieren trachteten, als Regierungen zu stürzen. Diesen Kräften war daran gelegen, das Los der Arbeiterklasse zu verbessern und diese in den Stand zu versetzen, am politischen Leben teilzunehmen. Konservative wie Bismarck, Disraeli und Napoleon III. begegneten dem mit einer Sozialgesetzgebung, die dem Aufstand den Reiz zu nehmen und die wirtschaftliche und soziale Ungleichheit, die sich im Zuge der industriellen Revolution weiter vertieft hatte, abzumildern suchte. Die schrittweise Erweiterung des Wahlrechts integrierte die untere Mittelklasse und einen Teil des Proletariats in das parlamentarische System. Zwar war die Einigung Deutschlands und Italiens während der sechziger und siebziger Jahre auf kriegerischem Weg erfolgt, doch hatten die Konfrontationen vergleichsweise kurz nur gedauert. Es sah ganz danach aus, als schickten sich diese beiden neuen Staaten an, die tragenden Säulen der Stabilität im Herzen Europas zu werden. Der »Ausgleich« von 1867 zwischen dem österreichischen und dem ungarischen Teil des Habsburger Reichs, mit dem die Doppelmonarchie eingesetzt wurde, schuf allem Anschein nach ein gerechtes Gleichgewicht zwischen Wien und Budapest und mochte bis zu einem bestimmten Grad auch das Nationalitätenproblem in dem weiträumigen und so vielfältigen Reich lösen.

Franz Joseph, der österreichische Kaiser und nunmehr auch König von Ungarn, hatte 1848 den Thron bestiegen. Königin Victoria von England war 1837 gekrönt worden. Die lange Regentschaft beider Herrscher ließ das Gefühl aufkommen, daß Monarchien von Bestand und Monarchen bei ihren Untertanen beliebt sein konnten. Als 1900 das Ende des Jahrhunderts, das *fin de siècle*, feierlich begangen wurde, hatten englische Großeltern mehr oder weniger ihr ganzes Leben unter ein und derselben Königin verbracht, und die alten Leute in Österreich kannten nur einen Kaiser. Victoria und Franz Joseph nahmen sich aus wie strenge, aber liebevolle Eltern – oder wie gütige Großeltern: Symbole nicht allein für Kontinuität und Stabilität, sondern mehr noch für eine ewigwährende Ordnung. Wer dachte noch daran, daß eben mal vor einem Jahrhundert eine aufgebrachte Menge die königliche Familie aufs Schafott gebracht hatte, Aristokraten und Monarchen in Europa vor Angst schlotterten?

Das sah für die Juden genauso aus. Das 19. Jahrhundert war gut mit ihnen umgegangen, besser als jede andere Epoche seit der Zeit, als aus dem Römischen Reich eine Weltmacht unter christlicher Herrschaft geworden war. Gewiß war die Friedlichkeit des Jahrhunderts mehr ein Phänomen von West- und Mitteleuropa und nicht der östlichen Gebiete, aber selbst dort machte sich die Aufklärung nach und nach bemerkbar, insbesondere unter den Millionen Juden, die unter dem russischen Zaren ihr Leben fristeten.

Rußland selbst wurde von einer Woge des sozialen Fortschritts – wenn auch langsam nur und zögernd – fortgetragen. Wie es – zumal in den Jahrzehnten nach 1850 – um die Freiheit der europäischen Juden bestellt war, läßt sich am besten an ihrem Eintritt in eine Vielzahl von Bereichen des bürgerlichen Lebens innerhalb der geographischen und sozialen Struktur Europas ablesen.

Zu Beginn des Jahrhunderts lebten Juden vorwiegend am Rande von Städten und waren kaum im Zentrum der europäischen Metropolen vertreten. Lediglich eine Handvoll Juden lebte in Paris und London. Berlin war praktisch *judenrein* – nur wenige Jahrzehnte zuvor hatte sich ein international berühmter jüdischer Philosoph namens Moses Mendelssohn genötigt gesehen, beim preußischen König um eine gesonderte Aufenthaltserlaubnis für sich und seine Familie nachzusuchen. Es gab keine jüdische Gemeinde in Wien – nur einer kleinen Anzahl von Hofjuden und Heereslieferanten war die Niederlassung in der Hauptstadt des Habsburger Reichs gestattet. So gut wie keine Juden lebten in Buda oder Pest, den damals noch nicht vereinigten Städten, ganz wenige in Warschau, und in St. Petersburg und Moskau überhaupt keine. Die einzige Ausnahme bildete – relativ gesehen – aufgrund von besonderen historischen Gegebenheiten Prag, nun im Niedergang begriffen.

Die Mehrzahl der Juden lebte also zu Beginn des Jahrhunderts in Dörfern oder Marktflecken – in Frankreich vor allem im Elsaß, ferner in Hessen, in Franken, Mähren, Galizien, den Provinzstädten Ungarns und natürlich im sogenannten Ansiedlungsrayon, einem Gebiet des Zarenreichs, das heute zu Ostpolen, Litauen, Weißrußland und der Ukraine gehört – es handelte sich um die seinerzeit am dichtesten von Juden bevölkerte Region Europas. Überwiegend bildeten die Juden in diesen Marktstädtchen und Dörfern gleichsam das wirtschaftliche wie soziale Verbindungsglied zwischen den Bauern einerseits und dem Adel wie der städtischen Oberschicht andererseits.

Für die Randexistenz der Juden in den europäischen Städten gab es viele Gründe. Der bedeutendste war wohl, daß es am Ausgang des Mittelalters und zu Beginn der Neuzeit dem aufsteigenden städtischen Bürgertum gelang, die Juden, seinen Konkurrenten in Handel und Wirtschaft, aus den Städten zu verdrängen. Als es auf Kosten von Feudalherren und Königen an Bedeutung gewann, erwirkte das Bürgertum das Recht, das *privilegium de non tolerandis Judaeis*, Juden aus den Städten zu verbannen. Die im polnisch-litauischen Staat gegründeten Städte übernahmen diese Gesetzesregelung, was zur Folge hatte, daß die meisten Juden Osteuropas in Kleinstädten und Dörfern unter der Jurisdiktion des Adels und nicht in Großstädten lebten. Bis zur Französischen Revolution besaßen die Juden daher kaum eine legale Existenzgrundlage in den europäischen Metropolen.

Am Ende des 19. Jahrhunderts hatte sich das Bild vollständig verändert. Innerhalb von zwei, drei Generationen waren die Juden unter den Einwohnern der Haupt- und Großstädte nicht nur zahlreich vertreten, sondern durchaus angesehene Bürger. 1890 stellten sie in Berlin, Wien und Budapest um zehn Prozent, in Warschau beinahe dreißig Prozent der Einwohner. In Paris und London war ihr Anteil geringer, aber immer noch bedeutend, wenn man bedenkt, daß es sie dort hundert Jahre zuvor so gut wie gar nicht gegeben hatte. Dieselbe Veränderung hatte sich in anderen größeren Städten vollzogen – in Breslau und Leipzig, Krakau und Preßburg (Bratislava), Brünn (Brno) und Lemberg (Lwów). Im russischen Ansiedlungsrayon zogen die Juden aus Städtchen und Dörfern in größere Provinzstädte. Ein Reisender, der 1790 die europäischen Großstädte besucht hätte, wäre kaum einem Juden begegnet. Hundert Jahre später hätte er sie in Städten und Metropolen kaum übersehen können. Wien war ein besonders anschauliches Beispiel für diese Veränderung. Die Eltern und Großeltern der meisten Juden, die 1890 hier lebten, waren in die dynamische österreichische Hauptstadt aus Mähren und Böhmen, aus Galizien und der Bukowina, aus der ungarischen Tiefebene und den Grenzgebieten »Ober-Ungarns«, der heutigen Slowakei, aus dem Banat und Gegenden der Vojvodina (die später Jugoslawien bildeten) gekommen.

Natürlich ging mit dem Zuzug vom Land in die Stadt auch ein sozialer und wirtschaftlicher Wandel einher. Nach und nach änderte sich der legale Status der Juden, was wiederum Grundlage für ihre räumliche und soziale Mobilität war. In Einklang mit den fortschrittlichen Grundsätzen der Aufklärung erhielten die Juden Frankreichs 1791 die volle bürgerliche Gleichberechtigung. Hatte die Zahl der damals in Frankreich lebenden Juden unter 40 000 gelegen, so wurde der Grundsatz der Gleichberechtigung zunächst durch die Revolution, dann infolge der Eroberungen Napoleons nahezu in ganz Westeuropa verankert. Nach dem Wiener Kongreß 1815 wurden etliche der napoleonischen Rechte in manchen Teilen Deutschlands widerrufen, gleichwohl blieben einige, wie der Zugang zu öffentlichen Schulen und den freien Berufen, bis zu einem gewissen Grad in Kraft. Die Veränderungen im Habsburger Reich vollzogen sich schrittweise und weniger radikal, doch die meisten Vorschriften, welche die Zulassung von Juden zu Berufen untersagten, wurden in der Folge des 1781 von Kaiser Joseph II. erlassenen Toleranzpatents nach und nach aufgehoben, desgleichen auch Einschränkungen des Wohnrechts in den Städten. Ähnlich verlief der Prozeß der Gleichstellung in den deutschen Staaten nach der Revolution 1848. Im Zuge der Reichseinigung von 1871 wurde den Juden schließlich vollständige Gleichberechtigung gewährt. Am Ende des Jahrhunderts bestanden in Deutschland, Österreich-Ungarn und Westeuropa keine rechtlichen Barrieren mehr, wo Juden leben, welche wirtschaftlichen Tätigkeiten, welche Berufe sie ausüben und welche Bildungsstätten – von Grundschulen bis zu Universitäten – sie besuchen konnten. Das hieß natürlich nicht, daß es für einen Juden leicht gewesen wäre, eine leitende Position im öffentlichen Dienst einzunehmen oder gar den Offiziersrang zu erhalten. Immerhin konnten in Österreich-Ungarn die Juden sogar in den Adelsstand erhoben werden – der erste Adelstitel, den die Familie Rothschild erhielt, war österreichisch. Die Residenzen wohlhabender und geadelter Juden verschönerten die Alleen und Boulevards von Wien und Budapest. Zu Franz Josephs Reich gehörten damals nicht nur Österreich und Ungarn, sondern die heutige Tschechische Republik, die Slowakei, Südpolen (Galizien und Schlesien), die Bukowina, Transsylvanien, Kroatien, Bosnien und Teile Serbiens. Das bedeutete, daß nahezu zwei Millionen Juden in den Genuß der vom Kaiser gewährten Rechte kamen – nur Rußland besaß mehr jüdische Einwohner.

Auch die Einstellung der Juden gegenüber der Gesellschaft, die sich vor ihnen auftat, änderte sich. Die französischen Revolutionsarmeen, die den Juden in allen von ihnen eroberten Ländern die Emanzipation brachten, wurden von den jüdischen Gemeinden mit Begeisterung begrüßt. Da und dort sahen Juden in der Emanzipation ein Ereignis, das die Endzeit, den Beginn des messianischen Zeitalters einläutete, und in manchen, zu Ehren Napoleons verfaßten Schriften finden sich häufig Wendungen, die auf ihn als Messias anspielen, so beispielsweise in Gebeten, die anläßlich dieser oder jener Ereignisse während seiner Herrschaft geschrieben wurden. Die neuen, insbesondere in Deutschland und Ungarn verbreiteten jüdischen religiösen Reformbewegungen verinnerlichten die Werte von Liberalismus und bürgerlicher Gleichstellung: Sie sahen in der Gewährung der Gleichberechtigung nicht nur das Ende aller Verfolgungen gekommen, sondern hielten sie gleichsam für ein geradezu kosmisches Ereignis, das die jüdische Diaspora grundsätzlich umformte. »Wir leben nicht länger im Exil«, so lautete ihr Argument, »vielmehr sind wir Deutsche (bzw. Ungarn) mosaischen Glaubens.« Reformgemeinden strichen aus den Gebeten jegliche Erwähnung Zions oder Jerusalems – nicht, weil sie sich assimilieren oder den Unterschied zwischen Juden und Christen verwischen wollten. Es galt dies vielmehr als beredtes Zeugnis des jüdischen Triumphs über Diskriminierung und Mißhandlung, als Beweis, daß es möglich war, als Juden mit gleichen Rechten in einer mehrheitlich christlich geprägten Gesellschaft zu leben. Die ebenfalls neu entstandene, moderne Orthodoxie in Deutschland und Ungarn hatte zwar nicht die Lehre von der Erlösung durch den Messias aufgegeben, ließ aber doch eine gewisse

Anpassung an die Normalität des Lebens unter Nichtjuden erkennen.

Dieses Phänomen schlug sich architektonisch im Bau prächtiger Synagogen in den bedeutendsten Städten Europas nieder. In früheren Zeiten waren Synagogen unscheinbare Gebäude in überwiegend von Juden bewohnten Vierteln gewesen, und zwar auch dort, wo es keine Ghettos gab, da die christliche Theologie die Errichtung auffallender jüdischer Gotteshäuser strikt untersagte. Infolgedessen waren diese schlicht und vielfach kaum von üblichen Wohnhäusern zu unterscheiden – ein anschauliches Beispiel dafür ist immer noch das jüdische Viertel in Venedig. Das sollte sich im 19. Jahrhundert ändern. Große und prächtige Synagogen wurden in den Städten gebaut. Sehr häufig wies ihre Architektur dem orientalischen Dekor entliehene Elemente auf, um sie von den in romanischem oder gotischem Stil errichteten Kirchen auf den ersten Blick zu unterscheiden. Diese Bauwerke wurden von den hervorragendsten Architekten, sie mochten jüdisch sein oder auch nicht, entworfen – so in Budapest, Wien, Warschau, Florenz, Bukarest, Berlin und Dutzenden von anderen Städten. Sie standen im Zentrum und wurden zu integralen Bestandteilen der städtischen Struktur, Symbole des neuen sozialen Status und des wachsenden Wohlstands der jüdischen Bevölkerung.

Um 1800 hätte die Geschichte der zentral- und westeuropäischen Kultur ohne jeden Bezug auf Juden im allgemeinen oder eine bestimmte jüdische Persönlichkeit im besonderen geschrieben werden können. Die europäische Literatur, lyrische und philosophische Werke hätten angemessen aufgelistet werden können, ohne auch nur einen einzigen jüdischen Namen zu erwähnen – abgesehen vielleicht von Mendelssohn, der gemeinhin als Ausnahme galt. Es hatte auch keine einzige jüdische Persönlichkeit in der europäischen Politik, im intellektuellen Leben, in Forschung und Wissenschaft gegeben. Selbst eine Darstellung des Wirtschaftslebens der vergangenen Jahrhunderte wäre mit einem knappen Verweis auf die Juden ausgekommen, etwa die Rothschilds und einige wenige Hofjuden, wobei zu bedenken ist, daß letztere gegen Ende des 18. Jahrhunderts viel von ihrer früheren Bedeutung verloren hatten. Aber auch bei ihnen handelte es sich ja bestenfalls um ein Randphänomen. Kurzum: Im Jahr 1800 hatten die Juden in allen gesellschaftlichen Bereichen Europas nicht die geringste Bedeutung.

Als das Jahr 1900 näher rückte, hatte sich das Bild völlig verändert. Nun spielten Juden oder Personen jüdischer Herkunft in Wirtschaft, Politik, Wissenschaften und Künsten eine herausragende Rolle. Führende Persönlichkeiten der politischen Linken wie der Rechten waren als Juden geboren oder stammten von Eltern ab, die in der jüdischen Tradition aufgewachsen waren. Die jüdische Herkunft von Karl Marx und Benjamin Disraeli war jedermann klar, wie auch die etlicher Politiker, deren Namen heute nicht mehr darauf verweisen – genannt seien die Sozialisten Ferdinand Lassalle, Eduard Bernstein und Paul Singer. In den Naturwissenschaften – ob in Physik, Chemie, Mathematik oder Psychologie – wimmelte es nur so von jüdischen Namen. Das gleiche galt für Literatur, Musik und Philosophie. Die einzige künstlerische Sparte, in der Juden noch nicht in nennenswerter Weise hervortraten, waren Malerei und Bildhauerei: Das hatte sehr wahrscheinlich mit dem traditionellen jüdischen Bilderverbot zu tun. Juden waren in allen Berufen von Bedeutung vertreten – in der Jurisprudenz und im Journalismus, in der Medizin, in Forschung und Lehre, im Bankwesen und Unternehmertum – Juden besaßen Reedereien und Industriekonzerne oder waren in diesen Branchen tätig. Innerhalb von gerade einmal hundert Jahren waren Juden in zahlreichen Gebieten vom Rand der zentral- und westeuropäischen Gesellschaft in deren Zentrum gelangt – und manchmal selbst bis an deren Spitze. Dasselbe vollzog sich, wenn auch langsamer, in Rußland und vor allem im damals zaristisch regierten Polen, das westlichen Einflüssen stärker ausgesetzt war. In Österreich-Ungarn waren es die Juden, welche die Leitkultur des Habsburger Reichs in den Randgebieten verbreiteten – in den zum österreichischen

Teil der Monarchie gehörenden Provinzen Böhmen, Galizien und Bukowina waren sie die führenden Repräsentanten der deutschen Sprache und Kultur, in der Slowakei und in Transsylvanien, die unter ungarischer Administration standen, waren sie Träger der ungarischen Tradition. So kam es, daß sie mit dem Regime identifiziert wurden und dessen demonstratives Wohlwollen genossen. Es kann daher kaum verwundern, daß die Juden ihrem Kaiser das hebräische Akronym HaKiReH – der ruhmreiche Kaiser – beilegten oder gar seinen Namen ins Jiddische übertrugen, wenn sie unter sich und spaßeshalber ihn *Fraim-Yossel* nannten.

Exemplarisch für diese jüdisch-europäische Verbindung steht Stefan Zweig, der in seiner Autobiographie *Die Welt von Gestern* zweifellos übertrieb, als er schrieb, daß alles, was Wien an Kultur, Literatur, Kunst und gesellschaftlichem Leben zu bieten hatte, von Juden geschaffen worden war. Andererseits ist es kaum verwunderlich, daß viele – sie mochten jüdisch sein oder nicht – eben dies glaubten. Und genau hier lag der Hase im Pfeffer: Viele hatten den Eindruck, die Juden besäßen übermäßig Einfluß.

Hätten die Juden des 19. Jahrhunderts, das sich doch so vorteilhaft für sie zu entwickeln schien, etwas genauer jene Vorgänge ins Auge gefasst, die zu ihrer Emanzipation – und zur Reaktion darauf geführt hatten, wäre ihnen damals schon aufgefallen, daß irgendetwas Dunkles, eine unbekannte Gefahr im Hintergrund lauerte. Indessen widmeten sich die jüdischen Repräsentanten jedweden gesellschaftlichen Bereichs – Rabbiner, Intellektuelle, Politiker und Persönlichkeiten des öffentlichen Lebens – ausschließlich dem Kampf um gleiche Rechte und die Sicherung ihres Status als vollwertige Bürger. Sie waren dermaßen damit beschäftigt, Regierungen und Öffentlichkeit von ihrem Anliegen zu überzeugen, daß sie verständlicherweise dazu neigten, allen Widerspruch, der ihnen entgegenschlug, als belanglose Mißtöne einer sonst einwandfrei laufenden Maschine abzutun. Wenn es immer noch zu Ausbrüchen von Judenhaß kam, so handelte es sich, dessen waren sie gewiß, um Relikte eines alten und schwindenden Aberglaubens.

Das Beispiel des revolutionären Frankreich, Wiege der durch die Erklärung der Menschen- und Bürgerrechte verankerten jüdischen Gleichberechtigung, spricht Bände. Nur wenige derer, die im Sommer 1789 in der Nationalversammlung sich zugunsten der bürgerlichen Gleichstellung der Juden aussprachen, kamen aus dem Dritten Stand, dem Bürgertum, aus dem die Hauptanführer der Revolution hervorgegangen waren. Die Fürsprecher der Juden kamen eher aus dem Klerus und der Aristokratie. Einer der wortgewaltigsten Verfechter der bürgerlichen Gleichstellung der Juden war Abbé Henri Grégoire, der bereits vor Ausbruch der Revolution in einer Broschüre die Beseitigung aller gesetzlichen Beschränkungen der Juden gefordert hatte. Als Abgeordneter in der Assemblée Nationale wurde er nicht müde, die anderen Delegierten aufzufordern, alle die Juden betreffenden rechtlichen Hindernisse aufzuheben. Statt dessen wurde eine allgemeine Erklärung der Menschenrechte verabschiedet, in welcher der gleichberechtigte Status der Juden festgeschrieben wurde, ohne sie allerdings ausdrücklich zu nennen. Auch Graf Stanislas de Clermont-Tonnerre trat mit großer Entschiedenheit für die rechtliche Gleichstellung der Juden ein, wie er in einer mitreißenden Rede vor der Nationalversammlung am 23. Dezember 1789 noch einmal hervorhob. Gleichzeitig äußerten sich die Vertreter des Dritten Standes abschätzig über die Juden, insbesondere über die aus dem Elsaß, in denen sie Ausbeuter, Wucherer und Anhänger einer finsteren Religion sahen. Weit mehr als von liberalen und universellen Grundsätzen ließen sie sich in ihrer Einstellung den Juden gegenüber von ihren Klasseninteressen leiten.

Wer aber etwas genauer hingehört hätte, dem wäre eine Doppeldeutigkeit in der Rede Clermont-Tonnerres aufgefallen. Der Graf widersprach der von den Gegnern der Emanzipation erhobenen Behauptung, derzufolge die Juden aufgrund ihrer Gemeindestruktur einen Staat im Staate mit eigenem Rechtssystem und religiöser Gesetzgebung bildeten. Daher seien die Juden außerstande, wirklich loyale Bürger eines auf universellen Prinzipien ruhenden Gemeinwesens zu sein. Clermont-Tonnerre hielt dagegen, daß sich die Juden deshalb dem Geldverleih zugewandt hatten, weil die christliche Gesellschaft ihnen den Landerwerb untersagt und sie von nahezu allen Berufen ausgeschlossen hatte. Indessen sollte in seiner Ansprache ein Satz zum Symbol der Vielschichtigkeit der Emanzipation werden: »Den Juden als einzelnen Menschen – alles, den Juden als Nation – nichts.«

Implizit ging diese Aussage auf Jean-Jacques Rousseaus radikalen Republikanismus zurück, demzufolge in einem geordneten Staat die einzig legitime und zulässige Verpflichtung die gegenüber dem *bien commun*, dem Allgemeinwohl, war. Jedwede besondere Loyalität – gegenüber einer Zunft, einer Berufsvereinigung, einer politischen Partei oder einer Religion – hinderte den Bürger, sich voll und ganz mit diesem Allgemeinwohl zu identifizieren, das einzig und allein Richtschnur in allen öffentlichen Angelegenheiten sein durfte. Aus diesem Grund verbot die Republik auf dem Höhepunkt ihrer radikalen Phase die Arbeitervereine. Hier trat ein Aspekt der Revolution zutage – den heutzutage manche zu Recht seiner Natur nach für totalitär halten –, der einerseits die Bereitschaft anzeigte, den Juden gleiche Rechte zuzugestehen, ihnen andererseits die Rechtmäßigkeit ihrer besonderen Identität, ihrer eigentümlichen Sitten und Gebräuche, ihrer Tradition im allgemeinen absprach. Sie würden nur einzeln, als Individuen akzeptiert, und dies auch nur dann, wenn sie ihrerseits bereit waren, mit der gesellschaftlichen Allgemeinheit und deren Grundsätzen übereinzustimmen. Clermont-Tonnerres leidenschaftlicher Appell zugunsten der Gleichberechtigung der Juden war widersprüchlich. Er war nicht willens, die Juden so, wie sie waren, zu akzeptieren und *trotz* ihrer Verschiedenheit als ebenbürtig anzuerkennen. Zwar äußerte er sich nicht ausdrücklich in diesem Sinne, aber die Botschaft war unmißverständlich – die Juden würden einen Preis für die Emanzipation zu zahlen haben. Sie würden ihre jüdische Identität, ihr Bewußtsein nach eigenem Verständnis aufgeben müssen. Mit anderen Worten: Die Spannung zwischen bürgerlicher Gleichstellung und Autonomie würde ihnen in den neuen, freiheitlichen Status folgen.

Es sei hinzugefügt, daß Clermont-Tonnerre konsequent war – er forderte gleichfalls, den besonderen Rechtsstatus der katholischen Kirche aufzuheben.

Indessen hätte sich ein jüdischer Zeitgenosse weit mehr wegen der ihm entgegenschlagenden sozialen Feindseligkeit Gedanken machen müssen als um die theoretischen Erörterungen in der Nationalversammlung. Die Juden im Elsaß, die am Vorabend der Revolution die Mehrheit der französischen Judenheit bildeten, waren regelmäßig Opfer von Pogromen, die wiederum in den Existenzbedingungen der jüdischen Minderheit ihren Ursprung hatten. In dieser Region lebten die Juden über Dörfer und Städte verstreut, die meisten betrieben einen Laden, waren Weinhändler oder Geldverleiher. Folglich wähnten viele elsässische Bauern, unter der Fuchtel jüdischer Gläubiger zu stehen. Als die Revolution ausbrach, waren viele französische Bürger den Juden feindlich gesonnen, griffen sie gelegentlich sogar an und lehnten daher die Forderung der Juden nach Gleichberechtigung ab. Als auf dem ersten Höhepunkt der Revolution, in der zweiten Julihälfte 1789, eine Pariser Menge die Bastille stürmte, brachen im Elsaß Pogrome aus. Aufgebrachte Massen setzten die Paläste des französischen Adels in Brand, um zur gleichen Zeit in zahlreichen elsässischen Städten die Wohnungen der Juden zu plündern und die Schuldscheine zu verbrennen. Aus Berichten von Zeitgenossen geht hervor, daß beinahe tausend Juden aus ihren Wohnungen fliehen mußten. Viele von ihnen fanden Zuflucht jenseits der Grenze, in Basel. Zu ähnlichen Gewalttätigkeiten kam es im benachbarten Lothringen – Juden wurden aus ihren Häusern vertrieben, die dann geplündert wurden. Die Revolution änderte nichts an der Einstellung gegenüber den Juden – ganz im Gegenteil. Diese Unruhen scherten die Franzosen nicht im mindesten, noch wurden sie von Persönlichkeiten des öffentlichen Lebens verurteilt. Abbé Grégoire war der einzige, der sie in der Nationalversammlung zur Sprache brachte. Es ging, kurz gesagt, für die Juden in der Französischen Revolution nicht einfach nur um die Gleichberechtigung.

Ähnliches ereignete sich in Deutschland nach 1815, als die Burschenschaften, die an der Spitze des Kampfes gegen Absolutismus und für die Einheit Deutschlands gestanden hatten, eine besonders feindliche Haltung den Juden gegenüber einnahmen. Juden wurden nicht in ihre Reihen aufgenommen, und zwar mit der Begründung, daß es sich bei ihnen um Fremde und nicht um echte Deutsche handelte. Paradoxerweise war eine jüdische Mitgliedschaft in diesen studentischen Vereinigungen gar kein Thema, bis Juden sich zu Beginn des 19. Jahrhunderts an den deutschen Universitäten hatten einschreiben können. An der Einstellung dieser deutschen Studenten zeigte sich erstmals, daß die im Namen aufgeklärter, liberaler Grundsätze vollzogene Öffnung einer Gesellschaft neuartige Feindseligkeiten hervorzubringen vermochte. Dazu kamen die ersten Pogrome der neueren Zeit in Deutschland, die sogenannte Hepp-Hepp-Bewegung von 1819. Juden wurden auf offener Straße angegriffen, Geschäfte verwüstet. Es war dies eine neue und bis dahin unbekannte Erscheinung in den deutschsprachigen Ländern. Die Unruhen wurden von Studenten angeführt, den Vertretern also der anti-absolutistischen und progressiven Strömung innerhalb der deutschen Gesellschaft.

Zwei Jahre zuvor, im Oktober 1817, waren deutsche Studenten und Akademiker zu einer groß aufgezogenen Feier auf der Wartburg zusammengekommen. Sie wurde anläßlich des dreihundertsten Jahrestages des Beginns der Reformation veranstaltet, jenes legendären Anschlags der 95 Thesen an die Tür der Schloßkirche zu Wittenberg durch Martin Luther. Die Studenten errichteten einen riesigen Scheiterhaufen, auf dem jene Bücher verbrannt wurden, die sie mißbilligten, speziell jene konservativer Autoren. So etwas hatte es in der neueren Zeit noch nie gegeben. Das Verbrennen von Büchern – nicht durch eine aufgehetzte Menge von Analphabeten, nicht durch die katholische Inquisition, sondern durch gebildete junge Leute und Akademiker, die sich dem Kampf gegen die Tyrannei verschrieben hatten – sollte später den deutsch-jüdischen Dichter Heinrich Heine zu seiner schauerlichen Prophezeiung veranlassen: »Dort, wo man Bücher verbrennt, verbrennt man am Ende auch Menschen.« Selbst ein Radikaler, begriff Heine, daß der Fortschritt nicht nur Licht verbreitet, sondern auch Schatten wirft.

Hauptredner auf dem Wartburgfest war einer der herausragendsten deutschen Philosophen der Zeit: Jakob Friedrich Fries, Professor an der Heidelberger Universität. Ein Anhänger Kants, gehörte Fries zu den damals prominentesten liberalen Denkern. Er unterstützte nicht allein die Bücherverbrennung, sondern veröffentlichte einen Aufsatz mit dem Titel »Über die Gefährdung des Wohlstandes und des Charakters der Deutschen durch die Juden«. In dieser Schrift machte Fries eine Reihe von praktischen Vorschlägen, wie man die von den Juden ausgehende Gefahr abwenden könnte. So beispielsweise die Schließung jüdischer Bildungseinrichtungen, die Förderung jüdischer Auswanderung aus Deutschland bei gleichzeitigem Verbot jüdischer Einwanderung, das Verbot der Eheschließung zwischen Juden und Christen, ein Gesetz, das die Beschäftigung christlicher (zumal weiblicher) Hausangestellter durch Juden untersagte. Nicht zuletzt schlug er die Einführung eines besonderen Abzeichens vor, das die Juden obligatorisch an ihrer Kleidung anzubringen hätten, um sie von der übrigen Bevölkerung zu unterscheiden. Der Aufsatz erschien 1816 in der von seiner Universität herausgegebenen Zeitschrift, den *Heidelberger Jahrbüchern*, die zu den angesehensten akademischen Publikationen jener Tage gehörte.

Derlei Vorkommnisse kamen nicht häufig vor, und man hätte sie als unbedeutend abtun können. Aber sie wiederholten sich beharrlich – von den »revolutionären« Pogromen bis zu den Schriften der französischen sozialistischen Theoretiker, die den Juden vorwarfen, aufgrund ihrer führenden Rolle im Bank- und Zeitungswesen Handlanger des Kapitalismus zu sein. Unter zahlreichen anderen Denkern waren die utopischen Sozialisten Charles

Fourier und Pierre-Joseph Proudhon die prominentesten. Zwar waren ihre Schriften nicht weit verbreitet, und eine ganze Reihe von Philosophen und Autoren der Linken übten scharfe Kritik an dieser antijüdischen Polemik. So schrieb beispielsweise Karl Marx, dem man wahrlich keinerlei Sympathie für seine Vorfahren nachsagen konnte, daß sich das erste Symptom einer anti-revolutionären Reaktion im Versuch zeige, die unlängst den Juden gewährten Rechte zu widerrufen. Gleichwohl zeitigten die Revolutionen von 1848 hinsichtlich des Status der Juden eine tatsächliche Verbesserung, wobei diese wiederum gelegentlich von anti-jüdischem Aufruhr des Pöbels begleitet wurde. Aber im politischen Diskurs über ihre Rechte, den zumeist Juden und ihre Unterstützer führten, kamen diese Ausbrüche von Feindschaft selten zur Sprache. Wurde doch einmal auf sie Bezug genommen, dann stellte man sie stets als Überbleibsel rückständiger, mittelalterlicher Ansichten dar, die sich bald im Licht von Aufklärung und Liberalität auflösen würden.

Das aber war ein Irrtum. Der Judenhaß der Neuzeit war ein neues, unmittelbar aus der Aufklärung selbst hervorgegangenes Phänomen. Die europäische Feindschaft gegenüber den Juden war zwar aus dem im Christentum wurzelnden Anti-Judaismus gleichsam herausgewachsen, aber die neue Feindschaft war von ganz anderer Natur, die später einen neuen Namen erhalten sollte – Antisemitismus. Er hob den ethnischen, rassischen Unterschied der Juden hervor, nicht mehr ihre Religion. Es war dies eine Reaktion darauf, daß die Juden nicht länger eine abgesonderte und unterdrückte religiöse Gemeinschaft bildeten, die am Rand der christlichen Gesellschaft Europas ihr Leben fristete. Jetzt waren sie zu einer zentralen Komponente, zum integralen Bestandteil der Gesellschaft geworden. Und just in diesem Sinne wurde ihre Verschiedenheit als Bedrohung empfunden – ihr Erfolg, ihr Geschick in wirtschaftlichen und geschäftlichen Angelegenheiten, ihre intellektuelle Begabung sah man als Teil ihrer Natur an. Sie galten als gefährlich, weil sie einfach »da« waren, weil sie in der

Gesellschaft, in der sie lebten, auf deren Werte und Strukturen Einfluß ausübten. Überdies – und auch das zeigte ihre Gefährlichkeit an – zählten sie allem Anschein nach zu den tüchtigsten und erfolgreichsten Angehörigen jener neuen Eliten, die aus der modernen Industriegesellschaft hervorgingen. Nicht ihr Leiden, nicht ihre Schwäche löste den neuen Haß aus – sondern ihr Erfolg, ihre Macht, gleichgültig, ob es sich hier um Tatsachen oder Wahnvorstellungen handelte.

Derlei politische und soziale Erscheinungen, die allenthalben Gesprächsstoff boten und sich allgemein ideologisch niederschlugen, nahmen im Lauf des 19. Jahrhunderts zu. So beispielsweise in Richard Wagners Aufsatz »Über das Judentum in der Musik« von 1850. Darin warnte Wagner vor dem Eindringen der Juden in die deutsche und europäische Kultur, da sie fremde und minderwertige Elemente einführten. Als anschauliche Beispiele führte Wagner Felix Mendelssohn-Bartholdy und Jacques Offenbach an. Paradoxerweise war Wagner mit Heine befreundet und hatte in seinen Jugendtagen mit ihm dieselben radikalen und revolutionären Ideen geteilt. Tatsächlich sollte Wagner, nachdem er einmal berühmt geworden war – und sich im übrigen eine beträchtliche Anzahl Juden unter seinen begeisterten Verehrern fand –, seine Anwürfe gegen die Juden, ihren verderblichen Einfluß auf die Musik nicht wiederholen, wenngleich sich in seinen späteren Werken noch andeutungsweise anti-jüdische Elemente finden. Wagner war nicht einfach neidisch auf den Erfolg jüdischer Komponisten. Als er seinen Aufsatz schrieb, war er immer noch in der radikalen Szene politisch tätig. Kaum ein Jahr zuvor hatte er zusammen mit Bakunin und Engels in Dresden auf den Barrikaden gestanden. Aufgrund eben dieses Radikalismus argumentierte er, daß Dekadenz und Korruption der aufsteigenden Bourgeoisie diese zur Verteidigung des reichen Erbes der europäischen Kultur untauglich machten. Hier hatte sich ein Spalt für die Juden aufgetan, die ja selbst dekadent waren, um zu Macht und Einfluß zu gelangen. Wagners antijüdische Einstellung verband sich später mit den modisch gewordenen Rassentheorien. Houston Stewart Chamberlain, einer der Väter der modernen Rassendoktrin, heiratete Wagners Tochter.

Je erfolgreicher sich die Juden in das Kultur- und Wirtschaftsleben Europas integrierten, desto heftiger wurde ihnen vorgeworfen, andersartig zu sein. Das war insbesondere in Deutschland der Fall, wo die gesellschaftliche Aufnahme von Juden ihren Höhepunkt nach der Reichseinigung von 1871 erreichte.

1879 veröffentliche Wilhelm Marr, ein Hamburger Journalist und politischer Aktivist, ein Pamphlet unter dem Titel *Der Sieg des Judenthums über das Germanenthum.* Genau wie Wagner war auch Marr zu Beginn seiner Laufbahn radikal mit entschieden anarchistischen Neigungen gewesen, er hatte an den Aufständen 1848 teilgenommen. In seiner Schmähschrift prägte er den Begriff *Antisemitismus* als Bezeichnung für den neuen Anti-Judaismus – es ging nicht mehr um die überlieferte christliche Kritik an der jüdischen Religion, sondern darum, ganz Europa gegen die Bedrohung durch die jüdische Nation und Rasse zu einen. Das war der Beginn des modernen Judenhasses, der behauptete, daß die bösartige Natur der Juden ein wissenschaftlicher, biologisch und anthropologisch begründeter Fakt war. Zwar baute der neue Antisemitismus auf der tief verwurzelten religiösen und sozialen Judenfeindlichkeit auf, doch seine Behauptungen waren neu und stellten zu einem beträchtlichen Teil die Reaktion auf den erfolgreichen Einzug der Juden in die christliche Gesellschaft sowie die unscharf empfundene Gefahr dar, die von ihnen im wirtschaftlichen und literarisch-kulturellen Bereich, im Bankwesen und in der Publizistik vermeintlich ausging. Unmittelbar nach Veröffentlichung seiner Schmähschrift gründete Marr die *Antisemitenliga.* Sie war nur kurzlebig, doch sollte sie von langanhaltendem Einfluß auf die öffentliche Debatte in Deutschland sein, die wiederum durch immer neue antisemitische Publikationen Marrs befeuert wurde.

Eugen Dühring, Nationalökonom, Philosoph und vielgelesener Kommentator des Zeitgeschehens, veröffentlichte 1881 einen Aufsatz »Die Judenfrage als Rassen-, Sitten- und Culturfrage«. Er fand weite Verbreitung unter deutschen und österreichischen Akademikern und Studenten. Dühring zufolge, der ebenfalls aus der sozialistischen Bewegung hervorgegangen war, klaffte eine tiefe, unüberbrückbare Kluft zwischen den nordischen, »arischen« Rassen und den Semiten. Der Sieg der Juden über Europa, so Dühring, datierte seit jener Zeit, da der Kontinent die Lehre des Juden Jesus bereitwillig angenommen hatte. Radikal, wie er von früheren Zeiten her noch war, rief Dühring die europäischen Nationen auf, sich der jüdischen religiösen Erblast sowohl des Alten wie des Neuen Testaments zu entledigen. Um die europäische Kultur vor den Juden zu behüten, forderte er, die Juden zwangsweise wieder in Ghettos anzusiedeln.*

Einer der bedeutendsten Historiker Deutschlands schloß sich der antisemitischen Bewegung an – Heinrich von Treitschke. Professor für Geschichte an der Berliner Universität, dazu Abgeordneter der National-Liberalen Partei im Reichstag, war Treitschke außerordentlich einflußreich. Eine erste anti-jüdische Arbeit veröffentlichte er 1879 in der von ihm herausgegebenen Zeitschrift, den hohe Anerkennung genießenden *Preußischen Jahrbüchern.*

Treitschkes Geschichtsverständnis spiegelte getreulich jene Begebenheiten in Deutschland wider, die auf die Reichseinigung gefolgt waren. Liberale und Demokraten hatten sich gleichermaßen während der Revolution von 1848 für die Einheit des Landes eingesetzt – ohne Erfolg. Schließlich hatte es Bismarck mit Waffengewalt geschafft, die deutschsprachigen Gebiete unter preußische Herrschaft zu bringen. Die Kriege, die Bismarcks Preußen gegen Dänemark, Österreich und Frankreich führte, sollten von Grund auf die Historiographie in Deutschland verändern und die seit jeher

* Dührings Einfluß war dermaßen übermächtig, daß Friedrich Engels eine seiner berühmtesten Polemiken *Anti-Dühring* betitelte. Es ging in diesem Buch vor allem um Dührings ökonomische Theorien, zugleich aber warnte Engels vor der Schädlichkeit der Rassendoktrin und des Antisemitismus, die in akademischen Kreisen weit verbreitet waren, aber auch im Proletariat und bei sozialistischen Intellektuellen Gehör fanden.

Preußen zugeschriebenen militaristischen Züge verstärken. Dieser Militarismus verdeckte die humanistische deutsche Tradition, nach der im Land ein Volk der Dichter und Denker im Geiste von Kant, Goethe und Schiller lebte. So hob Treitschke denn die Rolle der Gewalt in internationalen Beziehungen hervor. Ihm zufolge beruhte die Größe des Römischen Reichs auf seinen Eroberungen. Dasselbe galt für das britische Empire, und eben dies war auch Deutschlands Bestimmung. Dabei betonte er allerdings, daß die politische und kulturelle Hegemonie des Deutschen Reichs durch die Juden gefährdet würde, deren Eindringen in alle Bereiche des wirtschaftlichen und intellektuellen Lebens der Nation diese von innen her schwächen würde. Die Juden, die in hellen Scharen aus Osteuropa nach Deutschland einwanderten, bildeten ein ausländisch-fremdes, »asiatisches« Element, das für Deutschland nicht weniger gefährlich war als die Barbaren, die nach ihrem Einfall Stärke und Größe des Römischen Imperiums untergraben hatten. Deutschland, so erklärte Treitschke, mußte sich der jüdischen Bedrohung mit entsprechend angemessener Gesetzgebung und Politik erwehren. Treitschke prägte den Slogan »Die Juden sind unser Unglück«, der Jahrzehnte später als Motto auf der ersten Seite der Nazi-Zeitung *Der Stürmer* und auf Spruchbändern bei den Parteitagen in Nürnberg stehen sollte. Zwar lehnte Treitschke den Radau-Antisemitismus eines Marr ab, brandmarkte aber zugleich die »Mischcultur« und die »Blutsvermischung« als tödliche Gefahren für Deutschland. Die Gründung einer antisemitischen Partei, die etliche Sitze im Reichstag gewann, ging unmittelbar auf seine Schriften zurück. Zwar blieb sie eine zahlenmäßig kleine und unbedeutende Fraktion, doch ihr Vorhandensein allein markierte den Einzug des Antisemitismus in den politischen und parlamentarischen Diskurs des Deutschen Reichs und legitimierte Vorstellungen, die zunächst gänzlich unvereinbar mit dem von Fortschritt und Gleichheit gespeisten Geist des 19. Jahrhunderts zu sein schienen. Infolgedessen fiel auf die staunenswerte soziale Mobilität, welche die Juden Deutschlands und Österreich-Ungarns kurzzeitig genossen, der tiefe Schatten des neuen Antisemitismus. Den Juden dieser Länder ging es gut, aber die sahen sich mit einem unbekannten und beunruhigenden Phänomen konfrontiert. Die Bedrohung taten sie – wie auch die Mehrheit der liberalen und sozialistischen Theoretiker und Schriftsteller – in der Überzeugung ab, es handelte sich hier um alte Vorurteile, die in den letzten Zügen lagen und bald verschwinden würden.

Győző Istóczy, ein Abgeordneter des ungarischen Parlaments, gründete 1883 ungefähr nach denselben Grundsätzen eine antisemitische Partei. Nachdem etliche im Parlament gehaltenen Reden über die von den Juden ausgehende Bedrohung kaum Widerhall in der Öffentlichkeit gefunden hatten, ging die neue Partei auf die Straße und warb für rechtliche Beschränkungen der Juden, die im Zuge der rasanten Industrialisierung nach dem »Ausgleich« von 1867 zu Wohlstand gelangt waren. Zahlreiche Juden fanden sich unter den Pionieren der Industrialisierung und den Gründern der neuen Schwerindustrie des Landes. Nachdem sie in den Vordergrund getreten und zu Ansehen gelangt waren, wurde neuerlich der Vorwurf des Ritualmords gegen sie erhoben – zu trauriger Berühmtheit gelangte in diesem Zusammenhang 1882 das Dorf Tisza-Eszlar. Der Fall wurde international zu einer *cause célèbre*, allein schon deshalb, weil er dem liberalen und toleranten Zeitgeist gänzlich widersprach. Aber auch hier sah man eine Ausnahme, ein Überbleibsel des Mittelalters, ein Relikt des Aberglaubens, für die es in einem aufgeklärten Europa in Kürze keinen Platz mehr geben würde.

Doch der neue, rassistische Antisemitismus, der sich gegen wirtschaftlichen Erfolg und soziale Integration der Juden in die europäische Kultur richtete, kam nicht von ungebildeten Leuten aus der Unterschicht. Er war zuvörderst in Kreisen der europäischen und ganz besonders der deutschen Intelligenz weit verbreitet und auffällig an Universitäten und in der Studentenschaft vertreten. In Zeiten von Revolutionen und Aufruhr kann es vorkommen, daß Gewalttätigkeiten von rohem, durch finstersten Fanatismus angestacheltem Pöbel ausgehen. Aber das war nicht der Fall in der friedlichen zweiten Hälfte des 19. Jahrhunderts. Von Anfang an handelte es sich bei dem rassistischen Antisemitismus um eine intellektuelle Bewegung, deren Grundsätze nach Aussage ihrer Verfechter auf den neuesten Erkenntnissen von Biologie und Anthropologie in Einklang mit der Darwin'schen Lehre vom Überleben der Stärkeren beruhten. Die scheinbar wissenschaftliche Behauptung, derzufolge die Menschheit in höhere und niedere Rassen eingeteilt sei, räumte dem Judenhaß eine legitime wissenschaftliche, in gesitteter Gesellschaft durchaus annehmbare Stellung ein. Angesehene Persönlichkeiten in Wirtschafts- und Geschichtswissenschaften – Dühring und Treitschke zählten hier nur zu den prominentesten Beispielen – plädierten für Ausschluß der Juden aus der bürgerlichen Gesellschaft. Unter den gegebenen Umständen konnte man schwerlich von einer abwegigen, auf den Bodensatz der Gesellschaft begrenzten Auffassung sprechen. Der Antisemitismus war zu einer respektabel-legitimen Ansicht der gebildeten europäischen Gesellschaft geworden: Just darin lag das Verhängnisvolle seiner Erscheinung – nur hat sich niemand die Mühe gemacht, dem Beachtung zu schenken.

Ein gänzlich anderes Bild bot sich im Osten, in den Landesteilen des Zarenreiches. Noch hatten sich die Grundsätze von Aufklärung und Französischer Revolution in dieser Gegend nicht in einer auch nur annähernd vergleichbaren Intensität und Breite wie in West- und Mitteleuropa durchgesetzt. Hinzu kam, daß Rußlands Schlüsselrolle beim Sieg über Napoleon und folglich über die letzten Reste der Emanzipationsideen, welche die Revolution dem Bonapartismus vermacht hatte, der zaristischen Autokratie neues Leben eingehaucht hatte. Doch die Ideale von Vernunft, Freiheit und manche andere revolutionäre Idee gelangten schließlich doch nach Rußland, zumeist von Angehörigen des Adels eingeführt, die in Westeuropa studiert oder Reisen unternommen hatten – und dies sollte für die jüdische Bevölkerung weitreichende Folgen haben.

Grundlegend für die liberale Entwicklung des Reiches war die Thronbesteigung Alexanders II. im Jahr 1855. Die Juden hatten allen Anlaß, sich Hoffnungen zu machen. 1861 hob Alexander die Leibeigenschaft auf, führte eine radikale Reform der zaristischen Administration, der Gerichte und des politischen Systems im allgemeinen durch. Etliche, die Juden betreffende juristische Beschränkungen wurden ungültig, nach und nach erlangten Juden Zugang zu Gymnasien und Universitäten. Selbst jene Bestimmungen, die Juden das Wohn- und Aufenthaltsrecht in Städten und außerhalb des Ansiedlungsrayons untersagten, wurden zumindest für die Wohlhabenden gelockert und eine Reihe restriktiver Regelungen, die Juden von zahlreichen Berufen ausschlossen, aufgehoben. So bildete sich allmählich in den russischen Städten eine jüdische Bourgeoisie sowohl in kommerzieller als auch intellektueller Hinsicht. Juden stiegen in den Holz- und Zuckerhandel ein, importierten Waren und waren im Bankwesen tätig. Gleichzeitig erhielten Tausende jüdischer Männer und Frauen auf Gymnasien und Hochschulen eine säkulare Ausbildung. *Maskilim* nannten sie sich – Anhänger der *Haskala*, der Aufklärung –, sie schrieben ihre Werke auf Russisch und in der zu neuem Leben erweckten hebräischen Sprache: Darin gaben sie ihrer Hoffnung Ausdruck, daß die Ideale von Freiheit, Gleichheit und Brüderlichkeit endlich auch nach Rußland gelangen würden. Eine lichte Zukunft im erneuerten, liberaleren und offeneren Rußland tat sich vor den Juden auf – so sahen es Schriftsteller wie der Romancier Peretz Smolenskin oder der hebräisch schreibende Theoretiker und Essayist Mosche Leib Lilienblum.

Doch diese liberale Ära endete 1881 mit der Ermordung Alexanders II. durch Anhänger der revolutionären Bewegung der *Narodnaya Volya* (Wille des Volkes). Unter den Verschwörern gab es auch Juden, und dies löste eine Kettenreaktion antijüdischer Vorfälle aus. Zwar handelte es sich im großen und ganzen um spontane und örtlich begrenzte Vorkommnisse, die nicht von einer einzelnen Gruppe angezettelt worden waren, doch zeigten sie eine brüske Abkehr von Fortschritt und Emanzipation an, die sich bis dahin doch unaufhaltsam durchzusetzen schienen. »Die Juden ermordeten unseren Vater, den Zaren, so, wie sie Christus einst ermordeten«, wurde zum Schlachtruf, der bei einer in den folgenden Monaten ganz Rußland erfassenden Welle beispiellos grausamer Pogrome ertönte. Die russischen Juden hatten seit jeher unter juristischer Diskriminierung und sozialer Feindseligkeit gelitten, doch diese gewalttätigen Ausschreitungen, zu denen es vor allem im Süden des Ansiedlungsrayon, in der Ukraine kam, waren ein neues Phänomen. Diese Ausbrüche judenfeindlicher Gewalt erfolgten spontan und trafen die örtlichen Behörden gänzlich unvorbereitet und ratlos, wie auf sie zu reagieren sei. Mit der Zeit aber beurteilten viele örtliche Politiker wie auch die Zentralregierung die Pogrome als durchaus positiv, insofern sie ein Ventil für die in der Bevölkerung latent vorhandene Gewaltbereitschaft darstellten, die sich sonst gegen das Regime richten könnte. Weitverbreiteten Gerüchten zufolge war der Zar einer jüdischen Verschwörung zum Opfer gefallen und nicht von russischen Revolutionären ermordet worden. Die örtlichen Behörden sahen weg oder unterstützten sogar tatkräftig Schläger, die Juden angriffen. Ziemlich schnell wurde Juden wie Christen gleichermaßen klar, daß die Pogrome bei den Behörden Rückhalt fanden.

Das Attentat hatte weitreichende politische und administrative Konsequenzen für die Reformen Rußlands. Das Regime mußte feststellen – und von seinem Standpunkt durchaus zu Recht –, daß die von ihm gestattete bescheidene Liberalisierung keineswegs den Widerstand gegen den repressiven Charakter der Regierung unterdrückt hatte – die Reformen hatten im Gegenteil den Widerstand bestärkt und ihm Auftrieb verliehen. Als sich das Land westlichen Ideen geöffnet hatte, waren seine Bürger mit gefährlichen Vorstellungen in Kontakt geraten. Das Regime zog daraus die Lehre, daß sämtliche Reformen ausgesetzt, wenn nicht gar zurückgenommen wurden. Die staatliche Aufsicht über Schulen und Universitäten wurde strenger, die Zensur verschärft, drakonische neue Bestimmungen schränkten Organisations- und Versammlungsfreiheit ein, nicht zuletzt wurde die Geheimpolizei bedeutend verstärkt. Die Attentäter wurden vor Gericht gestellt und gehenkt – aber damit nicht genug. Tausende Bürger, zumeist aus gebildeten Kreisen, nicht selten Juden und Angehörige des Adels, kamen vor Gericht und mußten in die Verbannung nach Sibirien gehen.

Zu diesen restriktiven Maßnahmen gehörte auch die Rücknahme der meisten Rechte, die im Zuge der Reformen Alexanders II. den Juden zugestanden worden waren. Zehntausende Juden, die den Ansiedlungsrayon verlassen und sich, mehr oder weniger legal, in den Städten niedergelassen hatten, mußten diese verlassen und an ihren Herkunftsort zurückkehren. Sie verloren nicht nur ihre Bleibe, sondern auch ihren Lebensunterhalt. Auch wurden sie aufs neue von Berufen ausgeschlossen, und eine streng bemessene Quote – der sogenannte *numerus clausus* – regelte die Zahl der Juden, die zu Gymnasien und Universitäten zugelassen wurden.

Jegliche Hoffnung auf Emanzipation und bürgerliche Gleichstellung in Rußland war dahin. Die neuerlichen Repressionen, die Pogrome führten zu einer Massenauswanderung russischer Juden nach Westen – in die Vereinigten Staaten, nach England und Kanada, Argentinien und Südafrika, auch nach Rumänien, Deutschland und Österreich-Ungarn. Einige wenige fanden sich in der von ihnen gegründeten Bewegung der *Choveve Zion*, der Zionsliebenden, zusammen und gründeten die ersten ländlichen Siedlungen der Neuzeit in Palästina. Die führenden *Maskilim*, unter ihnen Lilienblum und Smolenskin, hatten, was Rußland betraf, alle Hoffnung verloren und erwogen die Möglichkeit, nach Palästina auszuwandern. Ein russischer Arzt, der, hoch dekoriert, in der zaristischen Armee gedient hatte, kam ebenfalls zu dem Schluß, daß die Juden keine Zukunft in Rußland hätten. Er hieß Leon Pinsker; 1882 veröffentlichte er eine Schrift unter dem Titel *Auto-Emancipation!*, in der er forderte, daß die Juden nicht weiter auf die Befreiung durch Europa warten, sondern sich selbst, aus eigener Kraft emanzipieren sollten.

Diese Entwicklungen aber vollzogen sich in einem größeren allgemeinen Zusammenhang. In dem Maße, wie im frühen 19. Jahrhundert die europäische Wirtschaft florierte und die Industrie prosperierte, vertieften sich nicht nur die Klassenunterschiede – auch andere Abgründe taten sich auf. Manche traten offen zutage, andere blieben im Verborgenen. Diese Sprünge rührten vom Konflikt zwischen den universellen Werten der Französischen Revolution mit ihrer besonderen Gewichtung der individuellen Freiheit einerseits und dem wachsenden Nationalbewußtsein staatenloser Völker andererseits, die ihre nationale Kultur und Tradition zu fördern suchten.

Es war ja die Französische Revolution selbst gewesen, die das Banner der Volkssouveränität gehißt hatte. Oberflächlich sollte dies die Grundlage der Demokratisierung des politischen Lebens bilden. Indessen markierte der Anfang des 19. Jahrhunderts auch den Beginn der romantischen Epoche. Was die politische Ausrichtung ihrer Vertreter betraf, huldigte die Romantik der je eigenen Geschichte der Nationen. Zugleich war die Bildung an Gymnasien und Universitäten nicht länger Adel und wohlhabendem Bürgertum vorbehalten, vielmehr erhielten Angehörige der mittleren und unteren Schichten eine solide Ausbildung. Dies wiederum lenkte die Aufmerksamkeit sowohl von Akademikern als auch einfachen Bürgern auf Geschichte, Tradition und Sprache einzelner Gruppen, die bis dahin politisch unbeachtet geblieben waren. Noch etwas anderes kam im Verlauf der Säkularisierung hinzu: Die Identifizierung der einzelnen Völker mit ihren religiösen Grundsätzen und Institutionen ließ merklich nach, und man suchte nach anderen gemeinsamen Identifikationsmerkmalen. Bis zu Beginn des 19. Jahrhunderts hatten sich die meisten Europäer in Begriffen ihrer Religionszugehörigkeit benannt – sie waren an allererster Stelle Christen oder, genauer gesagt, Katholiken, Protestanten oder Angehörige der orthodoxen Kirche. Nun aber begannen viele, sich als Deutsche, Franzosen, Italiener, Polen, Ungarn, Rumänen oder Tschechen zu bezeichnen. Derlei nationale Identifizierungen bezogen sich vor allem auf die Kultur im allgemeinen, führten aber nach und nach auch zu politischen Forderungen, die vom Doppelsinn der Volkssouveränität ausgingen. In Verbund mit dem Prinzip der politischen Selbstbestimmung formulierte das jeweilige Nationalbewußtsein die Doktrin, derzufolge jedwede Gruppe, die sich als Nation oder Volk verstand, Selbstverwaltung, Souveränität und Unabhängigkeit zu fordern berechtigt sei. Genau diese Ideen brachten den Revolutionen von 1848 die Bezeichnung »Völkerfrühling« ein. Ganz in Übereinstimmung mit dem Zeitgeist waren es nun auch die Juden, die sich selbst nicht mehr nur als eine religiöse Gruppierung identifizierten – und übrigens auch von anderen nicht mehr so gesehen wurden –, sondern als eine ethnische und nationale Einheit.

Der Prophet des italienischen Nationalismus, Giuseppe Mazzini, vertrat eine Theorie, nach der das universelle Prinzip der Volkssouveränität mit dem des Nationalstaats verbunden sei: Aufgrund meines Rechts, Angehöriger meiner Nation zu sein, werde ich auch zum Weltbürger. Umgekehrt kann ich nicht Weltbürger sein, ohne zunächst und vor allem Bürger meines Landes zu sein, und meine Nationalität ist die Verbindung, die vermittelnde Instanz zwischen dem einzelnen und der Menschheit insgesamt. Kriege, so Mazzini, brachen deshalb aus, weil Grenzen zwischen Staaten willkürlich von Herrschern gemäß deren politischen Ambitionen gezogen wurden. Würden sie dagegen nationalen Grenzverläufen folgen, herrschten Frieden und Harmonie auf der Welt. Italiens jahrhundertealte Teilungen und Konflikte wären mit einem Schlag beendet, wenn es zu einem Land vereinigt und nicht weiter zwischen österreichischem Kaiser, dem Papst und einem halben Dutzend anderer Dynastien und Stadtstaaten zerstückelt bliebe. Das gleiche galt auch für andere Regionen. Es hörte sich gut an, indes war die Welt weit komplizierter. In der zweiten Hälfte des 19. Jahrhunderts trat klar und deutlich zutage, daß es ganz unmöglich war, Grenzen zu ziehen, die alle Angehörigen dieser oder jener nationalen oder linguistischen Gruppierung umschlossen, ohne zugleich auch Menschen aufzunehmen, die aus anderen Gruppen stammten. Dazu überlappten sich die Populationen viel zu sehr. Die Bildung eines Nationalstaates führte unvermeidlich zur Schaffung von nationalen und ethnischen Minderheiten, die sich nicht mit der Kultur der Mehrheit zu identifizieren vermochten, oder umgekehrt zu dieser oder jener Diaspora – nämlich Regionen außerhalb der Grenzen des Nationalstaats, in denen Angehörige der souveränen nationalen Gruppe lebten. Zwist war eindeutig vorprogrammiert. Polen und Deutsche lebten in Schlesien, Posen und Galizien; Böhmen und Mähren war die Heimat von Tschechen und Deutschen, Transsylvanien für Ungarn und Rumänen. Hinzu kamen überall in diesen Regionen isolierte Sprachinseln, in denen ungarisch, slowakisch, kroatisch, slowenisch und deutsch gesprochen wurde. Ganz gleich, wie präzise auch immer die Grenzen gezogen werden mochten – Konflikte würden fortgesetzt und nicht gelöst. Überdies unterstützte die Romantik Rechtsansprüche seitens der Völker auf Territorien, zu denen einst historische Verbindungen bestanden oder über die sie, besser: ihre Fürsten und Könige geherrscht hatten, die einmal ihre Sprache gesprochen hatten – und zwar auch dann, wenn die fraglichen Gebiete zum Teil oder überwiegend von Angehörigen anderer Nationen bewohnt wurden.

Aber das war nicht das einzige Problem. Nach welchen Kriterien sollte entschieden werden, ob eine bestimmte Gruppe eine Nation war oder nicht? Bildeten die Ukrainer eine eigene ethnische und linguistische Gruppe oder handelte es sich bei ihrer Sprache nur um einen russischen Dialekt, vielleicht auch sollte man sie einfach »Ruthenen« nennen? Waren die Mazedonier eine Nation, oder war ihre Sprache bloß eine Sonderform des Bulgarischen (oder gar des Serbischen)? Serben und Kroaten verstanden sich mühelos, verwandten aber unterschiedliche Schriften und gingen nicht in dieselben Kirchen – gehörten sie also einer Nation oder zwei verschiedenen Nationen an? Wie verhielt es sich mit den Ungarn, die nach Unabhängigkeit vom deutschsprachigen Österreich strebten, mitnichten aber daran dachten, dasselbe Recht auf Selbstbestimmung den Slowaken, Kroaten und Rumänen zuzugestehen, die in Territorien lebten, die sie jeweils als ihr Eigentum beanspruchten? Es leuchtete eigentlich ein, daß die Griechen zu Recht die türkische Herrschaft abschütteln und Unabhängigkeit erlangen wollten, doch sollte sich nur zu bald zeigen, daß das griechische Nationalproblem keineswegs mit der Gründung eines kleinen griechischen Staates im Südosten des Balkans in den zwanziger Jahren des 19. Jahrhunderts gelöst wurde. Eine beträchtliche Zahl griechisch sprechender Einwohner verblieb in anderen Teilen des Osmanischen Reichs. Dabei war die Sprache ja nur ein Merkmal. Welcher Nation gehörten die in Anatolien lebenden türkisch sprechenden griechisch-orthodoxen Christen an? Waren sie »echte« Griechen? Solche Fragen haben Europa seit damals bis in die Gegenwart verfolgt, wie die schrecklichen Kriege zeigen, die nach dem Zerfall Jugoslawiens in den neunziger Jahren des 20. Jahrhunderts ausbrachen.

Diese Probleme waren in der Österreichisch-Ungarischen Monarchie gegen Ende des Jahrhunderts heftig umstrittene politische und kulturelle Themen. Das riesige Reich, das über viele Jahrhunderte von der Habsburger Dynastie durch Kriege, auf diplomatischem Wege und mit geschickter Heiratspolitik ständig erweitert worden war, fasste eine enorme Vielfalt ethnischer und sprachlicher Gruppierungen. Die einzige, sie alle vereinende Verbindung war ihre historisch begründete Unterwerfung unter die Habsburger. Unter Habsburger Herrschaft lebten Menschen Seite an Seite, die deutsch, ungarisch, tschechisch, slowakisch, polnisch, ukrainisch, rumänisch, kroatisch, serbisch und slowenisch und sogar italienisch sprachen. Und überall im Reich lebten mit oder neben diesen allen auch noch Juden. Zwei Millionen zählten sie – die zweitgrößte jüdische Population nach der im Zarenreich.

Im Verlauf des 19. Jahrhunderts, zumal nach der Thronbesteigung Kaiser Franz Josephs und dem Scheitern der Revolution von 1848, modernisierte die Habsburger Monarchie Verwaltung und

Regierung. Mit dem sogenannten »Ausgleich« von 1867 zwischen dem deutschen und dem ungarischen Teil des Landes entstand ein doppelköpfiges, nahezu föderales System. Es gab nunmehr zwei Hauptstädte, Wien und Budapest, zwei Parlamente, zwei Premierminister, zwei Kabinette und eine gemeinsame Regierung, die für die Außenpolitik, das Heer und die Finanzen zuständig war. Die meisten Provinzen besaßen ihren eigenen Landtag, und die jeweiligen Eliten der weit auseinander liegenden Regionen des Reichs wurden erstaunlich gut in eine gemeinsame herrschende Klasse eingebunden. Ein Blick auf die Namen der Habsburger Premierminister, Kabinettsmitglieder und Diplomaten in der zweiten Hälfte des 19. Jahrhunderts zeigt, daß keineswegs nur Deutsch-Österreicher und Ungarn diese Ämter bekleideten. Viele Namen sind polnisch, tschechisch, kroatisch oder italienisch. Manchen Bevölkerungsgruppen war zudem das Recht auf Bildung und Erziehung in der jeweiligen Nationalsprache zugestanden worden. Es sah ganz danach aus, als hätte dieses liberale und aufgeklärte Regime, in dem kaiserliche und bürokratische Autorität mit einer zwar restriktiven, aber repräsentativen Regierung eine Verbindung eingegangen waren, das Vorbild einer toleranten, offen multi-ethnischen und multi-konfessionellen Gesellschaft geschaffen. Kein Wunder, daß das Reich den Juden als *goldene medine*, als goldener Staat, galt. Nie zuvor und nirgends auf der Welt hatten sie solch wohlwollende Toleranz erfahren, zusammen mit wirtschaftlichem Erfolg und dem offiziellen Schutz ihrer Rechte. Die Juden Rußlands erblickten im Österreichisch-Ungarischen Reich ein für sie nachahmenswertes Beispiel – einen liberalen und toleranten, zahlreiche Glaubensrichtungen duldenden Vielvölkerstaat, in dem auch sie ihre Zukunft haben mochten.

Doch unter der Oberfläche brodelten Kräfte, die das augenscheinlich so beeindruckende Staatsgebilde zu unterminieren drohten. Der »Ausgleich« hatte dem ungarischen Teil des Reichs umfassende Autonomie zugestanden, für die gleichsam symbolisch das majestätische, in neu-gotischem Stil am Ufer der Donau errichtete Parlamentsgebäude in Budapest stand. Nunmehr Regierungssitz eines kleinen Landes von zehn Millionen Einwohnern, war es bei seiner Einweihung 1904 weltweit das größte Gebäude seiner Art. Dennoch waren die Ungarn häufig unzufrieden. Jahr für Jahr verlangten sie anläßlich der jährlichen Parlamentsdebatte über den nationalen Haushalt einen größeren Anteil am Einkommen des Reichs. Strittig war auch der Status der Reserveeinheiten in der Armee. Dem »Ausgleich« zufolge war für die Außenpolitik ein gemeinsames Ministerium zuständig, doch war sie mehr als einmal Gegenstand erbitterter Auseinandersetzungen zwischen beiden Seiten. Immer wieder kam es zu Kontroversen über die Machtverteilung, selbst über den Status des Kaisers, der in Budapest den Titel »König von Ungarn« trug.

Hinzu kam, daß in weiten Teilen Ungarns ethnische Ungarn eine Minderheit bildeten, so in der Slowakei, in Kroatien, Dalmatien und Transsylvanien. Sprachliche Unterschiede gingen einher mit solchen in wirtschaftlicher und sozialer Hinsicht. Die Adligen sprachen ungarisch, die Bauern jeweils diese oder jene slawische Sprache oder rumänisch; in den Städten lebten überwiegend Deutsche und Juden. Manche unter diesen ethnischen Gruppen forderten kulturelle und sprachliche Autonomie oder überhaupt politische Selbstbestimmung. So verlangten beispielsweise die Kroaten, daß die Doppelmonarchie mit dem Emblem des zweiköpfigen Adlers drei Häupter erhalten sollte – Österreich, Ungarn und Kroatien. Die Ungarn ihrerseits fassten dies als Bedrohung ihres Landes und der Integrität ihres historischen Königreichs auf, den Kronländern von St. Stephan. Als 1878 im Berliner Vertrag Österreich-Ungarn von der Türkei die Kontrolle über Bosnien-Herzegovina erhielt, sah es sich mit neuen Minderheiten konfrontiert: bosnischen Moslems und Serben.

Nicht weniger kompliziert war die Lage in den deutschsprachigen Landesteilen. Die Tschechen von Böhmen und Mähren forderten, die soziale und sprachliche Vorherrschaft der Deutschen zu beenden. Hier fiel der Unterschied der Sprachen mit dem der

Konfession zusammen – wer deutsch sprach, war im allgemeinen römisch-katholisch, die Tschechen gehörten verschiedenen evangelischen Denominationen an. Die Protestanten hatten die Unterdrückung der Hussiten am Ausgang des Mittelalters noch gut in Erinnerung und sahen im Reformer Jan Hus den Vater des tschechischen Nationalgefühls. Zwar gab es kaum eine historische Begründung für die Vereinnahmung Jan Hus' in nationalistische Angelegenheiten, aber als sich das einmal im Bewußtsein der tschechischen Elite festgesetzt hatte, wurde daraus eine machtvolle Parole, unter der die Massen zusammenströmten. Die Juden Böhmens, die mehrheitlich deutsch sprachen, befanden sich im Kreuzfeuer zwischen diesen beiden um Vorherrschaft ringenden nationalen Identitäten. Als gegen Ende des 19. Jahrhunderts Hunderttausende tschechisch sprechender Bauern, von den Arbeitsplätzen in der rasant sich entwickelnden städtischen Industrie angezogen, nach Wien gelangten, folgte ihnen auch der Kampf um Sprache und Identität, was zum Kennzeichen der Munizipalpolitik der Stadt werden sollte.

Ähnliche Spannungen waren in Galizien zu beobachten, im Süden Polens, das den Habsburgern bei den Teilungen Polens am Ende des 18. Jahrhunderts zugesprochen worden war. Städte wie Lemberg und Krakau waren Schauplatz kultureller Spannungen zwischen Polen und Deutschen, und wiederum standen die Juden zwischen beiden Parteien. Die Spannungen nahmen zu, als das Stimmrecht für den Reichsrat in Wien ausgeweitet wurde. Abgeordnete von tschechischen, polnischen und italienischen Parteien nutzten Parlamentssitzungen zu wahren Redeschlachten über die nationale Frage und brachten die Arbeit der Regierung regelrecht zum Erliegen. Wie sich im Laufe des 20. Jahrhunderts mehrfach beobachten ließ, kann Demokratisierung paradoxerweise ethnische Konflikte verschärfen, statt zu ihrer Entspannung beizutragen.

Eine Erwiderung auf das Erstarken nationalistischer und separatistischer Gruppierungen speziell im österreichischen Teil des

Habsburger Reiches war das Aufkommen deutscher nationalistischer und rassistischer Bewegungen. Diese waren vor allem in Wien und Prag stark. Die ethnischen Deutschen, die von jeher die herrschende Elite bildeten, fühlten sich von den zunehmend umtriebigen slawischen Minoritäten bedroht. Um ihren besonderen Status ins rechte Licht zu rücken, erfanden sie eine ganze Palette germanischer Symbole, die nicht selten heidnischen Ursprungs waren. Auch All-Deutsche traten in den beiden Städten auf, wo sie zum einen für die Auflösung der Österreichisch-Ungarischen Monarchie und Abtrennung der ungarischen und slawischen Landesteile, zum anderen für die Vereinigung der deutschsprachigen Regionen mit dem Deutschen Reich warben.

Hier manifestierten sich erstmals jene Theorien, die später in der Idee des Anschlusses münden sollten, also in der Integration deutschsprachiger Regionen zu einem vergrößerten Deutschland. Auf diese Vorstellung sollten sich später die Nazis berufen, um ihre Annexion Österreichs und des in der Tschechoslowakei gelegenen Sudetenlands zu rechtfertigen. Auch Bewegungen, die den »arischen« Charakter des Pan-Germanismus hervorhoben, entstanden in Wien. Sie sahen in den Juden eine Bedrohung für die deutsche Nation. Selbst ein Jude, der sich zum christlichen Glauben bekannte, konnte niemals »Arier« werden – biologisch war und blieb er ein »Semit«. Studentische Verbindungen, Journalistenverbände, Sportclubs erklärten sich für »arisch« und schlossen ihre jüdischen Mitglieder aus, auch jene, die sich hatten taufen lassen. Die Wahrung der Reinheit der arischen Rasse wurde zu einem politischen Schlagwort. Die k. u. k. Behörden hielten diese Gruppierungen zwar für gefährlich, aber doch für unbedeutend. Wenige Juden nur nahmen die deutschen Rassisten ernst.

Zu den Anführern der neuen anti-slawischen und anti-jüdischen rassistischen Bewegungen in Wien gehörten Guido von List und Lanz von Liebenfels – Personen, die heute zu Recht in Vergessenheit geraten sind. Manche dieser Bewegungen legten sich neue Symbole zu, beispielsweise die »Hakenkreuz« genannte Swastika, wodurch eindrucksvolle neue Bildelemente in die politische Auseinandersetzung eingeführt wurden. Dieses alte hinduistische Emblem wanderte auf diese Weise nach Europa ein und wurde zum Symbol eines »arischen« Rassismus, anti-slawisch und anti-jüdisch ausgerichtet in der kosmopolitischen Vielvölkerstadt Wien im späten 19. Jahrhundert.

Kapitel 3
Budapest – Wien – Paris

In diesen Hexenkessel wurde Herzl geboren. In seiner Kindheit und Jugend sog er dieses Gebräu aus Hoffnung und Spannung ein – beide Extreme sollten seine persönliche und berufliche Entwicklung beeinflussen und sein Bewußtsein bestimmen.

Theodor – Tivadar lautete sein Name auf ungarisch – wurde am 2. Mai 1860 in eine bürgerliche jüdische Familie geboren, die sowohl gesellschaftlich als auch beruflich in Budapest fest verankert war. Wie die meisten in der ungarischen Hauptstadt lebenden Juden, waren die Familien von Herzls Vorfahren aus der Provinz nach Budapest gezogen, und zwar im Zusammenhang mit Arbeitsmöglichkeiten, die im Zuge der industriellen Revolution entstanden waren und die ländliche Bevölkerung bewogen hatten, sich in den urbanen Zentren des Landes niederzulassen. Herzls Familie väterlicherseits kam ursprünglich aus Zemlin (Zemun), heute einem Vorort Belgrads. Zunächst besuchte Herzl eine jüdische Volksschule, um später auf ein Gymnasium zu wechseln. Als er neunzehn Jahre alt war, zog die Familie nach Wien. Zu Hause wurde ungarisch und deutsch gesprochen, auch tauchen in seinen Briefen und Tagebüchern da und dort hebräische und jüdisch-deutsche Wörter auf. 1878 schrieb er sich an der Juristischen Fakultät der Wiener Universität ein, das Studium schloß er 1884 mit der Promotion ab.

Wie es damals und zumal in den Kreisen, in denen Herzl verkehrte, gang und gäbe war, führte auch Herzl ein Tagebuch über seine Lektüre. Davon hat sich ein Teil erhalten, der die Monate Januar bis Mai 1882 umfasst. Es handelt sich um Notizen zu vierzig Büchern, die er in diesen fünf Monaten gelesen hatte. Manche Einträge sind ausgesprochen knapp, andere etwas ausführlicher. Er zeigt sich hier als Leser mit breitem Interessenspektrum, der Bücher regelrecht verschlang. Er las Romane, Sachbücher und Lyrik auf deutsch und französisch, dazu Übersetzungen fremdsprachiger Werke – Dostojewskis *Schuld und Sühne* war, so schrieb er begeistert, »ein psychologischer Roman allerersten Ranges«. Sinn und Zweck dieser Art von Tagebüchern war nicht, sich selbst über gelesene Bücher gleichsam Rechenschaft abzulegen, vielmehr sollten Stil und literarische Kritik geübt werden. Gelegentlich hat man den Eindruck, der jugendliche Herzl werde von seiner eigenen Rhetorik mitgerissen. Ohne Zweifel hatte dieser Jurastudent literarische Ambitionen.

Nur zwei der in diesem Lektüreheft erwähnten Bücher haben eine jüdische Thematik, dazu kommen noch Randbemerkungen in einem Band mit Schriften Ferdinand Lassalles, des jüdischen Gründers der deutschen Arbeiterbewegung – Herzl äußerte sich anerkennend über den Autor und dessen sozialistische Theorie. Bei einem der Bücher mit jüdischer Thematik handelte es sich um den historischen Roman eines damals hochgeschätzten Schriftstellers, Wilhelm Jensen. Herzl hatte eine Schwäche für diese literarische Gattung, in der sich Jensen vor allem hervortat. Der 1869 erschienene Roman *Die Juden von Cölln* schildert die Verfolgung der Juden während der Zeit des Schwarzen Todes um die Mitte des 14. Jahrhunderts. Herzl bewunderte zum einen Jensens Mitgefühl für die Juden, denen zu Unrecht vorgeworfen wurde, die Pest zu verbreiten, zum anderen seine Schilderung des würdevollen Verhaltens der Juden gegenüber christlichen Schlägern und dem Pöbel. Nach Meinung Herzls hatte Jensen das Leben im Ghetto »anschaulich und beklemmend genug geschildert« und die Juden »in ihrer Gedrücktheit, in ihrem ghettoumsargten Edelmuth der Denkart ... als aristokratische Race« beschrieben, die, ungeachtet allen Drangsals im Exil, ihr wertvolles Erbe bewahrt hatten.

Herzl fügte noch hinzu, daß die »von gemeinem Neid und mittelalterlicher Beschränktheit« verursachten Verfolgungen der Juden »derzeit thätlich im heiligen Rußland und wörtlich im nicht minder heiligen, jetzt mehr als je römischen Reiche Deutscher Nation« zu beobachten seien. Herzl äußert sich hier erstmals zum deutschen Antisemitismus. Seine Diagnose lautet, daß die Ursache für negative jüdische Eigenschaften – wenn es denn solche gäbe – im erzwungenen Ausschluß der Juden von allen kulturellen Bereichen begründet lag. Die Eigentümlichkeiten würden verschwinden, wären die Juden erst einmal in die bürgerliche Gesellschaft aufgenommen – dazu gehörte auch die Mischehe. Indes bestand das Ghetto immer noch, zwar nicht in greifbarer Wirklichkeit, aber doch in der Vorstellung »in bornirten Anschauungen des Volkes und mancher ›Gebildeten‹«. Diese Passage nimmt ein Thema vorweg, mit dem sich Herzl auch weiter beschäftigen sollte und das im Zentrum seines Theaterstücks *Das neue Ghetto* steht. In der Neuzeit lebten die Juden seiner Meinung nach immer noch in einem geistigen Ghetto.

Den meisten Platz in seinem Lektüretagebuch aber räumte Herzl der Schrift Eugen Dührings über die Judenfrage ein, die ein Jahr zuvor erschienen war. Wie schon bemerkt, drückte Dühring, eine sowohl in der Öffentlichkeit als auch in akademischen Fachkreisen hohes Ansehen genießende Persönlichkeit, dem rassistischen Antisemitismus einen vermeintlich wissenschaftlichen Stempel der Legitimation auf. Sein Buch über die Juden ließ klar erkennen, daß der neue Judenhaß unter deutschen Intellektuellen heimisch geworden war. Herzls Anmerkungen zu Dührings Schrift – von der er später sagen sollte, sie sei seine erste Begegnung mit der modernen »Judenfrage« gewesen, sind faszinierend. Er schrieb voller Zorn, gelegentlich in wütenden Wendungen, über die »Bosheit« des Autors. Dabei gab er durchaus zu, daß das Buch gut, klar und fesselnd geschrieben war – eben deshalb war es ja so gefährlich. Doch war das noch nicht alles. Herzl räumte ein, daß eine Reihe von Prämissen zutrafen. Allerdings nutzte Dühring sie, um zu gänzlich abwegigen und hetzerischen Schlussfolgerungen zu gelangen. Leser liefen Gefahr, aus der weitgehend zutreffenden Schilderung der europäischen Juden völlig falsche Schlüsse zu ziehen. »Ein infames Buch. Und leider so gut geschrieben, als hätte es nicht gemeiner Neid mit der giftgetauchten Feder der persönlichen Rachsucht geschrieben.«

Am meisten entsetzte Herzl die Behauptung Dührings, derzufolge es sich bei den Juden um »eine niederträchtige Race« handelte, woraus die Schlußfolgerung gezogen wurde, daß die negativen Eigenschaften der Juden angeboren und nicht Ergebnis sozialer und historischer Umstände wären. Wie spätere Kritiker der antisemitischen Rassentheorie bemühte sich auch Herzl, die Behauptung von der rassischen Unterlegenheit zu entkräften:

> Wie hätte sich eine solche niedrige, talentlose Race so lange erhalten können, durch anderthalb Jahrtausende unmenschlichen Druckes, wenn gar nichts Gutes an ihr wäre. Und dieser scheinliberale Faselhans von Dühring, der immer nur von ›Treue‹ und abermals von ›Treue‹ spricht – imponiert ihm nicht die heldenhafte Treue dieses ahasverischen Volkes gegen seinen Gott?

Herzl setzte sich mit Dührings wissenschaftlichem Anspruch auseinander und wies nach, daß er die historischen Umstände gänzlich außer Betracht ließ, welche die Juden im Mittelalter gleichsam in den Geldverleih gezwungen hatten. Es war ihnen keine andere Wahl geblieben, denn jede andere geschäftliche Betätigung war ihnen untersagt. Es waren nicht rassische Merkmale, die aus Juden »Blutegel gemacht hatten, sondern das Gebot, in einem wirtschaftlichen System zu überleben, das man ihnen auferlegt hatte und in dessen engen Grenzen ihnen nur wenige Berufe offen standen. Aber waren sie es gern?« Indem er vorgibt, einem wissenschaftlichen Ansatz zu folgen, schildert Dühring den Juden »gerade so, wie die alten Weiber beiderlei Geschlechts im dunklen Mittelalter es hexenhaft böswillig thaten«. Im folgenden analysierte Herzl

Dührings Behauptung, daß das christliche Europa deshalb dem jüdischen Volk die Rolle des Wucherers zugewiesen hatte, »weil es seiner ganzen Veranlagung nach dazu inclinirte«. Der Autor verwechselt, so Herzl, Ursache und Wirkung. Dühring ersetzte die Mär der zu Ostern von Juden geschlachteten christlichen Kinder durch eine neue Verleumdung – nunmehr setzten die Juden alles daran, christliches Kapital zu schwächen beziehungsweise sich anzueignen.

> Er [scil. Dühring] ist mit der Zeit fortgeschritten, er weiss, dass man diese albernen Lügen, die so viel Menschenblut getrunken haben, nicht mehr auftischen darf, und so sinnt er denn auf neuere, plausiblere, dem Jahrhundert angemessenere. Das Christenkind hat sich in das Christencapital verwandelt, und wie Jenes in den blutrünstigen, volksaufwieglerischen Ammenmärchen des Mittelalters geschlachtet wurde, so wird in den bösartigen Ammenmärchen, die die ›Antisemiten‹ nunmehr Dank der lichten Einrichtung der neueren Zeit *gedruckt* verbreiten der Volkswohlstand und das christliche Vermögen vom jüdischen abgestochen. … Auf den mittelalterlichen Holzstoß, der etwas feucht geworden und nicht mehr recht brennen will, muss moderneres Petroleum gegossen werden, dass er lustig aufflackere und das prasselnde Fett der geschmorten Juden die angenehmsten Gerüche entsende in die ungebogenen Nasen der protestantischen und selbst ›freidenkerischen‹ (siehe Herr Dühring) Nachfolger der Dominikaner, die dies im übelriechenden Mittelalter besorgt hatten. Und vom Brande geht's dann zur Plünderung (oder umgekehrt) und die Herren von Dühring's und seiner Consorten Schlag gehen dann Beute suchen und finden.

In seinem Buch hatte Dühring die Beschlagnahme des Eigentums jüdischer Kapitalisten befürwortet – und zwar mit der Begründung, dieses sei dem Volk »geraubt« worden – sowie den Ausschluß der Juden aus ihren Berufen und Gewerbetätigkeiten – genauso, wie es fünfzig Jahre später von den Nazis durchgeführt wurde. Herzl hielt dagegen, daß der Autor nur ein Ziel kannte,

> die Entjudung der Gerichte, des Advocaten-, des ärztlichen Standes, Entfernung aus der Gesetzgebung, mit einem Wort: ›Raus!‹ Aber wovon sollen die armen Kerle denn leben, wenn sie weder wuchern, noch lehren, noch heilen, noch berathen, noch dem Staate dienen, noch in den Zeitungen schreiben, noch ihre Bücher verkaufen, noch überhaupt irgend etwas verkaufen sollen.

Nicht zuletzt mokierte sich Herzl über die provokante Sprache Dührings. So hatte dieser beispielsweise Gotthold Ephraim Lessing, den Verfasser von *Nathan der Weise*, als »Halbjuden« bezeichnet. Überhaupt belegte er alle, deren Ansichten ihm mißfielen – und das waren ziemlich viele – mit dem Wort »Jude«, von Lassalle bis zum radikalen französischen Politiker Léon Gambetta. Mit seiner Feinfühligkeit gegenüber antisemitischem Sprachgebrauch – einem Phänomen, das seinen Höhepunkt in der Nazipropaganda erreichen sollte – war Herzl seiner Zeit weit voraus.

Ganz ohne jeden Zweifel war Herzl von Dührings Buch stark beeindruckt. Zu einer Zeit, da die meisten jungen Juden, die Herzls Generation angehörten, ebenso wie Liberale und Sozialisten in ihrer Mehrheit Dühring als unbedeutend abtaten und es ablehnten, sich mit ihm ernsthaft auseinanderzusetzen, erkannte Herzl die Gefahr.

Kaum ein Jahr später, im März 1883, als er an seiner Doktorarbeit saß, äußerte sich Herzl erstmals öffentlich gegen den Antisemitismus. Zu diesem Zeitpunkt griff allmählich der Haß auf die Juden in den nationalistischen deutschen Studentenverbindungen Wiens um sich, so auch in der Burschenschaft *Albia*, der Herzl zwei Jahre zuvor beigetreten war. Am 5. März 1883 hielten die gesamten Burschenschaften eine Gedenkveranstaltung zu Ehren Richard

Wagners ab, auf der ein Vertreter von *Albia* eine antisemitische Rede hielt. Herzl war bei diesem Festakt nicht anwesend, doch nachdem er in der Presse diese Rede und andere Ansprachen gleicher Ausrichtung gelesen hatte, schrieb er einen zornigen Brief an seine Verbindung, in dem er seinen Austritt erklärte. Das Schreiben war in scharfen Worten abgefasst, möglicherweise deshalb, weil ihm nach der Lektüre von Dührings Buch klargeworden war, daß es sich hier nicht um eine Einzelerscheinung handelte, sondern eine wachsende antisemitische Strömung in den deutschsprachigen Gebieten sich Bahn brach. Ungeachtet des zornigen Tons, in dem der Brief abgefasst ist, beginnt er mit den in studentischen Verbindungen üblichen formellen Höflichkeiten. Danach aber kam Herzl zur Sache:

> Aus den Tagesblättern habe ich mit grossem Bedauern entnommen, dass der ›Richard-Wagner‹-Commers, unter dessen Veranstaltern auch die Couleur sich befand, der als inactives Mitglied anzugehören ich die Ehre habe – dass dieser Commers sich in seinem Verlaufe zu einer antisemitischen Demonstration gestaltete. – Es fällt mir nicht ein, hier gegen diese rückschrittliche Mode des Tages zu polemisiren; ich will nur beiläufig erwähnen, dass ich vom Standpunkte der Freiheitsliebe selbst als Nichtjude eine Bewegung verurtheilen müsste, der sich allem Anscheine nach auch meine Burschenschaft angeschlossen hat. Allem Anscheine nach; denn wenn man gegen Vorgänge solcher Art nicht vernehmlich protestirt, so haftet man solidarisch mit. Qui tacet, consentire videtur! [Wer schweigt, stimmt allem Anschein nach zu.] Ich habe in den Zeitungen, die das Factum brachten, seitens der W[iener] a[kademischen] B[urschenschaft] A[lbia] keine wie immer geartete Erklärung gefunden, die die Theilhaberschaft entrüstet zurückwiese; leider glaube ich auch nicht, dass dies in Folge meines vorliegenden Schreibens geschehen werde.

> Es ist ziemlich eindeutig, dass ich, behaftet mit dem Hindernis des Semitismus (zur Zeit meines Einsprungs war das Wort noch unbekannt), heute nicht um Aufnahme in die B[urschenschaft] A[lbia] ansuchen würde, die mir höchst wahrscheinlich aus dem angegebenen Grund auch verweigert würde – und, dass ich dort nicht bleiben will, wo ich dies voraussetze, das ist jedem anständigen Menschen klar. [...] als inactiver Bursch komme ich um Auflösung meines Verhältnisses zur Couleur ein.

Herzl unterschrieb mit seinem bürgerlichen Namen und mit dem, den er bei seinem Eintritt in die Burschenschaft angenommen hatte: Tancred. Die Wahl, die er getroffen hatte, spricht für sich. Im allgemeinen suchten sich die Verbindungsbrüder Namen aus der deutschen Geschichte oder dem Nibelungenlied aus. Herzl entschied sich für den Namen eines Anführers des Ersten Kreuzzuges, der das Heilige Land von den Moslems zu befreien ausgezogen war. Nach der Gründung des Königreichs der Kreuzfahrer wurde Tancred zum Fürsten von Galiläa ernannt. Als Absolvent eines humanistischen Gymnasiums kannte Herzl möglicherweise die Geschichte durch das Versepos des italienischen Renaissancedichters Torquato Tasso, *Gerusalemme Liberata*. Hinzu kam, daß einer der bekanntesten Romane Benjamin Disraelis, des späteren Premierministers von Queen Victoria, Tancred als Titelhelden nannte. Es geht darin um einen jungen englischen Adligen der Zeit, der eine Reise nach Palästina unternimmt, und dabei wird beiläufig ausführlich Jerusalem und der Blick auf die Altstadt vom Ölberg aus beschrieben. Hier brachte Disraeli seine romantische Vorstellung vom Adel des jüdischen Volks zum Ausdruck. Nichts weist darauf hin, daß der junge Herzl diesen Roman kannte, aber nach der Gründung der Zionistischen Organisation nannte er Disraeli zusammen mit George Eliot und Moses Hess als Schriftsteller, die »in neuerer Zeit den Gedanken [scil. des Zionismus] mit genügender Deutlichkeit ausgesprochen [haben]«. Wie dem auch sei – Herzls Namenswahl ist zumindest ironisch, wenn nicht prophetisch –, der Name, den Herzl in der Verbindung trug, die er wegen deren zunehmenden antisemitischen Ausrichtung verließ, war stark mit dem Land der jüdischen Vorfahren verbunden.

Wie üblich war Herzl nach Abschluß seines juristischen Studiums erst einmal für ein Jahr Gerichtsreferendar. Aber es war ganz klar: Sein Herz schlug für die Schriftstellerei, nicht für die Juristerei. Die von ihm bevorzugte literarische Gattung war das Feuilleton, der im Plauderton gehaltene, geistreiche kulturpolitische Teil der Presse, der sich damals großer Beliebtheit in ganz Europa erfreute. Herzl veröffentlichte eine ganze Reihe solcher Beiträge in Wiener Zeitungen. Außerdem schrieb er ein Theaterstück, das er erfolglos an einer Berliner Bühne zur Aufführung zu bringen suchte. Schließlich engagierte ihn das liberale *Berliner Tageblatt*, eines der führenden Organe der Hauptstadt, als festangestellten Mitarbeiter. Um Material für seine Beiträge zu sammeln, war Herzl viel unterwegs – nach Berlin, Prag, Italien, ins Rheinland, nach Belgien, Frankreich und England, von wo er die allseits beliebten Reiseschilderungen mitbrachte. Auch einen Band mit Kurzgeschichten publizierte er. Schließlich kam er doch noch am Theater an, und 1888 und 1889 wurden drei seiner Stücke in Prag, Berlin und am renommierten Burgtheater in Wien auf die Bühne gebracht. 1889 heiratete Herzl Julie Naschauer, im Jahr darauf wurde ihre Tochter Pauline geboren.

Trotz des vielversprechenden Starts auf der Literatur- und Theaterszene setzte sich Herzl als Dramatiker nie durch. Auch war seine Ehe nicht harmonisch. Im Mai 1891 setzte er seinen Schwiegervater davon in Kenntnis, daß er die Scheidung einzureichen beabsichtigte, obwohl seine Frau damals schwanger war – sie brachte Monate später den Sohn Hans zur Welt. Über die der Ehekrise zugrunde liegenden Ursachen kann man nur spekulieren, sicher ist, daß Julie kaum an jenen intellektuellen Themen interessiert war, für die sich ihr Mann so begeisterte.

Ungefähr um diese Zeit beging Heinrich Kana Selbstmord,

Herzls bester Freund aus der Studentenzeit. Kana war rumänischer Herkunft, und Herzl sah in ihm das tragische Beispiel eines gebildeten Juden, dem es nicht gelungen war, seinen Platz in der europäischen Gesellschaft zu finden. Letztendlich blieben Theodor und Julie Herzl zwar zusammen, aber Herzl brach zu langen Reisen nach Frankreich und Spanien auf mit der festen Absicht, nie mehr nach Hause oder überhaupt nach Wien zurückzukehren. Er steckte sowohl persönlich wie beruflich in einer tiefen Krise. Während einer Reise durch Südfrankreich erhielt er das Angebot der einflußreichen liberalen Tageszeitung Wiens, der *Neuen Freien Presse*, als Korrespondent nach Paris zu gehen. Er ergriff die Gelegenheit beim Schopfe – einerseits würde er als Journalist eine herausragende Stellung einnehmen, andererseits hatte er einen guten Grund, nicht zu seiner Frau nach Wien zurückkehren zu müssen. Er blieb vier Jahre in Paris, von 1891 bis 1895. Obwohl er in diesem Zeitraum nur selten mit seiner Frau zusammenkam, wurde 1893 sein drittes Kind geboren, die Tochter Margarete, genannt Trude.

Bei den Eigentümern und Herausgebern der *Neuen Freien Presse* handelte es sich um Juden oder um konvertierte Juden. Ihre Leserschaft in Wien oder im Habsburger Reich insgesamt bestand zum größten Teil aus gebildeten Juden der oberen Mittelschicht, die von sich behaupteten, gut in das kulturelle und wirtschaftliche System eingebunden zu sein. Eben die Klasse, zu der Herzl selbst und die gesellschaftlichen Kreise gehörten, in denen er verkehrte. Während seiner Pariser Zeit sandte er der Zeitung Aberhunderte von Artikeln, zumeist knappe Berichte über laufende Ereignisse, über Politik und soziale Themen. Manche waren auch längere Analysen, in denen er seine Leser mit der in Frankreich herrschenden Atmosphäre und dem politischen Milieu vertraut zu machen suchte.

Es war Herzl nicht neu, daß der rassistische Antisemitismus in Deutschland und Österreich an Zulauf gewann. Von Paris aus korrespondierte er mit einer Anzahl Persönlichkeiten, die im öffentlichen Leben Österreichs standen und sich bemühten, diesem Trend mit ethischen Argumenten entgegenzuwirken. In seinen

Briefen äußerte sich Herzl skeptisch, ob dieses Vorgehen erfolgversprechend sei, aber er wußte selbst keine Alternative anzubieten. Folglich war es für ihn nichts neues, als er in Frankreich auf vergleichbare Strömungen aufmerksam wurde, wenn diese auch in einem anderen politischen und kulturellen Zusammenhang zu sehen waren.

Zu Beginn der neunziger Jahre des 19. Jahrhunderts war Frankreich ein zutiefst verletztes und gespaltenes Land, das sich nur mühsam von der demütigenden Niederlage im Deutsch-Französischen Krieg 1870-1871 erholte. Es hatte Elsaß-Lothringen abtreten müssen und wankte unter der erdrückenden Last an Reparationen, die es an Deutschland zu entrichten hatte. Kaiser Napoleon III. hatte abgedankt, nachdem er und seine Armee sich dem preußischen König, dem Oberbefehlshaber des deutschen Heeres, ergeben hatten. In Paris brach ein Aufstand aus, als sozialistische und anarchistische Kräfte die Macht übernahmen und die kurzlebige Pariser Commune ausriefen, die von der neu gebildeten Dritten Republik blutig unterdrückt wurde. Im kollektiven Gedächtnis der Franzosen hatte sich nicht allein die militärische Niederlage tief eingegraben, sondern überdies das Faktum, daß diese zur Reichseinigung und der Gründung des deutschen Kaiserreichs beigetragen hatte. Der Gipfel der nationalen Kränkung war erreicht, als die Sieger, an ihrer Spitze Reichskanzler von Bismarck, den neuen deutschen Kaiser im prachtvollen Spiegelsaal zu Versailles krönten.

Während die Liberalen die Gründung der Dritten Republik ausriefen und deren Gründung verteidigten, hielten viele unter den Rechten wie Linken das Regime für illegitim. Die Katholiken, die Royalisten, die Konservativen sahen in der neuen Republik eine Neuauflage der Französischen Revolution, die Radikalen und Anarchisten hielten dem entgegen, es handelte sich um nichts anderes als eine bürgerliche Diktatur mit parlamentarischem Feigenblatt. Kurz vor Herzls Ankunft in Paris stürzte das republikanische Regime in eine schwere Krise. Der Kriegsminister, General Georges Boulanger, war 1887 entlassen worden, nachdem er versucht hatte, einen Rachefeldzug gegen Deutschland vom Zaun zu brechen. Seine Anhänger unternahmen 1889 den Versuch eines Staatsstreichs. Er schlug fehl, und zwei Jahre darauf nahm sich Boulanger das Leben. Aber diese Affäre trug nur noch weiter zur Destabilisierung des ohnehin geschwächten politischen Systems bei. In kürzester Zeit folgte eine Regierung auf die nächste, ohne daß eine vermocht hätte, das Vertrauen der Franzosen zu gewinnen. Im Juni 1894 fiel Präsident Carnot einem anarchistischen Attentat zum Opfer.

Diese politische Instabilität, diese Unruhe waren natürlich hinsichtlich des Materials, das sie boten, eine Goldgrube für Journalisten, für Herzl bildeten sie eine willkommene Gelegenheit, einen ebenso flüssigen wie präzisen Stil zu entwickeln. Seine Artikel zeigen, wie talentiert er zu schildern und zu erzählen wußte, was auch so charakteristisch für seine Tagebücher und politischen Schriften werden sollte. Während die Dialoge in seinen Theaterstücken bestenfalls hölzern-steif waren, hatten seine Leser ihre helle Freude an der Art und Weise, wie er politische Sachverhalte auf hohem Bildungsniveau erläuterte.

Natürlich waren es die Ereignisse, die vorgaben, worüber Herzl schrieb. Er konzentrierte sich in seiner Berichterstattung auf die zentrale Institution der französischen Republik, die Nationalversammlung. Das Gefühl der nationalen Demütigung und die fehlende Anerkennung der Legitimität des Regimes führten dazu, daß jede Debatte über politische Maßnahmen in einer Verfassungskrise mündete. So bot die Assemblée Nationale den günstigsten Nährboden für jedwede Art politischer Demagogie und die Umwandlung einer beliebigen polizeilichen Untersuchung in einen politischen Skandal. Von der Presse und einer klatschsüchtigen Öffentlichkeit weit über ihre tatsächliche Bedeutung hinaus aufgebläht, führten diese Skandale zum Sturz etlicher Regierungen. Zu Hause, in Österreich, hatte Herzl sich für die Ausweitung des Stimmrechts und größere Befugnisse gewählter Vertreter eingesetzt. Die liberalen Kreise, denen er angehörte, huldigten der Ansicht, daß demokratische Institutionen alle Übel einer modernen Gesellschaft zu beheben vermochten. Doch das Treiben im französischen Parlament führte ihm allzu deutlich vor Augen, daß das leuchtende Ideal der Demokratie auch eine schattige Seite aufwies – es konnte zu Chaos führen. Außerdem gelangte Herzl zu neueren Erkenntnissen, was jüdische Belange betraf.

Die berühmt-berüchtigste Affäre, die in Herzls Pariser Jahren das politische Leben Frankreichs von Grund auf erschütterte, war der Panamaskandal. Im Mittelpunkt standen zwei hochdramatische Gerichtsverfahren, die zum Sturz etlicher aufeinanderfolgender Regierungen und zum Rücktritt zahlreicher Minister führten. Es ging um die Finanzierung eines Vorhabens, das ursprünglich von Ferdinand de Lesseps, dem berühmten Ingenieur und Vater des Suezkanals, angeregt worden war, nämlich auch in Panama einen Kanal zu bauen. Das Unternehmen, welches das Projekt geplant hatte, machte Bankrott, und Lesseps wurde der Bestechung französischer Politiker und amtierender Minister bezichtigt. Zahlreiche Parlamentsabgeordnete wurden beschuldigt, Schmiergelder von der mit dem Bau des Kanals betrauten Gesellschaft angenommen zu haben, damit deren finanzielle Probleme nicht in der Öffentlichkeit bekannt würden. In den zwei folgenden Prozessen wurden einige Abgeordnete schuldig gesprochen, während die Anklagen gegen andere mangels Beweisen fallen gelassen wurden. Es war eine finanziell und juristisch dermaßen komplizierte und verwickelte Affäre, daß die Öffentlichkeit Mühe hatte, die Angelegenheit zu verstehen. Aber es entstand der Eindruck, daß überall, ob in Parlament oder Kabinett selbst, Korruption herrschte. Das war Wasser auf die Mühlen derer, welche die Legitimität des republikanischen Systems in Frage stellten.

Herzl berichtete vom Skandal und den Gerichtsverhandlungen, die man in ganz Europa mit Interesse verfolgte, ging es doch, nach dem Erfolg des Suezkanals, um einen zweiten Versuch, moderne Technik zwecks Verkürzung von Schiffsrouten einzusetzen. Herzls genaue Berichte, zumal aus dem Gerichtssaal selbst, sind eine wahre Fundgrube an Informationen über die Affäre und die in der Öffentlichkeit herrschende Atmosphäre.

Indes hatte der Panamaskandal noch einen anderen Aspekt, der zunächst in Herzls Berichten nicht im Vordergrund stand. Jüdische Personen waren an prominenter Stelle in die Affäre verwikkelt – insbesondere die beiden wichtigsten Finanziers, die der Spekulation und Korruption angeklagt waren. Die Rolle, die Juden in diesem Skandal spielten, wurde in der Öffentlichkeit heftig diskutiert, das konnte Herzl kaum entgangen sein. Denn tatsächlich war der Skandal Ursache und Anlaß für eine Welle antisemitischer Hetze und lieferte solchen Leuten wie Edouard Drumont, dem antisemitischen Polemiker und Verfasser des Buchs *La France Juive*, jede Menge Munition. Der französische Antisemitismus war insofern bemerkenswert, als Frankreich einerseits das erste Land gewesen war, das den Juden gleiche bürgerliche Rechte zugestanden hatte, andererseits weil die jüdische Bevölkerung zahlenmäßig äußerst gering war. Die beiden jüdischen Geldgeber wurden als typische kosmopolitische Juden präsentiert, welche mit den Ersparnissen loyaler, hart arbeitender französischer Bürger spekulierten.

Einer von ihnen war Cornelius Herz, Sohn jüdischer, aus Deutschland stammender Eltern, der, zwar in Frankreich geboren, in Deutschland zur Schule ging. Seine Eltern wanderten mit den Kindern in die Vereinigten Staaten aus, wo Cornelius Herz die amerikanische Staatsangehörigkeit erwarb, Medizin studierte und eine Amerikanerin heiratete. Dann kehrte er nach Frankreich zurück und meldete sich als Freiwilliger im Deutsch-Französischen Krieg, in dem er als Militärarzt diente; dafür wurde er mit der Aufnahme in die *Légion d'honneur* ausgezeichnet. Später gründete er ein Elektrizitätssyndikat, das außerordentlich erfolgreich war. Als der Panamaskandal ausbrach, wurde er beschuldigt, als Mittelsmann zwischen der Panamagesellschaft und jenen Parlamentsabgeordneten fungiert zu haben, die von dieser bestochen worden waren. Er behauptete, im Besitz von Dokumenten zu sein, welche die Gesetzgeber belasteten. Als die Ermittlungen gegen ihn aufgenommen wurden, setzte sich Herz nach Italien ab, von wo er über Deutschland nach England gelangte. Das Gericht verurteilte ihn *in absentia* zu einer fünfjährigen Gefängnisstrafe. Seine Mitgliedschaft in der *Légion d'honneur* wurde widerrufen, die französische Regierung forderte wiederholt ohne Erfolg seine Auslieferung.

Der zweite, in die skandalöse Affäre verwickelte Jude war Baron Jacques de Reinach, ebenfalls Sproß einer deutsch-jüdischen Familie – genauer gesagt, einer Familie, aus der eine Reihe führender Politiker und Wissenschaftler auf dem Gebiet der Religionswissenschaft und der Judaistik hervorgegangen waren. Das Bankhaus des Barons hatte sich dadurch in den Skandal verstrickt, daß es die börsennotierten Papiere der Panamagesellschaft herausgegeben hatte, de Reinach selbst war deren Finanzberater. Drumont beschuldigte de Reinach, von der Regierung »drei Millionen Francs« für »Werbung« erhalten zu haben, welche Summe er dann zur Bestechung von Politikern verwendet habe. Die von der Assemblée Nationale eingesetzte Untersuchungskommission lud de Reinach zur Vernehmung vor und stellte, als er der Aufforderung nicht nachkam, einen Haftbefehl gegen ihn aus. Am nächsten Tag – es war der 20. November 1892 – fand man ihn leblos in seinem Bett, er hatte offensichtlich Selbstmord begangen. Und noch eine weitere Persönlichkeit wurde indirekt in den Skandal mit hineingezogen, auch sie Mitglied einer der prominentesten jüdischen Familien Frankreichs: Adolphe Crémieux.

Über dies alles berichtete Herzl, auch über die Stimmung, welche durch die Beschuldigungen gegen die beiden Hauptverdächtigen in der Öffentlichkeit entstanden war. Unmittelbar bevor der Skandal seinen Höhepunkt erreichte, veröffentlichte Herzl am 3. September 1892 in der *Neuen Freien Presse* eine ironische Glosse unter dem Titel »Antisemitismus in Frankreich«, in der er die Wahrscheinlichkeit ausschloß, der Antisemitismus könnte in Frankreich zunehmen. Doch eine Enthüllung folgte auf die andere, und der Skandal nahm immer weitere Ausmaße an, so daß stets frisches Wasser auf die antisemitischen Propagandamühlen geleitet wurde. Für die französischen Juden wurde die Lage zusehends düster, und Herzl konnte nicht umhin, festzustellen, daß die widerwärtigste Form des Antisemitismus vorsätzlich im öffentlichen Leben des Landes verbreitet wurde. Ein Großteil seiner Artikel zwischen November 1892 bis Juli 1893 handelte von dem Skandal und seinen politischen Auswirkungen einschließlich des um sich greifenden antisemitischen Tons, der im Zusammenhang mit der angeblichen Verwicklung von Herz und de Reinach in die Bestechungsaffäre nicht zu überhören war. Gleichzeitig berichtete er umfassend über die Kampagne einer von Jean Jaurès angeführten Gruppe sozialistischer Parlamentsabgeordneter gegen die Hetze, die Juden mit Kapitalisten gleichsetzte. Im Mai 1893 informierte Herzl seine Leser in Wien über das kürzlich erschienene Buch des französischen Historikers Anatole Leroy-Beaulieu, *Israel chez les nations: Les juifs et l'antisémitisme*. Darin verurteilte der Autor den Antisemitismus als »unvereinbar mit unseren Grundsätzen wie auch dem Geist unserer Nation«. Herzl betonte, daß es sich bei dem Verfasser um einen Christen handelte, und daß allein schon die Tatsache, daß er es für nötig erachtet hatte, das Buch zu schreiben, dafür sprach, welchen Zulauf der Antisemitismus in Frankreich zunehmend gewinne. Herzl zitierte eine Bemerkung von Leroy-Beaulieu, derzufolge »man im Antisemitismus alles auf der Welt finden könnte – Altes und Neues, mittelalterliche Elemente und utopischen Sozialismus, reaktionäre Leidenschaften und revolutionäre Inspirationen«. Eine Definition, die später genau auf den Faschismus zutreffen sollte.

Obwohl eine breite Mehrheit der sozialistischen Parlamentarier die antisemitische Ausrichtung der in der Öffentlichkeit geführten Debatte über den Panamaskandal verurteilte, bemerkte Herzl doch, daß auch unter Sozialisten judenfeindliche Einstellungen anzutreffen waren. Bekannten jüdischen Kapitalisten wie den Foulds und den Rothschilds in der Finanzwelt des Zweiten Kaiserreichs waren sie mit Abscheu begegnet. Darauf bezog sich Herzl in einem Artikel für die *Neue Freie Presse* im August 1893, in der er über Wahlversammlungen der Sozialisten berichtete, zu denen es im Zusammenhang mit ausgerufenen Neuwahlen kam, nachdem einmal mehr eine Regierung über den Skandal gestürzt war. Herzl gab eine gewisse Sympathie für die Sozialisten und ihre Sozialkritik zu erkennen, zugleich verabscheute er zutiefst Paul Lafargue, einen führenden Sozialisten und Schwiegersohn von Karl Marx. Besonders mißfiel ihm Lafargues Demagogie – »er weint, prahlt, droht und hetzt« – und dessen Anmaßung, »für seinen Sozialismus die Bezeichnung des ›revolutionären und wissenschaftlichen Sozialismus‹ in Anspruch« zu nehmen. In dem Artikel tritt noch ein anderer Aspekt von Herzls Kritik zutage – mit schneidender Ironie schrieb er über den Beginn der Wahlversammlung in Lille: »Der Schwiegersohn von Karl Marx beginnt mit einem Ausfall auf die Juden. ›Kameraden! Als ihr mich zum erstenmale wähltet, war es ein Protest gegen Fourmies, gegen dieses von Juden und Unternehmern angerichtete Blutbad.‹ (Er war wegen Aufreizung in Fourmies verurteilt worden. Die Truppen hatten in das arme verhetzte Volk hineingefeuert, und er mußte ins Gefängnis wandern, aus dem ihn die Liller Abgeordnetenwahl befreite.)«

In einem anderen Artikel über die Wahlkampagne berichtete Herzl von einer Veranstaltung, auf der »vom Hausmeister bis zum Haushofmeister [...] alle Stände vertreten [sind]. Ferner einige kleine Geschäftsleute, wenige Arbeiter in der Bluse – von den Grenzen des Bezirks – und etwa ein Dutzend Bourgeois mit dicken Goldketten auf den Bäuchen.« Der Redner malte die Korruption im Parlament in den stärksten Farben – »mit geschwollenen Adern und wilden Geberden, denen man die Unechtheit ansieht« – und rief seinem Publikum zu: »Man hat Euch anderthalb Milliarden gestohlen!« Rufe aus der Menge ertönten: »Nieder mit den Juden!« und »Es lebe die Anarchie!« Der antisemitische Ton von *La Libre Parole*, dem von Drumont gegründeten Blatt, steigerte sich dermaßen, daß einige jüdische Abgeordnete und der Direktor der Rothschild Bank Drumont sowie etliche seiner Mitarbeiter zum Duell forderten.

Das alles führte Herzl deutlich vor Augen, daß selbst eine republikanische Regierung keineswegs imstande war, die Sicherheit und die bürgerlichen Rechte der Juden zu gewährleisten. In Wien hatte er den Aufstieg des akademischen Antisemitismus unter deutschen Philosophen und im sozial-politischen Milieu der konservativen österreichischen Monarchie beobachtet. Nun stellte er in Frankreich fest, daß demokratisches Verfahren und eine aus allgemeinen Wahlen hervorgegangene repräsentative Regierung keineswegs ein Allheilmittel gegen diese Übel bildeten. Viele von Herzls Lesern in Wien waren wohlhabende Juden der Mittelschicht, die liberale Reformen unterstützten. Sie verfolgten mit lebhaftem Interesse Herzls Reportagen über die Skandale in Frankreich, in die Juden verwickelt waren. Zwar hob er diesen Aspekt nicht sonderlich hervor, aber seine Berichterstattung gab seinen Lesern zu verstehen, daß die Bedrohung, der sich Juden ausgesetzt sahen, allgegenwärtig war und der Antisemitismus in all seinen Erscheinungsformen unter jeder Regierung gleich welcher politischen Verfassung zutage trat.

Wie stark sich Herzl für die jüdische Thematik interessierte, geht aus einem kurzen Artikel über eine scheinbar belanglose Angelegenheit hervor. Im September 1893 traf eine Flotille russischer Kriegsschiffe in der Hafenstadt Toulon ein, wo die französische Kriegsflotte ihre Hauptbasis unterhielt. Der Besuch sollte dazu dienen, die enger werdenden Beziehungen zwischen beiden Ländern hervorzuheben. Einige französische Juden erhoben Einwände gegen diese Vertiefung der französisch-russischen Freundschaft, wobei sie sogar jüdische Bürger aufriefen, nicht an den Feierlichkeiten anläßlich des Empfangs des Geschwaders teilzunehmen – und zwar unter Hinweis auf die antisemitische Politik des Zarenreiches. Ohne weiteren Kommentar oder Andeutung seiner eigenen Meinung informierte Herzl seine Leser am 14. September, daß

> der Possendichter Albin Valabrègue [...] an seine jüdischen Glaubensgenossen einen Aufruf [erließ], in welchem er die-

selben aufforderte, sie mögen angesichts der Angriffe und Verdächtigungen, welche die patriotische Gesinnung der französischen Juden erfahren, durch erhöhte Teilnahme an den bevorstehenden franko-russischen Festen ihre Vaterlandsliebe bekunden. Frankreich sei Rußland dankbar verpflichtet. Vor dem Gefühl des Patriotismus müsse jede andere Erwägung verschwinden.

Ganz ohne Zweifel verstanden die Leser in Wien sehr genau, was gemeint war. In einem ausführlichen, am 23. Juli 1893 erschienenen Artikel über die Zusammensetzung des französischen Parlaments zur Zeit des Panamaskandals berichtete Herzl über eine Gruppe Abgeordneter, die auf Anweisung des Papstes vom katholisch-monarchistischen Lager in das der Republikaner übergewechselt waren. Man nannte sie *les ralliés*, diejenigen, die sich mit der Republik ausgesöhnt und den Befürwortern dieser Staatsform angeschlossen hatten, und Herzl wagte eine Vorhersage, wie man sie in Zukunft bezeichnen würde. »Es ergeht ihnen und wird ihnen weiter ergehen, wie den spanischen Juden im Mittelalter, die sich nutzlos taufen ließen. Sie wurden unter einem frischen Namen wie vorher bedrängt; sie hießen einfach *nuevos christianos*.« Es leuchtet unmittelbar ein, daß nur ein Jude, der für eine überwiegend jüdische Leserschaft schrieb, einen solchen Vergleich anstellen konnte. Die Mehrzahl der christlichen Leser dürfte den Hinweis kaum verstanden haben, und selbst für jene, die Bescheid wußten, hörte sich das anders an als für das gebildete jüdische Publikum.

Um Irrtümern vorzubeugen, muß hier gesagt werden, daß Herzls journalistische Arbeiten sich nicht überwiegend mit jüdischen Angelegenheiten befassten. Im Mittelpunkt seiner Aufmerksamkeit standen die heftigen Umbrüche in der französischen Politik, die vom Panamaskandal noch verschärft wurden. Studenten rebellierten, Abgeordnete beschossen sich im Sitzungssaal der Nationalversammlung. Nach der Ermordung Präsident Carnots wurde der anarchistische Attentäter festgenommen, vor Gericht gestellt und hingerichtet. Es kam zu einer Reihe weiterer anarchistischer Bombenattentate in Pariser Cafés und an öffentlichen Plätzen. Den Schuldigen wurde ebenfalls der Prozeß gemacht, bevor sie gehenkt wurden. Herzl schilderte eine gebrochene, zutiefst gespaltene und brutale Gesellschaft, zerrissen zwischen den Monarchisten auf der rechten und den Republikanern auf der linken Seite, ein Land, dessen repräsentative Institutionen allem Anschein nach nicht in der Lage waren, politische Rahmenbedingungen herzustellen, die alle Parteien und Fraktionen als legitim anerkennen konnten.

Die Auswirkungen des Panamaskandals sollten von beträchtlicher Dauer sein. Im Mai 1894 informierte Herzl ausführlich über eine finanzielle Regelung zwischen Cornelius Herz, der als Flüchtling in England lebte, und den Erben des verstorbenen Barons de Reinach. Im selben Monat berichtete er des längeren von einer Parlamentsdebatte über die Forderung an England, Herz auszuliefern, sowie über weitere Rechtsverstöße des Exilanten. Die Namen von Herz und de Reinach sollten noch für geraume Zeit weiter in den Zeitungen erscheinen und für Zündstoff in der französischen Politik sorgen.

Vor diesem Hintergrund weitverbreiteter Korruption, Gewalttätigkeit und anarchistischem Terror wurde der Hauptmann der Artillerie und Generalstabsoffizier Alfred Dreyfus verhaftet und der Spionage angeklagt. Die Verhaftung erfolgte wohlgemerkt in einer polarisierten Gesellschaft, der viele Bürger die Legitimität absprachen. In den unmittelbar folgenden Jahren sollte die Dreyfus-Affäre, von der man bald nur als *l'affaire* sprach, das politische Gefüge Frankreichs sprengen und die Kluft zwischen der republikanischen Linken und der Rechten aus Konservativen, Katholiken und Royalisten vertiefen, wobei die letztgenannte Fraktion die Unterstützung der Armee genoß. Doch alle diese Ereignisse, auch die heftigen antisemitischen Polemiken, welche die Affäre über die Jahre begleiteten, fanden statt, *nachdem* Herzl 1895 Paris verlassen hatte. Tatsächlich fand *l'affaire* erst 1906 mit dem endgültigen Freispruch Dreyfus' ihr Ende. Während Herzls Aufenthalt in Paris wurde der Prozeß gerade eröffnet und hatte sich noch nicht zu einer Kontroverse historischen Ausmaßes ausgeweitet, insofern ist es kaum verwunderlich, daß die ersten Berichte Herzls eher langweilig ausfielen. Im allgemeinen herrscht die Meinung vor, die Dreyfus-Affäre habe Herzls zionistische Einstellung gleichsam ausgelöst – aber dafür finden sich keinerlei Hinweise: weder in seinen umfänglichen Tagebüchern noch in den Artikeln, die er seiner Zeitung nach Wien übermittelte.

Herzls erster Artikel über die Verhaftung Dreyfus' erschien am 1. November 1894 in der *Neuen Freien Presse*. Er konnte den Lesern nur mitteilen, daß sein Bericht auf Gerüchten beruhte und daher manche Ungenauigkeit enthalten mochte. Ein Offizier namens Dreyfus, so schrieb er, sei beschuldigt worden, militärische Geheimnisse an Italien verkauft zu haben. An seiner Schuld bestehe kein Zweifel. Er würde vor ein Militärgericht gestellt und von einem Exekutionskommando hingerichtet werden. Am folgenden Tag lieferte Herzl weitere, ebenfalls unzutreffende Einzelheiten. Dreyfus war, so wußte er zu berichten, als Kartenspieler bekannt und in Monte Carlo mit einem höheren italienischen Offizier gesehen worden. »Noch war«, so Herzl, »nicht genau bekannt, ob Dreyfus wirklich schuldig ist, aber der Umstand, daß offiziell die Verhaftung dieses Generalstabs-Hauptmannes zugegeben worden ist und der Kriegsminister dem heutigen Ministerrathe die Sache vorlegte, läßt annehmen, daß Dreyfus wirklich die schändliche Handlung begangen habe.« Dazu lieferte Herzl Informationen über den Rang des Offiziers im französischen Generalstab und die näheren Umstände seiner Verhaftung. Der Angeklagte war im elsässischen Mulhouse geboren. Der Sohn eines wohlhabenden Textilherstellers hatte die Tochter eines reichen Diamantenhändlers geheiratet. In diesem Artikel und in den folgenden Reportagen ging Herzl nicht auf die jüdische Identität von Dreyfus ein, der einigermaßen unterrichtete Leser konnte allerdings mit dem

Hinweis auf den in der Textilbranche tätigen Vater und den mit Diamanten handelnden Schwiegervater darauf schließen, ganz abgesehen davon, daß dem jüdischen Publikum *Dreyfus* als jüdischer Name bekannt war. Zum Abschluß seines Artikels bemerkte Herzl anscheinend beiläufig, aber nicht rein zufällig: »In der französischen Armee dienen außer dem Verhafteten noch neununddreißig Officiere, die den Namen Dreyfus tragen.«

Die Gerüchte über Dreyfus' vermeintliche italienische Beziehungen versorgten Herzl in den folgenden Tagen mit Material für weitere Artikel. Am 5. November schrieb er: »Zur Affäre Dreyfus tauchen immer neue Versionen auf. Jetzt heißt es, Dreyfus sei von einer italienischen Spionin umgarnt worden. Sie bethörte ihn derart, daß er in seiner Liebesraserei alle gewünschten Unvorsichtigkeiten beging und schließlich ihr auch die Geheimnisse der Landesvertheidigung verrieth. Die Familie des Hauptmannes betheuert nach wie vor seine Unschuld.« Am 7. November konnte Herzl seinen Lesern erstmals eröffnen, daß die Anklage auf Spionage zugunsten Deutschlands, nicht Italiens, lautete. Bis zu diesem Zeitpunkt wies nichts darauf hin, daß Herzl irgendwelche Zweifel hinsichtlich der Schuld Dreyfus' hegte, obwohl er tatsächlich betonte, daß der Angeklagte weiterhin seine Unschuld beteuerte:

> Nunmehr steht fest, daß Hauptmann Dreyfus Landesvertheidigungs-Geheimnisse an Deutschland verkauft hat. Um ihn zu überführen, theilte man ihm einige ›falsche Geheimnisse‹ mit, welche er wie die früheren ablieferte, und so erscheint seine Schuld auch für die früheren Fälle als erwiesen. Enorme Verluste im Spiel führten ihn auf die Bahn des Verbrechens.

Kurz darauf wußte Herzl zu berichten, daß in jüngster Zeit eine beträchtliche Anzahl vermeintlicher oder tatsächlicher Spione verhaftet worden seien. Er sprach von zwei deutschen Offizieren, die in Paris festgenommen und unter dem Verdacht der Spionage des

Landes verwiesen worden waren. Am 28. November teilte er mit, daß in der französischen Presse die Forderung erhoben wurde, alle auswärtigen Militärattachés aus Frankreich auszuweisen, weil sie samt und sonders als Spione tätig seien. Herzl zitierte ohne Vorbehalt den französischen Kriegsminister, General Auguste Mercier, demzufolge »die Schuld des Hauptmanns Dreyfus nachgewiesen [sei]. Dreyfus habe seit drei Jahren für eine leicht zu erratende fremde Macht Spionagedienste geleistet, nur könne man nicht nachweisen, daß es für Geld geschehen sei.«

Damit sollte gesagt werden, daß Dreyfus, der aus dem Elsaß stammte, das ehemals zu Frankreich gehörte und seit 1871 Teil des Deutschen Reiches war, als Untertan dem Feind die Treue hielt und sich daher seinen Verrat an Frankreich nicht bezahlen lassen mußte. Noch immer äußerte Herzl keine Zweifel an der Richtigkeit der gegen Dreyfus erhobenen Beschuldigungen. Seine Reportagen waren vergleichsweise knapp und fassten hauptsächlich Nachrichten aus zweiter Hand zusammen, die er in der französischen Presse gelesen oder auf der Straße gehört hatte. Zu diesem Zeitpunkt war ihm dieses Thema entschieden keine Herzensangelegenheit. Sehr viel mehr Platz räumte er dafür den Korruptionsprozessen ein, die nach wie vor Frankreich erschütterten, den Kontroversen über Korruption in der Nationalversammlung, der Debatte zwischen der konservativen Regierung und der sozialistischen Opposition über Themen der Gemeindeverwaltung, der Wahl des Präsidenten der Nationalversammlung, einem Duell zwischen dem Sozialistenführer Jean Jaurès und dem Arbeitsminister Barteau, zu dem es kam, nachdem sich beide im Sitzungssaal der Assemblée Nationale wechselseitig mit Beleidigungen traktiert hatten, der pompösen Bestattung von de Lesseps (»Heute fand die Beisetzung der Persönlichkeit statt, die in Panama den Ruhm verlor, den sie in Suez erworben hatte«) oder auch dem zeitweiligen Ausschluss von Jaurès von den Parlamentssitzungen.

Mit einem Wort: Die französische Innenpolitik, stürmisch, konfliktreich und gewalttätig, wie sie war, versorgte Herzl reichlich mit aufregendem Material. Die Affäre Dreyfus war ganz nebensächlich.

Am 1. Dezember 1894 berichtete Herzl nach Wien, der deutsche Botschafter in Paris habe im französischen Außenministerium eine formelle Protestnote übergeben, in der, wie es hieß, gegen unzutreffende Berichte in der Presse Einspruch erhoben wurde, die sich mit der vermeintlichen Rolle beschäftigten, die das deutsche Botschaftspersonal in der Spionageaffäre Dreyfus gespielt habe. Das Personal der Botschaft sei zu keinem Zeitpunkt in Spionagefälle oder irgendwelche Skandalaffären verwickelt gewesen. Daraufhin habe der französische Außenminister das ganz und gar untadelige Verhalten sowohl des Botschafters als auch des Botschaftspersonals bestätigt. Aber Herzl gab auch eine ausführliche Schilderung, wie die Verhaftung des Hauptmanns Dreyfus die Stellung des Kriegsministers untergraben hatte, daß ferner die konservativen Anhänger der Armee und Angehörige der republikanischen Linken sich in der Presse Wortgefechte lieferten, ob das Kriegsministerium besser von einem Militärangehörigen oder einem Zivilisten geleitet werden sollte. Diese Auseinandersetzung interessierte Herzl weit mehr als der Fall Dreyfus. Ganz offensichtlich hielt er ihn zu diesem Zeitpunkt für nicht mehr als eine der üblichen Spionagegeschichten ohne jede Bedeutung für öffentliche – oder jüdische – Belange.

Erst, als am 19. Dezember der Prozeß eröffnet wurde, widmete Herzl ihm seine ganze Aufmerksamkeit. Er verfaßte drei ausführliche Berichte von den ersten drei Tagen der Vernehmungen, wobei er seine Fähigkeiten einsetzte, die er als Gerichtsreporter bei den Verfahren im Panamaskandal erworben hatte: Er beschrieb in allen Einzelheiten den Militärgerichtshof – »das Haus des Kriegsgerichts ist ein alter verfallener Palast und hat nichts von der majestätischen Pracht des Justizpalastes« –, schilderte in gefälligem Plauderton und bis ins Detail die Atmosphäre, die Zeugen und die Zuschauer. Sein Bericht war packend, doch gab er nur die Eindrücke eines leidenschaftslosen Beobachters wider. Die Frage, ob Dreyfus schuldig sei oder nicht, stellte er gar nicht. Die drei Artikel gingen auch auf die Implikationen für die Position des Kriegsministers ein, denn sollte Dreyfus schuldig gesprochen werden, würde der Ruf nach dem Rücktritt des Ministers lauter werden, war das Ausspähen doch während seiner Amtszeit geschehen. Den Lesern in Wien kam Herzls genaue Berichterstattung über die Zeugenaussagen zugute – sie mochten in der Öffentlichkeit des Gerichtssaals oder hinter den Kulissen gegeben worden sein. Auch schilderte er die leidenschaftliche Erregung, die der Prozeß unter den Franzosen hervorgerufen hatte. Am 22. Dezember meldete Herzl dann, daß Dreyfus der Spionage schuldig gesprochen war; in den folgenden Tagen berichtete er, daß Dreyfus Berufung eingelegt hatte und diese abgewiesen worden war. Nun würde Dreyfus, so ließ er seine Leser wissen, demnächst degradiert, »eine äußerst peinliche Ceremonie«.

Als die deutsche Botschaft aber weiter darauf bestand, daß Dreyfus keinerlei Rolle bei deutscher Spionagetätigkeit in Frankreich gespielt habe, änderte sich Herzls Ton. Es war die Zeit, da man offiziellen Verlautbarungen dieser Art zumindest halbwegs noch Glauben schenkte – die viktorianische Benimmregel, derzufolge ›es sich nicht schickt, die Post anderer zu lesen‹, wurde streng befolgt. Wenige Tage später, am 27. Dezember, berichtete Herzl, daß die Ehefrau Alfred Dreyfus' noch einmal die Unschuld ihres Mannes beteuert habe – und in diesem Artikel erwähnte Herzl erstmals, daß Dreyfus jüdisch war. Selbst jetzt noch geschah das indirekt: In Paris, so Herzl, werde erzählt, daß Dreyfus im Gespräch mit einem seiner Gefängniswärter bemerkt habe: »Sehen Sie, ich bin das Opfer einer persönlichen Rache. Man verfolgt mich, weil ich Jude bin.« Herzl ging auch auf die äußerst schwierigen Verhältnisse ein, in denen sich die Familie Dreyfus im Elsaß nunmehr befand. Es hatte sich herausgestellt, daß die Brüder von Alfred Dreyfus in Mulhouse geblieben waren, nachdem die Stadt 1871 an Deutschland gefallen war; sie ließen ihre Söhne aber weiter in einer französischen Schule jenseits der Grenze, in der nahe gelegenen Stadt Belfort, erziehen. Nun wurden sie »officiös aufgefordert, die Knaben aus der dortigen Schule herauszunehmen«.

Am 30. Dezember – einen Tag nach dem Scheitern von Dreyfus' Berufungsklage – veröffentlichte die *Neue Freie Presse* einen langen Artikel Herzls unter der Schlagzeile »Frankreich im Jahre 1894«. Es war, so Herzl, ein stürmisch bewegtes Jahr für die Dritte Republik gewesen, das mit der Ermordung von Präsident Carnot begann. Seitdem hatten die Spannungen zwischen Rechten und Linken ständig zugenommen. Bei einer Regierung, die von Tag zu Tag durch einen Skandal nach dem anderen schwächer wurde, gewannen die Sozialisten an Stärke, von denen es hieß, sie hätten saubere Hände. Derweil suchten etliche rechte Zirkel und Vereinigungen hinter patriotischen und chauvinistischen Proklamationen und reaktionärem Katholizismus ihre Zuflucht. »Ja, heißer als seit Langem wird die Vaterlandsliebe, die doch etwas Unbestrittenes ist, betont. [...] Die Sozialisten warfen der regierenden Partei mit Ungestüm vor, daß sie vor den Fragen der Gesellschafts-Verbesserung chauvinistische Ausflüchte suche.«

Aus der Tatsache, daß Herzl in diesem Überblick über das Jahr 1894 den Dreyfus-Prozeß nicht erwähnt, geht klar und deutlich hervor, welche geringe Bedeutung er dem Fall beimaß.

Der dramatischste Artikel aus Herzls Feder über die Dreyfus-Affäre erschien eine Woche später, am 5. Januar 1895. Hier beschrieb er die tags zuvor auf dem Hof der École Militaire vollzogene militärische Zeremonie der *dégradation*, bei welcher der verurteilte Spion die Insignien seines Offiziersrangs verlor und gedemütigt wurde.

Von allen Berichten, die Herzl aus Paris an seine Zeitung schickte, ist dieser Artikel derjenige, den alle Israelis am besten kennen. Er wurde nachgerade Bestandteil des zionistischen Kanons.

Hier lieferte Herzl eine anschauliche Schilderung der Zeremonie, mit der Dreyfus als Verräter unehrenhaft aus der französischen

Armee entlassen wurde. Viele Offiziere und deren Frauen wohnten dem Verfahren bei, auch etliche Journalisten. Man brachte Dreyfus vor einen General zu Pferde, der verkündete:

> Alfred Dreyfus, Sie sind unwürdig, die Waffen zu tragen. Im Namen des französischen Volkes degradire ich Sie. Man vollziehe das Urtheil. Da erhob Dreyfus die rechte Hand und rief: Ich schwöre und erkläre, daß Sie einen Unschuldigen degradieren.Es lebe Frankreich! In demselben Augenblick wurden die Trommeln gerührt. Der militärische Gerichtsvollzieher begann, dem Verurtheilten die Knöpfe und Schnüre, die vorher gelockert waren, von der Uniform herabzureißen. Dreyfus bewahrte eine ruhige Haltung.
> Nun begann der Rundgang vor der Front der Truppen. Dreyfus schritt an dem Truppenspalier vorüber wie ein Mann, der sich unschuldig fühlt. Er kam an einer Gruppe von Offizieren vorbei, die ihm zuschrieen: ›Judas! Verräter!‹ Dreyfus rief zurück: ›Ich verbiete Ihnen, mich zu insultieren.‹ Als sodann Dreyfus vor einer Gruppe Journalisten vorübergeführt wurde, sagte er zu denselben: ›Saget ganz Frankreich, daß ich unschuldig bin.‹ Einige Offiziere riefen ihm zu: ›Nieder mit dem Judas! Schweig, Verräther!‹ Die Menge, welche hörte, daß Dreyfus seine Unschuld betheuerte, schrie: ›Tod dem Verräther!‹

Es ist bezeichnend, daß in der hebräischen Übersetzung dieses Artikels, der in nahezu allen israelischen Schulbüchern steht und auch in anderen hebräischen Herzl-Monographien zitiert wird, die gaffende Menge »Tod den Juden!« ruft. Aber das hatte Herzl doch gar nicht geschrieben, wenngleich das Dreyfus entgegengeschleuderte Schmähwort »Judas« durchaus antisemitische Konnotationen hatte – und wohlgemerkt, es waren die ehemaligen Offizierskameraden, nicht die Schaulustigen jenseits des Gitters, die in den Ruf ausbrachen. Wie kam es also, daß Israelis im Glauben heranwachsen, daß der französische Pöbel beim Anblick Dreyfus' »Tod den Juden!« schrie?

Paradoxerweise geht dies auf Herzl selbst zurück. Die Veränderung findet sich in einem 1899 für die Literaturzeitschrift *North American Review* verfaßten Essay »On Zionism«. Er wurde später ins deutsche übersetzt und einige Jahre nach Herzls Tod in etlichen Anthologien seiner Schriften veröffentlicht.

Herzl schrieb diesen Aufsatz über Zionismus und den Charakter des europäischen Antisemitismus mit dem Ziel, christlichen Amerikanern das zionistische Projekt nahezubringen. Es war dies die einzige Schrift, in der er die Dreyfus-Affäre in einer Art und Weise hervorhob, wie es sonst nicht der Fall war – weder in seinen anderen Aufsätzen, noch in seinen Briefen oder Tagebüchern. »On Zionism« erschien vier Jahre nach jener militärischen Zeremonie, der Herzl beigewohnt hatte, und nachdem die Affäre aus einem Spionagefall, wie er dutzendfach vorkommt, zu einer innenpolitisch wie international umstrittenen *cause célèbre* geworden war. Zu diesem Zeitpunkt galt sie gleichsam als der Lackmustest der französischen Politik und stand symbolisch für den Kampf zwischen republikanischer Linke und unheiliger Allianz aus Monarchisten, Militär, Kirche und antisemitischen und antidemokratischen Volksverhetzern.

Hatte sein Gedächtnis Herzl im Stich gelassen? Oder übertrieb er den Vorfall, um sein Anliegen besser vorzubringen? Im Jahr 1899 nahm sich die Dreyfus-Affäre gänzlich anders aus als vier Jahre zuvor. Im Rückblick schien sich Herzls Behauptung bestätigt zu haben, daß die Emanzipation der Juden gescheitert war. Das Verfahren gegen Dreyfus, seine Entehrung hatten für Juden vier Jahre später einen ganz anderen Stellenwert als zum Zeitpunkt des Geschehens.

Was war derweil geschehen? Eine Antwort darauf fällt schwer.

Ohne Zweifel hatte Herzl anti-jüdische Slogans in Frankreich gehört und auch darüber berichtet, beispielsweise in seinen Reportagen über den Panamaskandal. Sollte sich in seiner Erinnerung ein Irrtum eingeschlichen haben, so daß er das, was er seinerzeit da und dort aufgeschnappt hatte, mit dem Vorgang von Dreyfus' Degradierung in Verbindung brachte – nun, da die Affäre solche Bedeutung erlangt hatte? Wir werden es nie erfahren. Einige Historiker und Herausgeber, die der Sache nachgegangen sind, äußerten sich in dem Sinne, daß in Herzls Bericht tatsächlich stand, die Menge habe »Tod den Juden« gerufen, die *Neue Freie Presse* aber den Text änderte, bevor er in Druck ging. Für diese Annahme spricht rein gar nichts, auch gibt es keine Beweise dafür – grundsätzlich griffen die Herausgeber der Zeitung niemals in Herzls Artikel ein, ganz abgesehen davon, daß sie häufig über jüdische Themen berichteten, nicht zuletzt auch über den Antisemitismus in Frankreich. Und sollten sie tatsächlich Herzls Artikel zensiert haben, hätte Herzl umgehend dagegen protestiert. Zum Mythos aber wurde nicht Herzls zeitgenössischer, sondern sein späterer Bericht von der Szene im Hof der Militärakademie. Dieser Version nach war es der Anblick des unschuldigen Dreyfus, der aus der Armee, ja aus der französischen Gesellschaft ausgestoßen wurde, dazu das Geschrei der Menge, was ihn von der Notwendigkeit eines eigenen Landes für die Juden überzeugte.

Herzl hielt sich noch für kurze Zeit nach jenem Akt der Degradierung in Paris auf. Verschiedentlich kam er in seinen Artikeln auf Dreyfus zurück, immer nur kurz, aber jetzt voller Sympathie, auch berichtete er, daß der Verurteilte seine Haft in der Verbannung verbringen werde. Am 7. Januar 1895 schrieb er: »Dreyfus wird bereits als Häftling behandelt. Gestern wurde ihm der Schnurrbart abrasirt.« Am 14. Januar stürzte die Regierung unter Charles Dupuy, wiederum über die Enthüllung eines Korruptionsskandals, bei dem es diesmal um die Finanzierung einer Eisenbahnlinie ging, worin einmal mehr Baron de Reinach verwickelt gewesen war. Am 16. Januar berichtete Herzl vom Rücktritt von Staatspräsident Jean Casimir-Perier. Mit dem nahezu zeitgleichen Rücktritt des Premierministers und des Staatspräsidenten, der die ohnehin in ihren Grundfesten erschütterte Dritte Republik in eine ihrer schwersten Krisen stürzte, geriet Dreyfus weitgehend in Vergessenheit. In den folgenden Wochen schrieb Herzl ausführlich über die fortwährende präsidiale Krise, die erst mit der Wahl von Félix Faure endete – er wurde mit knapper Mehrheit in einer lautstark-stürmischen Sitzung der Assemblée Nationale gewählt, bei der es zu Handgreiflichkeiten zwischen den Abgeordneten kam. Aber die politische Krise an sich war, wie Herzl zu berichten wußte, damit nicht überwunden. Von Zeit zu Zeit übermittelte er kurze Meldungen über Dreyfus, so einen Tag nach der Wahl des neuen Staatspräsidenten: »Hauptmann Dreyfus wurde gestern Abends in aller Stille nach der Orléansbahn geführt, um nach der Insel Ré gebracht zu werden; er trug Sträflingskleider, das Kopfhaar rasirt. In einem Bündel hatte er die ihm bei der Degradation zerrissenen Uniformstücke.«

Am 6. April teilte Herzl seinen Lesern mit:

> Hauptmann Dreyfus traf am 13. März in Cayenne ein. Er wurde nach der Teufelsinsel überführt, wo er Tag und Nacht unter Bewachung von fünf Soldaten steht. Er darf sich nur im Umkreis von 150 Metern von seiner Hütte bewegen. Die Ortsbeschaffenheit macht es unmöglich, daß Jemand sich ihm zu Wasser oder Lande nähere. Dreyfus betheuerte bei seiner Einlieferung abermals seine Unschuld. Er wolle geduldig warten, bis die Wahrheit bekannt werde.

Während der letzten Monate in Paris berichtete Herzl weiter über die politischen Krisen in Frankreich. Im Februar 1895 stürzte neuerlich ein Kabinett, und weitere Skandale sorgten für Schlagzeilen, als um die Bildung einer neuen Regierung gerungen wurde. De Reinachs Name erschien wieder auf den Titelseiten der Zeitungen, als im Juni der Eisenbahnskandal und die Bestechung hochrangiger Beamter abermals in den Mittelpunkt rückten.

Im Zusammenhang mit diesen politischen Erschütterungen kam Herzl wiederholt auf jüdische Angelegenheiten zu sprechen.

Dann und wann erwähnte er auch Dreyfus, aber gewissermaßen nur als Fußnote zu der Rolle, die jüdische Persönlichkeiten in diesen Affären spielten beziehungsweise soweit die Skandale die Wirtschaft betrafen. In zwei Artikeln, die am 25. Mai erschienen, berichtete Herzl ausführlich von einer Debatte in der Nationalversammlung über einen Antrag »des antisemitischen Abgeordneten Denis«, der eine parlamentarische Aussprache »über die Rolle, welche Juden in der staatlichen Verwaltung spielen« forderte. Herzls Darlegung der politischen Aspekte dieses Themas belegt, wie wichtig es ihm war, seine Leser in Wien darüber zu informieren, in welchem Ausmaß Juden im Parlament verleumdet wurden. Das war zu einer Zeit, da Herzl sich, wie im folgenden Kapitel gezeigt wird, bereits mit grundlegenden Gedanken über die jüdische Frage trug. Im genannten Artikel berichtete er, daß der Präsident der Nationalversammlung den Abgeordneten Denis aufforderte, Beispiele anzuführen, statt allgemeine Beschuldigungen zu erheben. In dem Zusammenhang zitierte Herzl aus der Rede des sozialistischen Abgeordneten Rouannet:

> Wir sind der Ansicht, daß der Antisemitismus ein schweres Vergehen gegen die Prinzipien der französischen Revolution enthält. Wir kennen keine Racenunterschiede. [...] Wir teilen die Ansicht der Antisemiten nicht, daß die Juden an den Missbräuchen der jetzigen Gesellschaft schuld sind. Daß nur sie Kapitalsunfug treiben, ist einfach unwahr.

Herzl führte die vom Präsidenten der Nationalversammlung vorgelegte lange Namensliste der Spekulanten auf, von denen, wie er hervorhob, keiner jüdisch war. Was den Panamaskandal betraf, bemerkte er knapp, daß »bei all diesen Schwindeleien die Christen so gierig wie die Juden [sind]«.

Auch zitierte Herzl aus der Rede jene Passage, in der darauf hingewiesen wurde, daß in der Vergangenheit Beschuldigungen dieser Art gezielt gegen Protestanten gerichtet worden waren. Der sozialistische Redner gab einen kurzen historischen Überblick über die Rolle, die Protestanten und Juden bei der Entwicklung des Bankensystems gespielt hatten. »Der Antisemitismus ist eine der letzten Schlachten, die der unbewegliche Besitz dem beweglichen im Kampf um die Macht liefert. Der Antisemitismus ist uns aus Deutschland zugeführt worden [... er wird dort] von Feudalen und Agrariern geleitet und nur durch die Religion unterstützt.« Mit dieser Behauptung, derzufolge die Judenfeindschaft nicht ein einheimisches Gewächs, sondern vielmehr vom Hauptfeind Frankreichs – Deutschland – importiert worden sei, appellierte er offenkundig an den französischen Patriotismus. Auch aus der Rede des langjährigen jüdischen Parlamentsabgeordneten Alfred Naquet, einem ehemaligen Anhänger Boulangers, führte Herzl längere Passagen an. Naquet verlas eine gelehrte Abhandlung über jüdisches Leben in Frankreich seit der Revolution, wobei er besonders die Loyalität der jüdischen Bürger gegenüber ihrer französischen Heimat hervorhob. Naquet zufolge war das Judentum nichts mehr als eine Religion: »Sprechen Sie eine halbe Stunde mit einem Hamburger, einem Londoner, einem Pariser Juden; Sie werden drei verschiedene Nationalitäten erkennen.«

Unter dem begeisterten Beifall der Sozialisten, den Pfiffen und Buhrufen der Rechten erklärte Naquet, daß es zwar unter den Sozialisten viele Juden gebe – »Marx, Lassalle und etliche im deutschen Reichstag, um nur einige wenige zu nennen«, Frankreichs Juden dagegen Patrioten seien.

Hier und zum ersten Mal in seiner gesamten bisherigen journalistischen Tätigkeit, stellte Herzl den Dreyfus-Prozeß in seinen größeren Zusammenhang, indem er Naquets Ausführungen mit all ihrem Pathos zitierte:

> Man wirft uns diesen elenden Verräther Dreyfus vor, der als Franzose, als Elsässer und Jude sich dreifach am französischen Vaterland vergangen hat – und unsere Helden, die für Frankreich gefallen sind, sind zahllos: d'Arcole, Major Ca-

hen, Unteroffizier Bloch – man hat ihnen Denkmäler errichtet. Und unsere Philosophen, Dichter, Gelehrten, Künstler – wie viele Juden sitzen in der Akademie!

Doch bereits damals muß Herzl klar gewesen sein, daß derlei apologetische Ausführungen an der Sache vorbeigingen. Er berichtete nach Wien, daß die blumig ausgeschmückte Rede Naquets mit Beifall aufgenommen wurde, daß zugleich ein antisemitischer Abgeordneter einen Gesetzentwurf eingebracht hatte, dessen Ziel es war, die während der Revolution den Juden zugestandene bürgerliche Gleichberechtigung zurückzunehmen. Ein anderer Abgeordneter wollte ein Gesetz eingeführt sehen, das die Beschlagnahme aller jüdischen Vermögen vorsah. Beide Eingaben wurden auf Antrag des Kabinetts mit großer Mehrheit abgelehnt – lediglich zwei oder drei Parlamentarier stimmten dafür. Doch einer der Befürworter der antijüdischen Gesetze ließ sich während der Debatte zu dem erregten Ausruf hinreißen: »Das ist die Republik von [Premierminister] Ribot, von den Juden und Freimaurern.« Herzl legte großen Wert darauf, festzustellen, daß das französische Parlament ganze zwei Tage über die Frage debattierte, ob die Juden tatsächlich den französischen Staatsapparat kontrollierten und ob man ihre bürgerliche Gleichberechtigung widerrufen sollte.

In diesem Sommer 1895, da die politischen Turbulenzen unvermindert anhielten, verließ Herzl Paris.

In seinem letzten Pariser Herbst schrieb Herzl ein Stück über das Scheitern der jüdischen Emanzipation – zumal in Österreich. Es trug den Titel *Das Neue Ghetto* und war seine erste Arbeit für das Theater mit explizit jüdischem Inhalt. Vergebens suchte er nach einer Bühne, die bereit war es aufzuführen, und dieser Mißerfolg sollte ihn in jenem persönlichen und politischen Ringen anfeuern, das schließlich in der Niederschrift von *Der Judenstaat* mündete. Was Herzl damals fühlte und dachte, geht aus seiner umfänglichen Korrespondenz mit Arthur Schnitzler hervor, dem bekanntesten Schriftsteller und Dramatiker Wiens jener Zeit. Im Vertrauen teilte Herzl Schnitzler, seinem Mentor in allem, was Bühne und Schauspiel betraf, mit, daß er das Stück »in einem Rausch« geschrieben habe, obwohl das Thema selbst ihm lange schon durch den Kopf gegangen sei. Am 21. Oktober – also noch vor Dreyfus' Verhaftung – habe er mit der Niederschrift begonnen und diese am 8. November beendet, wenige Tage nachdem er erstmals von der Verhaftung des Artilleriehauptmanns berichtet und bevor er überhaupt erwähnt hatte, daß der Angeklagte jüdisch sei. Von November bis März scheiterten alle Bemühungen, ein Theater für eine Aufführung zu interessieren.

Herzl stand an einem Wendepunkt. Sein befristeter Vertrag als Pariser Korrespondent für die *Neue Freie Presse* lief aus. Er kehrte nach Wien zurück, um seine Tätigkeit als Chefredakteur des Feuilletons aufzunehmen. Er hätte gern weiter als Dramatiker gearbeitet, aber der Umstand, daß er in diesem literarischen Genre zuvor nicht eben erfolgreich gewesen war, als Journalist und Essayist aber zunehmend Anerkennung fand, ließ ihn zu einer anderen Taktik greifen. Er wollte *Das Neue Ghetto* unter einem Pseudonym, Albert Schnabel, zur Aufführung bringen. Er und Schnitzler tauschten sich brieflich aus, um eine Strategie zu entwerfen, mit der die Autorschaft Herzls verborgen bliebe. Sie kamen überein, daß Herzl den Text einem Notar übergeben sollte, der diesen dann einigen Theaterdirektoren in Berlin zur Aufführung anbieten würde. Herzl selbst hatte entschieden, das Stück keiner Bühne in Wien anzutragen. Offenkundig befürchtete er, daß es abgelehnt werden würde, daher blieb er lieber anonym. Außerdem war ihm daran gelegen, von vornherein jeglichem Verdacht zu begegnen, er würde seine Position als Journalist und Essayist dazu benutzen, Druck auf Theaterintendanten und -direktoren auszuüben. Doch waren seine Überlegungen, die er Schnitzler gegenüber äußerte, nicht immer klar. Offenbar war dabei das jüdische Sujet des Stücks von nicht geringer Bedeutung. Herzl schrieb seinem Freund, daß er, sollte *Das Neue Ghetto* erfolgreich sein, vier oder fünf weitere

Stücke unter Pseudonym verfassen wollte, bevor er seine Identität preisgeben würde. Bliebe ihm indessen der Erfolg versagt, wollte er das Stück unter seinem Pseudonym veröffentlichen zusammen mit einer Erläuterung, daß es von den führenden deutschen Bühnen abgelehnt worden sei – und warum.

Im Verlauf dieses Briefwechsels mit Schnitzler dachte Herzl an sein neues Schauspiel nicht nur als einen möglichen Bühnenerfolg, sondern auch als ein programmatisches Stück. So sah es Schnitzler im übrigen auch und war daher auch bereit, Herzl hilfreich beizustehen, obwohl es für ihn mit zusätzlicher Arbeit verbunden war. Er ließ Herzl wissen, daß er das Stück für ausgezeichnet hielt und schlug auf Herzls Bitte hin einige Änderungen und Zusätze vor. In den mehr als dreißig Briefen zum *Neuen Ghetto*, die Herzl an Schnitzler sandte, gab er nicht nur Hinweise technisch-dramatischer Art, wie die (Selbst-)Täuschung am besten darzustellen sei, sondern hob hervor, daß es sich um ein Schauspiel mit einer Botschaft handelte. »Ich weiss nicht, ob es ein gutes Stück ist – aber ich fühle, dass es ein nothwendiges ist.« In einem anderen Brief an Schnitzler schrieb er: »Vergessen Sie nicht, daß man […] auf der Bühne gröber sein muss, weil man keine oder wenig feine Hörer hat. Und es [scil. das Stück] muss auf die Bühne, es muss, es muss! Darum hab ich es geschrieben. Es muss ins Volk! Darum begnügt es sich auch, kühn zu sein und will nicht trotzig sein. Sonst hört man mich nicht bis zum Ende an. Ich rede zu einem Volk von Antisemiten.«

Als Schnitzler bemerkte, daß zu viele jüdische Personen im Theaterstück doch sehr unsympathisch seien, erwiderte Herzl, daß er die Situation nicht beschönigen wolle: »Ich will durchaus keine Vertheidigung oder ›Rettung‹ der Juden machen, ich will die Frage nur mit aller Macht zur Discussion stellen.«

Während der Dauer des Dreyfus-Prozesses von Dezember 1894 bis Januar 1895 drehte sich der Briefwechsel mit Schnitzler um Herzls vergebliche Versuche, eine Bühne für das Schauspiel zu interessieren. Während er eine ganze Reihe politischer und literarischer Vorkommnisse in Paris erwähnte, ging er mit keinem Wort auf Dreyfus und seinen Prozeß ein. Ein Theaterdirektor nach dem anderen lehnte das Stück ab – selbst, nachdem Herzl in einem Fall Schnitzler gestattet hatte, diskret die wahre Identität des Autors zu enthüllen. Im April 1895 gab Herzl seine Wohnung in der rue Monceau auf und zog in das Hotel de Castille, rue Cambon. Die Ablehnung seines Dramas war eine bittere, niederschmetternde Enttäuschung.

Zu guter Letzt wurde *Das Neue Ghetto* im Dezember 1897 uraufgeführt, und zwar unter Herzls Namen, nachdem *Der Judenstaat* erschienen war und der Erste Zionistische Kongreß stattgefunden hatte. Zu diesem Zeitpunkt war Herzl eine allseits bekannte Persönlichkeit. Als das Stück in Buchform herauskam, widmete Herzl es »Dr. Max Nordau in herzlicher Freundschaft«, dem bekannten Arzt, Schriftsteller und Kritiker, der mit ihm gemeinsam die zionistische Bewegung gegründet hatte. Nordaus Ansichten über das Scheitern der Emanzipation entsprachen denen Herzls und hatten sich unter ganz ähnlichen Eindrücken entwickelt. Was Herzl dachte, bevor er zu der Überzeugung gelangte, daß die Juden ein eigenes Land brauchten, findet sich in seinem Schauspiel *Das Neue Ghetto*, zur Analyse des jüdischen Dilemmas – das der Titel des Stücks anzeigt – war er aber schon geraume Zeit vorher gelangt und hatte daraus sein politisches Programm entwickelt. Obwohl das Drama in Paris geschrieben worden war, nahm es keinerlei Bezug zu Themen, welche die französischen Juden betrafen. Die Analyse der problematischen Lage der Juden bezog sich ausschließlich auf die Verhältnisse in Wien und im Habsburger Reich.

Vielfach wird *Das Neue Ghetto* für das beste Stück Herzls gehalten. Aber wie alle anderen seiner Schauspiele ist es ein didaktisches Melodram mit mehr Schlagworten als ausgearbeiteten Personen. Die Handlung ist verwickelt und wenig glaubwürdig. Die langen Monologe geben nützliche Hinweise auf Herzls Gedanken, aber sie machen die Handlung schwerfällig. Gezeigt wird das typische Milieu neureicher Juden, die ihre Ehen zum Besten ihrer Geschäfte schließen. Die meisten Personen sind Juden, einer ist Dr. Franz Wurzlechner, der rechtschaffene christliche Freund des Protagonisten, des jungen Rechtsanwalts Dr. Jacob Samuel, wie dieser Jurist. Dann gibt es noch christliche Zofen und Dienstmädchen, die vor ihrer jüdischen Herrin kuschen und sie doch abgrundtief verabscheuen. Hinzu kommt, daß das Stück an einigen Stellen ausgesprochen radikale Positionen in sozialpolitischer Hinsicht bezieht, so werden die Arbeitsbedingungen der Hauer in den Kohlebergwerken beschrieben – die ruinösen Börsenspekulationen müssen etwas mit Kohle zu tun haben. Ferner tritt noch ein hochgeehrter Rabbiner auf, der von der Verantwortung der Gemeinde für die Armen in ihrer Mitte spricht, zugleich aber erläutert, warum die jüdische Gemeinde sich an Börsenspekulationen beteiligt – nämlich »um unseren Armen zu helfen«. Gleichwohl ermahnt er seine Schäfchen, sich unauffällig zu verhalten und die Christen nicht herauszufordern, wenn ihnen von deren Seite Unrecht geschieht. Mit dieser Bühnenfigur zeichnete Herzl das Klischeebild jenes Juden, der sich auf den jüdischen Glauben beruft, um die unsicher-ambivalente Situation der Juden in der christlichen Gesellschaft zu perpetuieren. Die jüdischen Frauen porträtiert Herzl als gehässig und seicht – sie interessieren sich nur für Kleider und Diamanten, Konzerte und Theater. Möglicherweise waren es diese Darstellungen, die Schnitzler bewogen, Herzl um eine etwas mildere, gefälligere Charakterisierung der Rollen zu bitten. Kein Wunder, daß dieses Schauspiel über das Scheitern der jüdischen Emanzipation, dazu mit seinen negativen Typen bourgeoiser Juden, kaum Liebhaber fand. Die Motive sollten, leicht abgemildert, in den ersten Kapiteln von Herzls Roman *Altneuland* wieder auftauchen.

Die These des Schauspiels lautet, daß, nachdem die Juden in Wien und allgemein in Westeuropa das Ghetto verlassen hatten, sie sich nun in einem neuen Ghetto befanden – es war vergoldet, scheinbar offen, aber eben ein Ghetto. Der Protagonist, Rechtsanwalt Dr. Jacob Samuel, weist sämtliche Merkmale der in den urbanen Zentren wirtschaftlich und gesellschaftlich erfolgreichen

Juden auf, über die Herzl die Fülle seines Spotts ausschüttet. Samuels Eltern nennen ihn »Kobi«, aber für seine eingebildete Frau, die nur Kleider, Vergnügen und ihren sozialen Status im Kopf hat, ist er »Jacques«. Der junge Samuel hat ein überaus geschärftes Bewußtsein für den traurigen Zustand seiner Generation. Er bewundert seinen christlichen Freund, von dem er gesellschaftliche Umgangsformen lernt, aber er fühlt sich gedemütigt, wenn er sich in die Lage versetzt sieht, denen gegenüber dankbar zu sein, die ihn als ihresgleichen behandeln. »Wir haben ja doch immer was vom Ghetto in uns«, stellt er fest. Er gesteht seinem Freund, daß er viel von ihm gelernt habe – »Kleines und Großes, Betonungen, Mienen, Gebärden. Wie man sich ohne Kriecherei verbeugt und wie man sich ohne Trotz aufrichtet«, und dies gehe nicht auf angeborene jüdische Defekte zurück, sondern sei der Tatsache geschuldet, wie die christliche Gesellschaft Europas die Juden geformt habe.

> Ihr wart seit ein paar hundert Jahren freie Bürgersleut' – und wir … Und uns hat nicht einmal die Natur zu dem gemacht, was wir sind, sondern die Geschichte. Mit Gewalt habt ihr uns auf das Geld geworfen – und jetzt sollen wir auf einmal nicht am Geld kleben. Zuerst habt ihr uns tausend Jahre in der Sklaverei gehalten – und dann sollen wir von einem Tag auf den anderen auch innerlich frei werden …

Samuel hat nie die ihm zugefügte Demütigung verwunden, als er vor Jahren mit einem Kavallerieoffizier, Rittmeister von Schramm, aneinandergeriet und zum Duell gefordert wurde. Doch als tags darauf die Sekundanten des Rittmeisters bei ihm vorsprechen, weigert er sich, zum Duell zu erscheinen und entschuldigt sich stattdessen in aller Form: nicht aus Angst, sondern mit Rücksicht auf seine alten und kranken Eltern, die er – schlimmstenfalls – nicht allein lassen kann. Gleichwohl fühlt er sich als Feigling und vermutet, auch von anderen als solcher gesehen zu werden.

Er mußte damals erkennen, daß die christliche Gesellschaft den Juden zwar zugestand, wirtschaftlich zu prosperieren, aber immer noch mit Verachtung auf sie herabsah. Das hatte unmittelbar zur Folge, daß die Juden sich immer hervortun wollten, daß sie mit ihrem Wohlstand protzten, um ihre Demütigung zu kaschieren. Um dieses Thema, das häufig in Herzls Schriften zur Sprache kommt, dreht sich das Stück. Der junge jüdische Rechtsanwalt setzt alles daran, sich die Verhaltensnormen der christlichen, aristokratisch geprägten Gesellschaft anzueignen, um letztendlich zu erkennen, daß er das nicht vermag.

Während einer Soirée, zu der Samuel in seinen Salon eingeladen hat, äußert ein Rabbiner, daß die Juden der Habsburger Monarchie es zu etwas gebracht haben, daß sie ihren armen Brüdern aus dem Osten helfen, in den Westen auszuwandern. Die Wiener Juden würden ja nicht verfolgt, »wir dürfen wenigstens in unserem Vaterland bleiben, [...] wir genießen den Schutz der Gesetze. Es ist wahr, man sieht uns wieder scheel an – wie in der alten Zeit, als wir im Ghetto lebten. Aber die Mauern sind doch gefallen.« Samuel erwidert – und das ist das zentrale Thema des Stücks: »Die sichtbaren.« Um sogleich hinzuzufügen: »Wir müssen hinaus!« Der Rabbiner gibt vor, zuzustimmen, um dann doch der traditionellen jüdischen Unterwürfigkeit das Wort zu reden: »Als das wirkliche Ghetto noch bestand, durften wir es ohne Erlaubnis nicht verlassen. [...] Jetzt sind die Mauern und Schranken unsichtbar, wie Sie sagen. Aber auch dieses moralische Ghetto ist unser vorgeschriebener Aufenthaltsort. Wehe dem, der hinaus will!«

Das ist Herzls Auffassung nach *Das Neue Ghetto* – nicht von Steinmauern umgeben, sondern von einer in der Seele der Juden errichteten Barrikade versperrt. Diese Barrieren meint der junge Anwalt, als er dem Rabbiner antwortet: »Herr Doktor, diese Schranken müssen wir nur anders brechen, als jene alten. Die äusseren Schranken mussten von aussen hinweggeräumt werden – die inneren müssen wir abtragen. Wir selbst! Aus uns heraus!«

Die Notwendigkeit, diese inneren Mauern abzutragen, sollte

Herzl erkennen lassen, daß es letztendlich für die Juden in der christlichen Gesellschaft, wie liberal und aufgeklärt auch immer sie sein mochte, keine Zukunft gab. Was sie brauchten, war eine innere Revolution. Das war die Erkenntnis, die ihm schließlich die zionistische Idee eingab. Das Theaterpublikum und die Kritiker in Berlin, wo das Stück uraufgeführt wurde, konnten mit dieser Aussage nichts anfangen. Die meisten von ihnen gehörten zu jenen Juden, auf die es Herzl abgesehen hatte.

Herzls ironisch-süffisante Schilderung der Juden als Börsenspekulanten im Gegensatz zu den Hauern in den Kohlebergwerken, die, weil die Eigentümer es an den grundlegendsten Sicherheitsvorkehrungen hatten fehlen lassen, beim Einsturz der Stollen ums Leben kommen, grenzt gelegentlich an sozialistische Gesellschaftskritik. In seinem Roman *Altneuland* sollte Herzl manche dieser Motive aufnehmen: Dort schildert er eine zukünftige jüdische Gesellschaft, die einen alternativen, dritten Weg zwischen räuberischem Kapitalismus und revolutionärem Sozialismus beschreitet. In seinem Schauspiel *Das Neue Ghetto* weist sich Herzl als genauer Kenner der üblen Börsentricks aus. Das mag auf den ersten Blick verwundern, aber schließlich hatte sich Herzl bei seiner Berichterstattung über den Panamaskandal gründlich mit den Machenschaften von Spekulanten und denen involvierter Juden befasst. Herzls Abneigung gegenüber der Börse – er räumte ihr keinen Platz in seiner Vision vom zukünftigen jüdischen Staat ein – war zweifellos aus seiner Arbeit in Paris hervorgegangen. Die Reden, die er seinem Protagonisten Jakob Samuel in den Mund legte, als er die Bedingungen in den Kohlegruben schildert, dürften zumindest einigen bürgerlichen Zuschauern nicht angenehm im Ohr geklungen haben:

> Und Kinder haben sie, daß es einen jammert. Kleine Kinder, die schon ernste, alte Gesichter haben, und es war mir, als blickten sie in einer Angst nach dem schwarzen Loch, das auch sie einmal verschlingen wird. Da werden sie hinunter-

> fahren wie ihre Väter, die man jetzt heraufholt. Da unten, unter Tage, werden sie die eisernen Hunde schleppen, noch als halbe Kinder, für fünfundvierzig Kreuzer täglich. [...] Später, wenn sie Häuer sind, kauern und liegen sie in den Löchern und hacken über sich die Kohle in der Finsternis – und eine Unvorsichtigkeit mit der Lampe genügt, daß die schlagenden Wetter dreinfahren. [...] Und morgen fahren sie doch wieder ein, unter Tage. Sie müssen! Sonst verhungern die draussen im Freien.

Samuels Freunde und Geschäftspartner verstehen überhaupt nicht, warum er sich so aufregt. Schließlich handelt es sich bei Kohlebergwerken um gesetzlich zulässige Unternehmen. Der Rabbiner sucht Samuel mit abgedroschenen Phrasen zu beruhigen: »Mein junger Freund, niemand leidet mehr als er fühlen kann. Das hat Gott weise eingerichtet. Wer blossfüssig geht, hat auf den Sohlen eine dicke Haut.« Dem fügt er noch eine mittelalterliche, Rabbi Josuah von Speyer zugeschriebene Geschichte zu, der davor warnte, sich allzu sehr für das zu interessieren, was außerhalb der Ghettomauern geschah. Dasselbe, mahnt der Rabbiner, gilt auch heute noch. Samuels Freunde bleiben völlig ungerührt, als dieser schwere Vorwürfe gegenüber einem jüdischen Spekulanten erhebt, der durch zweifelhafte, undurchsichtige Transaktionen zu Geld kommt, die ihrerseits zum Grubenunglück führten:

> Verstehen Sie mich nicht? Sie schaden uns! Den Juden! Denn diese großen Geldbewegungen richten auch Menschen zugrunde. Und die Opfer klagen die Juden an ... Wer ist gross genug, den Zusammenhang der Dinge zu gewahren? Die Menschen sehen nur die Menschen ... darum bedaure ich es, wenn meine Leute in der Börse stecken.

Aber seine Einwände stoßen auf taube Ohren, selbst als Samuel sich entschließt, Rittmeister von Schramm entgegenzutreten – eben jenem Offizier, dessen Forderung er seinerzeit ablehnte und der inzwischen Geschäftspartner seines Schwagers geworden ist, mit dem er sich auf zweifelhafte Börsenspekulationen einläßt. Als seine Anlagen sich als Fehlschlag erweisen, beschuldigt er natürlich »die Juden« und macht das »Judenpack« für seine finanziellen Verluste verantwortlich. Nun ist es Samuel, der ihn zum Duell fordert. Wie nicht anders zu erwarten, ist der Offizier der bessere Schütze. Er fügt Samuel eine tödliche Verletzung zu. Bevor er stirbt, bittet Samuel seine Mutter um Verzeihung für den Gram, den er ihr zufügt, und hofft, daß sein Vater ihn verstehen werde – »du bist ein Mann« –. Das Stück endet mit den letzten Worten des sterbenden Samuel. Er vermag nicht mehr klar zu sprechen, doch was er sagen möchte, wird deutlich: »Juden, meine Brüder, man wird euch erst wieder leben lassen – wenn ihr … ich will hinaus! Hinaus aus dem Ghetto!«

Hinaus – hinaus aus der wohlhabenden, liberalen europäischen Gesellschaft, die den Juden gleiche Rechte einräumte, aber sich nicht imstande zeigte, sie wirklich zu freien Bürgern werden zu lassen. Die Botschaft des Schauspiels kann in einem Wort zusammengefasst werden: Selbstemanzipation. Nicht andere sollen den Juden die Emanzipation gewähren, sie selbst müssen sie aus eigener Kraft erreichen. Zu diesem Zeitpunkt hatte Herzl noch nicht die Schrift *Auto-Emancipation!* gelesen, jene Broschüre, die Leon Pinsker ein Dutzend Jahre zuvor veröffentlicht hatte, doch kamen beide Autoren hinsichtlich der prekären Lage der Juden zum selben Schluß. Als Herzl sein Schauspiel 1894 schrieb, hatte er noch keine Lösung für das Dilemma gefunden, doch daß etwas geschehen mußte, wurde hier klar zum Ausdruck gebracht. Nicht der Prozeß gegen Alfred Dreyfus, sondern Herzls über einen langen Zeitraum durchgeführte Analyse des Scheiterns der Emanzipation, dazu das Aufkommen des deutschen und österreichischen Antisemitismus führten ihn zu seiner radikalen Schlußfolgerung.

Kapitel 4
Zwischen literarischer Phantasie und politischer Aktion

Es war ein verschlungener Pfad, der Herzl zur politischen Aktion führte – er mündete, ein Jahr nach Veröffentlichung von *Der Judenstaat* im Jahr 1896, in die Einberufung des Ersten Zionistischen Kongresses. Doch zunächst hatte er noch keine klare Vorstellung, was er vorhatte und welches Ziel er verfolgte. Darüber geben Dutzende von Seiten mit Anmerkungen und Überlegungen Auskunft, die er Anfang des Jahres 1895 in seinem Hotelzimmer in Paris notierte. »Ich arbeite seit einiger Zeit an einem Werk, das von unendlicher Grösse ist. Ich weiss heute nicht, ob ich es ausführen werde. Es sieht aus wie ein mächtiger Traum.«

Was hatte es mit diesem »Werk« auf sich? Er wußte selbst nicht, ob er sich mit einem Roman oder einem politischen Programm trug. Oder vielleicht wurde es ein Roman, der für eine politische Aktion warb? Und wenn ja, welcher Art politischer Aktion? Alle diese Möglichkeiten ließ Herzl in Gedanken Revue passieren und fand sich zwischen ihnen hin und her gerissen. Hier kamen ihm seine Erfahrungen als Journalist und Dramenschreiber zu Hilfe – er schrieb kurzerhand seine Vorstellungen, Zweifel und selbst den geringsten Einfall auf. Da er selbst nicht wußte, wofür er sich letztendlich entscheiden würde, war ihm am wichtigsten, »keinen Einfall entschweben zu lassen«. Aus diesen flüchtig hingekritzelten Notizen, verworren und widersprüchlich, aber auch durchdacht, auf gründlicher historischer und intellektueller Analyse beruhend, dann wieder spekulativ oder nachgerade unsinnig, erwuchs ganz allmählich das Buch, das Herzl schließlich veröffentlichen sollte. Der holperige Pfad ohne Wegweiser, den er eingeschlagen hatte, deutet auf den profunden Umbruch in seinem persönlichen Leben. Aus dem mittelmäßigen Schriftsteller und Bühnenautor, der er nach eigenem Bekunden war, wurde die führende Persönlichkeit eines politischen Projekts, die mit den bedeutendsten Machthabern Europas zusammentraf. Diese individuelle Veränderung sollte Hand in Hand gehen mit einer neuen Selbstdarstellung des jüdischen Volkes, in deren Folge die Idee einer Rückkehr nach Zion von einem Wunschtraum einiger am Rand der europäischen und jüdischen Gesellschaft existierender Grüppchen zu einem Programm wurde, das Diplomaten und Staatsmänner nicht umhin konnten, zur Kenntnis zu nehmen.

Diese wild bewegte, kreative Phase im Juni 1895, also unmittelbar vor Herzls Rückkehr nach Wien, ging der Übernahme seiner Redakteurstätigkeit im Feuilleton seiner Zeitung voraus. In eben dieser Zeit gelang es ihm auch weiterhin nicht, sein Stück *Das Neue Ghetto* an einer Bühne unterzubringen, was ihn daran zweifeln ließ, ob er eine Zukunft am Theater habe. Die Einträge in seinem Tagebuch sprechen von Unruhe und Krise. Er schwankte, ob er einen politischen Roman schreiben oder sich in politische Aktivitäten stürzen sollte, aber der Umstand, daß er sich nunmehr politisch-öffentlichen Angelegenheiten zuwandte, ging zweifellos auf jene Jahre zurück, in denen er aus der französischen Nationalversammlung berichtet hatte. »In Paris gerieth ich – wenigstens als Beobachter – in die Politik. Ich sah, womit die Welt regiert wird. Ich starrte auch das Phänomen der Menge an; lange Zeit ohne es zu begreifen.«

Währenddessen sah Herzl noch einmal kritisch seine Korrespondentenberichte an die *Neue Freie Presse* über die französische Politik durch und wählte daraus die besten aus. Die Auswahl wurde in Buchform im Oktober 1895 unter dem Titel *Das Palais Bourbon* veröffentlicht, mit Bezug auf jenes Gebäude, in dem die Assemblée Nationale tagte. Der Band erschien im renommierten Verlag von Duncker und Humblot in Leipzig kurz nach seiner Rückkehr nach Wien – ein Hinweis darauf, daß Herzl daran lag, nicht nur in Österreich, sondern auch im deutschen Kulturbereich insgesamt bekannt zu werden.

Seine Unschlüssigkeit hinsichtlich seiner Zukunft verbindet sich mit Einträgen in seinem Tagebuch über die endgültige Form seines Werks von »unendlicher Grösse«. Sollte er seinen kühnen Traum in Romanform fassen, würde er ihm den Titel *Das Gelobte Land* geben. Das Thema, das Herzl am Herzen lag, war »die Judensache«. Im großen und ganzen vermied er bewußt das gängige Wort von der »Judenfrage«. Seiner Ansicht nach handelte es sich keineswegs um eine *jüdische* Frage, vielmehr um eine solche, die Europa und die gesamte Menschheit anging und auf die *sie* eine Antwort finden mußten. Von Anfang an war ihm daher klar, daß es sich hier nicht um ein Problem handelte, das Juden allein und für sich zu lösen vermochten – dies im Unterschied und Gegensatz zur Auffassung der Aktivisten der Ersten Aliya und der Anhänger der Choveve-Zion-Bewegung. Es ging hier um eine internationale, globale Angelegenheit, die Grenzen überschritt, ja ganze Kontinente umfasste und nur in einvernehmlicher Abstimmung zwischen den Staaten geregelt werden konnte. Herzls Analyse der »Judensache« führte zu dem Schluß, daß sie in diplomatisch-internationalem Rahmen behandelt werden mußte – ein Ansatz, der später die Bezeichnung »politischer Zionismus« erhalten sollte. Die Misere der Juden war nicht mehr und nicht weniger als das Symptom eines weit grundsätzlicheren und ernsteren Problems – der europäischen Krise am Ende des 19. Jahrhunderts. Sieht man einmal von Moses Hess ab, dessen Schrift *Rom und Jerusalem* bei ihrem Erscheinen 1862 kaum Aufmerksamkeit erregte, hatte vor Herzl kein einziger jüdischer Theoretiker die Zukunft des jüdischen Volkes in den weiten Rahmen internationaler Politik gestellt.

Als Herzl im Juni 1895 begann, ein Tagebuch zu führen, fragte er sich, seit wann ihn eigentlich die »Judensache« beschäftigte. »Wahrscheinlich, seit sie aufkam. Sicher seit ich Dührings Buch gelesen.« Er entsann sich seiner heftigen Reaktion bei der Lektüre dieses Werks: »In einem meiner alten Notizbücher, das jetzt in Wien irgendwo eingepackt steckt, finden sich die ersten Bemerkungen über Dührings Buch und die Frage. [...] aber ich weiss, dass ich heute noch öfters Einiges von dem sage, was ich dort aufschrieb.«

Das Thema war also nicht neu – und er sollte sich sein ganzes Leben damit beschäftigen. Aber, so schrieb Herzl, er hatte es nicht vermocht, seine Gedanken öffentlich darzulegen.

> Im weiteren Verlauf der Jahre hat die Frage an mir gebohrt und genagt, mich gequält und sehr unglücklich gemacht. Thatsächlich bin ich immer wieder zu ihr zurückgekehrt, wenn mich die Erlebnisse, Leiden und Freuden meiner eigenen Person ins Allgemeinere aufsteigen liessen. [...] Die Judenfrage lauerte mir natürlich an allen Ecken und Enden auf.

Herzl gestand, daß er gelegentlich, wie so viele Juden seiner Generation, am liebsten vor dem Problem davongelaufen wäre. »Es gab vielleicht eine Zeit, wo ich ihr [scil. der Judenfrage] gern entwischt wäre, hinüber ins Christenthum, irgendwohin. Jedenfalls waren das nur unbestimmte Wünsche einer jugendlichen Schwäche. [...] ich sage mir, dass ich nie ernstlich daran dachte, mich zu taufen, oder meinen Namen zu ändern.«

Er berichtete, wie er zu Beginn seiner journalistischen Karriere der Zeitschrift *Deutsche Wochenschrift* ein Manuskript anbot. Der (jüdische) Herausgeber Heinrich Friedjung riet ihm, »einen weniger jüdischen Namen als Federnamen zu wählen«. *Herzl* würde ihn eindeutig als Juden ausweisen. »Ich lehnte das rundweg ab und sagte, dass ich den Namen meines Vaters weiter tragen wolle, und dass ich bereit sei, das Manuscript zurückzuziehen.« Auch hielt er in seinem Tagebuch fest, daß er bereits im Sommer 1891, also noch bevor er als Korrespondent nach Paris ging, »einen Judenroman schreiben wollte. [...] Die Hauptfigur sollte mein theurer Freund Heinrich Kana werden, der sich im Februar 1891 in Berlin erschossen hatte.« Kana entstammte einer armen jüdischen Familie, er sollte nie seinen Weg im Leben finden. In seinem Roman, schrieb Herzl, wollte er namentlich »die leidende, verachtete und brave Gruppe der armen Juden in Gegensatz zu den reichen Juden bringen. Diese spüren nichts vom Antisemitismus, den sie doch eigentlich und hauptsächlich verschulden.« Die soziologische Betrachtungsweise sollte später einer Hauptperson im Roman *Altneuland* übertragen werden, David Litvak. Ursprünglich hatte Herzl vor, ihn Samuel Kohn zu nennen, was ihm eindeutig jüdischer vorkam, aber das Romanvorhaben stellte er damals hintan.

Herzl verwies auch auf den Briefwechsel, den er mit Persönlichkeiten in Österreich und Deutschland führte, die den Judenhaß mit der Gründung von Vereinen »zur Abwehr des Antisemitismus« bekämpfen wollten. Er äußerte sich anerkennend über ihre guten Absichten, erkannte aber »die Leere und Nutzlosigkeit« dieser Bestrebungen. In diesem Zusammenhang erinnerte er sich an zwei scheinbar unbedeutende Vorfälle – der erste trug sich im Oktober 1888 in Mainz zu, wo ihm beim Verlassen eines Lokals »Hep-Hep« hinterhergerufen wurde, der zweite anläßlich eines Ausflugs im Umland Wiens im Sommer 1894, als ihm zwei junge Leute »Saujud« nachbrüllten. Die Tatsache, daß Herzl diese Vorfälle im Gedächtnis behielt und überdies für so wichtig erachtete, um sie schriftlich festzuhalten, zeigt, wie sehr sie ihm nahegegangen waren, obwohl sie an sich keine weitere Bedeutung hatten, wie Herzl selbst feststellte. Aber sie fachten nicht sein Interesse an der jüdischen Problematik an, auch spricht nichts dafür, daß er je meinte, als Jude in seiner Karriere behindert worden zu sein. Ganz im Gegenteil: In dem gesellschaftlichen und beruflichen Milieu, in dem Herzl verkehrte – im Zeitungswesen, im Theater und in der literarischen Welt –, waren Juden stark vertreten. Seine Arbeit erfreute sich höchster Wertschätzung, und er hatte zudem einen beruflichen Aufstieg geschafft. Er war nicht persönlich betroffen – seine Sorge galt der Lage, in der sich Juden als solche in der modernen Welt befanden.

Auf den mehreren Dutzend Seiten, die Herzl seinen Überlegungen zur Lösung der »Judensache« widmete, wurde Frankreich so gut wie gar nicht erwähnt. Das Land taucht nur en passant auf, und die Dreyfus-Affäre kommt gar nicht vor. Immerhin war er zu dieser Zeit in Paris und berichtete ausführlich über alles, was sich im Lande zutrug. Auch seine Tagebücher enthalten keinen Hinweis auf irgendein traumatisches oder dramatisches Vorkommnis, das ihn bewogen hätte, sich der jüdischen Problematik zuzuwenden. Wie bereits erwähnt, gibt es für die gängige Ansicht, derzufolge *Der Judenstaat* auf den Schock zurückzuführen sei, den Herzl durch die Dreyfus-Affäre erlitten hatte, nicht die geringste Grundlage. Was ihm damals am Herzen lag und durch den Kopf ging, war die prekäre Lage der Juden in Deutschland und Österreich. Im Entwurf eines Briefes, den er damals an die Familie Rothschild schicken wollte, sagt er klar und deutlich: »Ich versuche nur, dem Antisemitismus dort beizukommen, wo er entstanden ist und wo er noch seinen Hauptsitz hat: in Deutschland.«

Es hatte angefangen, als er Student war. Das Erscheinen von Dührings Buch und das Aufkommen rassistischer Parteien in Österreich, Deutschland und Ungarn waren ihm Anlaß genug, über die Zukunft der Juden in Europa nachzudenken. Während er sich lang und breit über die Werke des antisemitischen französischen Autors Edouard Drumont ausließ, wird der Dreyfus-Prozeß nur gelegentlich gestreift. Herzl sah überaus genau, welch ambivalenten Status die Juden zu Hause einnahmen, wo sie in einer Gesellschaft lebten, von der es damals hieß, sie sei die zuvorkommendste, angenehmste und offenste für Juden – in Wien, der Hauptstadt der toleranten Österreichisch-Ungarischen Monarchie.

Im Laufe des letzten Jahrzehnts des 19. Jahrhunderts wurden die Grundlagen des Habsburger Reichs selbst in Frage gestellt. Die jüdische Problematik war dabei nur ein geringer Faktor unter den großen Nationalitätenfragen des Reichs. Herzl sah den Status der Juden in diesem größeren Zusammenhang, ein Standpunkt, der ihn nur sensibler und besorgter werden ließ hinsichtlich der

Vorstellung, was den Juden bevorstehen würde, sollten die politischen Krisen in Europa im allgemeinen und Österreich-Ungarn im besonderen sich zuspitzen. Er war einer der ersten, der erkannte, daß diese Welt, die allem Anschein nach den Juden doch immer mehr Freiheit und Aufnahme gewährte, morsch war und jederzeit zusammenbrechen konnte.

Zahlreiche Politiker in Österreich-Ungarn und nicht wenige Autoren sahen im Aufkommen nationaler Bewegungen innerhalb der unterschiedlichen Bevölkerungsgruppen ein kaum der Beachtung wertes Phänomen. Sie erkannten wohl, daß man sich mit ihm auseinandersetzen sollte, doch lag ihnen der Gedanke völlig fern, es könnte dem Staat selbst gefährlich werden. Die Erweiterung des Wahlrechts würde, so die gängige Meinung, den Forderungen der Nationalisten in dieser oder jener Hinsicht entgegenkommen. Die österreichischen Sozialisten gründeten besondere Orts- und Regionalverbände für die verschiedenen Sprachgruppen – also für Deutsche, Tschechen, Kroaten und so weiter –, von denen sie annahmen, daß sie der jeweiligen Ausdrucksmöglichkeit förderlich wären, und zwar im größeren Rahmen der Klassensolidarität, die nationale Grenzlinien überwand. Die Regierung gestand einigen Gruppen das Recht zu, die Kinder in ihrer jeweiligen Sprache zu erziehen, wobei sie davon ausging, daß auf diese Weise jede Gruppe ihre spezifische ethnische Identität innerhalb eines größeren Gemeinwesens zu entwickeln vermochte. Selbst im Parlament in Wien, dem Reichsrat, gab es neben den Mitgliedern aus den traditionell deutsch sprechenden Gebieten auch Parlamentarier, welche die Kronländer Böhmen, Mähren, Schlesien, Galizien und Bukowina vertraten, denen gestattet war, sich in ihrer Muttersprache an das Plenum zu wenden. Kroatisch und Italienisch konnte man ebenfalls in den Gängen des Parlaments vernehmen.

Doch sollte sich nur allzu bald erweisen, daß mit derlei liberalen Reformen der Krise nicht beizukommen war. Ganz im Gegenteil – statt ihr die Schärfe zu nehmen, trugen sie noch zur Zuspitzung bei. Wurde Schulen in der Provinz gestattet, den Unterricht in den entsprechenden Regionalsprachen abzuhalten, stellte sich die Frage, wie man in Gegenden mit einer gemischten Bevölkerung verfahren sollte, wie etwa in Prag, in denen lange Zeit deutschsprachige Bürger gelebt hatten, oder auch in Wien selbst, wohin Zehntausende tschechisch sprechender Migranten auf der Suche nach Beschäftigung im aufblühenden Industriesektor der Stadt gekommen waren. Konnte man sich vorstellen, daß Kinder auf tschechisch in der kaiserlichen Hauptstadt unterrichtet wurden statt auf deutsch, der Sprache der Regierung und der Leitkultur? Das Recht eines jeden Abgeordneten, im Parlament seine Muttersprache zu verwenden, machte folgerichtig Übersetzungen in alle anderen zugelassenen Sprachen erforderlich, wodurch die Debatten schwerfällig-langsam wurden und im Grunde die Arbeit der Legislative schlichtweg lahmgelegt wurde. Selbst Abgeordnete aus der Provinz, die durchaus des Deutschen kundig waren, bestanden darauf, nur in ihrer Muttersprache zu reden – dies galt vor allem für die Tschechen. Tatsächlich machten sich viele Parlamentarier aus der Provinz nicht die mindesten Sorgen wegen dieser faktischen Außerkraftsetzung des Reichsrats – es bot ihnen die glänzende Gelegenheit, die Habsburger Monarchie in Bedrängnis zu bringen und ihre eigenen Vorhaben zu verfolgen.

Doch diese Forderungen lösten unter den deutsch sprechenden Bürgern des Reichs eine Reaktion aus, in deren Folge pan-germanische und rassistische Bewegungen aufkamen, die eine »arische« Vorrangstellung für sich in Anspruch nahmen. Lag erst einmal die Betonung auf der rassisch begründeten deutschen Identität, gingen diese Bewegungen – unter ihnen studentische Burschenschaften, Sportvereine und Journalistenverbände – dazu über, diejenigen Mitglieder auszuschließen, die nicht als »arisch« oder als »echte« Deutsche galten. Das waren nicht allein Juden, sondern auch konvertierte Juden, womit letzteren auch der Weg in eine offene Gesellschaft versperrt wurde. Die jüdischen Studenten antworteten auf ihre Weise: In Wien gründeten sie ihre eigenen Verbindungen, denen sie hebräische Namen gaben als Zeichen ihres neu erwachten Nationalgefühls – zum Beispiel *Ivria*, die 1882 und *Kadima* (Vorwärts), die 1892 gegründet wurden. Gebildete Juden, die Zugang zu deutscher Kultur und Gesellschaft gesucht hatten, sahen sich mit einemmal zurückgewiesen und ausgeschlossen.

Herzl verfolgte diese Veränderungen sehr genau und hielt sie verschiedentlich in seinem Tagebuch fest. Sie steckten die Umrisse seiner politischen Entwicklung ab und schärften seine Sensibilität für das Nationalitätenproblem, zumal im Hinblick auf das – zusehends erschütterte – Gefühl der Juden, im Habsburger Reich ihre Heimat zu haben. In den letzten Monaten seiner Pariser Zeit und unmittelbar nach seiner Rückkehr nach Wien wurde Herzl in die Bemühungen der Wiener Regierung einbezogen, für das Problem der nationalen Unterrichtssprachen eine Lösung zu finden. Als Korrespondent der *Neuen Freien Presse* mit Kontakt zu Regierungskreisen übermittelte Herzl dem österreichischen Ministerpräsidenten, Graf Casimir von Badeni, einen detaillierten Entwurf zur landesweiten Gründung von Schulen mit Unterricht in je unterschiedlichen Sprachen, und zwar gemäß dem Bedarf in den einzelnen Landesteilen. Es war auch die Rede davon, Herzl zum Redakteur einer neuen, von der Regierung subventionierten Zeitung zu ernennen, die liberale Reformen hinsichtlich der Vielsprachigkeit des Landes propagieren sollte. In den folgenden Monaten gab Herzl ausführlich und detailliert Auskunft über den Fortschritt seiner Gespräche mit Badeni – letztendlich aber führten sie zu nichts.

Heutzutage schätzen Historiker die Bemühungen der Habsburger Regierung außerordentlich gering ein, das Nationalitätenproblem auf ebenso liberale wie pluralistische Weise zu lösen. Es war nicht weiter verwunderlich, daß Herzl von führenden Politikern der Wiener Regierung überaus geschätzt wurde. Viele von ihnen gehörten dem Adel der nicht deutsch sprechenden Landesteile an, so von Badeni selbst, ein Aristokrat aus Galizien. Ihnen war durchaus daran gelegen, den multinationalen Charakter der Habsburger Monarchie zu stärken. Auch Stanislaw Kozmian, ein polnischer Historiker und Abgeordneter im Reichsrat, zählte zu den bedeutenden Persönlichkeiten jener Zeit; er unterstützte Herzl nach Kräften und sollte später eine überaus günstige Besprechung vom *Judenstaat* in einer polnischen Lemberger Zeitung veröffentlichen.

Aus Herzls Tagebuch spricht seine zunehmende Sorge um das Überleben der Habsburger Monarchie als einem Vielvölkerstaat. Es konnte ihm nicht entgehen, daß die Nationalitätenproblematik sich auch negativ auf die Juden auswirkte, insbesondere in Böhmen und Mähren, wo der Konflikt zwischen Tschechen und Deutschen die Juden in eine außerordentlich schwierige Lage versetzt hatte. In Prag hatte sich die wirtschaftliche und kulturelle Elite der jüdischen Bevölkerung mit der deutschen Leitkultur identifiziert. Als nationalistische und rassistische Einstellungen unter den deutsch sprechenden Pragern zunahmen, bemühten sich zahlreiche jüdische Bildungsbürger um Aufnahme in tschechische Organisationen, nachdem sie infolge der betriebenen »Arisierung« aus den deutschen Berufsvereinigungen ausgeschlossen worden waren. Aber es geschah nicht selten, daß die Tschechen sie abwiesen: »Jetzt, da die Deutschen euch rausgeworfen haben, kommt ihr zu uns?« Ein tschechischer Mob randalierte gegen Deutsche auf dem Altstädter Ring, wo sie die Schaufenster jener Läden einwarfen, die eine deutsche Geschäftsbezeichnung trugen oder ihre Waren auf deutsch anboten. Viele dieser Geschäfte gehörten Juden. Die Juden – Intellektuelle und Geschäftsleute, Studenten und Journalisten – fanden sich mit einemmal in der Klemme zwischen Deutschen auf der einen und Tschechen auf der anderen Seite.

Herzls Ansicht nach war die sich zuspitzende Lage der Juden in den deutsch-tschechischen Landesteilen nur ein besonders anschauliches Beispiel für die Krise des Reichs, doch hatte sie, zumal für die Juden, dramatische Konsequenzen. Dieses Thema wird immer wieder in seinen Aufzeichnungen aufgegriffen. So schrieb er beispielsweise im November 1897, also zwei Monate nach dem Ersten Zionistischen Kongreß, in einem Beitrag für *Die Welt*, das zionistische Wochenblatt, das er gegründet hatte:

> Der große Hader in Böhmen um die Sprachenverordnungen zeigt die österreichischen Juden in einer wunderlichen Lage. Sie gehen treu mit denen, die gestern ihre heftigsten Feinde waren – und es morgen wieder sein werden. Wäre die Sache nicht so furchtbar ernst, man könnte sie unendlich komisch finden. [...] Die Juden deutscher Cultur, deren Jünglings- und erstes Mannesalter in die Zeit liberaler Ideen fiel, haben sich mit aller Wärme ihres Herzens der deutschen Nation angeschlossen. Sie liebten ihr Deutschthum zärtlich und haben dem deutschen Volke wie dem Gedanken der bürgerlichen Freiheit aufopferungsvolle treue Dienste geleistet. Sie schmiegten sich der deutschen Nation eng an – zu eng, wie es scheint. Denn plötzlich begann man sie abzuschütteln. Plötzlich hieß es, sie seien Parasiten, die den Stamm aussaugen. Sie waren mit einem Ruck nicht mehr Deutsche, sondern Juden. Es war eine Wandlung ohne Übergang, jäh, wie das Erwachen aus einem Traum. Die Wirklichkeit umfieng sie wieder mit einer Grausamkeit, deren sie schon halb und halb entwöhnt waren. Sie gingen wie vor den Kopf geschlagen umher. Alles Bisherige war also ein Irrthum, die ganze Rechnung des Lebens auf einem Grundfehler aufgebaut, alle Opfer waren umsonst und alle Treue vergebens.

Zu ähnlichen Auseinandersetzungen kam es in Krakau und Lemberg, wo sich die jüdische Elite hin und her gerissen fand zwischen den Anhängern des Hauses Habsburg und denen, die sich der wachsenden polnischen Nationalbewegung anschlossen. Auch das Aufkommen eines virulenten Antisemitismus in seinem Geburtsland Ungarn verfolgte Herzl aufmerksam. Wie in Österreich resultierte der Antisemitismus paradoxerweise aus dem Erfolg der Juden in Wirtschaft, Kultur und Zeitungswesen. Jahrhundertelang hatten Juden in Rumänien gelebt, aber ein Jude – so Herzl –, der in diesem Königreich die Staatsbürgerschaft erwerben wollte, mußte sich auf einen widerwärtigen bürokratischen Hindernislaufbegeben, nur, um schließlich die Ablehnung seines Antrags zu erhalten.

Im Mai 1895 fanden in Wien Gemeinderatswahlen statt, und die Wahlkampagne bestärkte Herzl in seinem unguten Vorgefühl, in welchem Maße die für eine moderne Gesellschaft so typischen kreuz und quer verlaufenden nationalen Tendenzen negative Auswirkungen auf die Juden hatten. Im Zuge politischer Reformen wurde erstmals der Bürgermeister der Stadt von der wahlberechtigten Einwohnerschaft bestimmt. Von der Regierung und dem Kaiserhaus selbst unterstützt, sah sich die städtische liberale Regierung von einem radikalen Rechtspopulisten herausgefordert – von Dr. Karl Lueger, der eine Koalition aus Klerikalen, deutschen Nationalisten und Antisemiten unter dem Banner seiner Christlich Sozialen Partei anführte. Er und seine Anhänger prangerten den »korrupten Liberalismus« an, beschwerten sich, daß die Juden die Wirtschaft des Landes kontrollierten und warnten, daß der deutsche Charakter Wiens durch die Tschechen gefährdet werde. Lueger gewann die Wahlen haushoch, um ihn aber als Bürgermeister ins Amt zu berufen, mußte die nationale Regierung seine Wahl bestätigen. Die Regierung reagierte mit der Auflösung des städtischen Gemeinderats und schrieb Neuwahlen aus, die Lueger wiederum gewann. Das Spiel wurde etliche Male wiederholt, wobei im Ergebnis Lueger immer mit großer Mehrheit als Sieger aus der Wahl hervorging und besonders in der sogenannten dritten Kurie, der dritten Wählerklasse (innerhalb des bestehenden Vierklassen-Wahlrechts) mit mittlerem und niedrigem Einkommen, überaus erfolgreich war. Schließlich blieb der Regierung nichts anderes übrig, als den Willen der Wähler zu akzeptieren, und der Kaiser mußte Luegers Wahl zum Bürgermeister der Hauptstadt bestätigen.

Die langwierige Wahlkampagne in Wien warf im Sommer 1895 einen dunklen Schatten über die österreichische Politik insgesamt, zu jener Zeit also, in der Herzl sich mit der »Judensache« abplagte und überdies zu entscheiden suchte, wie sein künftiges Leben aussehen sollte. Luegers Wahl ins Bürgermeisteramt und der Sieg seiner Partei waren nach Herzls Auffassung eine gravierende und gefährliche Entwicklung – in seinem Tagebuch hielt er das Gespräch mit Wiener Freunden fest, die ihn in Paris besuchten: Sie befürchteten eine neue Bartholomäusnacht. Mit der Wahl endete seiner Meinung nach auch die liberale Ära Wiens. Der kurz darauf erfolgte Sturz der Regierung Badeni trug noch zur Steigerung seiner Besorgnis über die Zukunft der Monarchie und ihrer Juden bei. Nicht der Dreyfus-Prozeß, sondern die stetige Veränderung zum Schlechten der politischen Situation in Österreich führte zur dramatischen Wende bei Herzls Beschäftigung mit der jüdischen Problematik.

Nach Herzl waren die Juden nicht nur in Österreich in Gefahr, sondern in ganz Europa. Schließlich war Lueger, der populistische Rassist, auf einer Woge allgemeiner Begeisterung ins Amt getragen worden – dank der Ausweitung des Stimmrechts auf eine breite Bevölkerungsschicht. Der in Wien zu beobachtende Judenhaß war nicht ein Bodensatz mittelalterlichen Kirchenaberglaubens. In dem Maße, wie mehr und mehr Entscheidungen dem Volk übertragen wurden, trieb der Antisemitismus seine Wurzeln immer tiefer in die Struktur der modernen Gesellschaft. Zu Beginn der neunziger Jahre des 19. Jahrhunderts hatte Herzl das allgemeine Stimmrecht für männliche Bürger befürwortet und seine Zeitung zu überreden versucht, sich für diese Reform einzusetzen. Zwar sollte er zeit seines Lebens nie seine Meinung hierzu ändern, aber es wurde ihm jetzt klar, daß die Demokratie auch durchaus negative Folgen nach sich ziehen konnte. Seine Unterstützung von Demokratisierungsvorhaben fiel fortan sehr viel gemäßigter aus, und zwar unter dem Einfluß einer romantischen Wunschvorstellung hinsichtlich der Rolle, welche die Aristokratie zu spielen vermochte, wenn es galt, in Zeiten sozialer und nationaler Spannungen um sich greifenden gefährlichen Tendenzen entgegenzuwirken. Allgemeines Wahlrecht sollte Demokratie und Toleranz dienlich sein, konnte aber unter bestimmten Umständen zum gegenteiligen Ergebnis führen. Die Ausweitung des Wahlrechts war den unterschiedlichen nationalistischen Bewegungen zugute gekommen, und in Wien hatte es einen anti-tschechischen, antisemitischen Nationalisten an die Macht gebracht. »Die Freisinnigen«, kommentierte Herzl, »glauben, dass man die Menschen durch eine Verfügung im Reichsgesetzblatt gleich macht.«

Luegers Aufstieg in Wien im Mai 1895 wurde – ungeachtet aller Unterschiedlichkeiten – mit dem Hitlers im Januar 1933 verglichen. Immerhin gelangte in beiden Fällen eine nationalistische und rassistische Bewegung durch demokratische Wahlen an die Macht, womit einmal mehr bewiesen wurde, daß demokratische Wahlen keineswegs wirksamen Schutz vor Rassismus und extremem Nationalismus boten. Zu Beginn des 20. Jahrhunderts wurde Wien zur Brutstätte der politischen und ideologischen Weltanschauung des jungen Hitler. Er war aus der Provinz nach Wien gekommen, und hier nahm er die Ideologie des Pan-Germanismus, die Vorstellung der arischen Herrenrasse, den Antisemitismus und Antislawismus auf. Herzl erkannte so manches, das seine Zeitgenossen gar nicht wahrnahmen.

Mit anderen Worten: Er wandte sich der jüdischen Problematik zu, weil er das sehr bestimmte Gefühl hatte, daß die Welt, in der er lebte, zerfiel. Wenn das Land, das im 19. Jahrhundert die Juden so gut behandelt hatte, sich in seine Bestandteile aufzulösen begann und das Wohlergehen seiner jüdischen Bürger ernstlich in Gefahr war, mußte eine radikale Lösung gefunden werden. Von Zeit zu Zeit schrieb Herzl von seiner Befürchtung, es könnte neuerlich zum Krieg in Europa kommen. Doch blieb er mit seinen Vorahnungen ratlos, grübelte, kam dann und wann auf scheinbar völlig abwegige Ideen, wie sich die Juden retten und wo sie vielleicht Zuflucht finden könnten. Das Tagebuch jener Zeit hat nichts von einem geordneten Bericht. Es ist ein Sammelsurium kurzer Notizen mit unausgegorenen Einfällen, mehr Spiegelbild seines Gemütszustandes als Blaupause für kommende Aktionen. So nimmt es nicht wunder, daß seine Freunde sich ernsthaft sorgten, er könne den Verstand verlieren. Schließlich nahmen normale

Sterbliche sich dieser Probleme auf rationelle und seriöse Weise an. Die Vorstellung, die Juden müssten insgesamt, als Gemeinschaft, außerhalb Europas einen rettenden Hafen finden, kam dem schieren Wahnsinn nahe. Schlimmer noch – es war gefährlich, denn die Verbreitung solcher Ideen durch eine Persönlichkeit von Herzls Rang und Einfluß konnte durchaus die Lage der Juden innerhalb der europäischen Gesellschaft noch weiter unterminieren. So reagierten die Herausgeber der *Neuen Freien Presse*, die Herzls Vorstellungen rundweg ablehnten, wobei sie im übrigen ihrem renommiertesten Redakteur mit Nachsicht begegneten.

Hunderte Vorstellungen gingen Herzl durch den Kopf. Als erfahrener Schriftsteller und Journalist, der gewohnt war, Beobachtungen oder Einfälle knapp aufzuschreiben, um sie gegebenenfalls später zu verwenden, hielt er seine Überlegungen auf Zetteln und Papierfetzen fest. Er kannte Goethes Bildungsroman *Dichtung und Wahrheit*, insofern war ihm die Kluft zwischen dem Idealismus eines Schriftstellers und den harten Tatsachen des Lebens nicht unbekannt. Seine Ideale liefen kunterbunt durcheinander und zeugten von der Spannung zwischen Phantasie und Wirklichkeit. Im Tagebuch finden sich zahllose Motive für einen Roman, den er nie schreiben sollte, allerdings tauchen einige später in *Altneuland* wieder auf. Und es kommt alles vor – von nachgerade infantilen, ausgedachten Sportwettkämpfen bis zu nüchternen Aktionsplänen. Die Romanhandlung war ihm selbst noch nicht ganz klar. Verschiedentlich ermahnte er sich, endlich George Eliots Roman *Daniel Deronda* zu lesen, was darauf schließen läßt, daß er einen Protagonisten im Sinn hatte, der auf diese oder jene Weise seine jüdische Identität wiederentdeckt. Ganz eindeutig ging es Herzl darum, in seinem Buch nicht nur die ihm bekannte jüdische Welt zu porträtieren, sondern die gesamte Diaspora. Die Klischeevorstellungen seiner Zeit treten in der Beschreibung der beiden Hauptpersonen des geplanten Romans zutage: »Held hat den blonden Typus, blaue Augen, harter Blick. Seine Liebe ist eine spanische Jüdin, schlank, schwarzhaarig, feine Race.«

Neben diesem Entwurf für ein belletristisches Werk dachte Herzl auch daran, einen genauen Bericht über die Lage der Juden in allen Ländern, in denen sie lebten, anzufertigen, wie er später schrieb:

> Ich wollte die Orte aufsuchen, wohin der Weltzufall die Juden in Gruppen verstreut hat, namentlich Rußland, Galizien, Ungarn, Böhmen, später den Orient, die neuen Zionscolonien, endlich wieder Westeuropa. Aus all den wahrheitsgetreuen Schilderungen sollte das unverschuldete Unglück der Juden hervorkommen. Zeigen, daß es Menschen sind, die man beschimpft, ohne sie zu kennen. Hier habe ich ja Reporteraugen bekommen, die für solche Aufnahmen nöthig sind.

Aufmerksam nahm er zur Kenntnis, was der französische Schriftsteller Alphonse Daudet ihm gegenüber äußerte. Daudet gestand ihm, Antisemit zu sein; als er hörte, daß Herzl sich mit dem Gedanken trug, einen Roman mit jüdischer Thematik zu schreiben, riet er ihm, sich am besten *Onkel Toms Hütte* zum Vorbild zu nehmen, womit er die meiste Aufmerksamkeit zu erwecken vermöchte. Eines war ihm klar: Was immer er schrieb oder welche politische Tätigkeit er auch beginnen würde – das Ziel mußte immer sein, eine Zufluchtsstätte für die Juden außerhalb Europas zu finden.

Das war nur mit einem umfänglichen Plan zur Durchführung der Emigration möglich, die wiederum auf breite internationale Unterstützung, nicht zuletzt die jüdischer Finanziers, angewiesen war. Er stellte Listen mit praktischen Maßnahmen zusammen, die gelegentlich bis in äußerste Kleinigkeiten reichten – so überlegte er beispielsweise, auf welche Weise man am besten die notwendigen Kredite erhielte, um die Auswanderung zu finanzieren, oder ob und wenn ja, wie die Pensionen der Auswanderer in das neue Land transferiert werden könnten. Dann wieder hing er phantastischen Entwürfen über die Gesellschaftsordnung des zukünftigen jüdischen Staates nach und notierte gänzlich aus der Luft gegriffene, unzusammenhängende Vorstellungen. Später sollten einige dieser abwegigen Ideen in das politische Programm von *Der Judenstaat* Eingang finden.

In einem dieser Tagträume über die zukünftige jüdische Heimstätte und ihre Organisation stellte er sich vor, daß er den *Rebbe* von Sadagora, Haupt einer chassidischen Dynastie in der Bukowina, ersuchen würde, sich der zionistischen Bewegung anzuschließen, um ihn »zu einer Art Bischof einer Provinz [zu] machen. Überhaupt den ganzen Clerus gewinnen.« Auf einem anderen Zettel notierte er, daß er den Wiener Oberrabbiner Moritz Güdemann zum »Bischof der Hauptstadt« im neuen Staat und einen Angehörigen der Familie Rothschild in ein Amt ähnlich dem des Dogen in Venedig berufen würde. Ferner bestimmte er: »Die Hohenpriester werden imposanten Ornat haben. Unsere Kürassiere, gelbe Hosen, weißen Waffenrock, Offizire silbernen Kürass.« Und weiter: »In den Senat kommen alle berühmten Juden, die mit uns gehen. [...] Der erste Senator wird mein Vater.« Es würde ein Bataillon geben, das den Ehrentitel »Herzl-Kürassiere« tragen sollte. Er entwarf das genaue Protokoll für die Krönung des ersten Dogen:

> Den Zug, der vom Dogenpalast ausgeht, eröffnen Herzl-Kürassiere. Folgt Artillerie und Infanterie. Die Beamten aller Ministerien, Abordnungen der Städte, die Geistlichkeit, zuletzt der Hohepriester der Hauptstadt. Die Fahne mit Ehrenwache von Generälen. [...] während alle in goldblitzenden Staats-Gewändern, die hohen Priester unter Baldachinen gehen, hat der Doge die Schandtracht eines mittelalterlichen Juden, den spitzen Judenhut, und den gelben Fleck!

An einer anderen Stelle im Tagebuch ließ Herzl seiner Phantasie freien Lauf: Er würde einen der antisemitischen Politiker Alois Lichtenstein, Schönerer oder Lueger zum Duell fordern. Würde er fallen, sollte sein Tod »wenigstens die Köpfe und Herzen der Menschen bessern. Hätte ich aber den Gegner erschossen, so wollte ich vor dem Schwurgerichte eine grossartige Rede halten. [...] Dann wäre ich auf die Judenfrage eingegangen, hätte eine gewaltige Lassalle'sche Rede gehalten, die Geschworenen erschüttert, gerührt, dem Gerichtshof Achtung abgezwungen – und wäre freigesprochen worden. Darauf wäre mir von den Juden ein Abgeordnetenmandat angeboten worden. Ich hätte es aber ablehnen müssen, weil ich nicht über die Leiche eines Menschen hinweg in die Volksvertretung gelangen wollte.«

In zahllosen anderen Aufzeichnungen ließ Herzl seine Phantasie wild ins Kraut schießen. Zum Beispiel entwarf er ein sorgfältig ausgearbeitetes Verfahren, nach dem Adelstitel vergeben werden sollten: »Für Geld darf bei uns weder Adel, noch Orden zu haben sein. Ich werde die bis zur Reichsgründung anderwärts erworbenen, ohne Rücksicht auf ihre Erlangung nostrifizieren.« Doch sollte unbedingt darauf geachtet werden, daß »kein allzu grotesker Adel eingeschmuggelt wird«. Auszeichnungen würde das Land gemäß den Richtlinien der französischen Ehrenlegion verleihen: »Denn wir brauchen für gewisse hohe Zwecke unserer Politik einen staatlichen Adel, wie wir auch einen einzigen Orden (nach Art der légion d'honneur) haben werden. Dieser Orden heisst die ›Judenehre‹! Er hat ein gelbes Band, und so machen wir aus unserer alten Schande unsere neue Ehre.« Und die Juden Ungarns werden die »Husaren Judas [scil. Judäas], können prächtige Reitergeneräle werden«. Das Duell wird strengsten Vorschriften unterstellt. Die Schiffe, die den rettenden Hafen anliefen, würden auch Särge an Bord haben: »Wir nehmen auch unsere Todten mit.« »Drüben« sollte eine Art »Louvre« erbaut und ausgestattet werden. Man würde sich über die Frage der Monopolisierung einzelner Unternehmen und den Verkauf alkoholischer Getränke Gedanken machen müssen, vielleicht auch wäre eine Abgabe auf die Aussteuer wohlhabender junger Frauen sinnvoll. Auf Dutzenden von Seiten in seinem Tagebuch und auf losen Zetteln findet sich das Erhabene neben dem Banalen.

Wer aber das alles als Aktionsplan oder, umgekehrt, als Beweis für die Hirngespinste eines harmlosen Irren hielte, hätte unrecht: »Diese Aufschreibungen sind mir keine Arbeit, sondern eine Erleichterung. Ich schreibe mir die Gedanken los, die heraufsteigen wie Luftblasen in einer Retorte und schliesslich das Gefäß sprengen würden, wenn sie keinen Abzug fänden.« Tatsächlich sollte ein Aktionsplan aus diesen Notizen hervorgehen – ein Plan ohne alle belletristischen und romantischen Flausen. Zunächst aber phantasierte Herzl frisch drauflos. Gleichwohl enthalten seine Notate durchaus zahlreiche konkrete, bildhafte Elemente, auf die er, nachdem er sich zu einer politischen und diplomatischen Vorgehensweise entschlossen hatte, zurückkommen sollte. Dazu gehörte beispielsweise die Fahne: »Vielleicht eine weisse Fahne mit sieben goldenen Sternen. Und das weisse Feld bedeutet unser neues, reines Leben. Die Sterne sind die Stunden der Arbeit. Im Zeichen der Arbeit ziehen wir ins gelobte Land.«

Doch wo lag das Gelobte Land? Ganz romantisch gestand Herzl: »Niemand dachte daran, das gelobte Land dort zu suchen, wo es ist – und doch liegt es so nahe. Das ist es: in uns selbst!« Das war ein geistreiches Aperçu, konnte aber kaum als Antwort dienen, die Herzl doch so verzweifelt suchte. Wohin sollten die Juden denn gehen? Nach Palästina? Nach Argentinien? Zum damaligen Zeitpunkt kam er noch zu keinem Schluß, sondern führte erst einmal das Für und Wider der beiden Möglichkeiten auf. Da Europa mit seinen Krisen und Konflikten der Kern des Übels war, würde es das beste sein, so weit wie möglich diesen Kontinent hinter sich zu lassen. »Wenn wir nach Südamerika gehen, was wegen der Entfernung vom militarisierten uns versumpften Europa viel für sich hätte, müssen wir die ersten Staatsverträge mit südamerikanischen Republiken machen«, schrieb er, und weiter: »Sind wir in Südamerika, wird die Bildung unseres Staates Europa längere Zeit entgehen.«

Andererseits würde die internationale Politik es den Juden schwermachen, ihre erstrebte Heimat in Palästina zu finden, eine Europa nahe Region und überdies im Zentrum europäischer Interessen.

Gleichwohl durfte Realpolitik nicht das letzte Wort behalten. »Gegen Palästina spricht die Nähe Rußlands und Europas, Mangel an Ausbreitung, sowie Klima, dessen wir schon entwöhnt. Dafür die mächtige Legende.«

Letztendlich sollte »die mächtige Legende« den Sieg davon tragen. Selbst, als er noch zwischen beiden Optionen schwankte, äußerte er sich in ausdrucksstarken historischen Assoziationen. Wenn die einzelnen Gruppen zum neuen Land aufbrechen würden, sollte jede von einem Rabbiner begleitet werden. »So viele Rabbiner, so viele Ortsgruppen. Die Rabbiner werden uns auch zuerst verstehen, sich zuerst für die Sache begeistern, und von der Kanzel herab die Anderen begeistern. Denken Sie sich, mit welcher Inbrunst unser altes Wort ›Über's Jahr im gelobten Land‹ fürderhin gesagt werden wird.« Das passte natürlich überhaupt nicht auf Südamerika. An anderer Stelle notierte er: »Ich bin aber im Principe weder gegen Palästina, noch für Argentinien.« Er ließ die Frage offen; wer indes seine Tagebücher liest, erkennt ohne weiteres, daß Herzl mit der Zeit eindeutig Palästina den Vorzug gab.

Zunächst aber zählte Herzl auf, was für Südamerika sprach. Es würde dort leichter sein, Konzessionen für den Landerwerb zu erhalten gegen Anleihen bei jüdischen Finanziers aufgrund der »Geldbedürftigkeit [...] dieser südamerikanischen Republiken«. Außerdem dürfte es auf diesem Kontinent einfacher sein, einen Teil der ortsansässigen Bevölkerung in andere Gegenden umzusiedeln, ohne eine Krise heraufzubeschwören, und zwar indem man zusicherte, daß es in den neuen Landesteilen für alle Arbeit geben werde. Gleichwohl war er sich der Problematik dieser Zusicherung bewußt und beeilte sich hinzuzufügen, daß »wir dem Aufnahmestaat gleich Wohlfahrt« mitbringen, auch »werden wir selbstverständlich Andersgläubige achtungsvoll dulden, ihr Eigenthum, ihre Ehre und Freiheit mit den härtesten Zwangsmitteln schützen. Auch darin werden wir der ganzen alten Welt ein wunderbares Beispiel geben.« Und indem er noch diese Gedankenfetzen aufschrieb, dämmerte es Herzl, daß die Lösung der Judenfrage möglicherweise auch der Schlüssel zu einem umfassenderen, globalen Problem sein könnte:

> Heute steigt mir der Gedanke auf, ob ich nicht viel mehr als die Judenfrage löse. Nämlich, tout bonnement, die sociale Frage. [...] Und die Schwierigkeit der socialen Frage ist ja aber, dass man überall in alten Misständen, langen Versumpfungen, ererbtem und erworbenem Unrecht steckt. Indes ich jungfräulichen Boden voraussetze. Aber wenn es wäre, welches Geschenk Gottes an die Juden!

An anderer Stelle führt Herzl aus, daß die neue, beispielhafte Gesellschaft der Juden die Ziele des Sozialismus erreichen werde. Und sollte irgend jemand ihn beschuldigen, den Staatssozialismus zu predigen, würde er dem auch nicht widersprechen: »Kein Vorwurf, wenn es wäre – vorausgesetzt, dass der Staat das Rechte will. Nämlich nicht den Vorteil einer Gruppe, oder Kaste, sondern das mälige Aufsteigen aller, zu den fernen hohen Zielen der Menschheit.« Das Problem der Juden ist die »Überproduction von mittleren Intelligenzen«, und diese begabten Menschen, für die es keinen Platz in der europäischen Gesellschaft gab, würden in das neue jüdische Gemeinwesen aufgenommen werden und dieses bereichern. Dort würden sie gemeinsam mit einfachen Leuten und dem Kapital wie dem der Rothschilds arbeiten, das derzeit die Weltwirtschaft belastete und für das Aufkommen des Antisemitismus mitverantwortlich war.

Bemerkenswerterweise unterfängt sich Herzl nirgends, eine genaue und unstrittige Definition dessen zu geben, was jüdische Identität sei. Allerdings bemühte er sich, alles über jüdische Gemeinschaften, wo immer sie sich auch auf der Welt befanden, herauszubekommen. In seinem Tagebuch vom Februar 1897 schrieb er höchst verwundert von dem, was ihm der Leiter eines Jerusalemer Krankenhauses berichtete, zumal von der Heterogenität der jüdischen Bevölkerung der Stadt:

> Er erzählte mir wunderbare Dinge aus Palästina, das ein herrliches Land sein soll, und von unseren Juden aus Asien. Kurdische, persische, indische Juden kommen in seine Consultation. Merkwürdig: es gibt jüdische Neger, die aus Indien kommen. Sie sind die Nachkömmlinge der Sklaven, die bei den vertriebenen Juden dienten und den Glauben ihrer Herren annahmen. In Palästina sieht man nicht nur jüdische Feldarbeiter und Tagelöhner aller Art, sondern auch kriegerisch gefärbte Berg- und Steppenjuden.

Es wurde Herzl klar, daß die große Anzahl jüdischer Identitäten keinerlei rassistischen Dünkel zuließ. Darauf verwies er nicht nur in seinen Erwiderungen auf antisemitische Angriffe, sondern auch gegenüber einem seiner Anhänger, dem englisch-jüdischen Schriftsteller Israel Zangwill, der in einem Gespräch im November 1895 von den Juden als Rasse sprach. Diese Vorstellung wies Herzl kategorisch zurück. In seinem Tagebuch erwähnte er bissig und mit leicht giftigem Unterton Zangwills »langnasigen Negertypus, sehr wollige, tiefschwarze in der Mitte gescheitelte Haare«, um dann fortzufahren: »Er steht aber auf dem Racenstandpunkt, den ich schon nicht acceptiren kann, wenn ich ihn und mich ansehe. Ich meine nur: wir sind eine historische Einheit, eine Nation mit anthropologischen Verschiedenheiten. Das genügt auch für den Judenstaat. Keine Nation hat die Einheit der Race.«

Es spricht für sich, daß zu einer Zeit, da rassistische Theorien in Europa selbst bei liberalen Köpfen gang und gäbe waren, Herzl mit großer Entschiedenheit jegliche rassistische Theorie als Grundlage nationaler Identität zurückwies. Und so, wie er sich gegen rassische Gleichheit aussprach, verwarf er auch die Notwendigkeit sprachlicher Einheit im zukünftigen jüdischen Staat, und zwar unter Verweis auf die Schweiz: »Die Sprache wird uns kein Hindernis sein. Auch Schweiz Föderalstaat verschieden Nationaler.«

Was also machte einen Juden zum Juden? Herzl war zu klug und politisch erfahren, um in die Falle restriktiver Definitionen zu tappen. Dennoch kam er auf eine Formel – eine überraschende seitens eines areligiösen Menschen, wie er es war –, die davon zeugt, wie tief er sich der Komplexität der Thematik bewußt war und auch der Notwendigkeit, einen gemeinsamen Nenner zu finden, der für unterschiedliche Gruppen von Juden annehmbar war: »Wir erkennen uns als Nation am Glauben.« Später trug er einmal ein: »Wir erkennen uns eigentlich nur noch am väterlichen Glauben als zusammengehörig.«

Dies ist deskriptiv, nicht normativ gemeint. Auf jeden Fall dürften so die meisten west- und mitteleuropäischen Juden ihre Religion verstanden haben, die derselben Generation und Gesellschaftsschicht wie Herzl angehörten – die religiöse Tradition war der äußere Rahmen ihrer jüdischen nationalen Identität. Ein jüdischer Mensch, der seine religiöse Zugehörigkeit aufgekündigt hatte, verwirkte damit auch seinen Anspruch, in irgendeiner Hinsicht als jüdisch zu gelten – selbst nach Ansicht eines areligiösen Menschen wie Herzl.* Diese enge Bindung zwischen nationaler

* Es ist hier nicht der Ort, ausführlich auf die seit Jahr und Tag in Israel geführte Debatte einzugehen, wer Jude sei und wer nicht. Herzl bezog eindeutig den Standpunkt, der viele Jahre später Grundlage der Entscheidung des Obersten Gerichtshofes Israels sein sollte im heftig umstrittenen Fall des Bruders Daniel, einem Überlebenden der Schoah, der zur römisch-katholischen Kirche konvertiert und in einen Mönchsorden eingetreten war. Nach seiner Übersiedelung nach Israel berief sich Bruder Daniel auf das Rückkehrergesetz, das jedem Juden automatisch die israelische Staatsbürgerschaft zuerkennt, der sich im Land niederläßt. Sein Gesuch wurde zwar abgelehnt, doch bot man ihm die israelische Staatsangehörigkeit aufgrund seines permanenten Wohnsitzes im Land an, nicht aber nach den Richtlinien des Rückkehrergesetzes. Sein Einspruch wurde vom Gericht mit der Begründung verworfen, daß Glaube und religiöse Praxis zwar nicht das Wesen jüdischer Identität ausmachten, daß es sich aber bei der Entscheidung einer jüdischen Person, eine andere Religion anzunehmen, nicht einfach um einen Glaubenswechsel, sondern um das bewußte Überschreiten der die jüdische nationale Zugehörigkeit definierenden Grenzen handelte. Diese Entscheidung wurde später in das Rückkehrergesetz mit aufgenommen. Zwar ist dieser Spruch nicht ganz unproblematisch, aber er fußt tat-

Identität und religiöser Zugehörigkeit der Juden sollte gebührend vorsichtig im Kontext einer kurzen Phase gesehen werden, in der Herzl die Möglichkeit erwog – und sofort verwarf –, daß zumindest die österreichischen Juden geschlossen zum Christentum konvertierten.

Die Idee erscheint im Kontext einer ausführlichen Erörterung des Antisemitismus, die Herzl in sein Tagebuch aufnahm. In einem Eintrag vom Juni 1895 ruft er sich ins Gedächtnis, daß er zwei Jahre zuvor darüber nachgedacht hatte, ob es nicht möglich wäre, mit Unterstützung seitens des Papstes und der katholischen Kirche die Juden aus dem Abseits der europäischen Gesellschaft zu holen. Er stellte sich vor, daß eine Gruppe prominenter Mitglieder der jüdischen Gemeinde – darunter auch er selbst, der dort weder Amt noch Würde besaß – einen Aufruf an alle Juden Österreichs erlassen würde mit der Aufforderung, »frei und anständig« zum Christentum überzutreten. Der Übertritt sollte in einer öffentlichen Zeremonie stattfinden, nicht heimlich wie bei so vielen Juden zuvor, die ihrer jüdischen Identität durch die Taufe zu entkommen versucht hatten. »Am hellichten Tage, an Sonntagen um zwölf Uhr, sollte in feierlichen Aufzügen unter Glockengeläute der Übertritt stattfinden in der Stefanskirche.« Dieser Vorstellung war noch eine seltsame Klausel bezüglich der Gemeindeprominenz mitsamt Herzl beigefügt: »Und dadurch, dass die Führer Juden blieben, das Volk nur bis zur Kirchenschwelle geleiteten und selbst draussen blieben, sollte ein Zug grosser Aufrichtigkeit das Ganze erheben.« Indem er sich bei denen hielt, die Juden bleiben würden, bekräftigte Herzl zugleich eine andere Aussage – daß er niemals den Übertritt zum Christentum erwogen hatte. Dies lag seiner Vorstellung zugrunde:

sächlich auf jüdischer Erfahrung. Diese Regelung für das jüdische Volk mag einzigartig anmuten, doch das Recht, selbst seine nationale Zugehörigkeit zu bestimmen, ist schließlich eine conditio sine qua non moderner nationaler Selbstbestimmung.

> Wir Standhaften hätten die Grenzgeneration gebildet. Wir blieben noch beim Glauben unserer Väter. Aber unsere jungen Söhne sollten wir zu Christen machen, bevor sie ins Alter der eigenen Entschliessung kämen, wo der Übertritt wie Feigheit oder Streberei aussieht. Ich hatte mir das Alles wie gewöhnlich bis ins Geästel der Einzelheiten ausgedacht.

Er hatte sogar daran gedacht, seinen Plan dem Kardinalerzbischof von Wien und selbst dem Papst vorzustellen. Letzterer würde ihn natürlich zur Taufe zu überreden versuchen, doch würde Herzl dieses Ansinnen zurückweisen und darauf bestehen, jüdisch zu bleiben. Der Bühnenautor Herzl entwarf sogar den dramatischen Dialog zwischen dem Papst und diesem verstockten Juden.

Doch wurde Herzl selbst sehr schnell klar, was für ein groteskes Szenarium das war – vielleicht eine gute Vorlage für ein Bühnenstück, aber gewiß keine ernst zu nehmende Strategie für sein Volk. Er gab es nur den zwei liberalen jüdischen Eigentümern der *Neuen Freien Presse* zu lesen, die ihren Chefkorrespondenten schlicht auslachten. Herzl begrub die Idee und kam nie wieder darauf zurück. Sehr wahrscheinlich hätte niemand je von diesem Vorhaben erfahren, wenn er es nicht in seinem Tagebuch erläutert hätte. Aber man sieht hier, wie intensiv sich Herzl geraume Zeit damit beschäftigte, als er verzweifelt einen Ausweg aus der elenden Lage der Juden suchte. Es dürfte kein Zufall sein, daß sich im selben Abschnitt seines Tagebuchs die lakonische Eintragung findet: »Manches in diesen Aufzeichnungen wird lächerlich, übertrieben, verrückt erscheinen. Aber wenn ich wie bei meinen literarischen Arbeiten Selbstkritik geübt hätte, wären die Gedanken verkrüppelt worden.« Tatsächlich notierte Herzl verschiedentlich, wie diesen Gefahren zu begegnen sei, in der Zwischenzeit setzte er alles daran, dem Druck in seinem Pariser Hotelzimmer zu entgehen, indem er seine Gedankenfetzen schriftlich festhielt. Abends floh er aus seinem Zimmer und traf entweder Freunde oder ging in die Oper. Herzls Lieblingsoper war Wagners *Tannhäuser*. Nach einer Aufführung dieses Werks schrieb er am 5. Juni 1895 in sein Tagebuch: »Wir werden auch so herrliche Zuschauerräume haben«, um noch hinzuzufügen, daß auch Theater und Oper dazu dienten, das Nationalbewußtsein herauszubilden. Im Roman *Altneuland* beschreibt Herzl, wie seine Protagonisten der Aufführung eines Werks namens *Schabtai Zwi* in der Oper zu Haifa beiwohnen.

Herzls Vorliebe für die Musik Wagners, insbesondere für den *Tannhäuser*, mag angesichts der späteren Verbindung des Komponisten mit der Rassenideologie der Nazis befremden. Noch verwunderlicher mutet es an, daß Herzl zur Eröffnung des Zweiten Zionistischen Kongresses 1898 die Ouvertüre zum *Tannhäuser* spielen ließ. Dabei muß allerdings bedacht werden, daß die Nazis nach eigenem Gutdünken auch die großen, liberalen Gestalten der deutschen Kultur beschlagnahmten, so Schiller, Goethe und Beethoven. Anders als sie verfaßte Wagner zwar ein antisemitisches Pamphlet, »Das Judentum in der Musik«, unbestreitbar aber ist, daß seine Musik an zentraler Stelle im intellektuellen Universum des ausgehenden 19. Jahrhunderts stand, insbesondere im deutschsprachigen Raum und nicht zuletzt bei Juden.

Herzls Bewunderung für Wagner muß aber im historischen Kontext gesehen werden. Wagner begann seine Laufbahn als Radikaler sowohl in künstlerischer als auch politischer Hinsicht, gleichsam als Verbündeter Heinrich Heines und Friedrich Engels'. Mit ihren musikalischen und dramatischen Neuerungen und der Ankündigung des Beginns eines neuen kulturellen und sozialen Zeitalters sprachen seine Opern ein breites Publikum an. Es wurde regelrecht von Wagners musikalischen Genius und den in den Bühnenwerken übermittelten befreienden Botschaften mitgerissen. Wagner war es zu verdanken, daß aus Opern, die bis dahin rein der Unterhaltung gedient hatten und nicht selten an billige Sentimentalität, wenn nicht gar an Kitsch grenzten, zu intellektuell faßlichen, kulturellen Erfahrungen wurden. Eine besondere Faszination ging für die Zuhörer des spätromantischen 19. Jahrhunderts von den Helden der Bühnenwerke aus, Menschen, die nach Erlösung und Befreiung aus gesellschaftlichen Verhaltensmustern und Zwängen verlangten. Zwar wies ihre Suche eine gewisse religiöse Stimmung auf, doch gehörten sie nicht einem bestimmten Glauben an – ein Grund, warum Wagner so zahlreiche Verehrer unter den gebildeten Juden des gehobenen Bürgertums in Mitteleuropa fand. Es zeigte sich, daß erhabene und emotional aufwühlende Musik in Verbund mit ethisch-moralischer Aussage nicht unbedingt im Gewand von Messe, Oratorium, Kantate und Requiem daherkommen mußte.

Tannhäuser erzählt die klassische Geschichte vom Streben nach persönlicher Erlösung. Die Fabel ist dem christlichen Folkloreschatz entnommen, doch ist der Titelheld der Oper Symbol der Menschheit insgesamt – ein Mensch, der moralische Reinheit und Transzendenz jenseits religiöser oder kirchlicher Grenzen sucht. Die katholische Kirche in Gestalt von Papst Urban II. wird als streng und herzlos dargestellt. Was zu Herzls Zeiten allgemein bekannt war, dürfte heute nur wenigen noch erinnerlich sein – daß Wagners Adaption der Legende, bei der aus dem frommen Heiligen nach christlicher Überlieferung ein rebellischer Verteidiger sinnlicher Liebe wurde, weitgehend von Heinrich Heines Gedicht gleichen Namens inspiriert worden war, einer bitterbösen Spottschrift gegen Kirche und Papst. Heine erzählt, wie Tannhäuser von Stadt zu Stadt zieht, nachdem ihm Papst Urban rundweg die Absolution verweigert hat – nach christlicher Lehre hatte er sich einer Todsünde schuldig gemacht, als er aus Liebe zur Göttin Venus in ihren Berg gezogen war und »… sieben Jahre drinnen [blieb]«. Der Dichter jüdischer Herkunft und Meister sprachlicher Dissonanzen legte dem christlichen Ritter einen ironischen Vers in den Mund:

Zu Frankfurt kam ich am Schabbes an
Und aß dort Schalet und Klöße;
Ihr habt die beste Religion,
Auch lieb' ich das Gänsegekröse.

Zweifellos wollte Heine mit diesen Zeilen die deutschen Leser necken, wenn nicht gar ärgern – der christliche Rittersmann, der die jüdische Küche schätzt und von ihr auf die Vorzüglichkeit der jüdischen Religion schließt!

Und den Stoff für seine frühere Oper, den *Fliegenden Holländer*, verdankte Wagner ebenfalls Heine. Sie geht auf die Sage von einem holländischen Seemann zurück, der verdammt ist, für immer und ewig die Meere zu befahren, weil er »einst bei allen Teufeln geschworen, daß er irgendein Vorgebirge [...] trotz des heftigen Sturms, der eben wehte, umschiffen wolle, und sollte er auch bis zum Jüngsten Tage segeln müssen«. Genau wie Goethe, der die *Historia von Doctor Johann Fausten*, dem Gelehrten, der seine Seele dem Teufel verkaufte, zur Apotheose des Menschen umarbeitete, der mit dem Erhabenen ringt, das überraschenderweise in Gestalt des Mephisto zu erscheinen vermochte, so wandelte Wagner die Geschichte des verwünschten Seefahrers in das Gleichnis von der ruhelosen Seele um, die den Anker der Erlösung sucht. Dieser Anker ist hier eine Frau, die freiwillig das Leben des ziel- und endlosen Umherirrens mit dem Heimatlosen zu teilen bereit ist.

Wagner war nicht der erste, der dieser Sage eine ethische Dimension verlieh. Heine hatte die weitverbreitete Gespenstergeschichte zu einer Fabel vom Suchen und Finden der Erlösung umgearbeitet. In seinen Erinnerungen schrieb Wagner, daß ihn Heines Geschichte zutiefst gerührt hatte, gleichsam das Musterbeispiel von Befreiung und Erlösung durch die Liebe einer Frau und zugleich die einzigartige Verquickung der Sage vom Ewigen Juden mit dem Epos über Odysseus. Eben dies, schrieb Wagner, hatte er in seiner Oper zum Leben erwecken wollen. Der verdammte Seemann, Schrecken der Meere, ist nun ein Mensch, der Befreiung vom Fluch, einen sicheren Hafen und eine Heimat sucht, der nicht das Fürchten lehrt, sondern Mitgefühl erweckt. Es kann also kaum wunder nehmen, daß diese Thematik sowohl als Fabel als auch in deren musikalischer Umsetzung viele im jüdischen gebildeten Publikum ansprach.

Herzl führte seinen inneren Monolog mit seinen sorgfältig ausgearbeiteten Programmen und gelegentlich verdreht-absurden Vorstellungen weiter. Aber aus diesem kunterbunten Gedankenwirrwarr extrahierte er sozusagen sein Hauptziel – den genauen Plan zur Gründung des jüdischen Staates. Es war ein riesiges Vorhaben, das eine unglaubliche Vielzahl praktischer Fragen aufwarf. Wie sollte das Ganze in Gang gebracht werden? Wie müsste die notwendige Unterstützung aussehen? Je tiefer Herzl in diese Probleme eindrang, je deutlicher auch der einzuschlagende Weg vor ihm lag, desto klarer wurde ihm, wie revolutionär seine Ideen waren – nicht nur für die Juden, sondern für die internationale Politik und die europäische Gesellschaft dazu.

Die ersten Aufzeichnungen, wie und wo am besten anzufangen sei, waren noch ganz dem Reich der Phantasie entnommen. Sie waren völlig losgelöst von seiner Stellung als Journalist und Privatmann, der sich auf keinerlei politische Unterstützung oder Anerkennung berufen konnte. »Ich verhandle zuerst mit dem Czaren [...] über Freilassung der russischen Juden. [...] Dann verhandle ich mit deutschem Kaiser. Dann mit Österreich. Dann mit Frankreich wegen algerischer Juden.« Er war sich allerdings bewußt, daß er zu diesem Zeitpunkt immer noch bloßen Tagträumen nachhing. Solange er keine Mittel und Wege gefunden haben würde, zu den Vorhöfen der Macht vorzudringen, mußte er sich auf realistischere Ziele konzentrieren. Also schrieb Herzl zwei Briefe, den einen an Baron Maurice de Hirsch, den anderen an Rabbiner Dr. Moritz Güdemann.

Hirsch war Repräsentant der wohlhabenden jüdischen Bankiers, deren finanzieller Erfolg ihnen Ehre, Ansehen und Adelstitel eingebracht hatte, die zugleich aber auch Zielscheibe ätzender Gesellschaftskritik waren, welche nicht wenig zum Aufkommen des Antisemitismus beitrug. Moritz Güdemann, der Oberrabbiner Wiens, vertrat das religiöse Establishment, das Herzl durchaus respektierte, obwohl er selbst nicht nach den Geboten der Halacha lebte; er war sich im klaren, daß die Unterstützung seitens der Rabbiner ausschlaggebend für sein Vorhaben sein würde. Indes sollten beide Persönlichkeiten Herzls Annäherungsversuch zurückweisen, was letzten Endes maßgeblich Herzls Vorgehensweise beeinflußte.

In Herzls Tagebuch findet sich ein ausführlicher Bericht über seine erste Begegnung mit Baron Hirsch im Juni 1895 und ihren anschließenden Briefwechsel. Wie die Rothschilds gehörte auch die Familie Hirsch dem jüdischen Geldadel Europas an. Der Vater des Barons hatte sein Vermögen als Bankier des bayerischen Königshauses erworben, das ihm auch den Adelstitel verliehen hatte. Seine Mutter war eine geborene Wertheimer; Angehörige dieser Familie hatten seit dem 18. Jahrhundert zahlreichen süddeutschen Fürsten als Hofjuden und Bankiers gedient. Baron Hirsch heiratete in die Bankiersfamilie Bischoffsheim ein und machte sich im folgenden als Finanzfachmann in Brüssel einen Namen. Er verdoppelte das von seinem Vater ererbte Kapital mit der Leitung des gewaltigen Kreditinstituts, das den Bau der Bahnlinie ermöglichte, die, bekannt unter dem Namen *Orient Express*, Konstantinopel mit den wichtigsten Städten Westeuropas verband. Seine herrschaftlichen Wohnsitze in Paris und London sowie sein Gut in Ungarn waren legendär; sein Adelstitel und die ehrenvollen Auszeichnungen, die ihm der Sultan gewährt hatte, machten ihn zu einem der berühmtesten Juden Europas. Zu seinen Freunden zählte der Prinz von Wales, der spätere König Edward VII., der Sohn Queen Victorias, und der Habsburger Thronfolger, Erzherzog Rudolf, Sohn von Kaiser Franz Joseph. Baron Hirsch war berühmt für seine Großzügigkeit und seine Unterstützung jüdischer Wohltätigkeitsvereine. Er zählte zu den wichtigsten Geldgebern der Alliance Israélite Universelle, jener französisch-jüdischen Organisation, die sich vor allem um Stiftung und Erhalt französischsprachiger Schulen und Bildungseinrichtungen in jüdischen Gemeinden in Nordafrika und der Levante kümmerte. Ferner förderte Hirsch die jüdische Einwanderung in die Vereinigten Staaten und gab mit der Gründung der *Jewish Colonization Association* (JCA) den Anstoß zur Schaffung jüdischer landwirtschaftlicher Kolonien in Argentinien und Brasilien.

Das alles bewog Herzl, sich zuallererst an ihn zu wenden und um Unterstützung seines Vorhabens zu werben. Er ging dabei umsichtig und mit dem gebotenen Respekt vor, da er befürchtete, Hirsch könnte in ihm lediglich einen unter unzähligen Schnorrern sehen, die ihn um eine Spende angingen. In seinem Brief stellte er sich als Korrespondent der *Neuen Freien Presse* vor, wobei er sogleich hervorhob: »Es handelt sich um kein Interview und ebenso wenig um eine verkappte oder unverhüllte Geldsache. [...] Ich wünsche nur mit Ihnen ein judenpolitisches Gespräch zu führen.« Zunächst lehnte Hirsch das Ersuchen höflich ab – er antwortete brieflich aus London und bat Herzl, seine Überlegungen schriftlich niederzulegen und ihm zuzuschicken. Daraufhin schrieb Herzl einen zweiten Brief, in dem er darlegte, daß es außerordentlich schwierig sei, in einem knappen Schriftstück »den Plan einer neuen Judenpolitik« zusammenzufassen, auch wünschte er nicht, daß sein Memorandum auf dem Schreibtisch des Barons neben den Briefen »von Bettlern, Schmarotzern, Simulanten und Industriellen der Wohltätigkeit« zu liegen käme. Herzls Hartnäckigkeit und vielleicht auch der einigermaßen kühne Ton seiner Briefe könnte die Neugier des Barons geweckt haben. In der Antwort auf diesen zweiten Brief gab er Herzls Bitte nach und teilte ihm mit, daß er, der Baron, in den nächsten Tagen für 48 Stunden nach Paris kommen und sich freuen würde, Dr. Herzl am 2. Juni um halb elf Uhr vormittags in seinem Haus an den Champs-Élysées zu empfangen.

Herzl war begeistert. »Dieser Brief bereitete mir Genugthuung, weil ich sah, dass ich den Mann richtig beurtheilt, am locus minoris resistentiae [an der Stelle des geringsten Widerstands] getroffen hatte.« Er bereitete sich äußerst sorgfältig auf die Begegnung vor und verfaßte ein zweiundzwanzigseitiges Memorandum, in dem er seinen Plan darlegte. Er vertraute seinem Tagebuch an, daß er vor allem seine Schüchternheit überwinden müsse, die ihn »im Verkehr mit berühmten oder bekannten Leuten« befalle. Er kaufte sich neue Handschuhe und trug sie tags zuvor, »damit sie noch neu, aber nicht mehr ladenmässig frisch aussähen. Reichen Leuten soll man nicht zu viel Ehre erweisen.«

Nun war er während seiner Pariser Jahre häufig mit prominenten Persönlichkeiten aus Politik und Gesellschaft bekannt geworden, in den Kreisen des Baron Hirsch hatte er jedoch nie verkehrt. Er hatte Journalisten und Schriftsteller, Parlamentsabgeordnete und etliche mehr oder weniger berühmte Juden kennengelernt oder kontaktiert, nicht aber Finanziers wie den Baron Hirsch. Herzl war sich im klaren darüber, daß Hirsch zu den reichsten Männern der Welt zählte, und sein Tagebuch spiegelt seine Eindrücke wider – die eines einfachen Bürgers aus dem Mittelstand:

> Am Pfingstsonntag kleidete ich mich mit discreter Sorgfalt. [...] Ich fuhr in der rue de l'Elysée vor. Ein Palast. Der Prunkhof, die edle Nebenstiege – und gar die Hauptstiege – impressionirten mich. Der Reichthum wirkt auf mich nur in der Form der Schönheit. Und da war Alles echt in der Schönheit. Alte Bilder, Marmor, gedämpfte Gobelins. Donnerwetter! An diese Consequenzen denkt Unsereiner nicht, wenn er vom Reichthum abfällig spricht. Alles hatte wirklich grossen Stil, und so liess ich mich ein wenig betäubt von einem Kammerdiener dem nächsten übergeben. [...] Der Baron muss Jemanden für guten Geschmack angestellt haben, dachte ich mir.

Bei seiner Ankunft mußte Herzl natürlich ein wenig warten, bis Baron Hirsch geruhte, ihn zu empfangen. Zunächst wollte Herzl sichergehen, daß Hirsch mindestens eine volle Stunde seiner Zeit für ihn erübrigen konnte, andernfalls wollte er lieber gar nicht erst anfangen. Hirsch bat ihn, zu beginnen und wies seine Diener an, alle Störungen des Gesprächs zu unterbinden.

Nun zog Herzl seine Aufzeichnungen hervor und begann seinen Vortrag. Es sollte ein glatter Mißerfolg werden, und Herzls

Eintragungen im Tagebuch betonen die Kluft zwischen beiden Männern, die sie selbst auch wahrnahmen. Auf der einen Seite Herzl, der Baron Hirsch im Grunde ersuchte, die Leitung eines Unternehmens zu übernehmen, das letztendlich zur Gründung eines jüdischen Staates führen sollte. Auf der anderen Seite Baron Hirsch, einer der reichsten Juden, der an den Höfen von Lords und Königen ein und aus ging, dazu großzügiger Mäzen jüdischer karitativer Einrichtungen, aber naturgemäß jeglicher Aktivität abgeneigt, die auch nur dem Anschein nach dazu angetan wäre, seine wirtschaftliche Stärke in jüdische politische Macht zu übersetzen. Herzl bat Hirsch, König der Juden zu werden, aber das war das Letzte, das Hirsch, ein erfahrener Mann von Welt mit einem gehörigen Maß an gesundem Menschenverstand, werden wollte.

Herzl hatte nicht einmal die Gelegenheit, seine gelehrte und wohldurchdachte Darstellung zu beenden, weil Hirsch ihn ständig mit Bemerkungen unterbrach, aus denen deutlich genug hervorging, daß das, was er da zu hören bekam, durchaus nicht seinen Beifall fand. »Ich bemerke ja, dass Sie ein intelligenter Mensch sind«, sagte er, »aber Sie haben so phantastische Einfälle.« Herzl schlug vor, sich an den deutschen Kaiser zu wenden und »eine jüdische Nationalanleihe von zehn Milliarden Mark aufzubringen«. Hirsch, der den Kaiser gut kannte und im Finanzwesen seine Erfahrungen gesammelt hatte, hielt Herzls Vorschläge für illusorisch: »Phantasie.« Die Unterredung endete freundlich und höflich und mit der Zusicherung Hirschs, daß dies nicht das letzte Gespräch gewesen sei. Nach seiner Rückkehr ins Hotel schrieb Herzl unverzüglich einen neuen, den dritten Brief an Hirsch, in dem es gleich zu Anfang heißt: »Heimgekehrt sah ich, dass ich auf Seite 6 stehen geblieben bin, und ich hatte 22 Seiten.« Er schrieb Hirsch einen ausführlichen Brief, in dem er um ein zweites Treffen bat – eine Bitte, die unbeantwortet blieb.

Herzl zog die naheliegende Schlußfolgerung – es war nicht seine lange, erschöpfende Rede gewesen, die das Mißfallen des Barons erregt hatte. Der Baron war großzügig, verfolgte mit Sorge die elende Lage der Juden, zeigte sich unbedingt bereit, jedwede philanthropische Initiative zu unterstützen, darunter auch die Auswanderung – aber er würde sich nicht an politischen Unternehmen im engeren Sinn beteiligen. Gleichwohl hatte Herzl nicht alle Hoffnung verloren. Er schickte ihm also noch einen dritten, ausführlichen Brief, in dem er ihm versicherte, weder ein Phantast noch ein Träumer zu sein. Darauf sollte er keine Antwort erhalten. Der Brief zeigt einmal mehr die Chuzpe, die so typisch war für viele weitere Initiativen Herzls und die ihm in schwierigen Zeiten zugute kommen sollte. Er gab ohne weiteres zu, nicht ein Mann der Aktion zu sein, sondern anders vorzugehen: »Diese Feder ist eine Macht.« Er versuchte, sich und den Adressaten zu charakterisieren: »Sie sind der grosse Geldjude, ich bin der Geistesjude.« Er äußerte Verständnis, daß der Baron ihm »mit leiser Ironie« gegenübergetreten war, aber der Tag werde kommen und »Sie werden sich des Pfingstsonntag-Vormittag erinnern«. Er beschwor den Baron, seine Ideen nicht einfach abzutun aufgrund seines, Herzls, jungen Alters. »Mit meinen 35 Jahren ist man in Frankreich Minister, und Napoleon war Kaiser.« Das mag Hirsch in seiner Meinung einmal mehr bestärkt haben, daß er es hier mit jemandem zu tun hatte, den man nicht ernst zu nehmen brauchte.

In Herzls Brief steht auch eine höchst aufschlußreiche Andeutung, wie er sich die Verwirklichung seiner politischen Vision vorstellte. Er beschwor die deutsche Reichseinigung:

> Glauben Sie mir, die Politik eines ganzen Volkes – besonders wenn es so in die ganze Welt zerstreut ist – macht man nur mit Imponderabilien, die hoch in der Luft schweben. Wissen Sie, woraus das deutsche Reich entstanden ist? Aus Träumereien, Liedern, Phantasien, und schwarzrotgoldenen Bändern. Und in kurzer Zeit. Bismarck hat nur den Baum geschüttelt, den die Phantasten pflanzten.

Dem fügte er noch hinzu, daß »der Auszug ins Gelobte Land« nicht nur »eine ungeheure, in der modernen Welt beispiellose – Transportunternehmung« darstellte. Das Vorhaben würde »die gewaltige Propaganda, die Popularisirung der Idee durch Zeitungen, Bücher, Tractätchen, Wandervorträge, Bilder, Lieder« erfordern. Er wußte, daß der aristokratische Bankier derlei Dinge verachtete, daß er ihn möglicherweise fragen würde, ob er denn eine Fahne hätte, die er an der Spitze der Einwanderergruppe schwenken wollte. Er antwortete mit einer Formulierung, die später ein Schlagwort der zionistischen Bewegung werden sollte: »Eine Fahne, was ist das? Eine Stange mit einem Fetzen Tuch. Nein, mein Herr, eine Fahne ist mehr als das. Mit einer Fahne führt man die Menschen, wohin man will, selbst ins Gelobte Land.«

Wenn sein Gespräch mit Baron Hirsch auch ein Reinfall war, so gewann Herzl doch Einblicke, die ihm im Folgenden nützlich waren. Ein anderer, eher realistisch denkender Mensch hätte aufgegeben. Ein anderer, weniger entschlossener, wäre verzweifelt. Herzl aber reagierte anders und in Einklang mit seinem Charakter und Temperament – Enttäuschungen waren ihm Anreiz, seine Ideen klarer, bündiger zu fassen. Er erwog, sich nun einer anderen Quelle des Reichtums zuzuwenden, den Rothschilds. Er dachte daran, die gesamte Familie auf einem ihrer Anwesen zusammenzurufen, um seinen Plan vorzutragen. Er gab sich erst gar nicht mit der Überlegung ab, ob solch eine Zusammenkunft wahrscheinlich war – er füllte Seiten über Seiten seines Tagebuchs mit Plänen für diesen »Familienrat«. Gleichzeitig arbeitete er an einer Denkschrift für den deutschen Kaiser.

Zudem war Herzl daran gelegen, mit Rabbiner Dr. Güdemann in Verbindung zu treten. Den gesamten Sommer und Herbst 1895 warb er um diese Persönlichkeit. Zwischen beiden fand ein reger Briefwechsel statt. Herzl hatte den Eindruck, daß der Rabbiner seinem Vorhaben günstig gesonnen sei. Nach wiederholten Absagen und Aufschüben und dank der Vermittlung gemeinsamer Freunde kamen Herzl und Güdemann schließlich doch zusammen. Die

Begegnung war eine bittere Enttäuschung für Herzl und sollte sogar ein Gefühl der Feindschaft zwischen beiden entstehen lassen.

Herzls Korrespondenz mit Güdemann machte deutlich, wie spannungsgeladen sich dieser Ansatz erweisen sollte. Seinen ersten Brief an Dr. Güdemann sandte Herzl aus Paris am 11. Juni 1895. In ihm sprach er von seinen Sorgen und Befürchtungen. Als Angehörige der Wiener jüdischen Gemeinde, waren sie flüchtig miteinander bekannt. Insofern konnte Herzl es sich erlauben, den Brief in einem recht vertraulichen Ton abzufassen, zugleich bat er um Verzeihung für die Kühnheit seines Vorstoßes. Er setzte den Rabbiner davon in Kenntnis, daß er sich entschlossen habe, »an die Spitze einer Action für die Juden zu treten, und frage Sie, ob Sie mir behilflich sein wollen«. Er bat Güdemann, ihm alles in seinem Besitz befindliche Material über das Ausmaß des Antisemitismus und dessen öffentlichem Auftreten zur Verfügung zu stellen, auch über die »Ortsveränderung [von Juden] in Galizien und Niederösterreich – ob und wieweit diese Ortsveränderungen von Antisemitismus hervorgerufen oder gehemmt sind ...« Bei dieser ersten Kontaktaufnahme ging er nicht weiter auf sein politisches Vorhaben ein. In den folgenden Briefen äußerte er sich genauer.

Güdemann verhielt sich zunächst ausweichend und führte eine Reihe äußerlicher Gründe an, warum ihm eine Begegnung mit Herzl derzeit nicht möglich sei. Doch fiel seine erste Reaktion auf den Brief durchaus positiv aus. Er sah in Herzl einen Verbündeten im Kampf gegen den Antisemitismus – allerdings nur so lange, bis ihm klarwurde, welches Ziel Herzl eigentlich verfolgte. Im übrigen verblüffte ihn Herzls plötzliches Engagement »für unsere Sache«, und er vermutete, dieser wollte sich der Religion zuwenden – womöglich fromm die Gebote der Halacha befolgen. Aber Herzl säumte nicht, dieser Mißdeutung entgegenzutreten: »Ich bin bei aller Pietät für den Glauben unserer Väter kein Frömmler und werde es nie sein.« Dem fügte er noch hinzu: »Dass ich nichts Religionswidriges vorhabe, im Gegentheil! geht daraus hervor, dass ich mit den Rabbinern, mit allen Rabbinern gehen will.«

Es ist offensichtlich, warum Herzl sich an Rabbiner Güdemann wandte. Sollte er die führende Persönlichkeit des religiösen Establishments in Wien für sich und sein Vorhaben gewinnen, würden so manche Türen aufgehen und viele Juden sich ihm anschließen. Er könnte somit auch den allseits bekannten Gemeindevorsitzenden an die Spitze seines Projekts setzen – bei all seinem Selbstbewußtsein war ihm ja klar, daß er keinerlei Stellung innehatte, weder in der jüdischen Gemeinde noch in der Wiener Gesellschaft. Er teilte Güdemann ohne Umschweife mit, daß er über ihn Zugang zum Wiener Zweig der Familie Rothschild, ja selbst zum deutschen Kaiser zu erlangen hoffte. Als Güdemann ihn fragte, wie sein Interesse an der jüdischen Frage geweckt worden sei, antwortete Herzl in beinahe gleichlautenden Formulierungen, die er zuvor in seinem Tagebuch verwandt hatte, als er von seiner Lektüre des Dühring'schen Buches berichtete. »Jetzt, wo Alles in mir so klar daliegt, staune ich, wie nahe ich oft daran war, und wie oft ich am Lösenden vorübergegangen bin.« Herzl gab zu, daß Güdemann ihn vermutlich für verrückt hielt – er gebrauchte das jiddische Wort *meschugge* –, um ihm zu versichern, daß er »weder complett, noch theilweise, [sondern] gar nicht übergeschnappt« sei und sich fest vorgenommen habe, sein Leben der jüdischen Sache zu widmen.

Güdemanns anfängliches und augenscheinlich echtes Interesse ließ zunehmend nach, als sich herausstellte, daß Herzl die jüdische Frage politisch zu lösen gedachte. Zunächst versuchte er, Herzl von seinem Vorhaben abzubringen, der immer noch schwankte, wie er am besten die Öffentlichkeit erreichen sollte, und riet ihm, es bei einem Roman bewenden zu lassen. Nach und nach und insbesondere nach der Begegnung der beiden in München Mitte August 1895 nahmen seine Bedenken und Vorbehalte Herzl gegenüber weiter zu. Herzl mußte einsehen, daß sich hinter Güdemanns höflichen Worten der entschiedene Widerstand gegen das Projekt der Gründung eines jüdischen Staats verbarg. Möglicherweise hatte Rabbi Güdemann anfangs tatsächlich nicht die Radikalität des Herzl'schen Vorhabens erkannt und vermutete in ihm eine humanitäre Lösung der elenden Lage der Juden. Denkbar wäre auch, daß seine Begeisterung nachließ, nachdem er mit Mitgliedern des Gemeindevorstands das Programm erörtert und von ihnen eine entschiedene Abfuhr erhalten hatte.

Wie dem auch sei, es gelang Herzl nicht, Güdemann mit ins Boot zu holen. Als Herzl später öffentlich für die zionistische Sache warb und seine Broschüre *Der Judenstaat* veröffentlichte, ergriff Güdemann die Partei seiner Amtsbrüder im theologischen Establishment, die öffentlich Herzl und den Zionismus mit der Begründung angeprangert hatten, daß er eine eindeutige und gegenwärtige Gefahr für die Juden in Europa darstellte und überdies gegen jüdische religiöse Grundsätze verstoße. Im April 1897 veröffentliche Güdemann – übrigens bei demselben Verleger, der auch den *Judenstaat* gedruckt hatte – eine polemische Broschüre gegen den Zionismus. Herzl reagierte darauf in seinem Tagebuch schneidend höhnisch, verletzt wie ein Liebhaber, der gerade einen Korb erhalten hat:

> Von Dr. Güdemann ist eine tückische Gegenbroschüre unter dem Titel »Nationaljudentum« erschienen. Offenbar auf Wunsch der hiesigen Upper Jews. Er hält sich in vagen, feigen Unbestimmtheiten, hat aber die ersichtliche Absicht, Munition für kühnere Streiter zu liefern. Ich antworte ihm, und zwar nach dem Macchiavellischen Recept, vernichtend. Der Verleger Breitenstein, der natürlich Alles nimmt und nur sein Geschäft verfolgt, sagt mir, Rothschild habe gleich nach dem Erscheinen der Güdemann'schen Schrift dreissig Exemplare holen lassen.

Herzl schrieb daraufhin eine vernichtende Kritik für die *Österreichische Wochenschrift*.

Nun war Güdemann keineswegs der einzige unter den prominenten jüdischen Persönlichkeiten, die sich von Herzls Vorstellungen distanzierten. Die Rothschilds beachteten ihn nicht weiter und würdigten ihn keiner Antwort auf sein Ansuchen, dem »Familienrat« seinen Plan vorzustellen.

Herzl mußte eine Enttäuschung nach der anderen einstecken. Am 19. Juni 1895 richtete er einen langen Brief an Bismarck, der nach seiner groben und erniedrigenden Entlassung durch Wilhelm II. im Jahr 1890 als Greis zurückgezogen und einsam auf seinem Gut Friedrichsruh lebte. Herzl schrieb überschwenglich gefühlvoll und sparte nicht mit Schmeicheleien für den Baumeister der deutschen Einheit, den er als den Mann ansprach, der »mit seiner eisernen Nadel das zerrissene Deutschland so wunderbar zusammengenäht hat, dass es gar nicht mehr aussieht wie geflickt«. Herzl bat Bismarck inständig um eine Audienz, bei der er sein politisches Programm erläutern würde. Er wagte sich dabei recht weit vor, als er Bismarck erinnerte: »... Eure Durchlaucht haben übrigens schon einmal mit einem ebenfalls mandatlosen Juden, der Lassalle hiess, über nicht reinjüdische Angelegenheiten gesprochen.« Herzl bezog sich hier auf die erstaunlich guten Beziehungen, die der konservative Kanzler mit dem Gründer der deutschen Sozialdemokratie unterhalten hatte.

Auch dieser Brief Herzls blieb unbeantwortet.

Paradoxerweise zeitigten diese Mißerfolge ein positives Ergebnis – sie motivierten Herzl, seine Gedanken prägnant in Worte zu fassen. In Vorbereitung seines Treffens mit Baron Hirsch hatte er das Durcheinander seiner Überlegungen in die Form eines gut ausgearbeiteten Memorandums gebracht. Zwar war ihm nicht die Zeit gegeben worden, die 22 Seiten vorzutragen, dafür hielt er jetzt einen ersten Entwurf seines Plans in Händen. Der längere Briefwechsel mit Güdemann hatte ihn genötigt, einige Standpunkte präziser zu fassen, speziell die Stellung zur Religion. Und in der Erwartung, dem »Familienrat« der Rothschilds seinen Plan vorzustellen, mußte er wohl oder übel sein politisches Memorandum schriftlich niederlegen, umschreiben und redaktionell bearbeiten, damit es ihm nicht wie seinerzeit bei Baron Hirsch erging und er in

Verlegenheit geriete, wenn ihm seitens der Anwesenden Fragen gestellt würden.

Das Memorandum sollte den Rothschilds nie übergeben werden, aus ihm entstand die Schrift *Der Judenstaat.* Am 11. Juni 1895 notierte Herzl in seinem Tagebuch: »Wenn es mir nicht gelingt, die Rothschilds und auch nicht die Zwergmillionäre zu bekommen, veröffentliche ich den ganzen Plan als Buch. ›Die Lösung der Judenfrage‹ ...« Und genau so geschah es. Herzl gelang, das Gewirr seiner Vorstellungen, von denen etliche zugegebenermaßen unsinnig waren, zu einem politischen Programm zu ordnen. Sein Schwanken, ob er einen Roman schreiben oder eine politische Aktion ins Leben rufen sollte, mündete in einem Aufruf an die Öffentlichkeit in Gestalt einer politischen Denkschrift. Mochte er auch immer gegen eine Wand von Ablehnung gerannt sein, als er jüdische Persönlichkeiten aus dem Bank- und Finanzwesen oder religiöse Größen um Unterstützung gebeten hatte – die kühle Höflichkeit Baron Hirschs, die Mißachtung durch die Rothschilds, Güdemanns Widerstand und das Unvermögen, sich Zugang zu politisch einflußreichen Kreisen zu verschaffen, hatten Herzl nur in seinem Vorhaben bestärkt und ihn bewogen, seine Überlegungen bündiger zu fassen und seine Taktik zu überdenken.

Bei seiner politischen Tätigkeit kam Herzl seine Begabung als Schriftsteller, Journalist und Stückeschreiber zugute. Seine öffentlichen Auftritte waren eindeutig vom Theater geprägt. Als Schriftsteller war ihm nur zu gut bekannt, daß Symbole, Bühne und Oper entscheidend wichtig für die Herausbildung des Nationalbewußtseins waren, worauf er immer wieder in seinen Schriften und Ansprachen zurückkam. »Ja, nur das Phantastische ergreift die Menschen.« Selbst inmitten seiner politischen Aktivitäten und Initiativen blickte er auf sein eigenes Leben wie auf einen Roman. Als sich im April 1902 klar und deutlich erwies, daß alle seine Bemühungen vergebens waren, vom Sultan eine Schutz- und Garantiezusage für eine jüdische Heimstatt in Palästina zu erhalten, notierte Herzl im Tagebuch: »So schliesst dieses Buch meines politischen Romans.«

Bei anderer Gelegenheit bekannte er: »Und eigentlich bin ich darin noch immer der Dramatiker. Ich nehme arme, verlumpte Leute von der Strasse und stecke sie in herrliche Gewänder und lasse sie vor der Welt ein wunderbares von mir ersonnenes Schauspiel aufführen.« Das Programm, das Herzl innerhalb weniger Monate aus seinen wahllos-zerstreuten Notizen mit all ihren Widersprüchen und Absurditäten ausarbeitete, war radikal und mitreißend und erschreckte, ja empörte dadurch viele Juden. Vielen erschien es utopisch und sinnlos. Aber es vereinte zahlreiche jüdische Strömungen, die alle ihre Bahn suchten, zu einem Strom – von der Bewegung der osteuropäischen Choveve Zion zu den jüdischen Studentenverbindungen Wiens und den jüdischen Aktivisten in London. Damit wurde erstmals die zionistische Idee auf der internationalen politischen Karte eingezeichnet. Die fieberhafte Tätigkeit Herzls, als er im Frühjahr 1895 seine Vorstellungen und Ideen in seinem Pariser Hotelzimmer einzutragen begann, hätte gut und gerne in einem Nervenzusammenbruch enden können. Statt dessen erblickten sie, nachdem ihr Ziel klar herausgearbeitet worden war, das Licht der Welt und traten als präzise, auf historischer und politischer Analyse fußende Agenda vor die Öffentlichkeit.

Kapitel 5
Von der Judenfrage zum *Judenstaat*
Die Wiederbelebung des jüdischen Gemeinwesens

Letztendlich zeigte es sich, daß Herzls Zaudern, wie er am besten »die Judensache« der Öffentlichkeit präsentieren sollte, ihm nur zugute kam – als er sich entschied, erzielte seine Schrift eine um so größere Wirkung. Im Sommer und Herbst 1895 trat Herzl – zunächst in Paris, später nach seiner Rückkehr in Wien – mit Dutzenden Persönlichkeiten in Verbindung, mit denen er seine Überlegungen erörtern konnte. Er beriet sich mit jüdischen und christlichen Gesprächspartnern, knüpfte neue Verbindungen, erbat Rückhalt und Unterstützung. Im Laufe dieser intensiven Bemühungen machte er erstmals die Bekanntschaft jüdischer Aktivisten aus unterschiedlichen Ländern Europas, erfuhr von jüdischen Organisationen und begegnete Angehörigen der Choveve-Zion-Bewegung, die seit den achtziger Jahren mit Rat und Tat die Einwanderung nach Palästina förderte.

Das hatte zur Folge, daß, als Herzl sich endlich entschloß, seine Schrift *Der Judenstaat* zu veröffentlichen, diese von vielen schon ungeduldig erwartet wurde. Sie fand augenblicklich ihre Leserschaft. Ohne Übertreibung kann man sagen, daß kein anderes jüdisches Werk der neueren Zeit so rasch Verbreitung und so viele Leser fand wie dieser schmale Band. Als das Buch veröffentlicht wurde, bekleidete Herzl keinerlei Amt, aber seine umfassende Tätigkeit – Zusammenkünfte, Briefe, Reisen, Verbindungen zu einer Vielzahl Interessierter – hatte seinen Namen über weite Strecken Europas in der jüdischen Bevölkerung bekannt gemacht.

Der Judenstaat. Versuch einer modernen Lösung der Judenfrage erschien im Februar 1896 in einem jüdischen Verlag in Wien und Leipzig. Einen Monat zuvor, am 17. Januar, war in Verbindung mit einem Besuch Herzls in London in der Zeitung *The Jewish Chronicle* eine Zusammenfassung unter dem Titel »A Solution to the Jewish Question« erschienen. Eine Woche später, am 24. Januar, brachte die in Warschau erscheinende hebräische Zeitschrift *Ha-Zefirah* einen Bericht über den Artikel in *The Jewish Chronicle*, wodurch das hebräisch lesende Publikum im zaristischen Reich mit Herzls Überlegungen vertraut gemacht wurde. In der Ausgabe vom 23. Februar der Monatsschrift *Zion*, die mit der deutschen Sektion der Choveve-Zion-Bewegung verbunden war, fand sich eine positive Besprechung. An ebendiesem Tag, dem 23. Februar, bat Herzl Sylvia d'Avigdor, Tochter englischer Choveve-Zion-Anhänger, das Buch ins Englische zu übersetzen. Herzl war mit der – um einen der heutigen Zeit geläufigen Ausdruck zu verwenden – *promotion* seiner Broschüre außerordentlich erfolgreich – als Journalist wußte er nur zu gut, wie wichtig Public Relations waren, wenn es um die Popularisierung politischer Themen ging.

So kam es, daß unmittelbar nach seiner Veröffentlichung *Der Judenstaat* in Dutzenden jüdischer Zeitungen in Mittel- und Osteuropa besprochen und kommentiert wurde. Die dynamische jüdische Presse, ein Produkt der modernen Medienrevolution, umfasste Zeitungen und Zeitschriften, die in einer Vielzahl von Sprachen erschienen, und so erreichten Meldungen von der Schrift und ihren Aussagen eine breite Leserschaft. Innerhalb weniger Monate wurde die Broschüre in zahlreiche Sprachen übersetzt. Allein im Jahr 1896 erschien eine englische Version in London, eine hebräische in Warschau, eine jiddische in Kolomea in Galizien, eine rumänische in Botosani, eine bulgarische in Sofia, eine russische in St. Petersburg und eine französische in Paris. Die hebräische Übersetzung besorgte Michael Berkowitz, der später Herzls hebräischer Sekretär werden sollte. Ein Exemplar der englischen Übersetzung wurde im Mai noch an den ehemaligen Premierminister William Gladstone gesandt, der das zionistische Vorhaben zu unterstützen versprach. Die *Neue Freie Presse* brachte eine Meldung über Gladstones positive Meinung. Die Herausgeber der Zeitung schätzten zwar das Projekt nicht sonderlich, für das ihr berühmtester Redakteur so eifrig warb, doch konnten sie kaum die Sensation ignorieren, die das Buch hervorgerufen hatte, zumal wenn es von einer so bedeutenden Persönlichkeit wie Gladstone gelobt wurde.

Herzl verschickte unzählige Exemplare. Ein Exemplar der englischen Übersetzung ging an den Philosophen Herbert Spencer. Ein Exemplar auf russisch mitsamt einem längeren Begleitbrief wurde an Großfürst Vladimir, den jüngeren Sohn Zar Alexanders II. geschickt – die Mitglieder der Choveve-Zion-Bewegung hätten wohl kaum je gewagt, sich ihm auf diese Weise zu nähern.

Herzls Eintreten für eine politische Lösung der Judenfrage fand in ganz Europa Widerhall. Als Herzl im Juni 1896 zu seiner ersten Reise nach Konstantinopel aufbrach, hielt der Zug auch in Sofia. Hunderte Juden erwarteten Herzl am Bahnhof und riefen *Le-shanah ha-ba'ah bi-Yerushalayim*! (Nächstes Jahr in Jerusalem!) Mehrere jüdische Burschenschaften der österreichisch-ungarischen Monarchie veröffentlichten eine Proklamation zur Unterstützung Herzls – so *Kadima*, *Ivria*, *Gamala*, *Libanonia* in Wien, *Hasmonea* in Czernowitz. Die hebräischen Namen, welche die jungen Leute ihren Verbindungen gaben, zeugen vom Wiedererwachen jüdischer Identität unter den Aberhunderten jüdischer Studenten aus allen Ecken und Enden des Habsburger Reichs, die an die Universitäten der Doppelmonarchie strömten. Zwar hatten die jüdischen Burschenschaften nicht eine klar umrissene politische Agenda, doch brachte die aufgeladene Atmosphäre Wiens es mit sich, daß sie eine spezifisch jüdische kulturelle Identität entwickelten, die nicht zwangsläufig mit religiöser Observanz einherging, aber eine starke Verbindung zur jüdischen Geschichte und zu Palästina herstellte. Diese Studenten waren bestens auf die Aufnahme der Herzl'schen Vorstellungen eingestimmt, und unter ihnen, von denen nicht wenige Ostjuden waren, fand Herzl seine ersten Anhänger.

Das Manifest der jüdischen Burschenschaften, das im Mai publiziert wurde, gerade drei Monate nach Erscheinen von *Der Judenstaat*, war in seiner Aussage unmißverständlich:

> Schon zu wiederholten Malen ist der Vorschlag gemacht worden, die Judenfrage durch territoriale Concentration der Juden und Schaffung eines jüdischen Gemeinwesens einer endgiltigen Lösung zuzuführen. Aber noch nie ist die staatliche Regeneration des jüdischen Volkes in so klarer und prägnanter Weise verlautbart, noch nie ist ein so genauer und gewinnender Entwurf vorgebracht worden, wie in der jüngst erschienenen Brochure Dr. Theodor Herzl's »Der Judenstaat«.

Das Manifest stellte fest, daß ungeachtet religiöser und sozialer Aspekte der Judenfrage Herzl die Ansicht vertrat, daß sie

> eine nationale Frage [ist], welche nur gelöst werden kann, indem man sie zur politischen Weltfrage macht, die im Rathe der Culturvölker zu discutiren sein wird. Wir sind ein Volk – Ein Volk, welches durch die Noth sich wieder zusammenfindet. Und so vereint entdecken wir plötzlich unsere Stärke. Wir sind im Besitze aller menschlichen und materiellen Kräfte, um einen Staat, ja einen Musterstaat zu bilden. Man möge uns bloß die Souveränität über ein für unsere gerechten Volksbedürfnisse genügendes Stück der Erdoberfläche geben – für alles Übrige wollen wir schon selbst Sorge tragen. [...] Für die Wiederherstellung des Judenstaates kämen Argentinien und Palästina in Betracht, doch ist Herzl ein entschiedener Anhänger Palästinas. Und thatsächlich vermag dieses Land allein jene Begeisterung im jüdischen Volke zu wecken, ohne welche eine so grosse Action nicht durchgeführt werden kann.

Nach Meinung der Verfasser des Manifests wandte sich Herzl »zunächst an diejenigen Juden, die geistig stark und innerlich frei sind. Der Gedanke kann in seiner Erhabenheit nur von geistig Freien und vor Allem von gebildeten Menschen ganz begriffen werden.« Besser als andere Völker, so die Autoren, wußten die Juden um die entscheidende Rolle, die Intellektuellen zukommen konnte. Daher der Appell an jüdische Gelehrte, ihr Herz ganz dem Programm zu schenken und allen »kund zu thun, dass das Judenthum frei sein will«. Alle sollten Herzl bei der Gründung einer Organisation helfen, welche die Vision eines jüdischen Staates zu verwirklichen imstande wäre.

Es fiel nicht weiter ins Gewicht, daß ein großer Teil des Herzl'schen Buchs in trockener Juristenprosa abgefaßt war. Es weckte die Phantasie der jüdischen Massen in Ost- und Mitteleuropa. Dagegen betrachteten die Wiener jüdische Bourgeoisie und das religiöse Establishment seine Aussagen und Überlegungen höchst mißtrauisch, wenn nicht feindselig. Für die orthodoxen Rabbiner stand das Buch im Ruch der Häresie – sie warnten, Herzl sei womöglich ein neuer Sabbatai Zwi, ein Hinweis auf den häretischen Mystiker, der um die Mitte des 17. Jahrhunderts sich zum Messias ausgerufen und versprochen hatte, das jüdische Volk zurück ins Heilige Land zu führen, um schließlich selbst zum Islam zu konvertieren. Die Reform-Rabbiner wiederum sahen in Herzl und seinem Programm eine Bedrohung ihrer Ideologie, die im wesentlichen darauf abzielte, das Judentum von nationalem Empfinden zu läutern. Zudem befürchteten viele wohlhabende Juden in Mittel- und Westeuropa, daß jüdischer Nationalismus ihren Anspruch auf bürgerliche Gleichberechtigung zu unterminieren drohte, einen Status, den sie doch so erfolgreich erobert hatten.

Aber Herzls Buch füllte ein Vakuum für die gebildeten Juden Osteuropas, die, Träger und Vertreter der Haskala, der jüdischen Aufklärung im 19. Jahrhundert, das Joch der Rabbiner und der religiösen Praxis abgeworfen, zugleich ein starkes und stolzes jüdisches Nationalbewußtsein bewahrt hatten. Das Konzept von Juden als einer Nation, auf gleicher Höhe und ebenbürtig mit den anderen erwachenden Nationen Europas, fachte ihre Begeisterung an. Aus dieser leidenschaftlichen Stimmung war die Bewegung der Choveve Zion zuerst hervorgegangen. *Der Judenstaat* änderte von Grund auf die Debatte: Es ging nicht mehr darum, individuell bürgerliche Rechte zu erlangen, sondern kollektiv als Nation anerkannt zu werden.

»Wir sind ein Volk – Ein Volk.« Diese programmatische Aussage fand ihren Widerhall in jeder Sprache, in die *Der Judenstaat* übersetzt wurde. Es war eine trotzige Herausforderung an die Adresse von Aufklärung und Emanzipation, die sich auf den einzelnen Juden und seine Rechte konzentriert hatten um den Preis, die jüdische kollektive Identität verschwinden zu lassen. Vor dem Hintergrund der modernen, zeitgenössischen Nationalbewegungen in Europa beschwor Herzl nun das historische Gedächtnis der Juden, das stets die Verbindung zwischen ethnisch-nationalem Bewußtsein und religiöser Tradition bewahrt hatte. In dem Maße, wie sich Europäer zunehmend als Angehörige nationaler Gemeinschaften betrachteten, konnte, so Herzl, die Integration der Juden nicht weiter in rein individuellen oder religiösen Begriffen verstanden werden. Die Emanzipation der Juden begann just zu dem Zeitpunkt, als der europäische Nationalismus im Aufstieg begriffen war, und folglich mußte eine bloß individuelle und religiöse Emanzipation zum Scheitern verurteilt sein.

Gleich im ersten Satz seines Buchs stellte Herzl fest: »Der Gedanke, den ich in dieser Schrift ausführe, ist ein uralter. Es ist die Herstellung des Judenstaates.« Da es wohl Leser geben mochte, die nicht bereit waren, Weg und Ziel des Programms gutzuheißen, wandte sich Herzl unmittelbar an sie und sprach ihre Sorgen an:

> Wir haben überall ehrlich versucht, in der uns umgebenden Volksgemeinschaft unterzugehen und nur den Glauben unserer Väter zu bewahren. Man läßt es nicht zu. Vergebens sind wir treue und an manchen Orten sogar überschweng-

> liche Patrioten, vergebens bringen wir dieselben Opfer an Gut und Blut wie unsere Mitbürger, vergebens bemühen wir uns den Ruhm unserer Vaterländer in Künsten und Wissenschaften, ihren Reichthum durch Handel und Verkehr zu erhöhen. In unseren Vaterländern, in denen wir ja auch schon seit Jahrhunderten wohnen, wurden wir als Fremdlinge ausgeschrieen; oft von solchen, deren Geschlechter noch nicht im Lande waren, als unsere Väter da schon seufzten.

Herzl war sich der Tatsache bewußt, daß Judenfeindschaft zumindest teilweise aus »gemeinem Brotneid und angeerbtem Vorurteil« erwuchs. Zugleich verstand er allerdings auch, daß es sich beim Antisemitismus um ein ungemein komplexes Phänomen mit religiösen und sozialen Aspekten handelte. Grundsätzlich aber lag ihm daran zu betonen, daß er die Judenfrage »weder für eine soziale, noch für eine religiöse, [...] sondern eine nationale« hielt. Zu ihrer Lösung bedurfte es daher politischen Handelns im Rahmen internationaler Diplomatie – es ging nicht um eine Angelegenheit, die zwischen einzelnen Staaten geklärt werden konnte, sondern die Teil einer internationalen Regelung sein mußte.

Die jüdische Problematik in unmittelbaren Zusammenhang mit der Nationalitätenfrage zu stellen, kam in zahlreichen, durchaus unterschiedlichen Kreisen der europäischen und jüdischen Öffentlichkeit einer Herausforderung bis dahin unangefochtener Anschauungen gleich. Die Anhänger der Emanzipation ließen nichts unversucht, die jüdische Frage als rein religiöse Angelegenheit darzustellen und sie auf das verbürgte Recht der Religionsfreiheit zu reduzieren, die Angehörigen einer minoritären Glaubensrichtung zustand. Auch weite Teile der jüdischen Orthodoxie, zumal in Westeuropa, hatten sich diese Position zu eigen gemacht und betrachteten sich als »Deutsche beziehungsweise Franzosen mosaischen Glaubens«. Das brachte einige dazu, sich nicht mehr als Juden, sondern als Israeliten zu bezeichnen. Der Begriff *Judentum* war im übrigen auch eine neuere Prägung, der in Anlehnung an das

Wort Christentum entstand und besagte, daß ein Jude einfach jemand ist, der die jüdische Religion mehr oder weniger praktiziert.

Nun war Herzl sicher nicht der erste, der zu der Einsicht gelangt war, daß die Juden sich als eine Nation verstehen sollten. In seiner monumentalen *Geschichte der Juden* schilderte der deutsch-jüdische Historiker Heinrich Graetz die Judenheit als eine Gemeinschaft mit einer ausgeprägten nationalen Identität im Hinblick auf ihren Verkehr mit anderen Nationen. Sein Werk wurde vielfach übersetzt und machte die Juden der damaligen Zeit mit dem Reichtum der Geschichte ihres Volkes vertraut. Doch darin unterschied sich Herzl von Graetz, daß er von der Analyse der jüdischen Misere zu einem Aktionsprogramm gelangte. Die Emanzipation hatte gerade nicht das Problem der jüdischen Identität zu lösen vermocht. Ungeachtet aller Bemühungen der Juden, »wie alle anderen Nationen zu sein«, waren sie zurückgewiesen worden. Der einzig mögliche Ausweg war eine national-territoriale Lösung mit der Gründung eines neuen, eigenen politischen Gemeinwesens. Nach Herzls Diagnose ging es nicht mehr um die Rechte einzelner Juden, sondern um die des jüdischen Kollektivs. Nun kam es darauf an, dessen Rang und Stellung als Nation unter Nationen zu behaupten und einen jüdischen Staat wieder ins Leben zu rufen.

Herzl wußte nur zu genau, daß nicht wenige seiner Leser den Appell zur Wiederherstellung der jüdischen Unabhängigkeit mit der Begründung zurückweisen würden, daß seine Analyse fehlerhaft sei. Selbst jene, die seiner These zustimmten, würden anführen, daß sein Aktionsprogramm in der Praxis gänzlich undurchführbar sei. In Vorwegnahme derlei Einwände betonte Herzl gleich zu Beginn seiner Schrift, daß er seinen Entwurf nicht als Utopie verstanden wissen wollte. Im Gegenteil, er war völlig realistisch. Hätte er eine Utopie im Sinn gehabt, hätte er sie in Romanform gefaßt. Offensichtlich dachte er hierbei an sein Zaudern im Juni des vergangenen Jahres, ob er sich für einen Roman oder ein politisches Manifest entscheiden sollte. Tatsächlich würde der Roman *Altneuland* geraume Zeit später, erst 1902, erscheinen, als seine politische Aktivität beträchtliche Erfolge verzeichnen konnte.

Herzl unterschied klar und deutlich zwischen seiner Schrift und Utopien. Der typische Traumstaat in der neueren Literatur war »eine komplizierte Maschinerie mit vielen Zähnen und Rädern, die sogar ineinander greifen; aber nichts beweist mir, daß sie in Betrieb gesetzt werden könne. Hingegen enthält der vorliegende Entwurf die Verwendung einer in der Wirklichkeit vorkommenden Triebkraft. Die Zähne und Räder der zu bauenden Maschine deute ich nur an, in aller Bescheidenheit, unter Hinweis auf meine Unzulänglichkeit und im Vertrauen darauf, dass es bessere ausführende Mechaniker geben wird, als ich einer bin.« Ein beträchtlicher Teil vom *Judenstaat* bestand daher aus ausführlichen, in Fachterminologie gehaltenen Aufstellungen der gesetzlichen und finanziellen Institutionen, deren es zur Verwirklichung des Projekts bedurfte, sowie der Mittel, um den Plan umzusetzen. Teile der Schrift muten daher formalistisch an, für Herzl aber waren diese Ausführungen entscheidend wichtig. Mochten die Leser seinen Überlegungen nicht zustimmen – aber sie würden sie nicht als Phantastereien abtun können. Keine einzige Utopie, auch nicht die erste dieser Gattung, Thomas Morus' *Utopia*, hatte je ein konkretes und ausgearbeitetes Programm enthalten, wie ihre Vision zu verwirklichen sei.

Nach diesen Schlagworten und bevor er auf seinen Plan zur Gründung des jüdischen Staats zu sprechen kam, ging er auf die Gründe ein, warum in der neueren Zeit sämtliche Versuche, die jüdische Frage zu lösen, gescheitert waren und gab einen Überblick über den modernen Antisemitismus. »Die Judenfrage besteht. Es wäre töricht, sie zu leugnen. Sie ist ein verschlepptes Stück Mittelalter, mit dem die Kulturvölker auch heute beim besten Willen noch nicht fertig werden konnten ... Die Judenfrage besteht überall, wo Juden in merklicher Anzahl leben.« Dabei wollte er in seiner Schrift »keine Vertheidigung der Juden vornehmen«; gegen die Angriffe, denen sie sich ausgesetzt sahen, reichten die Wurzeln des Judenhasses doch sehr viel tiefer.

Im Hinblick auf sein Geburtsland Ungarn verwies Herzl darauf, daß auch die Assimilation über Mischehen nicht zum erhofften Erfolg geführt hatte. Bis zu einem gewissen Grad war es noch innerhalb der Aristokratie gelungen: »Der alte Adel läßt sich mit Judengeld neu vergolden, und dabei werden jüdische Familien resorbiert. Aber wie würde sich diese Erscheinung in den mittleren Schichten gestalten, wo die Judenfrage ihren Hauptsitz hat, weil die Juden ein Mittelstandsvolk sind?« Die Befürworter der Assimilation, so Herzl, ließen das Faktum außer Betracht, daß das einheimische jüdische Proletariat nicht in die Gesellschaft integriert werden könne. Jeglicher Versuch, den Problemen dieser Schicht mit Massenemigration beizukommen, war zum Scheitern verurteilt, denn der massive Zuzug von Juden in Länder, wo sie vorher nicht weiter in Erscheinung getreten waren, würde sozialen Druck erzeugen, der unvermeidlich in Antisemitismus münden würde. »Was ist denn damit getan, wenn man ein paar tausend Juden in eine andere Gegend bringt? Entweder sie gedeihen, und dann entsteht mit ihrem Vermögen der Antisemitismus – oder sie gehen gleich zugrunde.«

Dann war noch vorgeschlagen worden, die Juden zu »verbauern« – das heißt, sie aus der Mittelschicht zu entfernen und Bauern werden zu lassen. Hier kamen Herzl seine guten Geschichtskenntnisse zugute, denn er wies nach, daß diesem Ansatz ein grundsätzliches Mißverständnis der bäuerlichen Existenz zugrunde lag:

> Der Bauer ist nämlich eine historische Kategorie, und man erkennt das am besten an seiner Tracht, die in den meisten Ländern Jahrhunderte alt ist, sowie an seinen Werkgeräthschaften, die genau dieselben sind wie zu Urväterzeiten. Sein Pflug ist noch so, er sät aus der Schürze, mäht mit der geschichtlichen Sense und drischt mit dem Flegel. […] Neue

> Bauern nach dem alten Rezept machen zu wollen, ist ein unmögliches und thörichtes Beginnen.

Ganz abgesehen davon, daß die Landwirtschaft sich in einer Modernisierungsphase befand, was besonders gut in den Vereinigten Staaten zu beobachten war, wo die Agrarbetriebe industrialisiert wurden. Infolgedessen ist der traditionelle Bauer »eine auf den Aussterbeetat gesetzte Figur«. Es wäre nachgerade lächerlich, Juden zu Bauern alten Schlages machen zu wollen. Außerdem würde damit nur Antisemitismus unter den Bauern entstehen, die nicht umhinkönnten, in jüdischen Landwirten unwillkommene Konkurrenten zu sehen.

Besonders war Herzl daran gelegen, zwischen dem modernen Antisemitismus und dem Judenhaß früherer Generationen zu unterscheiden:

> Unser heutiger Antisemitismus darf nicht mit dem religiösen Judenhasse früherer Zeiten verwechselt werden, wenn der Judenhass auch in den einzelnen Ländern auch jetzt eine konfessionelle Färbung hat. Der große Zug der judenfeindlichen Bewegung ist heute ein anderer. In den Hauptländern des Antisemitismus ist dieser eine Folge der Juden-Emanzipation. [...] Wir haben uns im Ghetto merkwürdigerweise zu einem Mittelstandsvolk entwickelt, und kamen als eine fürchterliche Konkurrenz für den Mittelstand heraus. So standen wir nach der Emanzipation plötzlich im Ringe der Bourgeoisie ...

Diese historischen Vorgänge hatten einerseits zum Aufkommen wirtschaftlicher Macht der Juden geführt, andererseits die Zurückweisung der Juden durch die christliche Gesellschaft zur Folge gehabt – eine Zurückweisung, die Juden in die Arme revolutionärer Bewegungen getrieben hatte. »Wir werden nach unten zu Umstürzlern proletarisiert, bilden die Unteroffiziere aller revolutionären Parteien ...« In sozialer Hinsicht zwischen Hammer und Amboß geraten, wurden die Juden entweder als großbürgerliche Ausbeuter wahrgenommen oder als Radikale, welche die Grundordnung der Gesellschaft bedrohten. Aus diesem Dilemma gab es nur einen Ausweg – die Juden aus der europäischen Gesellschaft herauszuführen. »Man gebe uns die Souveränität eines für unsere gerechten Volksbedürfnisse genügenden Stückes der Erdoberfläche, alles andere werden wir selbst besorgen.«

Zu einer Zeit, da neue Nationen und Staaten die weltpolitische Szene betraten, war »das Entstehen einer neuen Souveränität [...] nichts Lächerliches oder Unmögliches«. Herzl machte darauf aufmerksam, daß im 19. Jahrhundert neue Staaten mit weit weniger starken sozialen Grundlagen als denen des jüdischen Volkes entstanden waren. Wenn Bauernvölker einen Staat gründen konnten, so würden es die Juden, die sich ihrer starken Mittelschicht und breiten Bildungselite rühmen durften, erst recht zuwege bringen.

Wie in seinen Tagebüchern rang Herzl auch hier mit der Frage »Argentinien oder Palästina?«. Zwar entschied er sich nicht für die eine oder andere Option, doch konnte kein Zweifel bestehen, wofür sein Herz schlug. Natürlich war Argentinien damals ein reiches Land riesigen Ausmaßes bei gleichzeitig geringer Bevölkerungszahl, und es würde nur davon profitieren, wenn es einen Teil des Landes an die Juden abträte. Allerdings war sich Herzl auch bewußt, daß »die jetzige Judeninfiltration [...] freilich dort Verstimmung erzeugt [hat]; man müsste Argentinien über die wesentliche Verschiedenheit der neuen Judeneinwanderung aufklären«. Er hegte eindeutig Vorbehalte gegenüber dieser Option.

Im Verlauf seiner Darlegungen im *Judenstaat* sprach er sich immer deutlicher zugunsten Palästinas aus. Indem er sich über die geschichtliche Bindung des jüdischen Volkes an das Land seiner Vorfahren ausließ, ging Herzl auch auf die damals gängigen Ansichten über die zivilisatorische Mission Europas ein. Möglicherweise verfolgte er diese Linie, um auch christliche Leser anzusprechen. Zu einer Zeit, da die Unabhängigkeitsbewegungen der Griechen, Serben, Rumänen und Bulgaren teilweise von den europäischen Mächten und auch von der Öffentlichkeit deshalb Unterstützung erfahren hatten, weil man davon ausging, daß diese neuen Nationen die Grenzen der europäischen Kultur erweitern würden, stimmte diese Argumentation aufs beste mit dem Zeitgeist überein.

Auch dies bedachte Herzl: Er mußte europäische Befürchtungen hinsichtlich des weiteren Schicksals der heiligen Stätten der Christenheit beschwichtigen, sollte Palästina unter jüdische Herrschaft gestellt werden:

> Palästina ist unsere unvergessliche historische Heimat. Dieser Name allein wäre ein gewaltig ergreifender Sammelruf für unser Volk. Wenn Seine Majestät der Sultan uns Palästina gäbe, könnten wir uns dafür anheischig machen, die Finanzen der Türkei gänzlich zu regeln. Für Europa würden wir ein Stück des Walles gegen Asien bilden, wir würden den Vorpostendienst der Kultur gegen die Barbarei besorgen. Wir würden als neutraler Staat im Zusammenhange bleiben mit ganz Europa, das unsere Existenz garantieren müsste. Für die heiligen Stätten der Christenheit ließe sich eine völkerrechtliche Form der Exterritorialisierung finden. Wir würden die Ehrenwache um die heiligen Stätten bilden und mit unserer Existenz für die Erfüllung dieser Pflicht haften. Diese Ehrenwache wäre das große Symbol für die Lösung der Judenfrage nach achtzehn für uns qualvollen Jahrhunderten.

Eine Art romantische Gerechtigkeit von großer Bedeutsamkeit verband Herzl mit dieser Vorstellung, daß die Juden als vertrauenswürdige und zuverlässige Wächter der heiligen Stätten der Christenheit dieser vor Augen führten, daß sie den Christen nicht das antun würden, was diese den Juden zugefügt hatten. Bemerkenswert ist hier Herzls Einsicht, daß das revolutionäre Vorhaben, die jüdische territoriale Souveränität herzustellen, nicht mit rein technisch-praktischen Argumenten in Angriff genommen werden konnte. Juden – und übrigens auch Christen, auf deren Unterstützung sie angewiesen waren – mußten auf Symbole und Geschichten zurückgreifen können, um die Motivation zu wecken, dieses gigantische Unternehmen in Angriff zu nehmen. Argentinien oder irgendein anderes fernes Land hätte rein äußerlich gesehen auch als jüdische Heimstatt in Frage kommen können, aber diese Gegenden würden nie Begeisterung hervorrufen. Und wenn die Begeisterung fehlte, würden die Juden niemals ihre Sachen packen und Europa verlassen, geschweige daß die Europäer sie so ohne weiteres ziehen ließen.

Herzl konzentrierte sich im *Judenstaat* ganz auf den praktischen Aspekt der Umsetzung seines Plans. Darauf ging er im zweiten und zentralen Teil der Schrift ein. In ihm legte er besonderen Wert auf die Feststellung, daß er nicht eine Immigration im herkömmlichen Sinne befürwortete, sondern an eine organisierte Aktion dachte, deren Ziel die Schaffung eines nach internationalem Recht anerkannten jüdischen Territoriums war. Herzl nannte das Problem beim Namen – nämlich daß die Juden, die zwar eine Nation wie alle anderen Nationen bilden, keine allgemein anerkannte Vertretung besaßen, die für die geplante Migration nie dagewesenen Ausmaßes die Verantwortung zu übernehmen imstande wäre. Es gab jüdische Gemeinden, jüdische Wohltätigkeitsvereine, jüdische Organisationen, aber keine Institution, die im Namen der Juden als einer globalen nationalen Einheit zu handeln vermochte. Mit anderen Worten: Es war dringend erforderlich, eine allgemein anerkannte jüdische Organisation zu gründen, die im Namen des jüdischen Volkes sprach.

Herzl sprach hier etwas an, das heute ganz offensichtlich ist, auf das damals aber noch nie irgend jemand einen Gedanken verschwendet hatte. Aus den zahllosen Debatten über die jüdische Frage mit all ihren vielschichtigen Aspekten war für die Juden – weder als einer religiösen Gemeinschaft noch als einem Volk, noch auch in Verbindung aus beidem – eine Körperschaft hervorgegangen, die sie hätte vertreten können. Die Zerstörung des Tempels und des jüdischen Staates durch die Römer im Jahr 70 hatte für die Juden bedeutet, daß sie fortan keine *parhessia*, keine allgemeine, öffentliche Repräsentanz mehr besaßen und folglich auch keine anerkannte Führung, die in ihrem Namen und für sie sprach. Die Völker, die im 19. Jahrhundert ihre nationale Unabhängigkeit errangen, waren aus Nationalbewegungen hervorgegangen und konnten sich auf ihr historisches Gedächtnis, neu gegründete oder erneuerte Institutionen berufen wie auch auf Akademien zur Wahrung oder Neubelebung ihrer Nationalsprachen. Gelegentlich war eine Nationalkirche Grundlage und Ausgangspunkt einer Nationalbewegung, so auf dem Balkan mit seiner überwiegend christlich orthodoxen Bevölkerung. Diese Kirchen waren religiöse Institutionen, aber sie erhielten in Liturgie und Ritual die überlieferte Sprache und das kollektive Gedächtnis mit seinen alten Königreichen und Helden, die in ein neues Nationalbewußtsein übersetzt werden konnten. So war die griechisch-orthodoxe Kirche Nährboden des griechischen Nationalismus, ähnliches ließ sich auch sonst in Osteuropa beobachten. Das alles fehlte den Juden – und Herzl hatte, wie schon geschildert, sehr rasch jede Hoffnung aufgeben müssen, daß jüdische Magnaten oder berühmte Rabbiner eine vergleichbare Rolle zu übernehmen bereit wären.

Herzl kam daher zum naheliegenden Schluß, daß die Vorbedingung für die Bildung eines jüdischen Staates die Gründung eines legitimierten und anerkannten jüdischen Verbandes nationaler Institutionen sein müsse. Im *Judenstaat* skizzierte er nun die ersten noch verschwommenen und verworrenen Umrisse einer solchen Organisation. Als er das Buch schrieb, hatte er noch keine klare Vorstellung, wie diese unbedingt erforderliche Infrastruktur hergestellt werden könnte, aber er war sicher, daß ohne sie seine Vorstellungen sich nie würden verwirklichen lassen. Auf die Idee, einen Kongreß einzuberufen, kam er erst im Zuge der Debatten, die der *Judenstaat* auslösen sollte. Hatte er sich im Sommer 1895 in seinem Pariser Hotelzimmer mit dem Problem abgequält, so suchte, besprach und erwog er nun unterschiedliche Wege, nur um feststellen zu müssen, daß etliche in Sackgassen mündeten. Nichts war von Anfang an klar – alles nahm erst im Verlauf von Diskussionen und Aktionen Gestalt an.

Im Mittelpunkt des Entwurfs zur Schaffung einer allgemeinen jüdischen Instanz – also einer allseits anerkannten und effizienten Vertretung des jüdischen Volkes – stand die Schaffung zweier Institutionen, der *Society of Jews* und der *Jewish Company.* Bemerkenswerterweise erscheinen die Namen beider juristischer Organe auf englisch im deutschen Text. Bei seinen Besuchen in England hatte Herzl festgestellt, daß nach britischem Rechtssystem Gesellschaften, denen ein öffentlich-rechtlicher Schutzbrief, ein *public charter* nach Privatrecht ausgestellt worden war, quasi-staatliche Funktionen haben konnten. Herzl drang darauf, daß die zionistischen Gesellschaften in England eingetragen werden sollten, um dann die osmanischen Behörden zu bewegen, diesen Institutionen in Palästina Konzessionen zu gewähren, etwa so, wie die British East India Company Konzessionen von regionalen Machthabern in Indien erhalten hatte. Herzl war Doktor der Jurisprudenz, was er auf dem Titelblatt vom *Judenstaat* zu erkennen gab. Manchen Lesern der Herzl'schen Juristenprosa dürfte es schwergefallen sein, alle komplizierte Feinheiten der vorgeschlagenen Maßnahmen zu verstehen, doch eine ordentliche Rechtsgrundlage war unabdingbar, schließlich wollte er eine politische Veränderung herbeiführen und nicht eine weitere humanitäre oder philanthropische Organisation wie die Alliance Israélite Universelle gründen, die über ihre pädagogische und soziale Agenda nie hinaus gelangen sollte.

Auch war nicht allen Lesern der Unterschied zwischen beiden von Herzl geplanten Körperschaften klar. Er selbst konstatierte, daß »die Aufgaben der *Jewish Company* und der *Society of Jews* [...] in diesem Entwurf nicht streng gesondert vorgetragen werden [können]. Tatsächlich werden diese beiden grossen Organe beständig zusammenwirken müssen.« Grundsätzlich aber würde die *Society of Jews* für die Organisation der Emigration aus den

Ländern der Diaspora zuständig sein, während die *Jewish Company* sich um die Ansiedlung der Juden auf ihrem neuen Territorium kümmern würde. In einer prägnanten Formulierung, die später in das zionistische Vokabular eingehen sollte, war die *Jewish Company* so etwas wie eine »staatsbildende Macht«.

Die erste Aufgabe der *Jewish Company* bestünde darin, die ordnungsgemäße »Liquidierung aller Vermögensinteressen der abziehenden Juden« zu besorgen. Es würde dabei zu keinem hastigen Exodus kommen. Vielmehr würde »der Abzug der Juden ... ein allmählicher sein und Jahrzehnte dauern. Zuerst werden die Ärmsten gehen und das Land urbar machen. Sie werden nach einem von vornherein feststehenden Plane Straßen, Brücken, Bahnen bauen, Telegraphen errichten, Flüsse regulieren und sich selbst ihre Heimstätten schaffen.« Sobald diese Infrastruktur geschaffen war, würden die Angehörigen der Mittel- und der wohlhabenden Oberschicht nachfolgen, deren Abreise aus Europa und Ansiedlung von der *Jewish Company* und ihren Zweigniederlassungen in den einzelnen Ländern organisiert werden würde. Zunächst würde man die Juden ermuntern, ihre Immobilien selbst zum Marktpreis zu veräußern, allerdings könnte es »die Entwicklung der Bewegung mit sich bringen, daß die Immobilienpreise sinken und schließlich die Verkaufsunmöglichkeit eintritt«. Hier nun würde die *Jewish Company* hilfreich einschreiten. Sie »wird Verwalterin der verlassenen Immobilien und wartet die geeigneten Zeitpunkte zur Veräußerung ab. Sie hebt Hauszinse ein, verpachtet Landgüter und setzt Geschäftsführer, wenn möglich auch im Pachtverhältnisse – wegen der nötigen Sorgfalt – ein.«

Wenn neue Häuser auf dem von der *Jewish Company* bereitgestellten Land errichtet werden sollten, würde sie das gesamte Bauverfahren für Neueinwanderer dadurch erleichtern, daß sie ihnen »für ein Haus ein Haus, für ein Gut ein Gut geben« würde, also gleichsam als »Gutstauscherin« fungierte. Damit würde auch der Gefahr vorgebeugt, daß infolge der Emigration der Juden die jeweiligen Länder in eine finanzielle Krise stürzten. Dieser Plan einer öffentlich-rechtlichen Bürgschaft für das Eigentum jüdischer Auswanderer würde einerseits jüdische Vermögenswerte schützen und andererseits der *Jewish Company* ein finanzielles Instrument von beträchtlicher Wirksamkeit in die Hände geben.

Parallel zu diesen Regelungen würde die *Jewish Company* Land für das neue jüdische Staatsgebiet erwerben. Dabei hob Herzl besonders hervor, daß keinesfalls mit der politischen Übereinkunft, durch welche die tatsächliche Herrschaft über dieses Territorium an die *Jewish Company* überging, der Boden automatisch an die jüdischen Einwanderer übertragen würde: Privatbesitz an Boden würde man doch kaufen müssen. Die international gegebene Garantie für ein Gebiet, das Juden zur Besiedlung offen stand, hatte nicht zum Inhalt, daß privates Landeigentum auf diesem Territorium an Juden übergeben werden würde. Dort müßte Land zu Marktpreisen von den Eigentümern erworben werden, auch staatlicher Grund- und Bodenbesitz. Folgende Aufgaben wies er der *Jewish Company* zu:

- Bodenverbesserung und Kultivierung des Landes.
- Hausbau für Arbeiter: Herzl dachte dabei »keineswegs an die traurigen Arbeiterkasernen der europäischen Städte und nicht an die kümmerlichen Hütten, die um Fabriken herum in Reih' und Glied stehen. Unsere Arbeiterhäuser ... mit ihren Gärtchen sollen an jedem Orte zu schönen Gesamtkörpern vereinigt werden.«
- Zuweisung von Land für Häuser in Privatbesitz.
- Organisierung von »Arbeitertrupps«, welche die Grundlage der wirtschaftlichen und sozialen Infrastruktur schaffen.
- Einrichtung eines sozialen Wohlfahrtssystems.
- Einrichtung von Arbeitsämtern, genannt »Arbeitshilfe«, sowie Garantie, daß jeder für seine Arbeit auch ein Einkommen erhält, von dem er leben kann (mit diesem Thema hatte Herzl sich gründlich anläßlich der Debatten über die Sozial- und Wohlfahrtspolitik in Österreich beschäftigt).

- Einführung »industrieller Anregungen«, also Anreize für die Gründung von Industriebetrieben – zunächst, um die Bedürfnisse der Neusiedler zu befriedigen, später für den Export; daneben Schaffung eines öffentlichen Industriesektors, Anleihen und Steuerkredite würden einzelnen Unternehmern gewährt mit dem Ziel, ein gemischtes, halb privates, halb staatliches Unternehmen aufzubauen.
- Aufbringung der Geldmittel, mit denen diese Maßnahmen finanziert werden können, durch die Gründung einer Nationalbank und den Verkauf von Wertpapieren und Aktien.

Was nun die Durchführung der Emigration aus Europa betraf, stellte Herzl sich eine Verbindung von privaten Initiativen und organisierten Reisen vor, und zwar nach einzelnen Ländern geordnet. »Unsere Leute sollen in Gruppen miteinander auswandern. In Gruppen von Familien und Freunden. Niemand wird gezwungen, sich der Gruppe seines bisherigen Wohnortes anzuschließen. Jeder kann […] fahren, wie er will.« Dem fügte er noch hinzu: »Unsere Bahnzüge und unsere Schiffe werden vielleicht nur eine Klasse haben.« Außerdem hegte er immer noch die Hoffnung, daß sich die Rabbiner der Auswanderungsbewegung anschließen würden:

> Jede Gruppe hat ihren Rabbiner, der mit seiner Gemeinde geht. Alle gruppieren sich zwanglos. Die Ortsgruppe bildet sich um den Rabbiner herum. So viele Rabbiner, so viele Ortsgruppen. Die Rabbiner werden uns auch zuerst verstehen, sich zuerst für die Sache begeistern und von der Kanzel herab die anderen begeistern. Es brauchen keine besonderen Versammlungen mit Geschwätz einberufen zu werden. Im Gottesdienst wird das eingeschaltet. Und so soll es sein. Wir erkennen unsere historische Zusammengehörigkeit nur am Glauben unserer Väter …

Die *Society of Jews* würde überall dort, wo Juden lebten, Ortsgruppen gründen und mit Hilfe von örtlichen Gemeinden und Institutionen tätig werden.

Im weiteren Verlauf ging Herzl noch auf Einzelheiten ein, wobei er einräumte, daß er »nur wenige Andeutungen« machen könne. »Hier ist die Gefahr am größten, daß der Plan für eine Schwärmerei gehalten werde.« Immerhin versicherte er, daß alles Erdenkliche getan würde, die Juden nicht gewaltsam und unvermittelt aus ihrer alten Heimat, ihren vertrauten Sitten und Gebräuchen herauszureißen. »So wie wir im Wirtschaftlichen und Politischen neue Verhältnisse schaffen wollen, so gedenken wir im Gemütlichen alles Alte heilig zu halten.« Er, der in intellektuellen Kreisen ein und aus ging und die internationale Entwicklung scharf im Auge behielt, fügte noch mit feiner Ironie hinzu:

> Wer etwas von der Welt gesehen hat, der weiss, dass gerade die kleinen Alltagsgewohnheiten schon jetzt mit Leichtigkeit überallhin verpflanzt werden. Ja, die technischen Errungenschaften unserer Zeit, welche dieser Plan für die Menschlichkeit verwenden möchte, sind bisher hauptsächlich für die kleinen Gewohnheiten verwendet worden. Es gibt englische Hotels in Ägypten und auf den Berggipfeln der Schweiz, Wiener Cafés in Südafrika, französische Theater in Rußland, deutsche Opern in Amerika und das beste bayerische Bier in Paris. Wenn wir noch einmal aus Mizraim [Ägypten] auswandern, werden wir die Fleischtöpfe nicht vergessen. In jeder Ortsgruppe kann und wird jeder seine kleinen Gewohnheiten wieder finden, nur besser, schöner, angenehmer.

Herzl wandte sich sodann der Frage zu, wie der neue Staat geleitet werden sollte, wobei die endgültige Form der Staatssouveränität fürs erste hintangestellt wurde. Gleichwohl kam es entscheidend darauf an, daß die Juden in ihrem neuen Land eine öffentlichrechtliche Staatsgewalt besaßen – und mit Rückgriff auf das römische Recht führte er aus, daß die *Society of Jews* als *gestor* fungieren sollte, als gesetzlicher Vertreter für die Belange der Juden im Land. Als Beispiel und Präzedenzfall verwies er darauf, daß gerade neue Nationen ihre Unabhängigkeit erwarben: »Kolonien fallen vom Mutterlande, Vasallen reissen sich vom Suzerän los, neuerschlossene Territorien werden gleich als freie Staaten gegründet.« Die Basis aber eines Staates bildete nicht das Land, sondern das Volk: »Das Volk ist die persönliche, das Land die dingliche Grundlage des Staates. Und von diesen beiden Grundlagen ist die persönliche die wichtigere.« Diese Grundlage herzustellen war sein Anliegen.

Mit Beginn der »Landergreifung« würde die *Society of Jews* einen Rat von Rechtsexperten einsetzen, dessen Aufgabe die Ausarbeitung einer Verfassung für die neue Gesellschaft wäre. Herzls politische Erfahrung kommt in jenen Abschnitten vom *Judenstaat* zum Ausdruck, die sich mit der Frage der Verfassung beschäftigen, da er hier auf seine Beobachtungen in der Assemblée Nationale zurückgreifen konnte sowie der unbeabsichtigten und problematischen Folgen der Ausweitung des Wahlrechts in Österreich und speziell in Wien.

»Eine gute Verfassung soll von mässiger Elastizität sein«, heißt es im Abschnitt über die Verfassung. Unter Bezug auf Montesquieu plädierte Herzl für gemischte Systeme, so hielt er eine »demokratische Monarchie und die aristokratische Republik für die feinsten Formen des Staates«. Herzl gab eindeutig der ersten Staatsform den Vorzug, in welcher der Monarch das »nützliche Gegengewicht« zu den möglichen Exzessen der Demokratie bildet. Seine Beispiele waren Großbritannien und Österreich-Ungarn. Freilich kam eine jüdische Monarchie nicht mehr in Frage, da »die jüdische Geschichte zu lange unterbrochen war, dass wir an die Einrichtung [einer Monarchie] nicht mehr anknüpfen können«, auch gab es keine »historisch berühmte Familie« mehr, die Anspruch auf den Thron geltend machen könnte. Daher schlug er für den jüdischen Staat die Verfassung einer aristokratischen Republik vor.

Alle Bürger des jüdischen Staates würden vor dem Gesetz gleich sein. »Im Judenstaate soll [...] niemand geknechtet werden, denn jeder Jude kann aufsteigen, wird aufsteigen wollen.« Indes riet Herzl – wie vor ihm schon Montesquieu und die amerikanischen Gründerväter vor ihm – von einer uneingeschränkten Demokratie ab. Es mutet heute merkwürdig an, liest man sein überschwengliches Lob auf die aristokratische Verfassung Venedigs, die er bis zur Verkennung romantisch verklärte, um doch zugleich zu betonen, daß der jüdische Staat die Fehler Venedigs nicht wiederholen werde – wobei er sich nicht dazu äußerte, worin diese bestanden hatten –, »denn wir sind ein modernes Volk«. Er bezog sich verschiedentlich auf Korruption, Demagogie und durch populistische Maßnahmen herbeigeführte Lähmung der Regierung in Paris und Wien. Ohne Zweifel dachte er an die funktionsuntüchtige Dritte Republik Frankreichs und Luegers Wahlsieg in Wien, auch an die bonapartistische Vorliebe für das Plebiszit, mit dem die Wahl demokratischer Körperschaften umgangen wurde.

> Die Demokratie ohne das nützliche Gegengewicht eines Monarchen ist maßlos in der Anerkennung und in der Verurteilung, führt zu Parlamentsgeschwätz und zur häßlichen Kategorie der Berufspolitiker. Auch sind die jetzigen Völker nicht geeignet für die unbeschränkte Demokratie, und ich glaube, sie werden zukünftig immer weniger dazu geeignet sein. Die reine Demokratie setzt nämlich sehr einfache Sitten voraus, und unsere Sitten werden mit dem Verkehr und mit der Kultur immer komplizierter. Le ressort d'une démocratie est la vertu, sagt der weise Montesquieu. Und wo findet man diese Tugend, die politische meine ich? Ich glaube nicht an unsere politische Tugend, weil wir nicht anders sind als die anderen modernen Menschen. [...] Das Referendum halte ich für unvollständig, denn in der Politik gibt es keine einfachen Fragen, die man bloss mit Ja und Nein beantworten kann. Auch sind die Massen noch ärger als die Parlamente jedem Irrglauben unterworfen, jedem kräftigen Schrei-

er zugeneigt. Vor versammeltem Volke kann man weder äußere noch innere Politik machen.

Herzls Abneigung gegenüber Berufspolitikern sollte ihn sein ganzes Leben begleiten und noch im Roman *Altneuland* Thema werden. Doch ungeachtet seiner Aversion gegenüber einem gewissen Typus jüdischer Funktionäre, mit denen er zu tun hatte, sprach er sich letztendlich dafür aus, die zionistische Bewegung und ihre Institutionen nach dem Prinzip der parlamentarischen Demokratie zu organisieren. Diese Institutionen waren später Grundlagen des Staates Israel und seines Regierungsapparates – im Guten wie im Schlechten.

Im abschließenden Teil vom *Judenstaat* gab Herzl einen kurzen Überblick über einige andere Aspekte des zukünftigen Staates. Da dieser Abschnitt im allgemeinen zu den bekanntesten gehört, lohnt es sich, ihn etwas genauer zu untersuchen:

Sprache: Herzl hielt es nicht für problematisch, daß die Juden, die in das neue Land einwanderten, keine gemeinsame Sprache hätten. Hebräisch konnte dafür nicht mehr in Frage kommen: »Wir können doch nicht hebräisch miteinander reden. Wer von uns weiss hebräisch genug, um in dieser Sprache ein Bahnbillet zu verlangen?« Seine Skepsis, ob Hebräisch Umgangssprache im jüdischen Staat werden könnte, rührte von seiner Unkenntnis jener zur Zeit der Haskala entstandenen Bewegung her, die Hebräisch als Sprache für Literatur und Philosophie wiederbelebt hatte. Hebräisch war für Herzl die Sprache, in der man betete. Später sollte er seinen Standpunkt bis zu einem gewissen Grad modifizieren. Im *Judenstaat* plädierte er dafür, daß jede Einwanderergruppe ihre eigene Sprache weiter sprechen sollte, wobei er als Beispiel eines mehrsprachigen Landes die Schweiz anführte. »Die dem allgemeinen Verkehre am meisten nützende Sprache wird sich zwanglos als Hauptsprache einsetzen.« Auch vom Jiddischen hielt Herzl nicht viel: »Die verkümmerten und verdrückten Jargons, deren wir uns jetzt bedienen, diese Ghettosprachen werden wir uns abgewöhnen.« Und auch in dieser Hinsicht sollte er später seine Meinung ändern, als er im Verlauf seiner politischen Tätigkeit die osteuropäischen Juden besser kennenlernte. Max Nordau, Herzls enger Vertrauter in der zionistischen Bewegung, überredete ihn sehr bald, den *Judenstaat* ins Jiddische und Hebräische übersetzen zu lassen – »für die Russen«, wie er sagte. Zugleich geht aber auch aus Herzls Ausführungen zu diesem Thema hervor, wie heftig er sich von eben dieser europäischen Kultur abgewiesen fühlte, zu der er sich doch zugehörig fühlte. »Jeder behält seine Sprache, welche die liebe Heimat seiner Gedanken ist. [...] Wir werden auch drüben bleiben, was wir jetzt sind, so, wie wir nie aufhören werden, unsere Vaterländer, aus denen wir verdrängt wurden, mit Wehmut zu lieben.«*

Der Status von Religion und Rabbinern: Religion war für Herzl ein bedeutendes und unabdingbares Element jüdischer Identität, und er bemühte sich, wie oben gezeigt, um Unterstützung seines politischen Programms seitens führender Rabbiner. Gleichwohl stellte er unzweideutig fest, daß der jüdische Staat keinesfalls eine Theokratie sein werde. Seine vielschichtig-ambivalente, nicht leicht einzuordnende Einstellung gegenüber der Religion sollte später ein Kennzeichen der zionistischen Bewegung insgesamt werden. Militanten Gläubigen wie ebenso militanten Ungläubigen dürfte

* Diese teils tiefe Kränkung, teils Zorn verratende Einstellung scheint auch in einem frühen Entwurf des *Judenstaats* in einer Tagebucheintragung vom Juni 1895 auf: »Jeder behält seine Sprache. Ich bin ein deutscher Jude aus Ungarn, und kann nichts anderes mehr sein als ein Deutscher. Jetzt erkennt man mich nicht als Deutschen an. Das wird schon kommen, wenn wir erst drüben sind. Und so soll jeder seine erworbene Nationalität behalten. [...] Wir sehen ja in der Schweiz, dass ein Föderativstaat verschiedener Nationen existieren kann.« Diese persönliche Bemerkung wurde in die gedruckte Fassung nicht übernommen, die im übrigen eine reflektiertere Einstellung gegenüber dem Problem der Sprachidentität bezieht.

es gleichermaßen schwerfallen, Herzl jeweils zu ihren Gunsten anzuführen – was sie im übrigen nicht daran gehindert hat, freilich zitierten sie ihn selektiv oder rissen seine Äußerungen aus dem Zusammenhang:

> Der Glaube hält uns zusammen – die Wissenschaft macht uns frei. – Wir werden daher theokratische Velleitäten unserer Geistlichen gar nicht aufkommen lassen. Wir werden sie in ihren Tempeln festzuhalten wissen, wie wir unser Berufsheer in den Kasernen festhalten werden. Heer und Clerus sollen so hoch geehrt werden, wie es ihre schönen Functionen erfordern und verdienen. In den Staat, der sie auszeichnet und besoldet, haben sie nichts dreinzureden, denn sie würden uns äussere und innere Schwierigkeiten bereiten.

Es sollte keine institutionelle Trennung von Staat und Religion geben, da der jüdischen Religion eine führende Rolle zugesprochen werden würde. Desungeachtet würden Angehörige anderer nationaler oder religiöser Gemeinschaften volle bürgerliche Gleichberechtigung genießen:

> Jeder ist in seinem Bekenntnis oder seinem Unglauben so frei und unbeschränkt, wie in seiner Nationalität. Und fügt es sich, dass später auch Andersgläubige, Andersnationale unter uns wohnen, werden wir ihnen einen ehrenvollen Schutz gewähren. Wir haben die Toleranz in Europa gelernt. Ich sage das nicht einmal spöttisch.

Das Heer: Im Rückblick muten die zwei Sätze, die Herzl militärischen Angelegenheiten widmete, naiv, um nicht zu sagen lachhaft an. Nun konnte Herzl nicht den arabischen Widerstand gegen eine großangelegte jüdische Besiedlung Palästinas vorhersehen, weil zum einen das Osmanische Reich über das Land herrschte, und zum anderen dort noch keine arabische Nationalbewegung aktiv war. Da Herzl davon ausging, daß ein jüdischer Staat in Palästina infolge eines internationalen Abkommens errichtet und von den Großmächten gesichert werden würde, ist seine Einstellung nicht so absurd, wie sie heute erscheinen mag: »Der Judenstaat ist als neutraler gedacht. Er braucht nur ein Berufsheer – allerdings ein mit sämtlichen modernen Kriegsmitteln ausgerüstetes – zur Aufrechterhaltung der Ordnung nach aussen wie nach innen.«

Im letzten Teil des *Judenstaats* griff Herzl das Thema noch von einem anderen Standpunkt aus auf – und zwar im Hinblick auf die politischen und psychologischen Theorien, die zu seinen Lebzeiten zusehends an Popularität gewannen. Diesen Auffassungen zufolge brauchten die Menschen Feinde, um sie sowohl individuell als auch kollektiv aktiv werden zu lassen. Herzl meinte, »die Juden würden wohl in ihrem eigenen Staat keinen Feind mehr haben, und da sie im Wohlergehen schwach werden und schwinden, so würde das Judenvolk dann erst recht zugrunde gehen«. Darauf erwiderte Herzl, daß die Juden immer Feinde haben würden. Er machte sich keinerlei Illusionen, daß durch die Errichtung des jüdischen Staates der Antisemitismus verschwinden würde, wenn er auch dadurch eine Beschränkung erführe, daß es nicht mehr zu Reibungen zwischen Juden und Nicht-Juden käme. Aber, so gab er zu bedenken,

> ich meine, die Juden werden immer genug Feinde haben, wie jede andere Nation. Wenn sie aber auf ihrem eigenen Boden sitzen, können sie nie mehr in alle Welt zerstreut werden. Wiederholt kann die Diaspora nicht werden, solange die ganze Kultur der Welt nicht zusammenbricht. Und davor kann sich nur ein Einfältiger fürchten. Die jetzige Kultur hat Machtmittel genug, um sich zu verteidigen.

Der für Herzl so charakteristische Kulturpessimismus legte ihm den Schluß nahe, daß der moderne Judenhaß in Europa nicht enden würde, immerhin aber glaubte er, daß die moderne Kultur in Zukunft nicht mehr für Katastrophen und Gewalttaten anfällig sei. Und doch wußte er, daß die Juden sich nie Gedanken machen müssten über einen fehlenden Feind, der sie zur Solidarität untereinander anfeuerte – der Kampf gegen den Antisemitismus würde ihnen dazu reichlich Gelegenheit bieten, auch nach der Erlangung jüdischer Souveränität.

Die Fahne: Hier griff Herzl etwas auf, was er zuvor schon in seinem Tagebuch notiert hatte:

> Wir haben keine Fahne. Wir brauchen eine. Wenn man viele Menschen führen will, muss man ein Symbol über ihre Häupter erheben.
> Ich denke mir eine weisse Fahne mit sieben goldenen Sternen. Das weisse Feld bedeutet das reine, neue Leben; die Sterne sind die sieben goldenen Stunden unseres Arbeitstages. Denn im Zeichen der Arbeit gehen die Juden in das neue Land.

Herzl merkte an, daß seine Vorstellungen nur vorläufig eine gesetzliche Übergangsregelung skizzierten. Bis zur vollständigen Ausarbeitung einer umfassenden modernen Gesetzgebung, die umgehend bekanntgemacht werden sollte, würden alle Immigranten nach den Gesetzen ihrer Herkunftsländer gerichtet. Die neue Gesetzgebung müsste modern, »eine vorbildliche Kodifikation werden, durchdrungen von allen gerechten sozialen Forderungen der Gegenwart«. Gleichzeitig würde der jüdische Staat Auslieferungsverträge mit allen Staaten unterzeichnen, und die Einwanderer müssten vor ihrer Abreise alle Verpflichtungen gegenüber ihrem Herkunftsland erfüllen. Der jüdische Staat würde nicht Zufluchtsort jüdischer Krimineller werden – das entsprach nicht seinem Verständnis von jüdischer Solidarität.

Es gibt noch weit mehr in diesem schmalen Band. Er umfasst

weniger als hundert Seiten, und behandelt doch erschöpfend alle Themen, die angesprochen werden. Ganz offensichtlich waren Herzls Vorarbeit und die zahlreichen Entwürfe aus der Pariser Zeit hilfreich, diese inhaltsreiche Schrift zu erstellen. In ihr vereinen sich historische Analyse, die konträr zur Mehrheitsmeinung steht, ein Aufruf zur politischen Aktion, präzise Planung einer Wanderungsbewegung größten Ausmaßes sowie der Ansiedlung im neuen Land, mit den ersten grundlegenden Umrissen des neuen Staates – all das zusammen mit eingängigen Schlagworten, die unterschiedliche Kreise des Publikums anzusprechen vermochten. Zweifellos waren diese Parolen für diejenigen unter den Lesern gedacht, die Mühe hatten, mit den trockenen politischen und juristischen Passagen des Buches zurechtzukommen. »Die Makkabäer werden wieder aufstehen!« – »Die Welt braucht den Judenstaat, also wird er entstehen!« – »Die Juden, die wollen, werden ihren Staat haben!« Aber das machte nur einen geringen Teil einer sonst sehr seriösen Schrift aus. Es war ein bis dahin beispielloses Werk in der jüdischen Geschichte – einige wenige Seiten, die viele anspornten, in eigener Sache aktiv zu werden.

Dennoch wäre es verfehlt, die Wirkung der Schrift übermäßig hervorzuheben. Die Mehrzahl der europäischen Juden vernahm gar nichts von Herzls Buch. Viele von denen, die zwar von ihm gehört oder es gar gelesen hatten, stimmten dem Programm nicht zu. Doch viele Tausend waren tief beeindruckt und regelrecht elektrisiert. Die in kürzester Zeit erstellten Übersetzungen übermittelten Herzls Botschaft nah und fern, ein Übriges taten zahlreiche Artikel, die in der jüdischen Presse erschienen.

Dabei muß bedacht werden, daß Herzl selbst keine klare Vorstellung hatte, welcher nun der nächste Schritt sein sollte. Genaugenommen findet sich im *Judenstaat* auch nicht der kleinste Hinweis darauf, wie man von der gegenwärtigen Lage der Dinge zu den Resultaten gelangen sollte, die Herzl so treffend-genau beschrieben hatte. Das mochte Herzls Behauptung widerlegen, nach der es sich bei seinem Buch nicht um eine weitere Utopie, sondern um einen Aktionsplan handelte. Aber Herzl blieb mit kühlem Kopf auf dem Boden der Tatsachen – er lernte nach dem Prinzip von *trial and error.* So hörte er beispielsweise erstmals von Leon Pinskers proto-zionistischer Schrift *Auto-Emancipation!*, die bereits 1882 erschienen war, als er den *Judenstaat* schrieb. Das war typisch für seine Arbeitsweise, auch wie sich seine Persönlichkeit, seine Ansichten entwickelten. Im September 1895 wurde ihm von einem seiner zahlreichen Gesprächspartner, mit denen er sich damals austauschte und beriet, von Pinsker berichtet: Ein führender Mitarbeiter der Alliance Israélite Universelle bemerkte ihm gegenüber, daß er, Herzl, »besonders in Rußland viele Anhänger finden würde. Dort habe auch in Odessa ein Mann namens Pinsger [sic] gelebt und für dieselbe Sache, nämlich die Wiedererlangung einer eigenen Judenheimat gestritten. Pinsger ist leider schon todt. Seine Schriften sollen merkwürdig sein. Werde sie lesen, sowie ich Zeit habe.«

Nur ein halbes Jahr später, am 10. Februar 1896, vier Tage vor Erscheinen von *Der Judenstaat*, kam Herzl endlich dazu, Pinskers Manifest zu lesen. In seinem Tagebuch notierte er:

> Heute die Broschüre »Autoemancipation« gelesen. […] Verblüffende Übereinstimmung im kritischen, grosse Ähnlichkeit im constructiven Theil. Schade, dass ich die Schrift nicht vor dem Imprimatur der meinigen gelesen habe. Und doch wieder gut, dass ich sie nicht kannte – ich hätte mein Werk vielleicht unterlassen.

Vermutlich wollte Herzl mit dieser Geste der Bescheidenheit seine mangelnde Vertrautheit mit Werken früherer Autoren zu diesem Thema und der Schrift Pinskers zumal verschleiern. Es ist einigermaßen unwahrscheinlich, daß er davon abgesehen hätte, den *Judenstaat* zu schreiben, wäre er früher mit Pinskers Broschüre vertraut gewesen.

Seine Bekanntschaft mit der Bewegung der Choveve Zion verlief nach ähnlichem Muster. Unter den Notizen, die er im Juni 1895 aufs Papier warf, findet sich auch der Punkt »Unterhandlungen mit Zion«. Höchstwahrscheinlich meinte er damit die Choveve Zion oder eine der zahlreichen Organisationen, die zur Unterstützung dieser Bewegung gegründet worden waren. Die erste ausdrückliche Erwähnung der Choveve Zion findet sich in einem Tagebucheintrag vom 25. November 1895 während einer Reise nach England, wo er mit einer Reihe von Persönlichkeiten zusammenkam, die er für sich zu gewinnen suchte. Einer von ihnen war Oberst Albert Edward Goldsmid aus Cardiff, von dem Herzl unter anderem berichtete: »Er zeigte mir die Fahne von Howe we Zion …« Am nächsten Tag hielt sich Herzl in London auf und berichtete von einem Treffen mit einem »Dr. Hirsch, Secretär vom Chowe we Zion« – in beiden Fällen gab er den Namen falsch an: Er wußte offensichtlich nicht, was er bedeutet und nahm an, daß es sich bei der letzten Silbe von Choveve (was soviel wie »Liebende« oder »Anhänger« meint) um die hebräische Konjunktion »ve« (»und«) handelte.

Diese Unkenntnis spricht für sich. Sie zeugt vom Prozeß der politischen Bildung und Wahrnehmung, den Herzl durchlief und der ihn letztendlich zu einem führenden Politiker werden ließ. Denn eine führende Persönlichkeit wollte er unbedingt werden – in seinen Tagebüchern finden sich zahllose selbstverherrlichende, zuweilen regelrecht megalomanische Einträge. Ohne jegliche politische Erfahrung, ohne irgendwelche organisatorische oder institutionelle Mittel und Möglichkeiten, entwickelte er sich zu einem Spitzenpolitiker durch seine Tätigkeit, durch die enorme Energie, die er auf sie verwandte, durch Ausdauer und Entschlossenheit. Sorgfältig hielt er im Tagebuch seine Enttäuschungen fest und den Verlauf seiner Erkenntnisse, und diese Einträge lassen den Prozeß seiner Entwicklung erkennen.

An einigen Reaktionen unmittelbar nach Erscheinen von *Der Judenstaat* zeigt sich, wie rasch eine Entwicklung auf die nächste folgte:

- Am 20. Februar 1896, also eine Woche nach dem Erscheinen, sprach Herzl erstmals vor der ältesten der jüdischen Burschenschaften in Wien, der *Kadima*, wo er begeistert empfangen wurde.
- Am 23. Februar griff er Sylvia d'Avigdors Angebot auf, eine englische Übersetzung anzufertigen.
- Am 26. Februar erschien eine positive Rezension der Schrift in der Zeitung der Berliner orthodoxen Gemeinde.
- Am 3. März schrieb ein Angehöriger des Gemeindevorstands von Sofia, der in Wien studiert hatte und zu den Gründern der *Kadima* zählte, begeistert an Herzl, in dem er ihm zu dessen »politischen Essay« beglückwünschte und zugleich seiner ungeduldigen Erwartung Ausdruck verlieh, daß bald eine Konferenz »aller Zionisten aus allen Ländern einberufen werde, um alles zur Befreiung Erforderliche auf den Weg zu bringen«.
- Am 7. März teilte der Herausgeber der in der galizischen Stadt Kolomea erscheinenden jüdischen Zeitung *Ha-am* mit, daß er Herzl sein Blatt zur Verfügung stellte; zugleich bat er um Genehmigung, den deutschen Text des *Judenstaats* in hebräischen Buchstaben abdrucken zu dürfen.
- Am 9. März kam eine Benachrichtigung aus Sofia, daß »am Peschfeste [...] vor einer grossen Versammlung ein Vortrag in bulgarischer und spanischer Sprache über meine Schrift gehalten werden [wird]«.
- Am 11. März erhielt Herzl Besuch von Reverend William Henry Hechler, Kaplan der britischen Botschaft in Wien. Beide wurden im weiteren Verlauf ihrer Bekanntschaft Freunde, zudem war es Hechler zu verdanken, daß Herzl Zugang zu einer Reihe deutscher Aristokraten und schließlich zum Kaiser selbst erhielt.
- Am 14. März rief die Wiener Sektion der Choveve Zion Herzl auf, Maßnahmen zu ergreifen, damit sein Plan erfolgreich verwirklicht werde.
- Am 16. März verabschiedete die zionistische Organisation in Sofia eine Resolution, mit der sie Herzl unterstützte.

– Am 28. März nahm Herzl an einem Seder-Abend mit der Wiener jüdischen Burschenschaft *Unitas* teil, die ihre Mitglieder zur Unterstützung seines Programms aufrief.
– Am 29. März erklärte eine Versammlung jüdischer Studenten und Jugendlicher in Galiziens Hauptstadt Lemberg ihre Zustimmung zu den im *Judenstaat* dargelegten Grundsätzen und forderte zudem Herzl auf, an die Spitze einer Organisation zu treten, um das Programm in die Tat umzusetzen.
– Am 5. April wurde Herzl von Mitgliedern der Pariser Sektion der Choveve Zion benachrichtigt, daß ihre Organisation auf einer Vollversammlung die Unterstützung für Herzl beschlossen habe.
– Am 9. April meldete sich ein Student, Aktivist der zionistischen Bewegung in Paris, und erbot sich, eine französische Übersetzung vom *Judenstaat* zu erstellen.
– Vom 22. bis zum 24. April hielt sich Herzl in Karlsruhe auf, der Residenz des Großherzogtums Baden, wo er dank der Vermittlung Hechlers mit dem Erbherzog, Großherzog Friedrich I. zusammentraf. Dieser sollte der erste europäische Herrscher sein, der sich mit Herzl traf und diesem den Weg an den Hof seines Neffen, Kaiser Wilhelm II., ebnete.
– Anfang Mai begann Herzls Briefwechsel mit einem der renommiertesten Vertreter des osteuropäischen Judentum, dem chassidischen Rebben Aharon Marcus aus Podgórze bei Krakau.
– Am 15. Mai kam Herzl erstmals mit dem päpstlichen Nuntius in Wien zusammen.
– Am 20. Mai trat der Vorstand der *Nationaljüdischen Vereinigung für Deutschland* mit Herzl in Kontakt.
– Ende Mai nahm Herzl erstmals Verbindung auf zur Choveve-Zion-Bewegung in Rußland. Menachem Ussischkin, der die Moskauer Sektion des Verbandes leitete, besuchte Herzl in Wien.
– Vom 15. bis zum 30. Juni besuchte Herzl erstmals Konstantinopel. Er reiste in Begleitung von Philipp Michael Newlinski,

einem polnischen Adligen, der als Journalist tätig war und zuvor für das Außenministerium Österreich-Ungarns gearbeitet hatte, der überdies Sultan Abdul Hamid II. kannte. Der Besuch zeitigte keinerlei greifbare Ergebnisse, immerhin wurde Herzl vom osmanischen Außenminister, dem Sekretär des Sultans und schließlich vom Großwesir selbst empfangen.

Auf diese fieberhafte Art und Weise sollte es weitergehen – wobei Herzl zudem in vollem Umfang seiner Tätigkeit als Feuilletonchef der *Neuen Freien Presse* nachging. Bald war er nicht mehr irgendein Journalist, der eine Schrift mit dem Titel *Der Judenstaat* veröffentlicht hatte, sondern zu einer allgemein bekannten Persönlichkeit geworden, die politisch-diplomatische Kontakte knüpfte und pflegte – und das noch ohne eine Organisation im Hintergrund und ohne Mandat. Doch der enge Kreis seiner Bekannten und Unterstützer einerseits, sein breit gespanntes und ständig sich ausdehnendes Netz von Briefpartnern andererseits nahm nach und nach den Charakter einer politischen Bewegung an. Außerdem war Herzl weiterhin viel unterwegs – er reiste nach London, Paris, Karlsbad, wo er mit Prinz Ferdinand von Bulgarien zusammentraf, um von Wien aus neue Verbindungen zu jüdischen, christlichen und muslimischen Persönlichkeiten herzustellen. Zu letzteren gehörte der türkische Botschafter in Wien, ferner Mitglieder einer jüdischen Gemeinschaft in Jerusalem, darunter der Pädagoge David Yellin, dessen Schwiegersohn Yehiel Michael Pines, Schriftsteller und Verwalter eines Krankenhauses in Jerusalem, und der Historiker und Pädagoge Ze'ev Yavetz.

So entstand nach und nach und ohne vorherige Planung die menschliche und organisatorische Struktur, die es Herzl ermöglichte, am 7. März 1897 eine »Vorconferenz« in die Räume der Wiener Choveve-Zion-Sektion einzuberufen, um die Grundlage für eine Zusammenkunft aller Zionisten Europas zu legen. Zu den Teilnehmern gehörten neben Herzl und seinen Verbündeten in Wien auch Repräsentanten aus Berlin, Breslau, Kattowitz, Tarnów und etlichen anderen Orten. Man setzte, wie Herzl im Tagebuch kurz notierte, eine »Organisations-Commission« ein, die den Zionistenkongreß einberufen sollte. Anfang Mai fanden in New York die ersten Massenveranstaltungen zur Unterstützung des Herzl'schen Vorhabens statt; am 12. Mai beschloß Herzl, daß seine Bewegung ein eigenes Organ brauchte – dies führte zur Gründung der Wochenschrift *Die Welt*.

Nachdem er sich mit Zweifeln aller Art abgeplagt hatte und angesichts wiederholter Warnungen seitens seiner Anhänger, die von der Einberufung einer öffentlichen Konferenz abrieten, entschied Herzl, dieses Ziel weiterzuverfolgen. Nun wurden Einladungen sowohl an einzelne Personen als auch Organisationen versandt mit der Aufforderung, an einem Ereignis teilzunehmen, das am »ersten, zweiten und dritten Elul« [der Monat, der nach jüdischem Kalender in den Spätsommer fällt] in Basel stattfinden werde. Herzl unterschrieb als »Vorsitzender der Vorconferenz des Zionistischen Congresses«.

Die auf deutsch und hebräisch verschickte Einladung wurde sorgfältig formuliert, suchte sie doch einerseits interne jüdische Konflikte, andererseits mögliche Verstimmungen der verschiedenen Regierungen, insbesondere der russischen Behörden, zu umgehen. Es wurde in Aussicht gestellt, daß Delegierte »aus allen Teilen der Welt zusammenkommen« und über Lage und Lebensbedingungen »unserer Brüder« in den unterschiedlichen Ländern berichten sollten, auch wurden die Ziele jener Initiative klar definiert, die hier schon – mit Bezug auf »die Zusammenführung der Exilierten« – als »zionistische Bewegung« bezeichnet wird. Der Kongreß, so wurde ausdrücklich versichert, verfolge keinerlei subversive Absichten, vielmehr könnten die erklärten Ziele sowohl von der Choveve-Zion-Bewegung in Rußland als auch von der »allerhöchsten Regierung« dieses Landes nur gutgeheißen werden. Am Schluß der Einladung wurde zugesichert, daß Redebeiträge auch auf hebräisch gehalten werden können und daß es ferner einen koscher geführten Gasthof in Basel gebe.

Dem Leser von heute springt unmittelbar ins Auge, daß Herzl die vielschichtige, komplizierte politische Lage, in der tätig zu werden er sich anschickte, unumwunden zugab. In der Einladung ging es ihm darum, die Befürchtungen der russischen Sympathisanten zu beschwichtigen, denen zufolge die Behörden ihres Landes im Kongreß eine subversive und revolutionäre Veranstaltung sehen könnten. Auch bedachte er die unterschiedlichen Auffassungen, die unter den Organisatoren selbst bestanden. Hier wurde die Grundlage eines jüdischen öffentlichen Raumes gelegt, der institutionell verankert werden sollte. In einem Briefentwurf an Oberst Goldsmid vom 26. März 1897 bezeichnete Herzl den Kongreß, der ja erst noch zusammenkommen sollte, als »jüdische Nationalversammlung«. Das mochte eine Übertreibung zugunsten von Werbung und aus ideologischen Gründen gewesen sein – der Kongreß konnte eindeutig nicht für das gesamte jüdische Volk sprechen, nicht einmal für dessen Mehrheit. Aber seit der Zerstörung des jüdischen Staates vor achtzehn Jahrhunderten hatte es keine vergleichbare Institution mehr gegeben.

Kapitel 6
Die konstituierende Versammlung
Der Baseler Kongreß

Das Ergebnis des Ersten Zionistischen Kongresses faßte Herzl in wenigen knappen Sätzen zusammen, die später zum geflügelten Wort werden sollten. Nach der Gründung des Staates Israel im Mai 1948 umgab sie die Aura einer Prophezeiung:

> Fasse ich den Baseler Congress in ein Wort zusammen – das ich mich hüten werde öffentlich auszusprechen – so ist es dieses: in Basel habe ich den Judenstaat gegründet. Wenn ich das heute laut sagte, würde mir ein universelles Gelächter antworten. Vielleicht in fünf Jahren, jedenfalls in fünfzig wird es jeder einsehen.

Herzl war sich also völlig darüber im klaren, daß eine derartige Behauptung nur lächerlich sein konnte. Schließlich handelte es sich um eine ziemlich unbedeutende Veranstaltung, an der nicht einmal zweihundert Delegierte teilgenommen hatten, von denen wiederum nur neunundsechzig solche Organisationen vertraten, die sich auf diese oder jene Weise als zionistisch verstanden. Der Rest bestand aus Teilnehmern, die er persönlich eingeladen hatte und die sozusagen nur sich selbst vertraten. Doch Herzl ließ seiner Voraussage eine Analyse folgen, die seine Behauptung hinsichtlich des Charakters der Versammlung rechtfertigte, die im Konzertsaal des Stadtkasinos zu Basel stattgefunden hatte. Wenige Leser haben jener Passage, die unmittelbar auf seine berühmte prophetische Aussage folgt, Aufmerksamkeit geschenkt, aber sie offenbart gründlichere historische und politische Erkenntnis als die vielzitierte denkwürdige und grandiose Erklärung:

> Der Staat ist wesentlich im Staatswillen des Volkes [...] begründet. Territorium ist nur die concrete Unterlage, der Staat ist selbst wo er Territorium hat immer etwas Abstractes. [...] Ich habe also in Basel dieses Abstracte und darum den Allermeisten Unsichtbare geschaffen. [...] Ich hetzte die Leute allmälig in die Staatsstimmung hinein und brachte ihnen das Gefühl bei, dass sie die Nationalversammlung seien.

Der Hinweis auf die Nationalversammlung spielt eindeutig auf das Vermächtnis der Französischen Revolution an, genauer gesagt auf die Ausführungen von Abbé Sieyès, einem führenden Vertreter der Assemblée Nationale im Jahr 1789, der die rhetorische Frage stellte »Was ist der dritte Stand?« – dies in Bezug auf die gesellschaftliche Schicht, welche die Revolution angeführt und getragen hatte. Seine prägnante Antwort lautete: »Nichts – aber sein Ziel ist alles.« Und ganz bewußt paraphrasierte Herzl die Aussage des Abbé, als er schrieb: »... heute ist das Präsidium des Zionisten-Congresses noch gar nichts, wir müssen Alles erst etablieren.«

Die Bildung einer öffentlichen Vertretung der Juden nach beinahe zweitausend Jahren war tatsächlich die Haupterrungenschaft des Kongresses. Es dürfte kein Zufall gewesen sein, daß Herzl sich dieser Aufgabe stellte. Die Idee selbst war ja nicht neu – proto-zionistische und zionistische Entwürfe waren lange vor ihm von Angehörigen der jüdisch-russischen Intelligenzia ausgearbeitet worden, auch bestanden schon jüdische Siedlungen in Palästina. Herzl aber war der erste, der begriff, daß das zionistische Ziel ohne Etablierung einer anerkannten, institutionellen Instanz nicht erreicht werden konnte, die den Anspruch erhob, öffentlich für das jüdische Volk zu sprechen. Was man brauchte, waren weder jüdische Wohlfahrtsorganisationen, die einzelnen Immigranten Unterstützung angedeihen ließen, noch mehr oder weniger heimlich abgehaltene Beratungen, noch auch Autoren, deren Leserschaft im wesentlichen aus denen bestand, die ohnehin die von den Verfassern vertretenen Ansichten teilten. In der modernen Welt wurden erfahrungsgemäß erst dann neue Staaten gegründet, wenn sie die ideologische, politische und diplomatische Unterstützung der Weltmächte und der Öffentlichkeit gewonnen hatten. Man mußte also unbedingt in aller Offenheit, öffentlich und demonstrativ-deutlich agieren und Absichtserklärungen mit der Einrichtung solcher Institutionen und Organisationen untermauern, die in der Öffentlichkeit ihre Tätigkeit entfalten konnten. Der Anspruch dieser Körperschaften, für das jüdische Volk insgesamt zu sprechen, mochte möglicherweise bestritten werden, aber ohne sie wäre die nationale Bewegung nicht imstande, ihre Ziele zu erreichen.

In diesem Sinne verhalf Herzls Werdegang – in merklichem Unterschied zu den Lebensläufen der Gründer der Choveve-Zion-Bewegung – ihm zum Durchbruch. Als Korrespondent und Redakteur hatte Herzl zudem auf der politischen Bühne gelernt, es mit scheinbar belanglosen Detailfragen sehr genau zu nehmen – so bestand er beispielsweise darauf, daß die Delegierten zur Eröffnung des Kongresses im Frack erschienen. Es ging ihm darum, das Ereignis in einem gleichsam parlamentarischen Ambiente stattfinden zu lassen. Herzl kommentierte lakonisch: »... jetzt erwies es sich, wozu ich hatte vier Jahre lang ins Palais Bourbon gehen müssen ... und bemühte mich in kritischen Momenten mots présidentiels zu machen.« Kein zionistischer Autor oder Aktivist hatte dies vor Herzl verstanden, auch war niemand so erfahren, um zu solcher Einsicht zu gelangen. Wie so oft in der Geschichte traf ein allgemein empfundenes Bedürfnis auf eine Persönlichkeit, die diesem Verlangen Abhilfe zu schaffen vermochte. Herzl war, wie Hegel es ausdrückte, ein »welthistorisches Individuum«.

Das hieß nun nicht, daß die Aufgabe einfach war. In den Monaten zwischen der Entscheidung, den Kongreß einzuberufen, und Herzls prophetischen Worten an dessen Abschluß folgte eine

Schwierigkeit auf die andere. Längere Zeit war nicht einmal klar, ob der Kongreß überhaupt stattfinden würde. In diesen Monaten lernte Herzl, der in praktischer Politik keine Erfahrung hatte und nichts von den komplizierten innerjüdischen Verhältnissen wußte, enorm viel; zwar gab es keine jüdische Staats- oder Regierungsform, wohl aber ein Übermaß an politischen Richtungen innerhalb der verschiedenen jüdischen Öffentlichkeiten in Europa. Er sah sich Hindernissen gegenüber, die ihm nicht nur von Gegnern der zionistischen Idee, sondern auch von seinen begeistertsten Anhängern in den Weg gelegt wurden. Seine Verbündeten intrigierten, rangelten um Respekt heischende Posten und pflegten ihren ausgeprägten Narzißmus. In den Tagebucheinträgen dieser Zeit macht Herzl seinem Unmut mit Schimpfworten, gelegentlich bitteren und wütenden Anmerkungen ob derlei Winkelzügen Luft. Die unverblümte Sprache seines Tagebuchs läßt erkennen, wie sehr er sich zusammennehmen mußte, nicht in aller Öffentlichkeit und während der Sitzungen des Kongresses auszusprechen, was er von einigen in seiner Umgebung hielt. Der Journalist und Stückeschreiber Herzl wurde nach und nach und nicht ohne beträchtliche Bauchschmerzen aus einem Visionär zum Politiker.

Das erste und vornehmlichste Problem war der Tagungsort. Herzl hatte von Anfang an die Schweiz, genauer gesagt Zürich, bevorzugt, um im Hinblick auf die Politik der europäischen Mächte die Neutralität des Kongresses zu betonen. Doch die russischen Vertreter im Vorbereitungskomitee erhoben dagegen entschiedenen Einspruch, war doch das Land als Sammelplatz russischer Revolutionäre bekannt. Sie befürchteten, daß die Wahl dieses Ortes die zionistische Zusammenkunft wie das Treffen einer subversiven Bewegung aussehen ließ. Nur zögernd stimmte Herzl München als Tagungsort zu, einem kulturellen Zentrum Deutschlands, dazu günstig gelegen, gut erreichbar mit Zugverbindungen von und nach Osteuropa, von wo die meisten Delegierten anreisen würden. Aber die jüdische Gemeinde Münchens erhob Protest – man befürchtete, daß der Kongreß, dessen Ausgangspunkt und

Ziel bekanntermaßen die These vom jüdischen Volk auf der Suche nach seiner Heimstätte war, jene deutschen Juden in Verruf bringen könnte, die sich als »Deutsche mosaischen Glaubens« ansahen. Der Einwand der Münchener Gemeinde nötigte die Planer, den Kongreß – zwei Monate vor der angesetzten Eröffnung – wieder in die Schweiz zurückzuverlegen. Indes fiel die Wahl mit Rücksicht auf die russischen Teilnehmer nun auf Basel.*

So kam man wieder auf Herzls ursprünglichen Vorschlag zurück, und er selbst zog politischen Nutzen aus der Änderung. Er veröffentlichte den Schriftwechsel zwischen dem Vorbereitungskomitee und dem Vorstand der Münchener Gemeinde in der *Welt*. Zuvor allerdings erkundigte er sich bei einem christlichen Bekannten aus Bayern, Friedrich Fürst Wrede, ob die bayerische Regierung Einspruch gegen die Abhaltung des Kongresses in ihrer Hauptstadt erheben würde. Als sich herausstellte, daß die bayerische Regierung nichts einzuwenden hätte, zog Herzl gegen die »kläglichen patriotischen Proteste der Münchener Cultusvorsteher« vom Leder. Er wußte nur allzu gut, daß die Veröffentlichung dieser Proteste eine wunderbare Werbung für den Kongreß war. Im Wissen um die Einwilligung der bayerischen Regierung, schrieb Herzl in der *Welt*, daß er ohne weiteres auch ohne Zustimmung der Gemeinde den Kongreß nach München einberufen könnte, sich aber entschieden habe, ihn an einen anderen Tagungsort

* Das Münchener Abkommen von 1938, in dem Großbritannien und Frankreich der Teilung der Tschechoslowakei und der Abtretung des Sudentenlandes an Hitler zustimmten, wurde zum Inbegriff der Appeasement-Politik. In der internationalen Politik und im kollektiven Gedächtnis der Juden erhielt deshalb der Name München schon eine negative Konnotation. Wäre der Erste Zionistische Kongreß tatsächlich in dieser Stadt zusammengetreten, hätte Herzl geschrieben, er habe »in München den jüdischen Staat gegründet«, und diese berühmte Aussage hätte heute einen völlig anderen Klang. Der Zionismus ist den Rabbinern und Gemeindevorstehern der jüdischen Gemeinde zu München zu Dank verpflichtet, daß sie durch ihren Widerstand eine einigermaßen peinliche Ironie der Geschichte verhinderten.

zu verlegen, um die Gemeinde nicht in Verlegenheit zu bringen und weitere Zerwürfnisse unter Juden zu vermeiden. *Die Welt* publizierte ferner einen von Herzl unterzeichneten Brief des Vorbereitungskomitees an die Münchener Gemeinde, in dem es heißt:

> Wir haben den Congreß nach München einberufen, weil die Stadt als gastfreundlich gilt und ein geeigneter Verkehrsmittelpunkt ist – Einen Protest von jüdischer Seite gegen unsere Versammlung haben wir nicht erwartet und wir glauben, daß auch Nichtjuden einen solchen Protest nicht verstehen werden.
> Es scheint uns, daß die Israeliten, die sich nicht als Nationaljuden, sondern als Angehörige einer anderen Nation fühlen, uns ruhig unseren Volksgefühlen überlassen sollten. Wir sprechen nicht in ihrem Namen, sondern nur in unserem eigenen; wir achten ihre Nationalität, mögen sie die unsere achten, wie das unter den Völkern üblich ist.

Im Hinblick auf die Tatsache, daß die bayerische Regierung nichts gegen einen zionistischen Kongreß in München einzuwenden hatte, beschuldigte Herzl die Gemeindevorsteher, daß sie die eigene Obrigkeit an Patriotismus zu übertreffen suchten. Daß sie sich so verhielten, mochte Herzl nicht wirklich überrascht haben, aber es veranschaulichte die hauptsächliche Herausforderung, der er sich unter denen, die er leiten wollte, gegenübersah. Er wußte, daß er zwischen zahlreichen Interessen hin und her lavieren mußte, um sicherzustellen, daß der Kongreß nicht schon vor seiner Eröffnung scheiterte. Nicht immer gelang es ihm, die Minen, die man ihm in den Weg gelegt hatte, rechtzeitig zu entschärfen – darüber schrieb er in seinem Tagebuch in der für ihn so typischen Art und Weise – mit Verständnis für die Herausforderungen, denen er sich gegenübersah, für die Bewegung auch, die er in Basel zum Leben erwecken würde.

Ungefähr eine Woche vor der Eröffnung des Kongresses schrieb er im Tagebuch:

> Die Leitung dieser Verhandlung wird überhaupt ein wie ich glaube seltenes Kunststück sein, das keinen anderen Zuschauer haben wird als den der es aufführt. Ein Eiertanz zwischen allen unsichtbaren Eiern.
>
> 1.) Ei der Neuen Freien Presse, die ich nicht compromittiren und der ich keinen Anlass geben darf, mich hinauszubugsiren.
> 2.) Ei der Orthodoxen
> 3.) Ei der Modernen
> 4.) Ei des österreichischen Patriotismus
> 5.) Ei der Türkei, des Sultans
> 6.) Ei der russischen Regierung, gegen die nichts Unliebsames gesagt werden darf, obwol man die deplorable Lage der russischen Juden doch erwähnen muss
> 7.) Ei der christlichen Confessionen wegen der heiligen Stätten [...]

Dem fügte er noch hinzu: »Ei Edmund Rothschild, Ei Chowewe Zion in Rußland, Ei der Colonisten, denen man Rothschilds Hilfe nicht verderben darf [...] Ei des Neides, der Eifersucht.«

Herzl dürfte nicht übertrieben haben, als er am Ende der Aufzählung bemerkte, es handelte sich um »eine der Arbeiten des Herkules«, sicher zwischen den Klippen der internationalen Politik und den Riffen der Juden hindurch zu segeln.

Das Ei der *Neuen Freien Presse* war eine persönliche Herausforderung Herzls, sie betraf seine Karriere, seine Zukunft. Trotz ihrer entschieden ablehnenden Einstellung gegenüber Herzls privater Aktivität übten sich Herausgeber und Chefredakteur in Nachsicht, möglicherweise deshalb, weil sie nicht wirklich ernst nahmen, was sie für eine Marotte ihres bekanntesten Redakteurs hielten. Doch nachdem *Die Welt* gegründet worden war und Herzl ihre Leitung übernahm, sahen seine Arbeitgeber in seiner Stellung als Herausgeber einer anderen Zeitung – nicht ganz zu Unrecht – einen Interessenkonflikt. Hinzu kam, daß die antisemitische Presse die (Personal-)Verbindung anprangerte und sich zu der Behauptung verstieg, dies beweise, daß die *Neue Freie Presse* selbst ein zionistisches Blatt sei. Die Leitung der Zeitung drohte mit der Entlassung Herzls, und im Sommer 1897 konnte Herzl durchaus nicht sicher sein, daß er bei seiner Rückkehr vom Zionistenkongreß – für den er sich einige Wochen Urlaub genommen hatte – noch seinen Arbeitsplatz vorfinden werde. Letztendlich entschieden sich die Herausgeber, mit dem Widerspruch hinsichtlich Herzls Status zu leben – einerseits Redakteur ihrer Zeitung, andererseits nicht bloß Präsident des Zionistischen Kongresses, sondern überdies Herausgeber des zionistischen Organs. Gleichwohl zeigen die Tagebucheinträge dieser Zeit, daß Herzl für etliche Wochen nicht wußte, wie das alles enden würde. Er ging ein Risiko ein, zugleich aber wurde ihm immer klarer, daß er in eine Tätigkeit hineingezogen wurde, die er nicht mehr einfach beenden könnte, und sollte es ihn auch seine sehr angesehene und mit hohem Prestige verbundene Stelle kosten. Tatsächlich schlossen beide Seiten einen stillschweigenden Kompromiß: Herzl würde fortan seine Artikel und Beiträge in der *Welt* nicht mehr mit seinem Namen zeichnen, stattdessen mit seinem *nom de plume* Benjamin Seff – sein hebräisch-jüdischer Name lautete Binyamin Ze'ev – oder anonym bleiben. Aber, wie gesagt, es war kein Geheimnis, daß Herzl Herausgeber der zionistischen Wochenschrift war.

Die Entscheidung zur Gründung der *Welt* fiel einige Monate vor Eröffnung des Kongresses. Es war ein kühnes Unterfangen, sollte sich aber für Herzl lohnen. Damit hatten er und sein Kreis ein Organ zur Hand, in dem sie ihr Programm vorstellen und aus einer heterogenen Gruppe von Aktivisten aus verschiedenen Ländern Mitglieder einer einheitlichen Bewegung machen konnten. Da der institutionelle Rahmen der Bewegung noch nicht gezimmert war, mußten sich die Gründer nach privaten Mitteln umsehen. Schließlich erklärte sich Herzls Vater bereit, das Blatt zu finanzieren. Die jährlichen Kosten wurden auf 11 000 Gulden geschätzt – eine beträchtliche Summe. Der Name des Organs wurde sorgfältig ausgewählt. Herzl notierte am 13. Mai im Tagebuch: »Über Nacht fiel mir der Titel des Blattes ein: ›Die Welt‹ mit dem Mog'n David [Davidstern], in das ein Globus hineinzuzeichnen wäre mit Palästina als Mittelpunkt.« Hier fand Herzls Überzeugung, daß die zionistische Sache die ganze Welt, und nicht nur die Juden anging, ihr anschauliches Symbol.

Trotz der anfänglich geringen Zahl an Abonnenten gelang es der Zeitung, sich einen Platz zu erobern und bis 1914 das offizielle Organ der zionistischen Bewegung zu bleiben. Da sie auf deutsch erschien, in der Kultursprache der meisten jüdischen Intellektuellen Osteuropas, war sie weit mehr als nur das zionistische Sprachrohr, sondern wurde zur Hauptquelle an Informationen über die jüdischen Gemeinden in aller Welt. Mit Hilfe des Blattes vermochte Herzl am Vorabend des Kongresses seine Ansichten in einer Weise zu verbreiten, wie es ihm in der Zeitung, für die er als Angestellter arbeitete, nie möglich gewesen wäre. Beiträge aus der *Welt* wurden von nicht-jüdischen Zeitungen im Ausland angeführt oder teilweise übernommen, womit zugleich Nachrichten über die zionistische Bewegung in Umlauf kamen. Wie schon bei anderen Anlässen kam es auch hier auf Herzls Erfahrung an – er wußte, daß die Bedeutung von Massenmedien hinsichtlich Information und Konsolidierung einer politischen Bewegung gar nicht hoch genug eingeschätzt werden konnte, zumal wenn diese keine starken gesellschaftlichen Kräfte oder großzügige Geldgeber hinter sich wußte.

Der Aufmacher in der ersten Ausgabe der *Welt*, die am 4. Juni 1897 erschien, war Herzls politisches Manifest in seinen Grundzügen. Es sollte Grundlage für die vom Ersten Zionistischen Kongreß verabschiedeten Resolutionen sein, die im folgenden als *Baseler Programm* bekannt wurden. Herzl begann seinen Artikel mit einer provokativen und ironischen Feststellung: »Unsere Wochenschrift ist ein Judenblatt.« Er zitierte hier den abfälligen Begriff, den Antisemiten und die Öffentlichkeit im allgemeinen zur Denunzierung der großen Presseorgane in Deutschland und Österreich verwandten, die im Besitz von Juden waren oder von ihnen herausgegeben wurden, darunter auch die *Neue Freie Presse*. Nicht genug damit, fügte Herzl noch hinzu: »Wir nehmen dieses Wort, das ein Schimpf sein soll, und wollen daraus ein Wort der Ehre machen.«

Das Judenblatt war nicht eine Zeitung wohlhabender Juden, vielmehr eine der »Armen, der Schwachen, der Jungen, aber auch aller derjenigen, die sich, ohne selbst in bedrängter Lage zu sein, zu ihrem Stamme heimgefunden haben«. Erstrebtes politisches Ziel war eine weltweit anerkannte Lösung der Judenfrage – »ein grosser und schöner Gedanke [...] eine völkerrechtlich gesicherte Heimstätte schaffen für diejenigen Juden, die sich an ihren jetzigen Wohnorten nicht assimiliren können oder wollen«.

Herzl war sich sehr wohl bewußt, daß die Verwendung von ausdrücklich der politischen Terminologie entnommenen Begriffen wie »Heimstätte« oder »internationales Recht« Befürchtungen hinsichtlich des revolutionären Charakters seiner Bewegung und deren politischen Folgen wecken konnte, nicht zuletzt mit Implikationen, die für das Osmanische Reich damit verbunden waren. Im Vorgriff auf derlei Anwürfe schrieb Herzl: »Man schilt uns durcheinander Reactionäre und Revolutionäre, wo wir doch nur einen maßvollen gesunden Fortschritt wünschen.«

In einem gesonderten Artikel in derselben Ausgabe setzte Herzl sich vorausschauend auch mit jenen auseinander, die behaupteten, die politischen Ziele des Zionismus würden dem Osmanischen Reich schaden. Er verfolgte eine Strategie der puren, gelegentlich übertriebenen Schmeichelei gegenüber dem Sultan. So schrieb er, daß er sich sehr wohl bewußt sei, daß »wir [...] mit unseren Bestrebungen durch die merkwürdigste Fügung in eine Zeit hineingerathen [sind], wo im Orient mancherlei Wirren eine Verbesserung der Zustände wünschenswerth machen«. Doch beeilte er sich, sogleich zu versichern: »Die Theilung der Türkei wünscht jetzt Niemand, denn das würde den Weltkrieg bedeuten.« Die Regierung in Konstantinopel, so Herzl, brauchte dringend finanzielle Unterstützung zur Aufrechterhaltung ihrer Herrschaft, und hier könnten die Juden ihr hilfreich beistehen. In einem Brief unmittelbar vor Erscheinen der *Welt* hatte Herzl versucht, über einen Mittelsmann in Konstantinopel einem einflußreichen Journalisten, der zum engeren Kreis um den Sultan gehörte, Ahmed Midhat Effendi, eine Mitteilung zukommen zu lassen. Darin schrieb Herzl, daß *Die Welt* alles daransetzen werde, Sympathien in Europa für die türkischen Interessen zu wecken – »In diesem Blatt möchten wir der Türkei sozusagen eine Anzahlung unserer tiefempfundenen Sympathie ableisten.« Herzl hielt sein Versprechen und schrieb in der ersten Ausgabe der *Welt*:

> Der regierende Sultan Abdul Hamid ist ein Herrscher voll großmüthiger Regungen, voll menschlichen Mitgefühls für alle Leiden. Wer ihn kennt, weiß, daß dieser viel angefeindete Khalif in seinem milden Herzen tief bekümmert ist über das Unglück mancher seiner Unterthanen, denen er in patriarchalischer Denkweise ein Vater sein will.

Diese Schmeichelei ging einher mit einem anderen Schachzug Herzls im Sommer 1897, als die Einberufung des Kongresses mit dem Ausbruch des Türkisch-Griechischen Krieges zusammenfiel. Der Krieg begann am 17. April, als die Vorbereitungen des Kongresses in vollem Gange waren; ausgelöst wurde der Konflikt durch eine Revolte auf Kreta, das noch unter türkischer Herrschaft stand. Der Krieg endete nach einigen Wochen mit der Niederlage Griechenlands. Herzl sah in der zeitlichen Übereinstimmung eine historisch günstige Gelegenheit. Seine Sympathie in intellektueller und kultureller Hinsicht lag eindeutig bei den Griechen, die auf ihrem langen Weg zur Freiheit eine nächste Etappe zurücklegen wollten; die politischen und diplomatischen Umstände indes boten sich für eine pro-türkische humanitäre Geste seitens der Zionisten an. Die *Neue Freie Presse* war strikt gegen die weitere Aufrechterhaltung der türkischen Herrschaft über Kreta. Es war nicht ganz einfach für Herzl, gleichwohl deutete er bei seinen Kontakten mit türkischen Persönlichkeiten an, daß die zionistische Position von der der *Neuen Freien Presse* abwich, wie klar und deutlich in der *Welt* zu lesen stand.

Am 4. Februar, noch bevor der Krieg begann, notierte Herzl im Tagebuch: »Neue Unruhen auf Kreta. Ich habe bei dieser Nachricht eine eigenthümliche Vorahnung, dass es vielleicht die Liquidation der Türkei sei, die jetzt beginnt.« Als der Krieg ausbrach und ein türkischer Sieg unmittelbar bevorstand, zeigte Herzl sich nicht gleichgültig gegenüber den möglichen Implikationen dieses Konflikts und beobachtete aufmerksam das internationale Umfeld, in dem sich das zionistische Unternehmen nun befand. Nur wenige seiner Freunde und Anhänger verfügten über dieses geschärfte Bewußtsein, wie er seinem Tagebuch anvertraute:

> Der griechisch-türkische Krieg, der in den letzten Tagen aus einem schleichenden sich in einen acuten verwandelte, wird in seinem Weiterlaufe wohl auch auf unsere Sache wirken. Wie? Kommt es zu einem Friedenscongress zur Ordnung der griechisch-türkischen Differenzen, so werden wir unsere Bitte dem Congress der Mächte vorlegen. Siegt die Türkei, was wahrscheinlich ist, und bekommt sie – was freilich unwahrscheinlich ist – vom finanziell schon jetzt zerrütteten Griechenland eine Kriegsentschädigung in Geld, so brauchen die Türken die Judenhilfe weniger.

Der Gedanke, daß die zionistische Bewegung – die ja noch gar nicht ins Leben getreten war! – nach Beendigung der Kriegshandlungen einen Vertreter zu einer Friedenskonferenz entsenden würde, spricht einmal mehr von Herzls fester Überzeugung, der zufolge die Ziele des Zionismus nur innerhalb eines weitgesteckten diplomatischen Rahmenwerks verwirklicht werden konnten. Rund zwanzig Jahre später geschah genau das, von dem Herzl annahm, es stünde unmittelbar bevor und er werde dessen Augenzeuge sein – der Zerfall des Osmanischen Reiches –, und zwar auf den Friedenskonferenzen nach Ende des Ersten Weltkriegs.

Und während er sich in den anstrengenden Monaten vor Einberufung des Zionistischen Kongresses mit den Antizionisten herumstritt und die internen Zänkereien zwischen den Aktivisten im engsten Kreis zu schlichten suchte, bemühte er sich, einen humanitären Fonds für die türkischen Kriegsversehrten zu organisieren. Seiner Ansicht nach würde diese Geste der Regierung in Konstantinopel signalisieren, daß sie nichts von der zionistischen Bewegung zu befürchten habe, die sich anschickte, eine institutionell-organisatorische Form anzunehmen, und just diese Maßnahme geeignet sei, den türkischen Behörden zu verstehen zu geben, daß die Zionisten in finanzieller Hinsicht zu helfen vermöchten. Diesen strategischen Plan verfolgte Herzl mit einer Reihe unterschiedlicher Vorhaben:

- Am 23. April schlug Herzl erstmals vor, Spenden für die türkischen Kriegsversehrten zu sammeln. Ein führendes Mitglied der Burschenschaft *Kadima* bemühte sich, eine Gruppe jüdischer Medizinstudenten zusammenzustellen, die sich zum Sanitätsdienst auf dem Kriegsschauplatz verpflichteten. Herzl schrieb an den türkischen Botschafter in Wien, Mahmud Nedim Pascha, und ersuchte ihn, die studentische Initiative wohlwollend aufzunehmen.
- Am 27. April berief Herzl zu sich nach Hause die »constituierende Sitzung für die türkische Sammlung« ein. Er hatte auch Vertreter der jüdisch-sephardischen Gemeinde in Wien dazu geladen, die Untertanen des Sultans waren, und »es wurde nach langem Herumreden beschlossen, dass [...] sie sich an die Spitze der Action setzen [sollen]«.
- Am 28. April sandte Herzl ein ausführliches Schreiben an Bot-

schafter Mahmud Nedim Pascha: »Ew. Excellenz beehre ich mich zu den glänzenden Siegen der türkischen Waffen zu beglückwünschen.« Er informierte den Botschafter über die Gründung von Komitees – »hier und an anderen Orten« –, »welche Geld-Sammlungen für die türkischen Verwundeten einleiten sollen«. Dabei lag ihm daran hinzuzufügen, daß aus allgemein politischen, nicht spezifisch jüdischen Gründen zahlreichen Juden in westlichen Ländern es nahezu unmöglich war, öffentlich »ihren Sympathien für die Türkei Ausdruck zu geben«. Doch versicherte er dem Botschafter, daß sich »bei einer günstigeren Gelegenheit, wo die äusseren politischen Hemmnisse nicht existiren, [...] die Sympathie der Juden in einem viel grossartigeren Massstabe zeigen [würden]«. In der Zwischenzeit wollte er seiner Unterstützung der Türkei abermals Ausdruck verleihen, dies mit der Hoffnung verbunden, daß seine Einstellung an höchster Stelle in Konstantinopel zur Kenntnis genommen werde.

- Am 12. Mai hielt Herzl in seinem Tagebuch fest, daß ein Waffenstillstand unmittelbar bevorzustehen schien, »damit fällt unsere Verwundetensammlung in den Brunnen«.
- Am 24. Mai setzte Herzl einen seiner Korrespondenten in Konstantinopel in Kenntnis, daß die Wiener Rothschilds 500 Gulden für den Fonds gespendet hatten.
- Am 27. Mai erhielt er vom französischen Oberrabbiner Zadok Kahn einen Scheck über 1000 Francs, den er an Botschafter Nedim Pascha weiterleitete.
- Am 30. Mai stellte sich heraus, daß »das türkisch-israelitische Sammlungscomité für die Verwundeten nur eine lächerlich kleine Summe aufgebracht [hatte] – 800 Gulden – die man sich abzuliefern schämte«. Außerdem hatten die jungen Mediziner, die »als freiwillige Ärzte nach dem Kriegsschauplatz« gehen wollten, nicht abreisen können – es fehlte ihnen das Fahrgeld. Herzl beschloß, »die 800 Gulden den Ärzten zu geben«, damit sie die Reise noch antreten könnten.

Letztendlich sollten sich Mühe und Aufwand nicht lohnen, immerhin aber war es Herzl gelungen, auf diese oder jene Weise den Türken sein Anliegen klarzumachen. Während die Vorbereitungen für den Kongreß weitergingen, pflegte er seine türkischen Verbindungen. In Schreiben an Beamte in Konstantinopel hob er wiederholt hervor, daß »die nach Palästina einwandernden Juden Untertanen Seiner Majestät des Sultans werden würden«, dies allerdings »unter der Bedingung einer rechtlich zugesicherten ›self-protection‹«. Landkäufe würden ohne allen Zwang vonstatten gehen, niemand würde enteignet werden. Eigentum unterstehe dem Privatrecht, das nicht angetastet werden dürfe. Die dem Sultan selbst gehörenden Ländereien würden ihm, so er das wünschte, bar abgekauft werden.

Mittels Beiträgen in der *Welt* suchte Herzl überdies, türkische Befürchtungen weiter zu beschwichtigen, nach denen die künftige zionistische Bewegung zu einer »internationalen Assoziation« umgewandelt werden könnte. Derlei Ängste rührten, so Herzl, von Vorurteilen gegenüber den Juden her, denen man unterstellte, ihrer in München geplanten »gemeinsamen Sache« gehe es darum, daß »ein internationaler Bund geschlossen werden [soll] zur Bekämpfung unserer christlichen Mitbürger, oder zur Herstellung einer Organisation, welche den Erdkreis umspannen und dem jüdischen Einflusse dienstbar machen soll«. Herzl wies diese Behauptung mit »Verachtung« zurück und ging auf die Sorge ein, es könnte sich bei der zionistischen Bewegung um eine illegale Gruppierung handeln. Angesichts der zunehmend häufigen anarchistischen Attentate auf europäische Staatsmänner hatten die meisten europäischen Länder Gesetze gegen internationale Organisationen erlassen, und Wien hatte anfänglich sogar untersagt, eine öffentliche zionistische Versammlung in der Hauptstadt abzuhalten. In der *Welt* setzte Herzl lang und breit auseinander, daß der Kongreß keinesfalls die Gründung einer solchen Organisation beabsichtigte, die darauf abzielte, daß sich die Zionisten »mit den inneren Zuständen unserer Vaterländer beschäftigen«, und zwar

»weder auf dem Congreß noch anderswo in einer gemeinsamen Weise«. Demgegenüber betonte er: »Der Congreß ist nur soweit international, als es die Frage selbst ist.« Hier übte sich Herzl in Wortklauberei und unternahm semantische Unterscheidungen, die nicht immer rational nachvollziehbar waren. Aber sie machen deutlich, welch schrille und umfassende Anschuldigungen allein gegen die Abhaltung des Kongresses und, in seiner Folge, gegen die Gründung einer internationalen jüdischen Organisation erhoben wurden.

Außerdem stellte Herzl nachdrücklich klar, daß nicht nur Juden seine Vorstellungen unterstützen. In einem Artikel, der unmittelbar vor Eröffnung des Kongresses in der Ausgabe vom 27. August erschien, führte er aus:

> Schon hat die zionistische Bewegung überall die Aufmerksamkeit ernster Politiker erregt. Jeder Tag bringt uns bemerkenswerthe Äußerungen hervorragender Tagesblätter und Revuen. Wir können das vielleicht am besten mit dem Worte charakterisiren, daß die Judenfrage sich in die Zionsfrage umzuwandeln beginnt.

Die aus Gründen des journalistischen Stils und der Werbung für die eigene Sache gewagte Übertreibung springt in die Augen. Festzuhalten aber ist, daß es Herzl in den Monaten vor dem Kongreß gelungen war, unerwartete Unterstützung seitens unterschiedlicher politischer Kreise zu erhalten. So erschien in der Pariser Ausgabe des *New York Herald* am 12. Juni ein Interview mit Fürst Demeter Stourdza, dem ehemaligen rumänischen Ministerpräsidenten, der unter anderem sagte:

> Ich halte die Idee von Dr. Herzl für ausgezeichnet; tatsächlich würde ich sagen, daß dies die einzige und brauchbare Lösung der Judenfrage ist. (Man muß immer im Auge behalten, daß Rumänien eine starke jüdische Einwohnerschaft

hat.) Die Juden sind das einzige Volk, das in der Fremde lebt und sich nicht wie andere den Einwohnern assimiliert.

Die Welt berichtete in ihrer Ausgabe vom 18. Juni von diesem Interview und zitierte den Fürsten mit den Worten: »Die Idee ist sehr gut, es handelt sich nur darum, die entsprechende Grundlage hierfür zu finden. Dann würde daraus nicht nur ein immenser Vortheil für das materielle Wohlergehen der Türkei entstehen, sondern auch die Juden aller Länder, insbesondere Rußlands, würden dadurch gestärkt werden.«

Es war klar, daß derlei Äußerungen nicht der Sympathie für Juden entsprangen. Der Fürst hatte andere Motive. Indes sollte Herzl im weiteren Verlauf feststellen, daß die Unterstützung für die zionistische Sache nicht allein von Philosemiten und Humanisten kommen konnte, sondern auch von Leuten, die sich von eher fragwürdigen Motiven leiten ließen. Das gehörte zur Ironie, welche die zionistische Bewegung stets begleiten sollte.

In diesen Monaten des Sommers 1897 unterhielt Herzl Kontakte zu einem der führenden Repräsentanten der ägyptischen Nationalbewegung, Mustafa Kamil, der sich damals in Wien aufhielt und um Unterstützung für die Belange der Ägypter warb. Herzl gab Kamil zu verstehen, daß er für die ägyptische Nationalbewegung eintrat. Das geschah aus Prinzip, auch in Anbetracht zionistischer Interessen sowie aufgrund seiner realistischen Herangehensweise. Aber er ließ auch erkennen, daß ihm nicht entgangen war, wie oft die Geschichte auf politischem Gebiet ironische Volten schlug:

Der egyptische Emissär Mustafa Kamil, der schon einmal hier war, hat mich wieder besucht. Er macht wieder eine Tournée um Stimmung zu erregen für die Sache des egyptischen Volkes, das die englische Herrschaft loswerden möchte. Dieser junge Orientale macht einen vorzüglichen Eindruck, er ist gebildet, elegant, intelligent, beredsam. Ich notire seine

> Gestalt, weil er wol noch eine Rolle in der Politik des Orients spielen wird – wo wir uns möglicherweise begegnen werden. Der Nachkomme unserer einstigen Bedrücker in Mizraim [Ägypten] seufzt jetzt selbst über Leiden der Unterjochung und sein Weg führt ihn auch bei mir dem Juden vorüber, dessen publicistische Hilfe er sucht. [...] Ich glaube, ohne es ihm zu sagen, dass es für unsere Sache gut wäre, wenn die Engländer gezwungen würden, Egypten zu verlassen. Denn dann müssten sie für den verlorenen oder mindestens unsicher gewordenen Suezkanal einen anderen Weg nach Indien suchen. Da wäre das moderne jüdische Palästina für sie ein Auskunftsmittel – die Bahn von Jaffa nach dem persischen Golf.

Wie es Herzl mehr als einmal geschah, entführten ihn durchaus praktische und realistische Überlegungen unvermutet ins Reich des Wunschdenkens. Im Laufe der Zeit allerdings kam er zu einer genaueren Einschätzung der komplizierten Gegebenheiten bezüglich der geopolitischen Lage im Nahen Osten.

Letztendlich fand Herzl für alle Konflikte eine Lösung, trat sämtliche Brandherde aus, und der Erste Zionistische Kongreß wurde am 29. August eröffnet. Für seine Kontakte, für seine Korrespondenzen zuvor erhielt er viel Lob – auch zweifelhaft-unaufrichtiges –, was entschieden seine Stimmung hob. So bemerkte beispielsweise Moritz Benedikt, einer der Herausgeber der *Neuen Freien Presse*, der ihm persönlich nahestand, auch wenn er in puncto Zionismus ganz anderer Auffassung war: »Die ganze Welt machen Sie verrückt. Der reine Rattenfänger von Hameln.«

Herzl traf am 25. August in Basel ein, um die letzten Vorbereitungen von einem Büro aus zu überwachen, das die Stadt Basel dem Kongreß unentgeltlich zur Verfügung gestellt hatte. Er entschied unmittelbar nach seiner Ankunft, eine andere als die vorgesehene Tagungsstätte – »ein grosses, aber ungeeignetes Local mit Tingeltangelbühne« – anzumieten, nämlich den Konzertsaal des

Stadtcasinos. Alles war improvisiert, chaotisch und unter enormem Zeitdruck zustande gekommen. Es mangelte nicht an weiteren ironischen Zufälligkeiten. Herzl hatte der Verlegung des Kongresses nach Basel nicht eher zugestimmt, als bis er sichergestellt hatte, daß es dort ein koscheres Restaurant gab, so daß Rabbiner und fromme Juden nicht etwa auf die Teilnahme verzichten mußten – wie schon bemerkt, legte Herzl in der Einladung großen Nachdruck auf den Hinweis, daß es ein solches Restaurant geben werde. Er hielt sich vielfach im Restaurant *Braunschweig* auf, »wo man recht schlecht isst«. Doch – *noblesse oblige*, und Politik auch.

Vor Eröffnung des Kongresses am Samstagmorgen nahm Herzl am Gottesdienst in der Baseler Synagoge teil, »aus Rücksicht auf das religiöse Bedenken«, wie er im Tagebuch festhielt, um zugleich auch sicherzustellen, daß diese Geste von der jüdischen Presse wahrgenommen wurde. Der Vorsitzende der Baseler Gemeinde rief ihn auf, den Segensspruch vor dem Verlesen des Wochenabschnitts der Torah zu sprechen – eine Ehre, auf die Herzl nicht vorbereitet, mit der er nicht einmal vertraut war. Ein Freund, der ihn begleitete, diente ihm als Souffleur und sprach ihm die Worte des Gebets vor. Im Tagebuch schrieb Herzl später: »Und als ich zum Altar hinaufging, war ich aufgeregter als an allen Congresstagen. Die wenigen Worte der hebräischen Broche [Segensspruch] machten mir mehr Beklemmung, als meine Begrüssungs- und Schlussrede und die ganze Leitung der Verhandlung.«

Herzls berühmter Ausspruch – »In Basel habe ich den Judenstaat gegründet« – faßte gleichsam gebündelt zusammen, wie er den Charakter des Kongresses in seiner ganzen Bedeutung beurteilte. Hier und da kam er in seinem Tagebuch darauf zurück, daß, ungeachtet all der kleinen Rivalitäten und Intrigen, der Kongreß »grossartig« war. Als er vorübergehend den Saal verließ und ihn später durch eine Nebentür wieder betrat, beschrieb er seinen Eindruck: »Während Nordau präsidirte ging ich einmal von hinten in den Saal hinein. Der lange grüne Tisch auf der Estrade mit dem erhöhten Sitz des Präsidenten, die grün verhangene Tribüne, der

Stenographen- und Journalistentisch machten einen so starken Eindruck auf mich, dass ich rasch hinausging, um nicht befangen zu werden.« Das mag sich melodramatisch anhören, aber Herzls Ergriffenheit ist durchaus verständlich. Schließlich hatte er viele Jahre in den Sälen der Assemblée Nationale in Paris, später auf den Gängen des Reichsrats in Wien verbracht – jetzt erblickte er im Konzertsaal ein Parlament im Keimzustand. Es war kein Wunschtraum, sondern eine tatsächliche Körperschaft, eine Institution, welches den Grundstein der Legitimität des jüdischen Volkes legte, das sich anschickte, als moderne Nation aufzuerstehen. Herzl hielt wiederholt die historische Bedeutung des Ereignisses in seinem Tagebuch fest. Er ging soweit, seinen Kindern, seiner Frau und den Eltern, die höchst selten im Tagebuch erwähnt werden, eigens angefertigte Kongreßpostkarten vom Präsidiumstisch zu schicken. »Das ist vielleicht die erste Kinderei die ich in der ganzen Bewegung seit zwei Jahren beging.«

Herzls Ansprache zur Eröffnung des Kongresses fiel weniger beeindruckend aus, als man vielleicht hätte erwarten dürfen. Wirkungsvoller und tiefgründiger war dagegen die lange programmatische Rede Max Nordaus, sicher die berühmteste Persönlichkeit, die Herzl für die zionistische Bewegung hatte gewinnen können. Nordau war zu dieser Zeit vielleicht der bekannteste Essayist deutscher Sprache, der auch in Frankreich und England höchste Wertschätzung genoß. Mit seinem feinen Gespür für sozial-historische Zusammenhänge hatte Nordau die Zweischneidigkeiten und inneren Widersprüche der jüdischen Emanzipation herausgearbeitet. Die Gewährung der bürgerlichen Gleichstellung der Juden – so Nordau – bedeutete keineswegs, daß damit seitens der christlichen Bevölkerung die tiefe Überzeugung einherging, die Juden sollten als gleichberechtigte Bürger angesehen und aufgenommen werden. Ganz im Gegenteil – es war zum größten Teil eine leere Geste, eine Pflichtübung ohne jede Überzeugung dahinter. Da dem nun so war, würde sich– so Nordaus Prophezeiung – die Emanzipation in Krisenzeiten als morsch und mürbe erweisen. Herzl selbst sprach voller Anerkennung von der machtvollen Rede seines Gefährten, zu der er ihn, als dieser vom Rednerpult zurückkehrte, mit einem Vers aus den *Carmina* des Horaz beglückwünschte: seine Rede sei ein »monumentum aere perennius« [ein Denkmal, dauerhafter als Erz].

Die relative Seichtigkeit von Herzls Rede könnte mehrere Gründe haben. Er war ein gewandter, stilsicherer Journalist und Schriftsteller, aber kein erfahrener oder begnadeter Redner. Zweifellos hatte ihm der »Eiertanz«, den äußerst behutsam aufzuführen er sich in den Wochen vor dem Kongreß genötigt sah, keine Kraft mehr gelassen, seine Ansprache in der für seine schriftlichen Arbeiten so charakteristischen Begeisterung zu halten. Denkbar wäre auch, daß seine nahezu pausenlose schriftliche Aktivität, in die er sich in den Jahren zuvor gestürzt hatte, bis zu einem gewissen Grad sein Talent gleichsam aufgezehrt hatte, frisch und originell zu sprechen, was dann dazu führte, daß er der Versammlung Überlegungen vortrug, denen alle schon zugestimmt hatten – kurzum all das, was die Teilnehmer recht eigentlich nach Basel geführt hatte.

Dennoch enthielt seine Rede eine Reihe von Formulierungen, die in das kollektive Gedächtnis Eingang finden sollten, Aussagen, die auf das Auditorium, das sie erstmals zu hören bekam, einen starken Eindruck machten. Darunter war zweifellos die prägnanteste: »Wir sind sozusagen nach Hause gegangen. Der Zionismus ist die Heimkehr zum Judentum noch vor der Rückkehr ins Judenland.« Diese Erkenntnis ging einher mit Herzls felsenfester Überzeugung, daß die dem zionistischen Projekt zugrundeliegende Aufgabe die Bildung einer Nation war. Die Suche und der Erwerb eines geeigneten Territoriums für diese Nation konnte erst dann beginnen, wenn die Juden ein nationales Bewußtsein entwickelt haben würden, womit noch einmal hervorgehoben wurde, daß der entscheidende Faktor der politische Wille war, eine Nation zu sein. Herzl übertrieb einigermaßen, als er behauptete, daß eine Errungenschaft des Kongresses die Zusammenführung religiöser und nicht-religiöser Juden gewesen sei. Dies allein war ja Beweis genug, daß die Juden eine Nation und nicht eine Glaubensgemeinschaft waren:

> Schon hat der Zionismus etwas Merkwürdiges, ehedem für unmöglich Gehaltenes zu Wege gebracht: die enge Verbindung der modernsten Elemente des Judenthums mit den conservativsten. Dass sich dies ereignet hat, ohne dass von der einen oder der anderen Seite unwürdige Concessionen gemacht, Opfer des Intellectes gebracht worden wären, ist ein Beweis mehr, wenn es noch eines Beweises bedürfte, für das Volksthum der Juden. Ein solcher Zusammenschluss ist nur möglich auf der Grundlage der Nation.

Im programmatischen Teil seiner Rede regte er an, daß mehrere Initiativen gleichzeitig verfolgt werden sollten. Die jüdische Kultur im weitesten Sinne mußte als Ausdruck jüdischen Bewußtseins belebt und gepflegt werden – Herzl hatte bereits bei einer Zusammenkunft des Herausgebergremiums der *Welt* einen seiner Mitarbeiter gebeten, eine Artikelserie über Persönlichkeiten wie Moses Hess, George Eliot und Benjamin Disraeli zu schreiben. Jüdische Landwirtschaft mußte ebenfalls aufgebaut und gefördert werden. Jüdische Institutionen zur Selbsthilfe mußten gegründet werden, um so von Spenden wohlhabender Philanthropen unabhängig zu werden. Und all das mußte einem unermüdlichen Bestreben untergeordnet werden, die international rechtliche Anerkennung des zukünftigen jüdischen Staates in Palästina zu erlangen. Diese Anerkennung konnte unmöglich durch Werbetätigkeit seitens einzelner Personen erlangt werden, die bestenfalls der Unterstützung einiger weniger Siedler dienten. Einzig ein politisch organisiertes Volk mit repräsentativen Institutionen vermochte politische Verhandlungen zu führen, die »öffentlich-rechtlich verankerte Garantien« erbrachten. Dem fügte Herzl noch hinzu, daß ein geordneter Massenauszug der Juden nach Palästina – im Gegensatz und

Unterschied zu der bis dahin erfolgten Ansiedlung einzelner Personen – nur nach Verabschiedung eines politischen Abkommens möglich sein würde. Schließlich versicherte Herzl wie schon bei früherer Gelegenheit sowohl den dem Zionismus gegenüber skeptisch eingestellten Juden als auch europäischen Staatsmännern, daß »von einem vollständigen Auszug der Juden keine Rede sein kann. Die sich assimilieren können oder wollen, bleiben zurück und werden resorbiert.«

Auch betonte er noch einmal, daß es sich beim Zionismus nicht um eine revolutionäre Bewegung handelte. Keinesfalls war es die Absicht, sich in die inneren Angelegenheiten jener Staaten einzumischen, in denen Juden ansässig waren, vielmehr war der Zionismus »eine gesittete, gesetzliche und menschenfreundliche Bewegung« und nicht »eine Art von chiliastischem Schrecken«, also keine messianische Bewegung in Erwartung des Endes aller Zeiten. Er widersprach damit ausdrücklich den orthodoxen Juden, die den Zionismus als falschen Messianismus verleumdeten, als unzulässiges Streben, die göttliche Erlösung durch menschliches Tun vorzeitig herbeizuführen.

Um alles zu erreichen, bestand Herzls Auffassung zufolge die Hauptaufgabe des Kongresses darin, permanente Institutionen einzurichten: »Und endlich wird der Kongreß für seine eigene Dauer sorgen, damit wir nicht wieder auseinanderlaufen, spurlos und ohne Wirkung.« In der Tat sollte dies wichtigstes Ergebnis und verpflichtende Aufgabe des Kongresses sein – er war eben nicht bloß ein beeindruckendes und festliches, gleichwohl einmaliges Ereignis, sondern die Schmiede politischer Institutionen einer politischen Körperschaft, der Anfang eines werdenden Staates. Das *Baseler Programm*, das Herzl vortrug und das nach ausführlicher Debatte vom Kongreß angenommen wurde, rief zu einer Reihe von Maßnahmen auf, welche die bis dahin schon erprobte Praxis der Choveve-Zion-Anhänger mit Neuerungen versetzte:

- Förderung der Einwanderung jüdischer Bauern und Handwerker nach Palästina;
- Einrichtung von passenden örtlichen Institutionen in unterschiedlichen Ländern, immer »gemäß den Gesetzen eines jeden Landes«,
- Förderung jüdischer Erziehung und Bildung, um das jüdische nationale Bewußtsein aufzubauen;
- Vorbereitende Maßnahmen, um die Zustimmung der europäischen Mächte zu den Zielen des Zionismus zu erhalten.

Das sollte, wie Herzl schon früher in seinen Schriften formuliert hatte, zur »Errichtung einer öffentlich-rechtlich anerkannten Heimstätte für das jüdische Volk« führen.

Abgesehen von diesen Forderungen des Programms zählte der Beschluß, ständige Institutionen der zionistischen Bewegung einzurichten, zu den wichtigsten Ergebnissen des Kongresses. Möglicherweise verstanden nicht alle Gefährten Herzls, was er meinte, als er auf der Schaffung eines Apparats bestand, der einem unabhängigen Staat nahekam – einer Art Parlament in Form des Zionistischen Kongresses, der alljährlich zusammentreten sollte; dazu eines ausführenden Organs, der Zionistischen Exekutive, zu deren Vorsitzenden Herzl gewählt wurde. Auf Herzls Vorschlag hin wurden Keimformen finanzieller Institutionen angelegt: eine zionistische Bank, ein überaus schwieriges Vorhaben, das letztendlich von Herzl erheblich mehr Einsatz verlangte als alle anderen Projekte – und das ihn veranlassen sollte, mit einer ganzen Reihe kreativer Ideen aufzuwarten, von denen nur einige verwirklicht wurden. All das lief auf die Bildung eines jüdischen *demos* hinaus, einer organisierten und institutionalisierten Wählerschaft, der diejenigen angehörten, die einen jährlichen Beitrag leisteten. Dieser Beitrag wurde bewußt als »Schekel« bezeichnet in Anspielung auf die freiwillige Abgabe der Juden für den Jerusalemer Tempel im Altertum. Der Begriff gemahnte an die Solidarität, die einst zwischen den Juden in der Diaspora und denen im Land Israel bestanden hatte und in der sie sich alle mit Jerusalem verbunden wußten. Ein Jahr später, auf dem Zweiten Zionistischen Kongreß, wurde beschlossen, daß Frauen, die ebenfalls den Schekel entrichteten, auch das Stimmrecht erhielten und in eine Funktion gewählt werden konnten – man bedenke: dies zu einer Zeit, da nicht ein einziges europäisches Land seinen Bürgerinnen das Stimmrecht gewährt hatte. Ganz ohne Frage bildete die Schaffung dieser institutionellen Infrastruktur – und nicht einfach die Annahme der im Baseler Programm benannten Ziele – die solide Grundlage für Herzls Aussage: »In Basel habe ich den Judenstaat gegründet.«

In diesem Sinne – »Wir stehen erst am Anfang eines ungeheuren Werkes« – und mit entsprechender Übertreibung, die von seiner Ergriffenheit hinsichtlich der historischen Bedeutung des Ereignisses herrührte, faßte Herzl den Kongreß in einem Artikel in der *Welt* zusammen, der unmittelbar nach Abschluß der Tagung am 10. September 1897 erschien. Der Kongreß, so schrieb er, war nicht »eine Zusammenkunft von Schönrednern und Phantasten«, die »mit leeren Illusionen nach einer Versammlungskomödie« auseinanderlaufen. Er hatte die mögliche Existenz einer organisierten, institutionell verfaßten Nation unter Beweis gestellt. Vielleicht wurde der Kern seiner Aussage von der üppigen Rhetorik überwuchert, die Botschaft aber war unmißverständlich:

> Es ist ja so Mancher hingekommen, der lachen wollte, und dem das Lachen verging, als die jüdische Nation, die arme, gequälte, aus vielen Wunden blutende, die Todtgesagte, Todtgeglaubte, die dennoch nicht sterben kann und will, plötzlich vor ihm aufstand in der ganzen Majestät ihres Lebens und mit dem Glanz der Hoffnung in ihren Augen. Wir sind ein unglückliches Volk, aber ein Volk, Ein Volk, das wurde in Basel von den Abgesandten vieler Hunderttausende aus der ganzen Welt bezeugt.

Man könnte sich über »die vielen Hunderttausend« streiten, nicht aber über die Tatsache, daß die Einberufung des Kongresses und die Schaffung der Institutionen der zionistischen Bewegung Schritte auf dem Weg zur Konsolidierung einer Nation waren. Herzl gab unumwunden zu, daß viele seiner Unterstützer, so die von den Choveve Zion, im Zionismus immer noch nicht mehr als eine Ermutigung für die Ansiedlung in Palästina sahen. Daher wiederholte Herzl noch einmal: »Wir sind auf die Mithilfe der öffentlichen Meinung und der betheiligten Regierungen angewiesen.«

Diese These stand auch im Mittelpunkt von Herzls Eröffnungsrede auf dem Zweiten Zionistischen Kongreß, der ebenfalls in Basel am 29. August 1898 begann. »Wir fühlen und erkennen uns als ein Volk«, führte er aus. Gekränkt und auch zornig beklagte er den Widerstand gegen den Kongreß seitens religiöser Repräsentanten. Hier trat seine Enttäuschung klar zutage, daß er Oberrabbiner Güdemann nicht zur Teilnahme an der Bewegung zu überreden vermocht hatte, auch sein Unverständnis hinsichtlich der antizionistischen Erklärungen anderer Rabbiner:

> Wir [...] finden den passiven Widerstand von Leuten, die jeder Veränderung abhold sind und auch die unbequemste Lage aus Trägheit beibehalten wollen, ja wir stossen sogar auf die Feindseligkeit gewisser, sozusagen offizieller Kreise des Judentums. Diese Erscheinung war namentlich in den Protesten einiger Rabbiner auffällig. Es wird immer zu den grossen Merkwürdigkeiten gehören, dass die Herren gleichzeitig um Zion beten und gegen Zion auftreten.

In diesem Zusammenhang brachte Herzl auch erstmals den Gedanken der »Eroberung« von Gemeinden zur Sprache. Wie so manche andere seiner Ideen eilte auch diese ihrer Zeit weit voraus. Er hatte verstanden, daß, wollten die Zionisten im Namen des jüdischen Volkes mit den anderen Nationen der Welt und ihren Herrschern verhandeln, sie ein internes Mandat benötigten, das ein Kongreß allein ihnen nicht ausstellen konnte. Es war daher ein politisches Gebot, daß die Zionisten Einfluß in den jüdischen Gemeinden gewannen und in diesen auch das Sagen hatten. Auf Grund von Informationen, die ihm zugegangen waren, wußte Herzl, daß die Zionisten recht gute Aussichten hatten, die Gemeinden in einer ganzen Reihe von Regionen »zu erobern«, darunter vor allem in Galizien. Er regte auch an, daß zionistische Kandidaten sich bei Wahlen zum österreichischen Reichsrat in städtischen Wahlkreisen in Galizien, wo besonders viele Juden lebten, aufstellen lassen sollten – dort also, wo bereits zuvor jüdische Kandidaten gewählt worden waren oder doch gute Aussichten hatten, in Zukunft gewählt zu werden.

Wiederholt hob Herzl hervor, daß es darauf ankäme, politische Macht zu gewinnen, um die Ziele der zionistischen Bewegung zu erreichen, und in diesem Zusammenhang äußerte sich Herzl in einer Weise emotional, wie er es noch nie zuvor getan hatte:

> Kein Fleck der Erde ist so begehrt worden wie dieser, und so sehr haben ihn viele Völker gewünscht, dass er unter all dem heissen Verlangen verdorrt ist. Wir aber glauben, dass dieser verödete Winkel des Morgenlandes nicht nur eine Vergangenheit, sondern auch eine Zukunft hat, gleich uns selbst. Auf diesem Boden, auf dem jetzt so wenig wächst, sind Ideen für die ganze Menschheit gewachsen. Und gerade darum wird niemand leugnen können, dass eine unverjährbare Beziehung zwischen unserem Volk und diesem Lande besteht.

Herzl beteuerte, daß das von den Großmächten im Nahen Osten gespielte Spiel den Juden durchaus zugute kommen könnte. Denn schließlich besaßen die Juden keinerlei Macht und stellten keine Bedrohung für die von einer der beteiligten Mächte bezogene Position dar. Das erklärt auch, warum er sich unermüdlich um die Unterstützung einer irgend in Betracht kommenden politischen Macht innerhalb des internationalen Systems bemühte. Dies gehörte zu einer von diversen Angelegenheiten, mit der er sich – ungeachtet und trotz der gänzlichen Erfolglosigkeit seiner Initiativen – in dem Jahr zwischen dem Ersten und Zweiten Kongreß beschäftigte. Natürlich mußte er komplizierte organisatorische Aufgaben bewältigen, ganz zu schweigen von den endlosen Auseinandersetzungen im internen Kreis mit all den kleinlichen Intrigen und Vorwürfen, daß er autokratisch herrsche. Überdies aber nutzte er die beiden Jahre nach dem Ersten Zionistischen Kongreß dazu, die internationalen politischen Kontakte auszuweiten, die er zuvor schon geknüpft hatte. Dies alles in der Absicht, die öffentliche Unterstützung in internationalem Maßstab zu gewinnen, die das zionistische Projekt so bitter nötig brauchte.

Die Tagebucheinträge und Briefe Herzls aus dieser Zeit zeugen von seiner fieberhaften Tätigkeit, seine Vorstellungen Wirklichkeit werden zu lassen. Ein Vorhaben, das auf den Weg zu bringen ihm nicht gelang, war, eine internationale Anleihe zu lancieren, für die jüdische Finanziers die Bürgschaft übernehmen sollten. Dafür schaffte er die Etablierung anderer finanzieller Institutionen mittels der Gründung einer zionistischen Bank und deren Holdinggesellschaft, dem *Jewish Colonial Trust* (*Otsar Hityashvut ha-Yehudim*). Eine andere, 1901 gegründete Institution war der *Jüdische Nationalfonds* (*Keren Kayemet le-Yisra'el*), dessen Aufgabe darin bestand, Land zu erwerben, das in Besitz der jüdischen nationalen Institutionen verblieb und nicht in Privateigentum umgewandelt werden konnte. Diese beiden Institutionen waren Bestandteil des weiten zionistischen Netzwerks. Die Mitgliederzahl der Zionistischen Organisation nahm langsam, aber stetig zu, und die alljährlich einberufenen Kongresse zogen zunehmend die Aufmerksamkeit der internationalen Presse auf sich. Auf Anregung Herzls waren die finanziellen Institutionen der Bewegung in London eingetragen worden – obwohl der Sitz der Zionistischen Exekutive weiter in Wien war –, um von Englands liberalerem Gesellschaftsrecht zu profitieren. Diese Entscheidung sollte sich – was Herzl nicht ahnen konnte – als eine weise Voraussicht zeigen – nicht auszudenken, was nach dem Ersten Weltkrieg und in der Folge der Balfour-Deklaration geschehen wäre, hätten diese beiden Körperschaften in der besiegten und auseinanderfallenden österreichisch-ungarischen Doppelmonarchie und nicht in jenem Land ihre Zulassung erhalten, dem vom Völkerbund das Mandat über Palästina übertragen wurde.

Um das Gespür für die symbolische Bedeutung dieser neuen Institutionen noch zu schärfen, spielte Herzl sogar mit dem Gedanken, ein Gebäude zu errichten, das als ständiger Sitz des Zionistischen Kongresses in Basel dienen sollte. In seinem Tagebuch findet sich die Skizze eines solchen in orientalistisch-barockem Stil entworfenen Gebäudes – der in der Budapester Dohány-Straße gelegenen Synagoge und anderen europäischen jüdischen Gotteshäusern nicht unähnlich. Aus der Sache wurde nichts, aber die Skizze sowie die Erläuterung dazu sind charakteristisch für Herzls Überlegungen:

> Das Judenhaus in Basel wird eine Merkwürdigkeit der Schweiz, aber vor Allem ein Symbol für die Judenheit werden. Mit Völkern muss man in einer kindischen Sprache reden: ein Haus, eine Fahne, ein Lied sind die Verständigungszeichen. [...] Beim Judenhaus in Basel läßt sich ja zum erstenmal neujüdischer Stil anwenden. [...] Der Saal [...] wird aber von oben belichtet als ein Parlamentssaal.

Herzls diplomatische Bemühungen brachten nicht die erwünschten Ergebnisse. Zusammen mit seinen Gefährten wandte er beträchtliche Zeit auf, Kontakte zum Hof in Konstantinopel herzustellen. Sie konnten hierzu auf eine Anzahl Mittelsmänner zurückgreifen – darunter Geschäftsleute und Agenten, die, jüdisch oder auch nicht, im Levantehandel tätig waren, dazu solche Leute, die das Blaue vom Himmel versprachen. Einer dieser Mittelsmänner war der Orientalist und Turkologe Arminius Vambéry, ein als Hermann Bamberger geborener ungarischer Jude, der zum

Islam konvertiert war und enge Beziehungen zu osmanischen Regierungskreisen unterhielt. Doch trotz seiner wiederholten Besuche in Konstantinopel und einer kurzen, völlig belanglosen Audienz beim Sultan erreichte Herzl keinen Durchbruch. Er durchschaute nicht immer, wie man am besten durch die vielschichtigen Mehrdeutigkeiten hindurchkam, die am Hof des Sultans gang und gäbe waren.

Überhaupt gelang es Herzl nicht immer, an europäische Herrscher heranzukommen. Zunächst war es der Großherzog von Baden, zu dem er nähere Beziehung aufnahm. In ihm fand Herzl einen begeisterten Befürworter des Zionismus, einen, der durchaus optimistisch war und versprach, Herzls Anliegen vor den Kaiser zu bringen. In den folgenden Jahren sollte Herzl viel Zuspruch von dieser Seite erhalten. Über den Großherzog erfuhr Herzl auch zuerst, daß Wilhelm II. eine Reise nach Palästina zu unternehmen beabsichtigte. Auf Grund dieser Information vermochte Herzl dann, die ersten Kontakte zum deutschen Botschafter in Wien, Graf Philipp von Eulenburg, aufzunehmen, der, so teilte Reverend Hechler Herzl mit, vom deutschen Kaiser höchstpersönlich Anweisungen erhalten hatte, ihn im Vorfeld seiner Palästina-Reise mit Material über den Zionismus zu versorgen. Im September 1898 reichte Herzl erneut und diesmal durch den Botschafter ein Gesuch um eine Audienz beim Kaiser ein. Es war geplant, daß Wilhelm nach Wien zur Beerdigung von Kaiser Franz Josephs Gattin, der Kaiserin Elisabeth – »Sissy« – kommen werde, die in Genf von einem Anarchisten ermordet worden war. Das Gesuch wurde höflich abgelehnt, aber, wie schon dargetan, arrangierte der Botschafter ein Treffen Herzls mit dem deutschen Außenminister von Bülow, der den Kaiser begleitete.

Es war dies das erste Mal, daß Herzl mit einem bedeutenderen europäischen Staatsmann zusammenkam. Die hastig und nicht weiter vorbereitete Begegnung zeigte Herzl nur allzu deutlich, daß von Bülow keinerlei Sympathie für die Juden hegte. Er war wegen der hohen Zahl Juden besorgt, die sich dem revolutionären

Sozialismus anschlossen, reiche Juden mochte er ebensowenig. Dann sagte er Herzl noch, daß ihm der radikale und revolutionäre Charakter der zionistischen Bewegung zu schaffen machte. Herzl ging auf diese Herausforderung bemerkenswert kreativ ein. Er erläuterte dem Außenminister, daß die Juden im Grunde Individualisten seien und berief sich hierbei auf niemand Geringeren als Moses: »Ich erzählte, was ich unlängst gelesen: wie das vormosaische Egypten ein socialistischer Staat gewesen sei. Moses schuf durch den Dekalog die individualistische Gesellschaftsordnung. Und die Juden seien und blieben Individualisten.« Herzl mochte den Eindruck haben, daß er einige Befürchtungen von Bülows entkräftet hatte, doch der Außenminister schlug einen ausgesprochen geringschätzigen Ton an, den Herzl möglicherweise als solchen nicht erkannte. Von Bülow bemerkte nämlich, daß ihn Herzls soziale Vorstellungen an Platos Polis gemahnten – und das war durchaus kein Kompliment seitens des Außenministers, der für seine Verachtung der Philosophie bekannt war. Zwar verlief das Treffen in höflichem Ton, und Herzl konnte sich als Mann von Welt zu erkennen geben, doch war es ganz klar, daß von Bülow dem Zionismus gegenüber skeptisch war und blieb und es zu keiner Begegnung mit dem Kaiser in Wien kommen würde.

Doch wie zuvor schon geschildert, führten dieses Treffen mit von Bülow und die weiteren Kontakte mit Botschafter von Eulenburg letztlich zu Herzls Reise nach Palästina, wo er dem deutschen Kaiser begegnen würde. Diese Zusammenkunft sollte zwar nicht die von Herzl erhofften Ergebnisse zeitigen, immerhin aber bot sich ihm erstmals die Gelegenheit, das Ziel seiner Träume, das Land Israel zu sehen. Die Reise nach Palästina – es sollte seine einzige bleiben – hinterließ ihre Spuren in seinem Roman *Altneuland*. Es ist wenig wahrscheinlich, daß dieses Werk mit seinen sorgfältig ausgearbeiteten und realistischen Beschreibungen des Landes je hätte geschrieben werden können, hätte Herzl es nicht mit eigenen Augen gesehen.

Kapitel 7
Altneuland – ein Aktionsplan, kein Roman

Herzls utopischer Roman *Altneuland* erschien im Oktober 1902. Noch im selben Jahr wurde das Buch ins Jiddische und Hebräische übersetzt, beide Ausgaben erschienen in Warschau. Weitere Übersetzungen ließen nicht lange auf sich warten, darunter auch eine in Ladino, der jüdisch-spanischen *lingua franca* der sephardischen Diaspora; die Ausgabe erschien 1914 unter dem Titel *Vieja-Nueva Tierra* in Saloniki. Die Übersetzung ins Hebräische besorgte Nachum Sokolow, ein prominenter zionistischer Journalist, der sich für den Titel *Tel Aviv* entschied, das wörtlich »Frühlingshügel« bedeutet und, insofern es auf einen vom Propheten Hesekiel verwandten Ortsnamen zurückgreift, Altes und Neues in sich vereint. Als im Jahr 1910 die Gesellschaft *Achusat Bayit* diesen Namen für die von ihr am Rande von Jaffa errichtete neue jüdische Gartenvorstadt wählte – die zur ersten hebräischen Stadt aufsteigen sollte –, wurde der Ort zum konkreten Symbol für Herzls Buch und veranschaulichte auf diese Weise, daß der Roman keine Wunschphantasie einer fernen Zukunft, sondern ein Aktionsplan war.

Tatsächlich bildet *Altneuland* eine Ausnahme in der literarischen Gattung der Utopien, für die Herzl sich ja bewußt entschied. Das erste Werk dieser Art war Thomas Morus' *Utopia* aus dem Jahr 1516. In ihr beschreibt der Autor eine ideale Gesellschaft, in der die Menschen nach den höchsten ethisch-moralischen Grundsätzen leben. *Utopia* wurde Vorbild für Dutzende andere Schilderungen idealer Gesellschaften, für Bücher, die sich gleichsam als Schablonen für den vollkommenen Staat empfahlen. Eines der berühmtesten Werke dieser Gattung, *La Città del Sole* (*Der Sonnenstaat*), wurde von Tommaso Campanella, einem italienischen Philosophen und Theologen aus dem Dominikanerorden im 17. Jahrhundert verfaßt. Zur Zeit der Aufklärung griffen zahlreiche Autoren auf diese Vorbilder zurück, und nicht wenige sozialistische und kommunistische Theoretiker schrieben futuristische Romane, in denen sie die von ihnen bevorzugte Gesellschaft schilderten. Zu den berühmtesten Werken dieser Art gehörte der 1842 erschienene Roman *Le Voyage en Icarie* von Étienne Cabet, einem französischen Theoretiker aus dem Umkreis der frühen Kommunisten. Karl Marx hielt nicht viel von diesen »kritisch-utopistischen« Sozialisten und Kommunisten und urteilte im *Kommunistischen Manifest*, ihre Werke hätten einen »rein utopistischen Sinn«. Marx ging es darum, eine klare Trennungslinie zwischen seinem *Manifest* und den Visionen dieser Autoren zu ziehen, die sich seiner Meinung nach nur frommem Wunschdenken hingaben. Als Herzl diese Gattung für seinen Roman wählte, war er sich sehr wohl bewußt, daß idealistisch-utopistische Schriften nur allzu oft mit Geringschätzung abgetan wurden, um so mehr war er darauf bedacht, seinen Lesern klarzumachen, daß es sich bei dem von ihm vorgestellten Land nicht um ein Phantasiegebilde handelte, sondern daß es tatsächlich in der irdischen Wirklichkeit bestand.

Gegen Ende des 19. Jahrhunderts erfreuten sich insbesondere zwei utopische Romane größter Beliebtheit: Der erste stammte von dem amerikanischen sozialistischen Schriftsteller Edward Bellamy, der 1888 sein *Looking Backward 2000 to 1887* veröffentlichte (auf deutsch 1890 unter dem Titel *Ein Rückblick aus dem Jahr 2000 auf 1887* erschienen) und der, in viele Sprachen übersetzt, in ganz Europa zahlreiche Leser fand. Nur zwei Jahre später publizierte Theodor Hertzka, Wirtschaftsredakteur der *Neuen Freien Presse* und wie Herzl aus einer Budapester jüdischen Familie stammend, sein *Freiland*, die Vision einer sozialistischen Utopie. Name und Inhalt dieses Romans dürften zweifellos Herzls Schrift beeinflußt haben, doch hebt die kuriose Ähnlichkeit beider Namen und Herkunft nur um so schärfer den Unterschied zwischen den zwei Zukunftsromanen hervor.

Die literarische Gattung der Utopien war in ihrer Bedeutung ein nicht zu unterschätzendes Ferment in der jüdischen Gesellschaft Europas am Ende des 19. Jahrhunderts – dasselbe Ferment, das die zionistische Bewegung hervorbrachte.

Edmund Eisler, ein gebildeter jüdischer Geschäftsmann aus Oberungarn, der heutigen Slowakei, veröffentlichte 1885 seinen utopischen Roman *Zukunftsbild*, in dem er die Wiedererrichtung des jüdischen Königreichs beschrieb. 1882 hatte der Autor das Buch unter dem Eindruck der Pogrome in Rußland nach der Ermordung von Alexander II. und dem Aufkommen einer antisemitischen Bewegung in Ungarn geschrieben, an deren Spitze Graf Győző Istóczi stand. Dieser, ein Parlamentsabgeordneter, forderte die zwangsweise Ausweisung der Juden aus Ungarn, vorzugsweise nach Palästina. Eislers Roman beginnt mit der dramatischen Schilderung der Massenpogrome, bevor der Ruf an Benjamin Disraeli ergeht, sich für den erneuten Aufbau eines jüdischen Staates einzusetzen.

Ein anderes Werk, das Herzls *Altneuland* voranging, hatte Elchanan Leib Levinsky zum Autor, einen russischen *Maskil* mit Verbindungen zu der Choveve-Zion-Bewegung in Odessa. Sein Zukunftsroman mit dem Titel *Massa le-Erez Jisrael bi-shnat 2040* (*Eine Reise ins Land Israel im Jahr 2040*) erschien auf hebräisch 1892 in der Zeitschrift *Pardes*. In ihm wird eine jüdische Gesellschaft in Palästina geschildert, wobei der Akzent auf den kulturellen Aspekten des neuen Staatswesens liegt. Schließlich sei noch ein Buch genannt, das 1898 unter dem Eindruck des Dreyfus-Prozesses entstand. Sein Autor, der französisch-jüdische Journalist Jacques Bahar, hatte als Vertreter der algerischen Juden am Ersten Zionistischen Kongreß teilgenommen; sein Roman mit dem Titel *L'antigoisme à Sion* berichtet, wie ein jüdischer Staat den Prozeß gegen einen der Spionage beschuldigten nicht-jüdischen Offizier führen würde.

Keiner dieser proto-zionistischen Romane erregte größeres Aufsehen, sehr wahrscheinlich waren sie überhaupt Herzls Aufmerksamkeit entgangen. Heutzutage dürften sich nur noch Gelehrte für sie interessieren, die Archivbestände durchforsten. Indessen kannte sich Herzl gut mit den sozialistischen Publikationen der Gattung aus und verwies auch gelegentlich in seinen Schriften auf sie – speziell auf die Romane von Cabet, Bellamy und Hertzka –, um doch wiederholt auf dem merklichen Unterschied zwischen seinem Werk und dem der anderen zu bestehen. *Altneuland* war eben nicht die utopische Schilderung einer idealen, vollkommenen Gesellschaft im Gegensatz zur bestehenden Wirklichkeit, vielmehr ein Aktionsplan in Form eines Zukunftsromans. Und es war nicht nur eine Zukunftsvision, sondern enthielt überdies praktische Vorschläge, wie diese verwirklicht werden könnte. Dies wurde im Aufruf zum Handeln von dem der Schrift vorangestellten Motto prägnant ausgedrückt – »Wenn Ihr wollt, ist es kein Märchen«, das zum inoffiziellen Leitspruch der zionistischen Bewegung werden sollte.

Daß Herzl sein Buch gleichsam als Gebrauchsanweisung und nicht als Schilderung einer idealen Zukunft verstanden wissen wollte, zeigt sich auch daran, daß seine zukünftige Gesellschaft Mängel aufweist – solche, die sicherlich behoben werden können, aber eben doch Mängel. In den klassischen utopischen Romanen ist alles gut, schön und ideal. Keine Fehler und Schwächen. Herzls Buch ist eindeutig anders.

Wie erwähnt, dachte Herzl bereits 1895 daran, einen Roman zu schreiben, als er hin- und herschwankte, wie er am besten seine neuen Vorschläge zur Lösung der Judenfrage der Öffentlichkeit präsentieren könnte. Sein Tagebuch aus jener Zeit enthält dazu einige vorläufige Entwürfe, aber er arbeitete sie nicht aus, nachdem er sich entschlossen hatte, seine politische Tätigkeit weiterzuverfolgen. Aber offenkundig hatte er die Bemerkung seines Freundes Alphonse Daudet nicht vergessen, derzufolge in den Vereinigten Staaten nichts so wirksam zur Veränderung der öffentlichen Meinung hinsichtlich der Sklavenhaltung beigetragen hatte wie *Onkel Toms Hütte*.

Altneuland erschien 1902, als viele Anhänger Herzls ihre Begeisterung für den Zionismus allmählich verloren. Trotz der vergleichsweise beeindruckenden Aufmerksamkeit, welche die zionistische Bewegung seit dem Ersten Zionistischen Kongreß fünf Jahre zuvor in der Öffentlichkeit erhalten hatte, waren Herzls diplomatische Bemühungen gänzlich ergebnislos geblieben. Hinzu kam, daß es ihm nicht gelungen war, eine bedeutende Summe zur Unterstützung der Bewegung aufzutreiben. Europäische Politiker waren nicht vom zionistischen Vorhaben angetan, auch hatten die Kontakte in Konstantinopel zu nichts geführt, und wohlhabende Juden erwiesen sich als ausgesprochen knauserig. Die Veröffentlichung von *Altneuland* – genaugenommen seiner Vorhaben und Pläne in Form eines gefälligen Romans – geschah in der Absicht, seinen Ideen neuen Auftrieb zu geben und aus dem kleinen Kreis von Aktivisten auszubrechen, die bis dahin in der zionistischen Bewegung tätig waren. Der Roman wurde zwar kein Bestseller, aber doch beliebt und viel gelesen, wie die rasche Übersetzung in andere Sprachen zeigt. Tatsächlich sollte er zur Propagierung der zionistischen Idee unter einem erheblich breiteren Publikum beitragen.

Ähnlich anderen utopischen Romanen leidet auch *Altneuland* an einer Sentimentalität, die gelegentlich an Kitsch grenzt. Die Rahmenhandlung ist gekünstelt und konstruiert, das ganze Buch enthält reichlich didaktische und gelehrte Ausführungen, die den Fluß der Handlung unterbrechen. Doch der Leser, der darüber hinwegzusehen bereit ist, wird auf ein umfassendes und mitreißendes politisches Programm stoßen, wie es weder in der zionistischen Literatur noch in der anderer politischer Bewegungen je aufgestellt wurde. Wenige nationale Bewegungen haben ein Dokument dieser Qualität und von so beeindruckendem Niveau hervorgebracht. Was seinen Titel betrifft, so hatte sich Herzl nach eigener Aussage vom Namen der Prager Synagoge, der Altneu-Schul, inspirieren lassen, die er 1885 erstmals besucht hatte und in der er ein Symbol jüdischer kultureller Kontinuität in Europa erblickte.

Die Geschichte beginnt in Wien um die Jahrhundertwende, also genau zu der Zeit, da der Roman selbst geschrieben wurde. Im Mittelpunkt steht ein junger jüdischer Rechtsanwalt, Dr. Friedrich Löwenberg, der als »gebildeter und verzweifelter junger Mann« vorgestellt wird. Wie unzählige andere junge Juden seiner Generation gehört er zum freigeistigen, akademisch gebildeten Proletariat und hat kaum berufliche Aussichten. Viele dieser jungen Männer hatten

> etwas anderes werden [sollen], als ihre Väter gewesen. Los vom Handel, von den Geschäften. Da hatte ein Massenauszug des gebildeten Nachwuchses nach »gebildeten« Berufen stattgefunden. Das Ende war ein jammervoller Überfluss an studierten Leuten, die keine Beschäftigung fanden [...] Die einiges Vermögen besaßen, konnten es langsam aufzehren oder lebten aus der väterlichen Tasche weiter. Andere lauerten auf die »gute Partie«, mit der hübschen Aussicht, Eheknecht im Solde eines Schwiegervaters zu werden. Die dritten unternahmen eine rücksichtslose und nicht immer reinliche Konkurrenz in Berufen, die eine vornehmere Lebenshaltung erforderten. So daß man das wunderliche und traurige Schauspiel hatte, sie, die nicht einfach Kaufleute sein wollten, als »Akademiker« Geschäfte machen zu sehen: Geschäfte mit geheimen Krankheiten oder unerlaubten Prozessen. Manche wurden aus Not Journalisten und handelten mit öffentlicher Meinung.

Löwenberg war von der jungen Dame, die er verehrte, abgewiesen worden. Diese, Tochter eines reichen Tuchfabrikanten, zog die Verbindung vor, die ihre Eltern für sie arrangiert hatten, nämlich mit einem ordinären und ungebildeten, aber wohlhabenden Geschäftsmann, und auf den Seiten, die der Verlobungsfeier der beiden gewidmet sind, entwirft Herzl ein beißend scharfes Bild der vulgären neureichen jüdischen Bourgeoisie in Wien. In diesen Kreisen macht man sich auch lustig sowohl über die zionistische Bewegung als auch jüdische Siedlungsvorhaben in Palästina – »Ich werde Botschafter in Wien«, ruft einer der Gäste auf der Feier. »Ich auch, ich auch«, antworten die Umstehenden unter lautem Gelächter. So manches nimmt sich wie eine Satire eben jenes Milieus aus, das Herzl zuvor in seinem Stück *Das neue Ghetto* beschrieben hatte.

Doch diese Beschreibung – sie kommt beinahe schon einer Karikatur mit einem kräftigen Schuß Antisemitismus nahe – war ein getreues Spiegelbild von Herzls scharfsinniger Analyse der jüdischen Gesellschaft. Unter den eingeladenen Gästen auf der Verlobungsfeier befindet sich auch ein Rabbiner aus Mähren, der als einziger nicht über die Zionisten spottet. Er ist zutiefst beunruhigt über die Lage der Juden in den von Deutschen und Tschechen gemeinsam bewohnten Landesteilen. Es handelt sich um jene jüdischen Gemeinden, von denen Herzl vorausgesagt hatte, daß sie Opfer der Nationalitätenkonflikte im österreichisch-ungarischen Reich sein würden. Der Rabbiner stellt besorgt fest, daß »in den kleineren Landstädten [...] die Leute wirklich in Gefahr [sind]. Sind die Deutschen schlecht aufgelegt, schlagen sie den Juden die Fenster ein. Sind die Tschechen schief gewickelt, brechen sie bei den Juden ein. Die armen Leute fangen an auszuwandern. Aber sie wissen nicht, wohin sie sollen.«

Niemand hört ihm zu. Einer der Gäste versichert, daß man sich bei Aufruhr und »Spektakel« seit eh und je auf örtliche Behörden und Polizei verlassen könne. Ein anderer Gast wirft hier spaßeshalber ein, »wir werden alle wieder den gelben Fleck tragen müssen« – ein Scherzwort, das sich heute als schauerliche Prophezeiung ausnimmt und das Herzl selbst kaum ernst genommen haben dürfte.

Das ist die Szenerie von Dr. Löwenbergs persönlichen Problemen. In abgrundtiefer Verzweiflung aufgrund seiner beruflichen Zukunft und seiner unerwiderten Liebe antwortet er kurz entschlossen auf eine ungewöhnliche Annonce in der Tagespresse: »Gesucht wird ein gebildeter und verzweifelter junger Mann, der bereit ist, mit seinem Leben ein letztes Experiment zu machen.« Seine Antwort führt ihn zu Adalbert Kingscourt, einem exzentrischen amerikanischen Millionär, der im weiteren Verlauf der Handlung gewissermaßen die Rolle des griechischen Chors einnimmt, indem er die Geschehnisse vom Standpunkt des Außenseiters kommentiert, der nicht der jüdischen Gemeinschaft angehört und auch von ihren Mißständen keine Ahnung hat. Ursprünglich ein preußischer Offizier namens Königshoff, war er in jungen Jahren des eintönig-müßigen Lebens eines Berufsoffiziers überdrüssig und wanderte in die Vereinigten Staaten aus, wo er »in zwanzig Jahren blutschwitzender Arbeit ein Vermögen« erwarb. Nach einer Folge persönlicher Katastrophen beschließt Kingscourt, die zivilisierte Welt zu verlassen. Er kauft sich eine Insel im Pazifischen Ozean, wo er nunmehr gedenkt, den Rest seines Lebens zu verbringen. Zunächst aber hat er sich nach Europa begeben, um sich mit allem zu versorgen, was er braucht – von moderner Technologie bis hin zu Büchern. Desweiteren sucht er einen Gefährten, der gleichfalls bereit ist, den Rest seines Lebens auf der Insel zu verbringen. Mit Blick auf seine düstere Zukunft, geht Löwenberg begeistert auf das Angebot ein, wobei seine Entschlußfreudigkeit dem ehemaligen Offizier gefällt. Löwenberg fühlt sich verpflichtet, Kingscourt mitzuteilen, daß er jüdisch ist, und fragt ihn, ob ihm das etwas ausmache. Kingscourt bricht in Gelächter aus: »Die Frage ist komisch. Ein Mensch sind Sie, das sehe ich.«

Bevor sie die Reise antreten, händigt Kingscourt Löwenberg eine beträchtliche Summe aus, damit dieser eventuelle Schulden oder Verpflichtungen begleiche. Es schließt sich eine verwickelte Geschichte an, in der beschrieben wird, wie Löwenberg auf eine arme jüdische Familie, die Littwaks, stößt, die aus Galizien nach Wien gekommen und kurz davor ist, Hungers zu sterben. Der Vater ist ein elender ambulanter Händler, der in den Cafés, in denen Löwenberg verkehrt, die Waren in seinem Bauchladen feilbietet.

Es gibt einen kleinen Jungen, David, der Löwenberg mit seiner Intelligenz und Mitmenschlichkeit beeindruckt. In einer hochdramatischen Szene gibt er das Geld, das ihm Kingscourt zur Verfügung gestellt hat, der Familie – immerhin die gewaltige Summe von 5 000 Gulden –, womit er den Vater, die sterbenskranke Mutter, David und den Säugling Mirjam vor dem Hungertod bewahrt.

Danach setzen die beiden Männer die Segel und nehmen auf Kingscourts luxuriöser Yacht Kurs nach Polynesien auf. Sie haben schon Kreta passiert, als Kingscourt Löwenberg fragt, ob dieser nicht Lust auf einen Abstecher in sein »Vaterland« habe, »bevor wir von der Welt Abschied nehmen«. Verwirrt meint Löwenberg, Kingscourt wolle noch einmal nach Österreich zurückkehren. Der stellt das gleich richtig: »I bewahre! [...] Ihr Vaterland liegt ja vor uns, Palästina!« Gegen eine solche Auffassung verwahrt sich Löwenberg: »Zu Palästina habe ich keinerlei Beziehung. [...] Ich glaube, nur die Antisemiten können behaupten, daß Palästina unser Vaterland ist.« Nach einem lebhaften Wortwechsel nimmt Löwenberg den Vorschlag an, und so segeln beide nach Palästina, wo sie in Jaffa an Land gehen.

Der von seinen zwei Protagonisten spontan unternommene Besuch Palästinas im Jahr 1902 gab Herzl die Möglichkeit, den Zustand des Landes zu beschreiben, wie er sich ihm zur Zeit der Abfassung des Romans darbot, das heißt sowohl die allgemeine Vernachlässigung als auch das Potential, das seiner Meinung dort vorhanden war. Der Bericht geht zum größten Teil auf jene Eindrücke zurück, die Herzl auf seiner Palästinafahrt vier Jahre zuvor gewonnen hatte. Zahlreiche Einzelheiten belegen, daß er noch einmal seine Tagebücher durchgegangen war, um seinen Lesern eine lebendige und authentische Beschreibung des Landes bieten zu können. Von Jaffa hatten die beiden Protagonisten »einen unangenehmen Eindruck«: »Die Gässchen von den übelsten Gerüchen erfüllt, unsauber, verwahrlost, überall buntes orientalisches Elend.« Dann fuhren sie »auf der schlechten Eisenbahn nach Jerusalem«.

Herzl dürfte kaum vergessen haben, wie er 1898, fiebergeschüttelt, mit der Bahn nach Jerusalem gefahren war. Dagegen hält Kingscourt mit seinem amerikanischen zupackenden Optimismus: »Und doch ließe sich da viel machen. Aufforsten müsste man. So eine halbe Million Riesentannen ...«

Jerusalem versetzt sie in staunende Bewunderung, schockiert sie aber auch – so, wie es Herzl ebenfalls ergangen war. Da war zum einen die Ankunft in der Stadt: »Es war Nacht, als sie in Jerusalem ankamen, eine wundersame Mondnacht.« Zum anderen der erheblich weniger erfreuliche Anblick bei Tag: »Geschrei, Gestank, ein Geflirr unreiner Farben« empfängt die beiden Reisenden. »Sie kamen auch in das traurige Gässchen der Klagemauer. Der widerliche Anblick der geschäftsmäßig betenden Bettler belästigte sie.« Löwenberg bemerkt gegenüber seinem Freund: »Vom jüdischen Reiche ist nichts mehr übrig als ein Stückchen Tempelmauer.«

Ein anderer Besucher der Klagemauer hört Löwenbergs Bemerkung. Er stellt sich als ein aus Rußland stammender Augenarzt vor, der Löwenberg »in fremdartig betontem, aber gebildetem Deutsch« zur Rede stellt: »Ich sehe, was Sie sind: ein Fremder Ihrem Volke. Wenn Sie einmal zu uns nach Rußland kämen, würden Sie erkennen, daß es noch eine jüdische Nation gibt. Wir haben noch eine lebende Überlieferung, eine Liebe zur Vergangenheit und einen Glauben an die Zukunft. Bei uns sind die Besten und Gebildetsten dem Judentume als einer Nation treu geblieben. Wir wollen zu keiner anderen gehören. Wir sind, was unsere Väter waren.«

Hier klingt unverkennbar das Echo von Herzls Entdeckung des osteuropäischen Judentums, der Ostjuden, nach. Der jüdische Augenarzt, der Palästina zusammen mit seiner Tochter, auch sie eine Augenärztin, besucht, lädt die Herren zu einer gemeinsamen Besichtigung des Ölbergs ein. Der Ausblick von oben auf die Stadt läßt die vier Reisenden erschauern. Tatsächlich ist es genau so, wie Herzl es vier Jahre zuvor empfunden hatte, und er legt dem russischen Arzt die Worte in den Mund, die er seinerzeit in sein Tagebuch eintrug: »Mich erinnert es an Rom. Auf Hügeln könnte man abermals eine Weltstadt erbauen, etwas Herrliches. Denken Sie sich den Blick, den man dann von hier aus hätte. Prächtiger als vom Gianiculo!«

Kingscourt, der dann und wann wenig schmeichelhafte Bemerkungen über die Juden macht, zeigt sich von dem Arzt und seiner Tochter stark beeindruckt, als diese ihrer Hoffnung Ausdruck verleihen, daß einst wieder Juden ins Land zurückkehren und dort leben werden. »So praktisch und dabei so närrisch. Ich habe mir die Juden auch anders vorgestellt.« Damit wird angedeutet, was sich später ereignet. Wiederum vom Augenarzt hören die beiden Freunde erstmals von den neuen jüdischen Siedlungen in Palästina. Auf seine Empfehlung hin besichtigen sie Rechovot. Als sie die *Moschava* erreichen, erblicken sie »wohlbebaute Felder, eine stattliche Weinkultur und üppige Orangengärten«. Die Siedler bereiten ihnen einen besonderen Empfang, singen hebräische Lieder – Herzl übernimmt fast wortwörtlich seinen Tagebucheintrag von 1898, als er den Empfang in Rechovot mit der von den jungen Siedlern aufgeführten *fantasia* schilderte. Die Gäste sind starr vor Staunen, insbesondere der ehemalige Kavallerieoffizier von Königshoff: »Da soll doch ein mehrfach gesalzenes Donnerwetter dreinschlagen. Die Kerls reiten ja wie der Deibel!« Löwenberg zeigt sich weniger beeindruckt, doch verläßt er Palästina, zumal nach den ersten Anzeichen einer Erneuerung, die sie unterwegs bemerkt hatten, sehr nachdenklich.

Wieder auf der Yacht angelangt, setzen sich die beiden Freunde zu einem Festmahl zu Tisch – es ist der letzte Tag des Jahres 1902. Zwar hat er der Welt den Rücken zugekehrt, und von der Gattung Mensch hält er auch nichts, dennoch preist Kingscourt die moderne Technologie und wagt die Voraussage, daß mit ihrer Hilfe einst Wüsten erblühen werden. Als sie das Rote Meer passieren, gedenkt er Moses und schilt den skeptischen Löwenberg:

> Hier hat euer oller Moses eines seiner größten Kunststücke gemacht [...] Denken Sie mal, was war das für »ne arme Zeit, und was hat euer oller Moses vollbracht. [...] Und wissen Sie, Mann, wer den Weg zeigen könnte? Ihr! Ihr Juden! Gerade, weil's euch schlecht geht. Ihr habt nichts zu verlieren. Ihr könntet das Versuchsland für die Menschheit machen – dort drüben, wo wir waren, auf dem alten Boden ein neues Land schaffen. Altneuland!

Aber da ist Löwenberg schon dank des guten Weins und all der Leckereien, die sie genossen haben, eingeschlafen, und die Yacht hält Kurs auf ihr Reiseziel, die ferne Insel.

Soweit der erste Teil des Romans. Die eigentliche Handlung setzt zwanzig Jahre später ein, im Jahr 1923. Kingscourt und Löwenberg haben – entgegen ihrem einstigen Gelöbnis – ihre Pläne geändert und beschlossen, zu einem kurzen Besuch nach Europa zurückzukehren, nachdem sie zwei Jahrzehnte gänzlich von der Welt abgeschnitten gelebt, also auch keine Zeitung gelesen haben. Als sie das Rote Meer durchqueren und den Suezkanal passieren, stellen sie fest, daß das Land sich offenkundig völlig verändert hat. Die Juden sind in großer Zahl nach Palästina eingewandert und haben das Land in ein modernes Zentrum des Geschäftslebens, von Kunst, Kultur und technologischer Innovationen umgewandelt. Die beiden Freunde beschließen, das Wunder aus nächster Nähe in Augenschein zu nehmen und laufen Haifa an. Dort gehen sie an Land und finden sich in einer modernen, betriebsamen Hafenstadt. Den Karmel krönen wundervolle Gebäude und Wohnhäuser, die Bucht säumen Siedlungen bis hinauf nach Akko im Norden.

Hier teilt sich der Roman in zwei parallel verlaufende Handlungsstränge. Im einen geht es um einen persönlichen Lebensweg, im anderen um die Geschichte der neuen Gesellschaft, die in Palästina entstanden ist. Der biographische Bericht fällt romantisch, sentimental und süßlich-kitschig aus. Herzl war ein brillanter Journalist und Essayist, aber ein ausgesprochen mittelmäßiger Stükkeschreiber und Romancier. Seine Erzählung ist seicht, und mit geradezu eklatantem Mangel an literarischer Raffinesse läßt er die Handlung des zweiten Teils damit beginnen, daß die beiden Reisenden, kaum daß sie einen Fuß an Land gesetzt haben, David Littwak begegnen, dem armen kleinen Jungen aus Wien. David hat Löwenberg nie vergessen. Nun ist der arme Kleine nicht mehr arm – aus ihm wurde ein führender Repräsentant der neuen Gesellschaft. Er lädt die beiden Touristen zu sich nach Hause ein – schließlich war es Löwenbergs Geldgeschenk, das die Familie einst rettete. Davids Schwester Mirjam – Löwenberg sah sie zuletzt als halbverhungerten Säugling – ist jetzt eine blühende, gebildete junge Frau. Es kommt, wie es in einem sentimentalen Roman kommen muß – Mirjam und Löwenberg verlieben sich ineinander, und nach mancherlei anfänglichem Zaudern und Aufschub verloben sie sich mit dem Segen der Eltern, die sich auch im alt-neuen Land niedergelassen haben. Ferner stellt sich noch heraus, daß der Präsident dieses neuen Gemeinwesens niemand anderes als Dr. Eichenstamm ist, der russische Augenarzt, dem die beiden Freunde 1902 an der Klagemauer begegneten.

Aber es sind auch ganz andere Leute nach Palästina gekommen. Die neureichen Wiener Juden, die Löwenberg so unerträglich fand, haben ebenfalls den Weg ins *Altneuland* gefunden. Sie leben kein bißchen weniger oberflächlich und zynisch als zuvor. Löwenberg begegnet sogar seiner früheren Angebeteten, jener Frau, die ihn zugunsten eines ungehobelten Geschäftsmannes abgewiesen hatte. Jetzt ist sie verwitwet und ihre einstige Schönheit dahin – nicht aber ihre Vulgarität. Dies ist eine von vielen Stellen im Buch, mit der die meisten Leser ihre Schwierigkeit hatten, was dem schwachen Talent Herzls als Romanschriftsteller geschuldet ist.

Doch dieser Handlungsstrang steht nicht im Mittelpunkt des Romans. Relevant ist die Schilderung der neuen jüdischen Gesellschaft, wie sie sich in Begegnungen mit Einwohnern Palästinas zu erkennen gibt, auch im Verlauf einer Wahlkampagne, auf die sich die Darstellung der politischen Verhältnisse im Land konzentriert. Kingscourt und Löwenberg lernen einen modernen jüdischen Staat kennen, eine Gesellschaft, die sich der neuesten und besten technologischen Errungenschaften aus Europa und Amerika zu bedienen weiß. Schwebebahnen verkehren in den Städten, und ein Netz von Schnellzügen verbindet alle Teile des Landes miteinander. Die Städte sind Ergebnis fortschrittlicher Stadtplanung, und ein Kanal vom Mittelmeer zum tief gelegenen Toten Meer versorgt nicht nur das jüdische Land, sondern den gesamten Nahen Osten mit Elektrizität. Autos, Telephone, Telegraphen und elektrisch betriebene Grammophone sind gang und gäbe. Kein Zweifel – Herzl war von Wissenschaft und Futurismus fasziniert. Doch das hervorstechendste Merkmal Palästinas im Jahr 1923 sind die sozialen, ökonomischen und politischen Regelungen. Deren Beschreibung bildet das Kernstück der Aussage des politischen Programms, das Herzl mit seinem Buch propagieren wollte.

Die neue Gesellschaft beruht auf einem Prinzip, das Herzl »Mutualismus« nennt, ein dritter Weg zwischen Kapitalismus und Sozialismus. In gelehrten Ausführungen legen David Littwak und andere Romanfiguren Herzls Sozialtheorie dar. Die Gründer des neuen Gemeinwesens wissen sehr wohl um Mangel und Armut, die als Folge der Industrialisierung in den westlichen kapitalistischen Gesellschaften auftraten. Gleichwohl hüten sie sich, ihre Gesellschaft auf den Grundlagen des revolutionären Sozialismus zu errichten. Sie entscheiden sich statt dessen für den »Mutualismus«, der die Freiheit und Privatinitiative des Kapitalismus mit dem Streben nach Gleichheit und Gerechtigkeit des Sozialismus vereint. Es ist »die mittlere Form zwischen Individualismus und Kollektivismus. Der einzelne wird nicht der Anregungen und Freuden des Privateigentums beraubt, und dennoch kann er sich im Zusammenstehen mit Genossen der kapitalistischen Übermacht erwehren.« In der Folge entsteht eine Gesellschaft, in der »der Einzelne [...] weder zwischen den Mühlsteinen des Kapitalismus zermalmt, noch von sozialistischer Gleichmacherei geköpft [wird]«. Und die Vertreter der neuen Gesellschaft erläutern geduldig den Gästen: »In unserer neuen Gesellschaft sind wir durchaus nicht für die Gleichmacherei. Jedem nach seinen Werken. Den Wettbewerb haben wir nicht abgeschafft. Aber die Bedingungen sind für alle gleich, wie bei einem Preiskampf oder einem Wettlauf.«

Es gibt kein Privateigentum an Grund und Boden. Das Land gehört dem Staat selbst – als die große Einwanderung und Besiedlung Palästinas begann, wurden einzelne Parzellen für die Dauer von 49 Jahren an diejenigen verpachtet, die Landwirte werden, ein Haus bauen oder eine Fabrik errichten wollten. Es ist dies offensichtlich eine bewußte Bezugnahme auf das biblische Jubeljahr, das die Akkumulation ererbten Reichtums unterband. Außerdem gründen Industrie und Handel auf Partnerschaften und Kooperativen. Fabrikarbeiter besitzen Anteile an ihrer Fabrik, ebenso auch Angestellte in großen Geschäften nach Art der neuen europäischen Kaufhäuser. Herstellerverbände und Abnehmer arbeiten mit Versuchskooperativen in Europa zusammen – ausführlich wird die 1844 in England ins Leben gerufene Rochdale Society, eine Konsum-Genossenschaft, erörtert. Da alles in dem neuen Land aus dem Nichts aufgebaut werden mußte, konnte man innovative Technologie und soziale Übereinkünfte übernehmen, die es bereits in Europa gab, dort aber auf Widerstand gestoßen waren. Die Ankömmlinge in Palästina konnten alles von vornherein neu beginnen und das Beste, das der Westen zu bieten hat, aufnehmen – und den beiden Reisenden verschlägt es die Sprache angesichts des Fortschritts, den sie wahrnehmen.

Diese genossenschaftlichen, auf unterschiedlichen Modellen staatlich-öffentlichen Eigentums aufbauenden Institutionen haben auch der einstmals so typischen starken Präsenz von Juden im Einzelhandel ein Ende bereitet. Kleinunternehmer und Ladenbesitzer hatten Schwierigkeiten, Kredite zu erhalten, litten zudem unter der Konkurrenz von großen Warenhäusern, was sie in Armut und Mangel stürzte. Desgleichen gehören die Zeitungen des Landes nicht Privateigentümern – die Presse wird von Zeitungsgenossenschaften betrieben, wobei das Aktienkapital den Abonnenten gehört. Redakteure und Korrespondenten werden von den Lesern selbst bestimmt – hier erlaubt sich Herzl einen Seitenhieb auf die Eigentümer der *Neuen Freien Presse*, die es ihm, dem Starkorrespondenten und Feuilletonchef untersagt hatten, von der zionistischen Bewegung überhaupt zu berichten, die er ins Leben gerufen hatte und leitete.

Ein anderer Grundsatz des neuen Landes ist die gesellschaftliche Solidarität, das heißt, man kümmert sich um Menschen, die in Not geraten sind. Auch sind Erziehung und Bildung – vom Kindergarten bis zur Universität – frei. Umfängliche, von der Regierung zur Verfügung gestellte Sozialmaßnahmen sorgen für medizinische Betreuung, Krankenhausbehandlung und Seniorenhilfe – ein weit gespanntes soziales Sicherheitsnetz, das seiner Zeit – 1902 – weit voraus war. Dem fügt Herzl noch einen überraschenden Aspekt hinzu: Der ehemalige Kavallerieoffizier vernimmt staunend, daß die neue Gesellschaft keine Armee braucht. Was nicht heißen soll, daß die jungen Leute nicht gehalten wären, ihrem Land zu dienen – so werden unter anderem Lehrer, Krankenschwestern, Sozialarbeiter, Pflegepersonal von einem nationalen Dienst unterstützt: »Alle Mitglieder der neuen Gesellschaft, die männlichen wie die weiblichen, müssen zwei Jahre ihres Lebens dem öffentlichen Dienste widmen. In der Regel ist es die Zeit zwischen dem achtzehnten und dem zwanzigsten Lebensjahre, nach Vollendung der Studien.« Diese Einrichtungen werden durch staatliche Mittel sowie Spenden unterhalten – »Juden haben von jeher die üblichen Spenden entrichtet.«

Die Gründung eines solchen Gemeinwesens – man würde heute von einem Wohlfahrtsstaat sprechen – war ein Eckpfeiler in Herzls Entwurf. Es genügte keineswegs, die Juden aus der europäischen Gesellschaft herauszulösen, wo ihre Lage im Zuge der Modernisierung und nach dem Aufkommen extremer nationalistischer Bewegungen außerordentlich prekär geworden war, und sie nach Palästina zu bringen. Herzl zufolge kam es darauf an, die jüdische Gesellschaft neu aufzubauen – allerdings weder nach kapitalistischen noch nach kollektivistischen Richtlinien. Die Marktwirtschaft in Europa zog eine soziale Polarisierung nach sich, und die neue jüdische Gesellschaft durfte nicht die Fehler der Industrialisierung wiederholen. Dieser Staat würde auf dem Grundsatz beruhen, daß jeder einzelne Staatsbürger für das Wohlergehen aller anderen mitverantwortlich war. Ein solches Solidarsystem würde es jedem einzelnen ermöglichen, sich voll und ganz einzusetzen – ein Vorhaben, das weitreichende politische Konsequenzen nach sich ziehen würde.

Ein anderer bedeutender Aspekt der neuen Gesellschaft war die Gleichberechtigung der Frauen: »In unserer neuen Gesellschaft sind die Frauen gleichberechtigt mit den Männern [...] Daß sie das aktive und passive Wahlrecht haben, ist selbstverständlich. Sie haben treu mit uns gearbeitet am Aufbau unserer Einrichtungen, ihre Begeisterung für unseren Hochgedanken hat den Mut der Männer beflügelt. Es wäre die häßlichste Undankbarkeit gewesen, wenn wir sie an den Gesindetisch unseres Hauses oder in ein verschämtes Serail verwiesen hätten.« Hier folgte Herzl dem Beschluß des Zweiten Zionistischen Kongresses, der den weiblichen Delegierten Stimmrecht zuerkannte – eine für die damalige Zeit revolutionäre Entscheidung.

Hintergrund all dieser Neuerungen und Maßnahmen war natürlich die ausweglose Lage der Juden gegen Ende des 19. Jahrhunderts. Herzl läßt David Littwak eine umfassende Analyse der sozialen Gegebenheiten im Europa nach der Aufklärung speziell in der Doppelmonarchie und in Deutschland vortragen:

> Die Verfolgungen waren sozialer und ökonomischer Art. Boykott im Geschäftsleben, Aushungerung der Arbeiter, Ächtung in den freien Berufen, von den feineren, moralischen Leiden gar nicht zu sprechen, die ein höher organisierter Jude um die Jahrhundertwende zu erdulden hatte. Die Juden-

feindschaft war mit den neusten, wie mit den ältesten Mitteln tätig. Das Blutmärchen wurde aufgefrischt, aber gleichzeitig hieß es auch, daß die Juden die Presse – wie einst im Mittelalter den Brunnen – vergifteten. Die Juden wurden von den Arbeitern gehasst, als Lohnverderber, wenn sie ihre Genossen waren; als Ausbeuter, wenn sie die Unternehmer waren. Sie wurden gehasst, ob sie arm oder reich oder mittelständig waren. Man nahm ihnen das Erwerben, aber auch das Geldausgeben übel. Sie sollten weder produzieren noch konsumieren. Von den Staatsämtern wurden sie zurückgestoßen, vor den Gerichten hatten sie das Vorurteil gegen sich, überall im bürgerlichen Leben fanden sie Kränkungen. Unter diesen Umständen war es klar, daß sie entweder die Todfeinde einer von Ungerechtigkeit strotzenden Gesellschaft werden oder nach einem Zufluchtsort ausblicken mussten. Das letztere ist geschehen, und hier sind wir. Wir haben uns gerettet.

Die Gründer der neuen Gesellschaft lassen den beiden Reisenden gegenüber nicht unerwähnt, daß die florierende Landwirtschaft, welche die Region so positiv veränderte, zu einem nicht geringen Teil auf die »deutschen Protestanten«, das heißt auf Angehörige der Templer-Sekte aus Württemberg zurückgeht, die als erste moderne Anbaumethoden nach Palästina brachten.

Noch am ersten Tag im luxuriösen Haus David Littwaks auf dem Karmel machen die beiden Reisenden die Bekanntschaft eines engen Freundes ihrer Gastgeber, eines Arabers aus Haifa. Bei der Gelegenheit kommt die Frage nach dem Status der Araber und auch anderer nicht-jüdischer Einwohner wie Griechen oder Armenier auf. Es stellt sich heraus, daß der arabische Freund, Reschid Bey, in Berlin Ingenieurwissenschaften studiert hat – und daher Deutsch »mit leicht norddeutscher Betonung« spricht. Er bestätigt, daß er ein gleichberechtigter Bürger der neuen Gesellschaft ist. Er dient Herzl gleichsam als Sprachrohr, mit dem er seine Vision von einer Gesellschaft ohne jede Diskriminierung zum Ausdruck bringt, eine Gesellschaft, in der religiöse und ethnische Gleichheit herrscht – nicht zuletzt auch zwischen den Geschlechtern. Die Tatsache, daß die Araber gleichberechtigte Bürger sind, wird in *Altneuland* mehrfach betont. Reschid Bey läßt sich des längeren über die Vorteile aus, welche die Juden mit ihrer Ankunft dem Land brachten. Ein verblüffter Kingscourt fragt ihn: »Sind die früheren Bewohner Palästinas durch die Einwanderung der Juden nicht zugrunde gerichtet worden? Haben sie nicht wegziehen müssen?«

Reschid Beys Antwort spiegelt im wesentlichen Herzls liberale Ansicht wider. Sie mag sich heute naiv ausnehmen, worauf es aber hier ankommt, ist, daß sie aufgeschrieben wurde. In einer Rede, die sich anhört, als sei sie einem zionistischen Pamphlet der Gegenwart entnommen, erläutert Reschid Bey, wie die Araber von der Immigration der Juden profitierten. »Für uns alle war es ein Segen. Selbstverständlich in erster Reihe für die Besitzenden, die ihre Landstücke zu hohen Preisen an die jüdische Gesellschaft verkaufen konnten«, wie sein Vater und er. Und was die anderen betraf –

> Die nichts besaßen, also nichts zu verlieren hatten, die haben natürlich nur gewinnen können. Und sie haben gewonnen: Arbeitsgelegenheit, Nahrung, Wohlergehen. Es hat nichts Armseligeres und Jämmerlicheres gegeben, als ein arabisches Dorf in Palästina zu Ende des neunzehnten Jahrhunderts. Die Bauern hausten in erbärmlichsten Lehmnestern, die zu schlecht waren für Tiere. [...] Heute ist das alles anders. Von den großartigen Wohlfahrtseinrichtungen haben sie profitiert, ob sie wollten oder nicht.

Auf einer Fahrt durch das blühende Tal Jesreel fügt Reschid Bey noch hinzu:

> Ich erinnere mich noch aus meiner Knabenzeit, daß hier Sümpfe waren. Diesen Boden hat die neue Gesellschaft am billigsten erworben und hat ihn zu dem besten gemacht. Die Äcker gehören zu dem blanken Dorfe [...] es ist ein arabisches Dorf. Sie bemerken die kleine Moschee. Diese armen Menschen sind viel glücklicher geworden [...] Die Juden [...] leben mit uns wie Brüder, warum sollten wir sie nicht lieben?

Ungeachtet des überschwenglichen Tons der leicht peinlichen Lobrede auf die Juden wird doch die Komplexität der Lage nicht übersehen. Als ein etwas redseliger Vertreter der neuen Gesellschaft bemerkt, »wir Juden haben Kultur hierher gebracht«, erwidert Reschid Bey freundlich lächelnd: »Verzeihen Sie, mein Bester! Diese Kultur war auch früher da, wenigstens andeutungsweise. Schon mein Vater hat Orangen in großer Zahl gepflanzt.« Und als Kingscourt in der Annahme, Reschid Bey habe Toleranz in Europa erlernt, ihn für diese Tugend lobt, allerdings bezweifelt, daß das auch für »die gemeinen Stadt- und Landleute« zutreffe, muß er sich sagen lassen: »Sie müssen schon entschuldigen, aber Duldsamkeit habe ich im Abendlande nicht gelernt. Wir Mohammedaner haben uns von jeher besser als ihr Christen mit den Juden vertragen.«

Es mag naheliegen, Herzl heute für seinen naiven Liberalismus zu kritisieren, auch daß er nicht das Entstehen eines arabisch-palästinensischen Nationalbewußtseins voraussah, das der jüdischen Einwanderung Widerstand entgegensetzte. Doch muß man hier bedenken, daß es zur Zeit der Veröffentlichung des Buches keine arabische Nationalbewegung gab, weder in Palästina noch sonst im Nahen Osten. Wenn gelegentlich hier und dort das Wetterleuchten des Nationalismus aufflackerte – beispielsweise mit der *Bewegung Junges Syrien* gegen Ende des 19. Jahrhunderts –, so handelte es sich um oppositionelle Strömungen, die sich gegen das Osmanische Reich richteten. Auch sollte man nicht –

wie es hin und wieder geschehen ist – in Herzl nur einen gönnerhaft-herablassenden Kolonialisten sehen, der dem rückständigen Orient europäische Kultur zu bringen gedachte. Die französischen Kolonisten in Algerien waren weit davon entfernt, den Arabern der Region gleiche politische und wirtschaftliche Rechte einzuräumen, noch dachten die englischen Imperialisten in Indien daran, den Eingeborenen gleiche Rechte oder das Stimmrecht zuzugestehen. Herzl sah in der in Palästina lebenden Bevölkerung keineswegs bloß Objekte, die den Juden sozusagen zur Verfügung standen und von ihnen nach Gutdünken gebraucht werden konnten. Vielmehr galten ihm die Araber als Gleiche, als Partner in der Staatsbürgerschaft, die sich aktiv wie passiv an den Wahlen zu öffentlichen Instanzen jener Gesellschaft beteiligten, die, wie Reschid Bey es formuliert, »das Glück unseres gemeinsamen Vaterlandes« begründet.

Das ist wirkliche Gleichheit, Gleichberechtigung, und nicht koloniale Herrschaft.

Aber es steckt noch mehr dahinter. Herzls entschiedenes Engagement für gleiche Rechte und Nichtdiskriminierung steigert sich im Verlauf der Handlung und ihren politischen Begebenheiten.

Wie der Zufall es will, reisen Kingscourt und Löwenberg durch Palästina just zur Zeit einer hoch aufgeladenen Kampagne für die Wahlen zum Kongreß der neuen Gesellschaft. Eine neue Partei unter der Führung eines gewissen neu eingewanderten Rabbiners Dr. Geyer stellt sich zur Wahl. Ursprünglich ein Gegner Herzls und des Zionismus, änderte Rabbi Geyer seine Meinung und emigrierte in den neuen Staat, wo er eine Partei gründete, die grundsätzlich dafür eintrat, daß das Land Israel einzig und allein den Juden gehören sollte. Gemäß dem Programm der Partei genossen Nicht-Juden keinerlei Rechte als Staatsbürger, durften weder wählen noch sich zur Wahl stellen. Zwei ganze Kapitel konzentrieren sich auf die Wahlkampagne und die rassistische Doktrin des Rabbi Geyer, die der liberalen Ausrichtung, auf der die neue Gesellschaft beruht, zuwiderläuft. In einem ersten Gespräch mit Kingscourt versichert David Littwak: »Lassen Sie sich sagen, daß meine Genossen und ich keinen Unterschied zwischen den Menschen machen. Wir fragen nicht, welchen Glaubens und welcher Rasse einer ist. Ein Mensch soll er sein, das genügt uns.« Aber er gibt unumwunden zu, daß nicht alle in der neuen Gesellschaft dieser Ansicht sind: »Es gibt noch andere Strömungen«, ein Hinweis auf Geyer.

Geyer macht sowohl Reschid Bey als auch Littwak zu schaffen. Im allgemeinen vermeidet Littwak politische Auseinandersetzungen, hier aber engagiert er sich in der Kampagne gegen Geyer. Eine der aufschlußreichsten Stellen im Roman ist eine turbulente Wahlveranstaltung in Neudorf, einer florierenden Siedlung zwischen dem Jesreel Tal und Galiläa. Die Gruppe um David Littwak, zu der auch Kingscourt und Löwenberg gehören, wird mit hebräischen Liedern und Hochrufen begrüßt, ansonsten wird jiddisch oder deutsch gesprochen. Littwak hält eine Rede vor den Dorfbewohnern, und es gelingt ihm, diese von der Verderblichkeit der Geyer'schen Ideologie zu überzeugen, die im übrigen neben anderen Auffassungen auch auf der Wahlveranstaltung zur Sprache gebracht wird. Die Forderungen von Geyers Anhängern sind klar und eindeutig, die einer ethnozentristischen, rassistischen und fremdenfeindlichen Weltanschauung entstammen und Ansichten widerspiegeln, die zu der Zeit in Europa gang und gäbe waren. Littwak geht auf die unterschiedlichen Argumente differenziert ein. Einerseits ist er für Gleichheit und gegen Diskriminierung im allgemeinen:

> Denn wir stehen auf den Schultern anderer Kulturvölker. Schließt einer sich uns an, erkennt er unsere Gesellschaftsordnung an, nimmt er die Pflichten unserer Gemeinschaft auf sich, dann soll er auch alle unsere Rechte voll genießen. Was wir besitzen, verdanken wir den Vorarbeiten anderer. Darum gehört es sich, daß wir unsere Schuld abzahlen.

> Und dafür gibt es nur einen Weg: die höchste Duldung. Unser Wahlspruch muß jetzt und immer lauten: Mensch, du bist mein Bruder.

Er zitiert auch die biblischen Verse »Du sollst deinen Nächsten lieben wie dich selbst« und »Ein und dieselbe Satzung gilt für euch wie für den Fremden, der bei euch wohnt«.

Andererseits spricht er einen weiteren Aspekt der neuen Wirklichkeit in Palästina an. Wie andere landwirtschaftliche Siedlungen im Land ist auch Neudorf eine Kooperative. Daher rühren die Ängste der Anhänger von Rabbi Geyer. Wenn »Fremde« sich der Kooperative anschließen, werden die Anteile an ihr geringer. Littwak entkräftet dies mit der betriebswirtschaftlichen Argumentation, daß im Gegenteil neue und mehr Mitglieder zum Wachstum beitragen. Vor allem aber beruft er sich auf die sozialistischen Anfänge des kooperativen Systems der neuen jüdischen Siedlungen in Palästina. Anders als Geyer und seine Anhänger, die den »jüdischen Charakter« der neuen Gesellschaft gewahrt wissen möchten, erinnert Littwak an die Wurzeln der Kooperativen, die den Aufschwung der jüdischen Siedlungen im Land erst ermöglichten – sozialistische Experimente in Europa und Nordamerika. Er erwähnt Rochdale in England, Rahaline in Irland und die Kooperativen in den Vereinigten Staaten. Ferner zitiert er den »Staatsromantiker« Theodor Hertzka und Edward Bellamys Beschreibung einer »edlen kommunistischen Gesellschaft«. Mit einem Wort: »Neudorf [ist] gar nicht in Palästina gebaut worden [...] sondern anderswo. Es ist gebaut worden in England und Amerika, in Frankreich und in Deutschland. Es ist entstanden aus Erfahrungen, Büchern und Träumen.« Doch diesen utopischen Träumen fehlte jegliche solide Grundlage in der Wirklichkeit. Und eben dies, sagt Littwak, hat die neue Gesellschaft in Palästina ausfindig gemacht – die Solidarität der Juden, die ins Land zu kommen bereit sind, um ungeachtet ihrer eigenen Sorgen und Nöte eine kooperative Gemeinschaft aufzubauen. Herzl läßt Littwak für die

Verpflichtung aller Mitglieder der neuen Gesellschaft plädieren, an den universellen Werten von Gleichheit und sozialer Gerechtigkeit festzuhalten.

Es versteht sich, daß nach Littwaks flammender Rede – und den etwas weniger mitreißenden Ansprachen anderer Vertreter der neuen Gesellschaft – »an diesem Tag [...] Dr. Geyer die Stimmen der Wähler von Neudorf [verlor]«. Am Ende des Romans erringen die Liberalen einen Erdrutschsieg bei den Wahlen, bei denen Geyer und seine rassistischen Anhänger unterliegen. Herzl gibt der Geschichte noch eine melodramatische Note: Der greise Präsident Eichenstamm stirbt wenige Tage nach den Wahlen, und in einem komplizierten parlamentarischen Verfahren – möglicherweise geht diese Episode auf Herzls Reportagen aus der Assemblée Nationale zurück – wird, wie könnte es anders sein, David Littwak zum neuen Präsidenten gewählt. Kurz bevor sie stirbt, vernimmt seine todkranke Mutter noch von seiner Wahl.

Der bis in kleinste Einzelheiten genaue Bericht von der Wahlkampagne, dem Wettstreit zwischen den liberalen Ansichten der Gründer des neuen Staates und der rassistischen Ideologie der Partei Geyers bietet Herzl reichlich Gelegenheit, seine politische Philosophie darzulegen. Es liegt hier noch ein politischer Subtext verborgen, dessen Aussage sich an Herzls Zeitgenossen und Wiener Mitbürger richtet. Dr. Geyer ist eindeutig das Spiegelbild des rassistischen und antisemitischen Wiener Bürgermeisters Dr. Lueger. Beide sind promovierte Akademiker; Lueger hatte unter Ausnutzung der Ängste der deutschstämmigen Wiener vor »Fremden« – damit waren vor allem Tschechen und Juden gemeint – seine populistische Karriere aufgebaut; Dr. Geyer macht genau dasselbe, nur von der Gegenseite her. Rassismus und Fremdenfeindlichkeit sind überall dieselben auf der Welt, keine Gesellschaft ist frei von ihnen, so Herzls Botschaft. In diesem Zusammenhang fällt noch einmal der Unterschied zwischen Herzls Zukunftsroman und anderen Werken dieser Gattung auf: Die Gesellschaft von *Altneuland* ist nicht vollkommen, sie weist Mängel und Unzulänglichkeiten auf, nicht zuletzt finden sich widerwärtige Personen wie Dr. Geyer, der viele Anhänger um sich schart, die die liberale Struktur des neuen Staates zu unterminieren drohen. Herzl hegte keinerlei Zweifel, daß es sich beim Rassismus um ein weltweites Phänomen handelte, das auch unter Juden auftreten könnte.

Gleichwohl lag ihm daran, den fundamentalen Unterschied zwischen Wien und seiner Vision des Landes Israel hervorzuheben. Ein rassistischer Populist konnte bei demokratischen Wahlen in das Amt des Bürgermeisters von Wien gewählt werden, der Hauptstadt Österreich-Ungarns mit seinen jahrzehntealten liberalen Traditionen. Im Land der Juden aber mußte eine leibhaftig gewordene andere Version derselben Ideologie, ein jüdischer Rassist, eine Niederlage einstecken. Dem Rachen der grassierenden rassistischen Fremdenfeindlichkeit in Europa entkommen, haben die Juden in ihrem Land jene liberale und egalitäre Gesellschaft errichtet, die in Europa scheiterte. An den Küsten des Mittelmeers haben sie eine gerechte und gleiche Gesellschaft aufgebaut. Die edlen Sozialutopien, deren Verwirklichung in Europa und Amerika mißlangen, wurden in Palästina Wirklichkeit, wo eine jüdische Gesellschaft, die keine Unterschiede hinsichtlich Religion und ethnischer Herkunft kennt, ins Leben tritt. Das Scheitern Wiens war Zions Sieg.

Diese Toleranz, diesen Pluralismus – man würde heute von Multikulturalismus sprechen – betont Herzl noch einmal im Zusammenhang mit einer Seder-Feier am Vorabend von Pessach in Tiberias, die der alte Littwak leitet und an der die beiden Reisenden auf Einladung David Littwaks teilnehmen. Zur Liturgie der abendlichen Feier gehört die Erzählung vom Auszug aus Ägypten, aber die Teilnehmer am Fest sprechen auch über ihre eigene persönliche Errettung und Befreiung, wobei sie dazu auf einem Phonograph lange Berichte anhören, welche konkreten Schritte einst unternommen wurden, die zur Gründung des jüdischen Staates führten. Tiberias, am See Genezareth gelegen, wird als internationales Touristenzentrum beschrieben, wo die Gäste »stattliche Moscheen, Kirchen mit dem lateinischen und griechischen Kreuz, und Synagogen in steinerner Pracht« erblickten. Die im Hause der Littwaks begangene Seder-Feier ist modern und verbindet die traditionellen Riten und Texte mit Geschichten vom neuen Exodus. An ihr nehmen nicht nur Juden teil. Für Kingscourt ist es die erste Begegnung mit jüdischen religiösen Zeremonien, und er zeigt sich tief beeindruckt. Auch Reschid Bey gehört zu den Gästen, dazu der Abt des Franziskanerklosters in Tiberias, der ursprünglich aus Köln stammt; ferner ein russisch-orthodoxer Pope von der Kirche in Sepphoris sowie ein anglikanischer Geistlicher mit seiner Frau. So ist die neue jüdische Gesellschaft beschaffen – sie bringt Juden und Nicht-Juden zu all ihren Feiertagen zusammen. Und genau, wie die Juden in der Diaspora gelernt hatten, nach dem christlichen Kalender zu leben, so lernten die Nicht-Juden im Land der Juden in einer Gesellschaft zu leben, die nach dem jüdischen Kalender und seinen Feiertagen strukturiert ist. So sieht die Veränderung aus, die sich in der neuen jüdischen Gesellschaft vollzieht, die aus Toleranz und Akzeptanz des Anderen hervorgegangen ist.

Breiten Raum nimmt im Roman die Frage nach dem Status des jüdischen Gemeinwesens gemäß internationalem Recht ein. Herzl kommt auf die Frage im Verlauf des Sederabends zu sprechen, als die Geschichte der Staatsgründung erzählt wird, und formuliert allmählich und bedachtsam seine Antwort. Bis zu dieser Stelle im Roman hat es ganz den Anschein, als sei das jüdische Land ein selbständiger Staat. Er hat spezifische Institutionen, Gesetze und eine Regierungsinstanz, es gibt ein Parlamentsgebäude und es werden Wahlen zur Abgeordnetenversammlung abgehalten, ferner gibt es eine eigene Staatsangehörigkeit, gesetzliche Regelungen Besitz und Eigentum betreffend, öffentlichen Dienst, klare Bestimmungen zu den Rechten und Pflichten der Bürger sowie eine beispielhafte Wirtschafts- und Sozialpolitik. Das alles aber wird verschwommen und nur andeutungsweise ausgeführt, zu welcher Vorsichtsmaßnahme die zionistische Bewegung sich genötigt sah, um den von ihr erstrebten rechtlich gesicherten Status im osmanischen Palästina zu erhalten.

Seinem innovativ-revolutionären Werk hatte Herzl den Titel *Der Judenstaat* gegeben – das Baseler Programm blieb dagegen bewußt unbestimmt und sprach von einer *Heimstätte* für das jüdische Volk, die von internationalem Recht gesichert werden sollte. Es war den Zionisten klar, daß jedweder Versuch, in Palästina Fuß zu fassen, die politische Realität der osmanischen Herrschaft zu berücksichtigen hatte. Die von der Bewegung und Herzl selbst unternommenen Bemühungen zielten folglich darauf ab, eine politisch-legale Formel zu finden, die der Zionistischen Organisation zu einem Status verhalf, ohne die türkische Souveränität anzutasten – und das war ein »charter«. Zudem beruft sich Herzl dann und wann – so auch in *Altneuland* – auf den ambivalenten Status Ägyptens in jener Zeit. Einerseits stand dieses Land offiziell unter osmanischer Herrschaft, andererseits genoß der Khedive (Vizekönig) Ägyptens seit Beginn des neunzehnten Jahrhunderts *de facto* eine weitreichende Autonomie, die bis auf die Bezeichnung mit der Unabhängigkeit identisch war. (Die Situation wurde im übrigen noch dadurch weiter kompliziert, daß die britische Kolonialmacht im Land präsent war, aber auch sie erkannte die formale Oberhoheit des Osmanischen Reiches an.)

In *Altneuland* formulierte Herzl klar und deutlich das ernsthafte und entschieden politische Ziel der zionistischen Bewegung, wobei er sich doch zugleich davor hütete, eben dieses – nämlich einen absolut unabhängigen Staat – beim Namen zu nennen, um jegliche Konfrontation mit dem Osmanischen Reich zu vermeiden. Vorsichtig und jedes Wort genau abwägend, gleichwohl bis in alle Einzelheiten gehend, schildert er im Verlauf der Seder-Feier die politischen und gesetzlichen Maßnahmen, die zur Errichtung des neuen Gemeinwesens in Palästina führten. Zunächst wurde eine *Neue Gesellschaft für die Kolonisierung von Palästina* gegründet – so bezeichnet Herzl die Zionistische Organisation im Roman. Diese Körperschaft unterzeichnete ein Abkommen mit der türkischen Regierung, demzufolge sie dieser »zwei Millionen Pfund Sterling bar zu erlegen« hatte, »dazu kam noch die jährliche Abgabe von fünfzigtausend Pfund Sterling durch dreißig Jahre und ein Viertel des Reinerträgnisses der *Neuen Gesellschaft*«. Nach Ablauf der dreißig Jahre wird der Reinertrag zwischen der *Neuen Gesellschaft* und der türkischen Regierung aufgeteilt, »falls diese es nicht vorzieht, den letzten zehnjährigen Durchschnitt der von uns erhaltenen Geldleistungen als für immer gleich bleibende Abgabe zu beziehen«. Im Roman ist es Joe Levy, der offiziell beauftragt war, dieses Programm umzusetzen und die erforderliche Summe über Bankanleihen und Beiträge von Juden aus aller Welt zusammenzubringen, und er erläutert, daß im Austausch »für diese Abgaben [...] wir die Verwaltung der zu besiedelnden Gebietsteile [erhielten]«. Dies geschieht, so betont er abermals, damit »deren Oberhoheit dem Sultan dabei erhalten blieb«. Diese Formel ermöglicht es der *Neuen Gesellschaft* grundsätzlich und in jeder Hinsicht, die Regierungsform, ihre Gesetze und Einwanderungsbestimmungen festzulegen, und zugleich die osmanische Oberhoheit zu respektieren.

Dieser Status unterhalb eines Staatsformats bietet Herzl die willkommene Möglichkeit, den Charakter der Freiwilligkeit dieser politischen Organisation zu rühmen. Manche Leser des Romans indes hat die eindeutig überhöhte ideologische Neuerung gestört, als wäre es Herzl darum gegangen, eine »nicht-staatliche Gesellschaft« in Palästina auf der Grundlage einer freiwilligen Kooperative aufzubauen. Dafür spricht allerdings gar nichts. Herzl beließ es eindeutig bei einer durch den Schutz- und Garantiebrief verbürgten nicht näher bestimmten Souveränität auf Grund bestehender politischer Zwänge. Das im Roman geschilderte Gemeinwesen ist in jeder Beziehung ein vollkommener Staat – freilich ohne Armee, weil er diese nicht benötigt. Die Art und Weise, wie hier die Einwanderung, die Besiedlung, die Landaufteilung und die Kreditvergabe organisiert werden, entspricht ganz dem üblichen Verfahren anderer Staaten. Praktisch nichts im Roman erinnert an die türkische Herrschaft über das Land. Nirgends bemerken die beiden Reisenden Kingscourt und Löwenberg Anzeichen der politischen oder administrativen Anwesenheit des Osmanischen Reiches – mit der einen Ausnahme vielleicht, daß Reschid Bey und David Littwak gelegentlich miteinander türkisch sprechen.

Interessanterweise macht Joe Levy in seinem Bericht über die von dem Charter gesicherten »zu besiedelnden Gebieten« keine Angaben zu deren Grenzen – tatsächlich ist im Roman an keiner Stelle von Grenzen die Rede. Diese Unbestimmtheit ist zweifellos intendiert – das Buch enthält keine genaue Landkarte des neuen jüdischen Gemeinwesens. Dennoch bietet es ein einigermaßen klares Bild von dem Territorium an Hand der Ausflüge, welche die Reisenden unternehmen, sowie der hier und da eingestreuten Bemerkungen. Das Gemeinwesen endet nicht westlich des Jordans, sondern erstreckt sich nördlich nach Tyrus, Sidon und Beirut. Es besteht eine Bahnlinie nach Damaskus, und es hat, obwohl der Hinweis verschwommen bleibt, ganz den Anschein, als gehörte die Stadt zu dem von dem Charter abgedeckten Gebiet. Selbst von Palmyra, dem antiken Tadmor, heißt es, es sei zu neuem Leben erweckt worden. Beide Ufer des Jordans werden als fruchtbar und als integraler Bestandteil des neuen jüdischen Gemeinwesens beschrieben. Auch entstanden neue Siedlungen auf beiden Seiten des Jordantals. Die Golanhöhen sind die Kornkammer des Landes, und Herzl berichtet ausführlich von einem Besuch in der Gegend zwecks Besichtigung der Pläne zur Kultivierung. Der Landesteil ist bewässert, wobei die Quellen des Jordans im Verbund mit modernster Technologie genutzt werden.

Ganz offensichtlich hatte Herzl die Karte der Region insgesamt und aus der Perspektive seiner Zeit vor Augen, nicht im Zusammenhang mit dem besonderen und sehr viel kleineren Gebiet, das später unter britisches Mandat gestellt werden würde – schließlich stand die gesamte Levante unter türkischer Herrschaft. Wie bereits erwähnt, sprach Herzl bei seiner Begegnung mit Kaiser

Wilhelm in Konstantinopel von einer »Jüdischen Landgesellschaft für Syrien und Palästina«. Wie die gesamte zionistische Bewegung in ihren ersten Anfängen, blieb Herzl geflissentlich unbestimmt hinsichtlich der Ausdehnung der zukünftigen jüdischen Heimstätte, wie er auch eine ausgesprochen kreative und konstruktive Verschwommenheit auf der Suche nach Mitteln und Wegen pflegte, auf denen er den politischen Status des Gemeinwesens voranbringen könnte, das ihm vorschwebte. Ausdrückliche und klar definierte politische Ziele beziehungsweise Grenzen fanden erst sehr viel später im zionistischen Bewußtsein und im politischen Handeln ihren Ausdruck, hauptsächlich in Folge der neuen Gebietsaufteilung nach dem Ersten Weltkrieg. Herzls Roman kennt keinerlei theologische oder geschichtsphilosophische Ansprüche, die sich auf göttliche Zusagen berufen. Mit Blick auf die Region im Kontext des Osmanischen Reiches insgesamt, hatte Herzl keinen Grund, Haifa und das Westjordanland als einen Landesteil zu betrachten, der innerhalb Palästinas lag, während Sidon und das Gebiet östlich des Jordans nicht dazugehörten. Heute sieht das natürlich ganz anders aus.

Die neue Gesellschaft respektiert alle Religionen und die Weihe ihrer jeweiligen heiligen Stätten, sowohl in Jerusalem als auch in Galiläa. Das wurde gelegentlich so verstanden, als hätte Herzl einen extraterritorialen Status Jerusalems im Auge gehabt. Dabei wurde freilich übersehen, daß die jüdische Heimstätte, wie sie in *Altneuland* geschildert wird, nicht den Status eines unabhängigen Staates hat und nicht souverän nach internationalem Recht ist. Unter derart unklaren Gegebenheiten ergibt Extraterritorialität gar keinen Sinn. Gleichwohl lag Herzl daran hervorzuheben, daß das jüdische Gemeinwesen, gleich welchen Status es auch innehabe, allen Glaubensrichtungen die freie Religionsausübung garantieren und ihnen die Verwaltung ihrer Gotteshäuser übertragen würde. So hatte man es im liberalen Europa des 19. Jahrhunderts gehalten. Die heiligen Stätten, die im Roman vorkommen, sind nicht extraterritorial, aber frei von direkter Verwaltung durch politische Behörden. In dem Zusammenhang verwies Herzl darauf, daß die dem Christentum heiligen Stätten schon etliche Jahrhunderte unter nicht-christlicher, nämlich muslimischer Herrschaft standen, was die europäischen Mächte nach dem Ende des Kreuzfahrer-Staates in Jerusalem akzeptiert hatten. Da dem so war, konnte es nach Herzls Auffassung nicht weiter problematisch sein, wenn diese Stätten unter jüdische Oberhoheit gestellt wurden – außer vielleicht für eine Handvoll Juden. Der Status quo bildete, so Herzl, die beste Grundlage für die Befindlichkeit der Christen, und das würde so bleiben, wenn das Heilige Land einst vom Osmanischen Reich an eine jüdische Regierung übergeben würde.

Hier setzt Joe Levys Bericht über die praktischen Schritte ein, die zur Gründung der *Neuen Gesellschaft* führten, der Organisation der Einwanderer in ihren Heimatländern, der Einfuhr aller Rohstoffe, um die Unterbringung der Juden sicherzustellen, die in großen Scharen ins Land kamen, die Gründung des Bank- und Kreditwesens. Kurzum, er legt den organisatorischen, politischen und wirtschaftlichen Gesamtplan dar, welcher der Vision zur Wirklichkeit verhalf. Levys Bericht stimmt zum großen Teil mit den Plänen überein, die Herzl entworfen und in dieser oder jener Form dem Zionistischen Kongreß vorgelegt hatte; einige wurden ausgeführt, andere konnten wegen politischer oder finanzieller Schwierigkeiten nicht verwirklicht werden. Doch *Altneuland* berichtet ausführlich und in allen Einzelheiten über die zionistischen Organisationen weltweit, hält auch eine Karte bereit mit den Regionen, aus denen die meisten Einwanderer kommen würden: »Die [...] Vorschrift ließ ich auch in Rußland, Rumänien, Galizien und Algerien zur Kenntnis der zionistischen Organisationen bringen.« Im Anschluß an seine historische Analyse der Krise der Emanzipation bestand für Herzl kein Zweifel, daß der größte Teil an Emigranten aus Ländern mit hoher Bevölkerungsdichte unterdrückter und verarmter Juden stammen werde, das heißt aus Osteuropa und Nordafrika.

Am Tag nach der bis weit in die Nacht dauernden Seder-Feier

besichtigen Kingscourt und Löwenberg landwirtschaftliche Unternehmen auf den Golanhöhen und an beiden Seiten des Jordantals, wo insbesondere neue Bewässerungsmethoden erprobt werden. »Denn die von altersher wegen ihrer wunderbaren Fruchtbarkeit hochgepriesenen Ebenen zu beiden Seiten des Flusses waren üppiger als jemals.« So besuchen sie auch eine Versuchsfarm, deren Spezialgebiet unter anderem die Entwicklung einer modernen, auf die besonderen Bedingungen des sub-saharischen Afrikas abgestimmten Landwirtschaft ist, um den Bewohnern dieses Kontinents in wirtschaftlicher und sozialer Hinsicht zu Hilfe zu kommen. Teil dieses Projekts ist die Bekämpfung beziehungsweise Ausrottung der Malaria. Der Direktor des Forschungszentrums macht seine Besuchern auf ein Problem aufmerksam: »Es gibt noch eine ungelöste Frage des Völkerunglücks, die nur ein Jude in seiner ganzen Tiefe ermessen kann. Das ist die Negerfrage.«

Der Höhepunkt des Romans ist der Besuch der beiden Freunde in Jerusalem. Jerusalem ist die Hauptstadt der jüdischen Heimstätte, ihr politischer und symbolischer Mittelpunkt, während Haifa das wirtschaftliche und gesellschaftliche Zentrum bildet. In Jerusalem befindet sich der Präsidentenpalast, »ein Gebäude, das an die Palazzi der genuesischen Patrizier erinnerte«, desgleichen auch die gesetzgebende Körperschaft der Neuen Gesellschaft, der Kongreß; ferner die Jüdische Akademie und ein Friedenspalast, in dem internationale Konflikte erörtert und beigelegt werden. Nicht zuletzt war der Tempel wieder aufgebaut worden.

Bei der Beschreibung Jerusalems als der Hauptstadt des jüdischen Gemeinwesens ließ Herzl seiner Phantasie freien Lauf. Seine Enttäuschungen von damals, als er 1898 die heruntergekommene Stadt aus nächster Nähe gesehen hatte, fanden hier ihren Ausdruck. Er schilderte eine vitale, blühende und modern umgebaute Hauptstadt, ein internationales Kulturzentrum, das die historische Bedeutsamkeit Jerusalems mit der jüdischen Erneuerung auf der Grundlage fortschrittlicher moderner Stadtplanung verband. Im wesentlichen geht die Beschreibung des neuen Jerusalem und seiner möglichen Wiederbelebung auf die Notizen zurück, die Herzl während seines Aufenthalts in der Stadt in sein Tagebuch eintrug. Der Unterschied zwischen dieser Zukunft, die nun in *Altneuland* Gegenwart und Wirklichkeit ist, und dem ehemals schäbig-heruntergekommenen Zustand der Stadt kommt gleich zu Beginn des Fünften Buchs des Romans zur Sprache, das Jerusalem gewidmet ist.

> Einst waren Friedrich und Kingscourt bei Nacht und vom Westen her nach Jerusalem gekommen, jetzt kamen sie bei Tage und vom Osten.* Einst hatten sie eine schwermutsvolle Stadt des Verfalls auf diesen Hügeln liegen gesehen, jetzt sahen sie eine Stadt verjüngter Regsamkeit und Pracht. Einst war Jerusalem tot, jetzt war es auferstanden. [...] Noch war es die heilige Landschaft der Menschheit, noch ragten die Wahrzeichen, die der Glaube vieler Zeiten und vieler Völker aufgerichtet hatte, aber ein neues, mächtiges, freudiges war hinzugekommen: das Leben!

Die Erneuerung der Altstadt stimmt ganz mit den Vorstellungen überein, die Herzl 1898 in seinem Tagebuch formulierte. So bot sie sich den Besuchern in *Altneuland* dar:

* Es ist nicht bekannt, ob Herzl mit der jüdischen Überlieferung vertraut war, derzufolge der Messias einst von Osten nach Jerusalem einziehen werde. Möglicherweise sollte man diesem topographischen Detail im Roman keine größere Bedeutung beimessen. Wenn man aber bedenkt, wie viele Anspielungen und Nuancen bei der Schilderung der neuen jüdischen Heimstatt im allgemeinen und Jerusalem im besonderen im Roman vorkommen, kann die Möglichkeit nicht völlig ausgeschlossen werden. Dieser quasi-messianische Ton ist auch in jener Passage zu vernehmen, in der Herzl die Reisenden eine Opernaufführung in Haifa besuchen läßt. Das Werk trägt den Titel *Sabbatai Zwi* und handelt von dem Pseudo-Messias aus dem 17. Jahrhundert, der gelegentlich als Vorläufer des Zionismus gesehen wird.

> Denn was jetzt innerhalb der uralten Mauern von Jerusalem lag, das war nicht mehr die Unreinlichkeit, der Lärm, der üble Geruch wie vor zwanzig Jahren. Damals mussten sich die Pilger aller Konfessionen innerlich verletzt fühlen, wenn sie oft nach langer Fahrt an dieses Ziel ihrer Sehnsucht kamen, so widerwärtig war mancher Anblick, der sich in verwahrlosten Strassen bot. Und bevor ein frommer Wanderer zum Heiligsten seines Glaubens gelangte, musste er durch Unerfreuliches, Weiheloses hindurch. Anders war es jetzt. Die Gassen und Gässchen waren mit neuen Steinen gepflastert, wohlgepflegt, glatt und sauber wie der Estrich einer guten Stube. Privathäuser gab es in der Altstadt nicht mehr. Alle Gebäude dienten Zwecken der Wohltätigkeit oder Andacht. Es gab da Pilgerhäuser für die Gläubigen aller Bekenntnisse. Christen, Mohammedaner und Juden hatten ihre gemeinnützigen Anstalten, ihre Spitäler und Siechenhäuser, die in bunter Reihe nebeneinander standen.

Die Erwartungen, die 1898 noch an den Felsen der erbärmlich heruntergekommenen Stadt zerschellten, finden hier ihren Ausdruck, wie auch Herzls ganze Liebe zu Jerusalem und seine Hoffnung, die Stadt möge dereinst wieder zum Leben erwachen. Neben der Erneuerung der Altstadt hatte Herzl überdies eine auf dem Reißbrett entworfene, neu erbaute Stadt auf den judäischen Bergen im Sinn:

> Da waren moderne Stadtteile entstanden, von elektrischen Bahnlinien durchzogen breite, baumbesetzte Strassen, ein Häuserdickicht, nur von grünen Anlagen unterbrochen. Boulevards und Parks, Lehrinstitute, Kaufhallen, Prunkgebäude und Belustigungsorte. [...] Es war eine Weltstadt nach den Begriffen des zwanzigsten Jahrhunderts. [...] In der alten wie in der neuen Stadt [gab es] noch viele Häuser des unsichtbaren Gottes, dessen Geist von Israel Jahrtausende lang durch die Welt war getragen worden.

Diese religiöse Komponente in der Schilderung Jerusalems bedarf der Erklärung. Immerhin wird im Roman eine im großen und ganzen säkulare Gesellschaft beschrieben, auch war der Autor selbst im Grunde areligiös. Persönlich fühlte sich Herzl durchaus nicht der jüdischen religiösen Tradition verbunden, vielmehr stand er Spinoza und der Aufklärung weit näher. Aber als Liberaler des späten 19. Jahrhunderts sah er sich den Prinzipien der Toleranz verpflichtet und billigte den Status der Religion im öffentlichen Leben. Er war entschieden gegen religiösen Zwang, wobei er diese Einstellung wiederum nicht als Votum für einen aggressiven Atheismus verstanden wissen wollte. Ganz im Gegenteil – Religion, und bestimmt die jüdische Religion, sollte im zukünftigen jüdischen Staat respektiert und gewürdigt werden. In symbolischer Hinsicht war Religion eine kaum zu unterschätzende Kraft innerhalb des sozialen Gefüges. Anders als nach der protestantischen Lehre war sie nicht bloß eine Angelegenheit des persönlichen, innerlich empfundenen Glaubens. Im Zusammenhang mit Herzls Ansicht, derzufolge die Juden sich »als Nation am Glauben erkennen«, ist diese Position von doppelter Bedeutung. Anders gesagt: Zwar machte die Religion nicht das Wesen der nationalen Erfahrung der Juden aus, aber sie markierte die Umrisse der jüdischen Identität.

Nicht zuletzt muß immer berücksichtigt werden, daß *Altneuland* in ideologischer Absicht und aus Propagandazwecken geschrieben wurde. Herzl wußte, daß die meisten Einwanderer nach Palästina aus Osteuropa und dem Nahen Osten kommen würden, aus jenen Regionen, wo die jüdische Bevölkerungsdichte am höchsten war. Um diese zahlenmäßig großen und überwiegend traditionellen Gemeinschaften für sein Lager zu gewinnen, sie zu Zionisten zu machen, mußte er ihnen das Bild eines wiedergeborenen Landes Israel entwerfen, in welchem sie sich zu Hause fühlen würden. Daher die facettenreiche Darstellung der Religion im Leben der neuen Gesellschaft und insbesondere der Schilderung Jerusalems. Diese Komplexität zeigt sich schon bei der abendlichen Seder-Feier in Tiberias, an der auch Christen und der Muslim Reschid Bey teilnehmen. Herzl begibt sich bei dieser Gelegenheit auf einen ebenso faszinierenden wie gewagten schmalen Grat zwischen säkularen Werten und religiöser Tradition – auf dem ihm wohl weder orthodoxe Juden noch radikale Atheisten vollkommen einvernehmlich folgen würden. Aber sein Ziel war eben, ein neues jüdisches Gemeinwesen zu schaffen, in dem Alt und Neu miteinander verwoben waren – das *Altneuland*.

Wie Herzl 1898 treffen auch die Besucher in seinem Roman an einem Freitagabend in Jerusalem ein, doch ist deren erste Begegnung mit der Stadt von der besonderen Atmosphäre am Vorabend des Sabbats gekennzeichnet:

> Sie gingen durch die prachtvollen Strassen der Neustadt, die mittags noch das rauschendste Leben gezeigt hatte. Jetzt, plötzlich, sonderbar, begann dieser große Verkehr zu erlahmen, zu stocken. Die Zahl der fahrenden Wagen verminderte sich auffallend, und überall wurden die Läden geschlossen. Der Sabbath senkte sich langsam und feierlich auf die vorhin so laute Stadt. Und in Scharen strömten die Andächtigen den Synagogen zu. [...] Die Leute, die einander begegneten oder überholten, grüssten stumm und freundlich. Es war ein Sabbath in den Herzen.

Bemerkenswerterweise strömen nicht alle den Synagogen zu – nur »die Andächtigen«. David Littwak lädt seine Gäste ein, am Vorabendgottesdienst teilzunehmen – im Tempel.

Es könnte verwundern, daß Herzl daran gelegen war, den Wiederaufbau des Tempels in seine Vision mit aufzunehmen. Freidenker dürften davon nicht begeistert sein, und religiöse Juden der unterschiedlichen Ausrichtungen könnten Vorbehalte haben – übrigens höchst gegensätzliche. Doch Herzl beschrieb den wiedererrichteten Tempel liebevoll in allen Einzelheiten. Dabei sollte gleich hervorgehoben werden, daß der Tempel nicht an den muslimischen heiligen Stätten oder gar auf deren Trümmern auf dem Tempelberg erbaut wurde. Das erste, was die Besucher erblicken, als sie in Jerusalem von Osten her eintreffen und auf dem Ölberg stehen, ist die Altstadt, die sich, »soviel man von diesem Aussichtspunkt bemerken konnte, am wenigsten verändert [hatte]. Sie sahen die Grabeskirche, die Omarmoschee und die anderen Kuppeln und Dächer von einst.« Herzl gab nicht genau an, wo der Tempel sich befinden würde, auch ist nicht ersichtlich, ob er inner- oder außerhalb der Mauern der Altstadt stehen sollte. Jedenfalls machte Herzl unmißverständlich klar, daß der Tempel wieder errichtet wurde, und er beschrieb ihn in Wendungen, die dem biblischen Bericht über Salomons Tempel nahekommen:

> Er war wieder aufgerichtet worden, weil die Zeiten sich erfüllten. Er war wie einst aus Kalkquadern aufgebaut, die aus den nahen Steinbrüchen kamen und an der Luft zu härtestem Gestein sich festigten. Wieder standen die Säulen wie aus Erz gegossen, vor dem Heiligtum Israels. Es hieß die linke Säule Boaz, die rechte aber hieß Jachin. Im Vorhofe stand ein gewaltiger erzener Altar und auch der weite Wasserbehälter war da, den man das eherne Meer nannte, wie in den alten Zeiten, da Salomo, der König, regierte.

Es fehlt jeder Hinweis darauf, ob im neuen Tempel Tieropfer gebracht wurden, auch darf man den Begriff Altar hier nicht mißverstehen. Herzl verwandte den deutschen Begriff Altar, der ursprünglich einen Opfertisch bezeichnete, im Sprachgebrauch der damaligen Zeit den erhöhten Bereich im Chor der Kirche meinte. Mit demselben Wort wurde auch das Podium in den Synagogen West- und Mitteleuropas bezeichnet, das heute im allgemeinen als *bima* bekannt ist.

Nachdem Littwak seine Gäste zum Tempel geführt hat, stellt sich heraus, daß die erhabene Liturgie zur Begrüßung des Sabbats derjenigen ähnelt, die Herzl aus den modernen Synagogen Europas kannte. Tatsächlich ist die Verwendung des Begriffs *Tempel* zugleich mit Bedacht gewählt und geschickt – das Wort stand sowohl für den historischen Heiligen Tempel in Jerusalem als auch für moderne Synagogen. Nachdem die Gruppe um Littwak das Heiligtum betreten hat, begeben sich die Frauen auf die Frauenempore, und dann beginnen »durch den herrlichen Raum [...] Gesänge und Lautenspiel zu rauschen«. Es erklingt Musik, allerdings keine Orgel, das typische Instrument der Kirchen – und der Reformsynagogen, sondern Instrumente, die an Davids Harfe erinnern.

Löwenberg, den bis dahin so wenig mit jüdischem Leben verband, wird von der Liturgie des Gottesdienstes tief ergriffen. Tränen treten ihm in die Augen – nicht in Erinnerung an den alten Tempel, sondern weil er so lange nicht mehr Heines wunderschönes Gedicht *Prinzessin Sabbat* vernommen hatte, das für viele aus Herzls Generation und Milieu das Musterbeispiel sehnsuchtsvollen jüdischen Gedenkens war – ein Gedicht, das die spirituelle Größe des unter Fremden lebenden jüdischen Volkes widerspiegelt.

> Wundersam ergriffen diese Klänge das Gemüt Friedrichs. Sie trugen ihn zurück in die Fernen seines eigenen Lebens und in andere Zeiten Israels. Die Beter um ihn herum singsalierten und murmelten die vorgeschriebenen Worte. Ihm aber kamen schöne deutsche Verse in den Sinn: die *Hebräischen Melodien* von Heinrich Heine. Da war Prinzessin Sabbath wieder, »die man nennt die stille Fürstin.« Der Tempelsänger hob das alte Lied zu singen an, das in vielen hundert Jahren dem zerstreuten Volke heimwehweckend erklungen war, in unzähligen Synagogen auf dem Erdenrunde, das Lied des edlen Dichters Salomon ben Halevy: *Lecho Daudi Likras Kallo* – und wie Heine es deutsch gemacht:
> Komm, Geliebter, deiner harret
> Schon die Braut, die dir entschleiert
> Ihr verschämtes Angesicht!

Der wiedererrichtete Tempel und Heine! Und doch ist das nicht weiter verwunderlich – Löwenbergs starke Ergriffenheit ist ja auch die Herzls, der fortfährt: »Ja, Heine fühlte als ein wahrer Poet die Romantik, welche im Schicksale seines Stammes enthalten war.« Er hatte die ergreifendsten deutschen Lieder und Gedichte geschrieben, was ihn nicht hinderte, die Schönheit hebräischer Gesänge wahrzunehmen. Herzl, der sich einmal als »deutscher Schriftsteller aus Ungarn« bezeichnet hatte, gab hier zu erkennen, wie stark er sich mit dem größten Dichter der deutschen Romantik identifizierte. Er spricht an dieser Stelle für zahllose Juden aus der Bildungsschicht im gesamten deutschsprachigen Raum, die Heine verehrten und sich mit ihm weit stärker identifizierten, als es die Deutschen je selbst getan hatten. Heine war ein Weltbürger, ein deutscher Dichter, ein Revolutionär, Marx und Engels freundschaftlich verbunden – der zugleich auch etliche seiner Gedichte unter dem Titel *Hebräische Melodien* veröffentlichte. Die Verwobenheit seiner europäischen und jüdischen Identität kommt wohl in keinem anderen Gedicht so stark zum Ausdruck wie in *Prinzessin Sabbat* – eine unerreichte Mischung aus romantischer Empfindsamkeit und Ironie. Das Gedicht erzählt vom armen, niedergedrückten Juden, der, ein »Hund mit hündischen Gedanken« in der Woche, zu Beginn des heiligen Sabbats zum Königssohn wird. Das zitierte Lied wird – fälschlich – dem »großen, hochberühmten Minnesinger Don Jehuda ben Halevy« zugeschrieben und dem Dichter gebührend Reverenz erwiesen; »Schalet«, der stundenlang vor sich hin köchelnde Eintopf, die traditionelle Sabbatspeise in Aschkenas, wird mit einem ironisch abgewandelten Zitat aus Schillers *Ode an die Freude* gepriesen – »Schalet, schöner Götterfunken, Tochter aus Elysium!« –, es ist »des wahren Gottes koscheres Ambrosia«, dessen geheimes Rezept Gott selbst auf dem Berg Sinai Moses zusammen mit der Torah offenbarte. In dieser märchenhaft-zauberischen deutschen Ballade also findet sich das *Lecho Daudi, Likras Kalle* in der aschkenasischen Aussprache des Hebräischen.

Man darf auch annehmen, daß Herzl eine von ferne anklingende Sehnsucht nach dem Land Israel im Gedicht wahrnimmt, speziell da, wo Heine den zufriedenen Juden schildert, der, nach dem üppigen Schalet-Gericht, das sich so merklich von der dürftigen Nahrung an den Wochentagen abhebt, »die Weste aufknöpfet« und mit »sel'gem Lächeln« sinniert:

> Hör' ich nicht den Jordan rauschen?
> Sind das nicht die Brüsselbrunnen
> In dem Palmenthal von Beth-El,
> Wo gelagert die Kamele?
> Hör' ich nicht die Herdenglöckchen?
> Sind das nicht die fetten Hämmel,
> Die vom Gileathgebirge
> Abendlich der Hirt herabtreibt?

Nun ist Herzls Loblied auf Heine, das sich auf so natürliche Weise in seine Beschreibung des Freitagabendgottesdienstes im wiedererrichteten Tempel einfügt, eine singuläre Zusammenstellung. Kein Zweifel, daß sich viele, die den Roman im Original lasen und auf diese oder jene Weise in der deutschen Kultur zu Hause, zugleich sich ihrer jüdischen Identität bewußt waren, hiervon begeistern ließen.

Diese Verquickungen gaben Herzl auch die Gelegenheit, die symbolische Bedeutung des Tempels zu erläutern und die Gründe aufzuführen, weshalb er im neuen jüdischen Staat hatte wieder aufgebaut werden müssen.

> Plötzlich, in diesen Betrachtungen, die von den hebräischen Melodien durchrauscht waren, ersah und verstand Friedrich die Bedeutung des Tempels. Einst, in der Zeit, da Salomo, der König regierte, war der Tempel ein mit Gold und Edelstein geschmücktes Wahrzeichen für den Stolz und die Macht Israels. [...] Aber wie herrlich für die Begriffe je-

ner Tage dies alles auch gewesen, um den sichtbaren und greifbaren Bau konnten die Juden doch nicht achtzehn Jahrhunderte hindurch gejammert haben. An den Trümmern konnten sie nicht um das zerstörte Mauerwerk geklagt haben. [...] Nein, sie ächzten um etwa Unsichtbares, für das der Tempel nur der steinerne Ausdruck gewesen. Und dieses Unsichtbare fühlte Friedrich im neuerstandenen Tempel zu Jerusalem. Da standen die heimgekehrten Söhne von Gottes altem Volk und erhoben ihre Seelen zum Unsichtbaren. Sie standen wie einst ihre Väter auf dem Berg Moria. Salomos Worte waren wieder lebendig: »Gott hat verheissen, in einer Wolke zu weilen, gebaut hab' ich einen festen Wohnsitz Dir, o Gott! Eine Stätte für Dein Bleiben für immer.«

Dem fügte Herzl noch hinzu:

Gebetet hatten sie [scil. die Juden] mit mehr oder weniger Andacht in vielen Tempeln auf dem Erdenrunde, in prächtigen und armen, in allen Sprachen der Zerstreuung. Ihr unsichtbarer Gott, der Allgegenwärtige, musste ihnen doch überall gleich nah oder fern sein. Dennoch war nur hier allein der Tempel. Warum?
Weil sie erst hier zu der freien Gemeinschaft gediehen waren, in der sie für die höchsten Zwecke der Menschheit wirken konnten. [...] Beides mußte da sein: Freiheit und Gemeingefühl. Da erst durften sie das Haus des Unsichtbaren und Allmächtigen errichten, welchen die Kinder sich anders vorstellten als die Weisen, der aber als Wille zum Guten im All gegenwärtig ist.

Diese eindeutig auf Spinoza zurückgehende Anschauung beendet die Beschreibung des Tempels. Zwar gab es offenkundig religiöse und historische Gründe, warum er wieder errichtet wurde, doch der Anstoß dazu war für Herzl nicht bloß religiöser Natur. Es war entschieden nicht nur darum gegangen, den alten Ritus wieder einzuführen, vielmehr war der Bau von politischer Bedeutung. Wie die Zerstörung des Zweiten Tempels nicht nur eine theologisch-religiöse Katastrophe gewesen war, sondern auch das Ende des jüdischen Reiches markiert hatte, so symbolisierte sein Wiederaufbau den Wiedereintritt des jüdischen Volkes in die politische Freiheit: »Weil sie erst hier zu der freien Gemeinschaft gediehen waren.« In der Diaspora hatte das jüdische Volk seine Identität, seine Existenz nur durch Gebet und Glauben bewahren können, aber nur im eigenen Land konnte es zum Status einer politisch anerkannten, freien und unabhängigen Nation zurückkehren. Die Formulierung »politischer Zionismus« wird häufig verwandt, um Herzls Einstellung schlagwortartig zu bezeichnen. Paradoxerweise verleiht er dieser Einstellung hier Ausdruck, indem er ein religiöses Motiv anführt, das tatsächlich politischer Natur war.

Die restlichen Kapitel vom Fünften Buch, die sämtlich Jerusalem zum Thema haben, sind weniger dramatisch. Aber sie sind Teil von Herzls umfänglichem Projekt. In der wieder zum Leben erweckten jüdischen Gesellschaft sah er nicht allein die Lösung für die elende Lage der Juden, sondern die Mittel und Möglichkeiten für eine bessere Welt generell. So ist der Friedenspalast ein im wahrsten Sinn des Wortes herausragendes Gebäude in der Jerusalemer Stadtsilhouette, der erste moderne Bau, den die Reisenden vom Ölberg aus sehen, jener »neu schimmernde ausgedehnte Prachtbau«, der seine Tätigkeit dank der großzügigen Unterstützung seitens eines wohlhabenden Juden aus Frankreich fortführen kann. Dem Haus ist eine Institution angegliedert, die der jüdischen Heimstätte und ihren Einwohnern Hilfe und Unterstützung angedeihen ließ – aber auch fernen Völkern und ihren Ländern. Für den Leser unserer Tage nimmt sich die Institution wie eine Kombination aus UNO und einigen der ihr angeschlossenen Unterabteilungen wie der WHO, dem World Food Program oder der UNESCO aus:

> Wenn zum Beispiel irgendwo in der Welt eine Katastrophe hereinbricht – Brände, Überschwemmungen, Hungersnot, Epidemien – so wird es hierher telegraphiert. Hier ist immer ein Hilfsreservoir in großen Barmitteln vorhanden, weil ebenso wie die Bittgesuche auch die Spenden sich hier zentralisieren. […] Hierher wenden sich aber auch Erfinder, Künstler, Gelehrte um Unterstützung ihrer Arbeiten. Es lockt sie der Spruch, der über dem Tore des Friedenspalastes leuchtet: »Nil humani alienum me puto« – nichts Menschliches ist mir fremd.

Der Friedenspalast engagiert sich auch in der friedlichen Beilegung internationaler Konflikte.

Die Etablierung einer Institution im Neuen Jerusalem, deren Aufgabe die Beilegung internationaler sozialer, ökonomischer und politischer Probleme ist, spiegelt die Bemühungen jener Zeit wider, eben diese Ziele zu erreichen. Gegen Ende des 19. Jahrhunderts wurden internationale Konferenzen einberufen, humanitäre und philanthropische Unternehmen gegründet, deren Ziel es war, für gleichermaßen altbekannte wie neue Probleme Lösungen zu finden. Der mit der Entwicklung neuer Transport- und Kommunikationsmittel einsetzende Globalisierungsprozeß hatte zur Folge, daß entlegene humanitäre Katastrophen oder Kriege erheblich rascher und unmittelbarer der Öffentlichkeit bekanntgemacht wurden und so an Dringlichkeit gewannen. Zu den Hilfs- und Friedensinitiativen gehörten etwa die Friedenskongresse in Bern 1891, Antwerpen 1894 und Hamburg 1897 – allesamt Veranstaltungen gegen den Krieg in einer friedlichen Epoche.

Herzl kannte diese Friedensinitiativen aus allernächster Nähe, war doch eine der Initiatorinnen der Friedenskongresse die österreichische Baronin Bertha von Suttner aus Wien, zugleich eine engagierte Kämpferin gegen den Antisemitismus und eine der ersten nicht-jüdischen Unterstützerinnen der zionistischen Bewegung. Herzl unterhielt enge Beziehungen zu ihr, und sie versuchte verschiedentlich, freilich erfolglos, für Herzl eine Audienz beim Zaren zu arrangieren. Bertha von Suttner war eine höchst ungewöhnliche Erscheinung – die erste Frau, die nicht einer königlichen Familie angehörte und doch eine herausragende Rolle in der internationalen Politik spielen sollte. 1889 veröffentlichte sie ihren ersten pazifistischen Aufruf in der *Neuen Freien Presse*, 1897 übergab sie Kaiser Franz Joseph ein Memorandum, in dem sie die Einberufung eines internationalen Gerichtshofs verlangte, der bestehende Konflikte zwischen Staaten schlichten sollte. 1899 gehörte sie zu den Persönlichkeiten, die die Internationale Friedenskonferenz in Den Haag organisierten. Diese Konferenz erarbeitete die Entwürfe zu mehreren internationalen humanitären Vereinbarungen, die später als *Haager Konvention* bekannt wurden. 1905, ein Jahr nach Herzls Tod, wurde ihr als erster Frau der Friedensnobelpreis zuerkannt.

Suttners mehrjährigem Briefwechsel mit Herzl kommt insofern besondere Bedeutung zu, als sie hier ihre Auffassungen darüber austauschten, welche humanitären Implikationen die politische Lösung der Judenfrage barg. Beide waren der Ansicht, daß in ihrer Folge Feindseligkeiten und Spannungen in Europa reduziert würden. Man darf mit Sicherheit annehmen, daß Herzl mit der Einbeziehung des Friedenspalastes in sein imaginäres Neues Jerusalem seiner Freundin eine moralische Schuld abtrug und zugleich ihre Forderung nach einer internationalen Institution unterstützte, die sich mit solchen Problemen befaßte, die jenseits der Souveränität einzelner Staaten lagen. Indem er diese Instanz nach Jerusalem verlegte, gab Herzl zu verstehen, daß der zukünftige jüdische Staat zur Lösung allgemeiner humanitärer Probleme – nicht nur jüdischer – beizutragen imstande war.

Ein ähnliches Mandat wird in *Altneuland* der Jüdischen Akademie übertragen, die gleichfalls in Jerusalem ihren Sitz hat. Wie der Friedenspalast beschäftigt sich auch diese Institution nicht nur mit jüdischen Themen. Ihr vornehmstes Ziel ist, »das Verdienst einzelner um die Menschheit aufzusuchen. Diese Aufgabe ist selbstverständlich nicht an die Grenzen des Landes gebunden.« Die Jüdische Akademie zählt vierzig Mitglieder, die zugleich der Jüdischen Ehrenlegion – im Roman trägt sie die Bezeichnung »Ordenskapitel der Judenehre« – angehören. Sie ist ausdrücklich der französischen Légion d'honneur nachgebildet. Einmal mehr zeigt sich hier Herzls Gespür, seine Wertschätzung von historisch bedeutsamen Symbolen. Und auch hier griff er auf Formulierungen aus seinem Tagebuch von 1898 zurück. »Das Abzeichen [der Ehrenlegion] war ein gelbes Band im Knopfloch [...] die Farbe aber soll uns an die schwersten Zeiten unserer Volksgeschichte erinnern und uns noch im Erfolge zur Demut mahnen. Aus dem gelben Fleck, den unsere unglücklichen, standhaften Väter tragen mussten, aus dem Zeichen der Schande haben wir das Zeichen der Ehre gemacht.« Die Jüdische Akademie richtet – wie jede andere nationale Institution vergleichbaren Status – internationale Konferenzen und Treffen aus und bemüht sich insbesondere, technologische Neuerungen zu fördern, die das Leben der Menschen weltweit verbessern, den Lebensstandard heben und zu individuellem und kollektivem Wohlbefinden beitragen.

Aber die neue Gesellschaft hielt auch andere internationale Zusammenkünfte ab, zu der sich die besten Köpfe aus Wissenschaft, Literatur und Kunst im jüdischen Land trafen. Dieser Wissenstourismus sollte Grundlage einer Publikationsreihe sein mit dem Titel *Neue Platonische Dialoge*, in denen sich »die edelsten Geister der Menschheit äusserten [...] unvergessliche Anregungen gebend und empfangend« [...] und Themen von großer Tragweite erörterten, wie beispielsweise »über die Einrichtung eines wahrhaft modernen Gemeinwesens, über die Erziehung durch die Kunst, über Bodenreform, über die Organisierung der Wohltätigkeit, über die Arbeiterfürsorge, über die Rolle der Frau in der zivilisierten Gesellschaft, über die Entwicklung der Technik in Wissenschaft und Praxis und noch über manche andere, woraus alle Menschen einen unvergänglichen Nutzen ziehen konnten«.

In dieser und manch anderer Hinsicht gliedert Herzl das Land der Juden in die Weltkultur ein. Das Besondere und das Universelle sind stets miteinander verwoben. Die Juden werden weder eine Nation bilden, die sich abseits hält und für sich bleibt, noch soll ihre Heimat zu einem neuen Ghetto am Mittelmeer werden. Vielmehr wird es ein alt-neues Land sein, das sich seiner Identität, seiner Geschichte und Tradition bewußt ist, um zugleich Teil der Völkerfamilie zu sein, ein Partner hinsichtlich der wissenschaftlichen und technologischen Errungenschaften und im Bemühen, menschliches Leid zu beenden.

Altneuland kommt zu einem zweifach glücklichen Ende mit der Hochzeit von Friedrich Löwenberg und Mirjam Littwak einerseits und der Wahl David Littwaks zum Staatspräsidenten andererseits. Löwenberg, der entwurzelte Jude, der einst in Verzweiflung den Beschluß faßte, sich gleichsam lebendig auf einer pazifischen Insel zu begraben, entscheidet sich nun, Mitglied der neuen Gesellschaft zu werden. Der eingefleischte Menschenfeind Kingscourt schließt sich ihm an – denn die neue Gesellschaft begrüßt auch nicht-jüdische Mitglieder. Dabei hat Kingscourts Aufnahme noch einen melodramatischen Aspekt. Während seines Besuchs gibt er immer wieder aufs neue seiner Verblüffung darüber Ausdruck, was die Juden zustande gebracht haben – seine häufigen Ausrufe »Donnerwetter!« oder »Alle Deibel!« legen beredt Zeugnis davon ab. Aber er ist auch von Littwaks kleinem Sohn bezaubert, wie auch das Kind sehr an ihm hängt. Als der Junge ernstlich erkrankt, sind es Kingscourts martialische Gesänge, die ihn ins Leben zurückholen. Die Wege der Liebe sind unerforschlich.

Doch sind diese Begebenheiten nebensächlich im Vergleich zu Aussage und Botschaft des Romans. Die Geschichte endet in einem harmonischen Ausgleich zwischen Romantik und Realität. Mirjam Littwak hat eine feine Singstimme, und gegen Ende des Romans hört Löwenberg sie »Lieder von Schumann, Rubinstein, Wagner, Verdi und Gounod« singen. »Als aber die Sängerin Mirjam das Lied anhub, das er immer sehr geliebt hatte, das sehnsuchtsvolle Lied aus [der Oper] *Mignon* ›Kennst du das Land, wo die Zitronen blühn ...‹, da sagte Friedrich halblaut vor sich hin: ›Dies ist das Land‹.«

Die Worte dieses wunderbar sehnsuchtsvollen Liedes finden sich in dem Buch, das Ambroise Thomas zu der Oper inspirierte, in *Wilhelm Meisters Lehrjahre* von Goethe. Mignon, die weibliche Hauptperson des Romans, spricht hier vom Zauber, der die Menschen aus dem Norden in den sonnigen Süden zieht:

Kennst du das Land, wo die Citronen blühn,
Im dunkeln Laub die Gold-Orangen glühn,
Ein sanfter Wind vom blauen Himmel weht,
Die Myrte still und hoch der Lorbeer steht?
Kennst du es wohl?
Dahin! Dahin
Möcht' ich mit dir, o mein Geliebter, ziehn.

Von Heine erst zutiefst gerührt, wird Löwenberg nun von Goethe wachgerüttelt. Es ist der von allen großen deutschen Dichtern Griechenland und der mediterranen Welt am stärksten verbundene, der ihm sagt, wo seine Heimat wirklich liegt. Und doch nimmt Herzl am Schluß des Romans seiner Vision vom Land der Juden den Zauber der klassischen deutschen Romantik, die ihm so am Herzen lag, und kehrt auf den soliden Boden der jüdischen Erfahrung zurück. Löwenberg, der nun endlich seinen Platz in der Welt gefunden hat, wirft eine Frage in die Runde der Freunde: »Wir sehen hier eine neue, eine glücklichere Form des Zusammenlebens von Menschen – wer hat das nun geschaffen?«

Jeder gibt eine Antwort gemäß seinem Charakter, seinem Beruf und seiner Weltanschauung:

Die Not!
Das wiedervereinigte Volk!
Die neuen Verkehrsmittel!
Das Wissen!

Der Wille!
Die Naturkräfte!
Die gegenseitige Duldung!
Die Liebe und das Leiden!
Der alte Rabbi Samuel aber stand feierlich auf und sagte:
Gott!

Damit endet das Buch.

Es hätte keinen besseren Abschluß für die Komplexität und intellektuelle Fülle des Romans geben können als diese Meinungsvielfalt. Eben darum war es ja Herzl gegangen – Altes mit Neuem, Wissenschaft mit Glauben, Gleichheit mit Solidarität in Übereinstimmung zu bringen. Er sah eine Gesellschaft voraus, in der Kapitalismus und Sozialismus sich verbanden. Er erwartete ein Land, in dem Juden und Araber gleichberechtigt und in gegenseitigem Respekt miteinander lebten, um zusammen, wie Reschid Bey es ausdrückte, »unser gemeinsames Vaterland erblühen zu lassen«. Mal um Mal betonte Herzl, daß nichts in *Altneuland* neu war. Es war eben nicht bloß ein weiterer utopischer Traum aus hochfliegenden Vorstellungen, die niemals praktisch umgesetzt werden konnten. Alle Elemente und Komponenten dieser neuen Gesellschaft gab es schon. Herzl war fest davon überzeugt, daß er einen realistischen Plan vorstellte. Gewiß bedurfte es politischen Willens und der Fähigkeit der jüdischen Massen, aktiv zu werden, nicht zuletzt auch des Vermögens, ein alles andere als leicht zu handhabendes politisches System auf internationaler Ebene in Gang zu setzen – aber es war machbar.

Die neue Gesellschaft hatte ihre Mängel, war jedoch imstande, diese zu beheben. Dazu zählten das Auftauchen einer rassistischen politischen Partei und eine Boulevardpresse, die falsche Informationen verbreitete und aus der Luft gegriffene Anschuldigungen wegen der angeblichen Korruption führender Politiker der neuen Gesellschaft. Desungeachtet war Herzl der Ansicht, daß es für die modernen Juden in ihrer Notlage nicht unmöglich war, eine gut organisierte Gesellschaft aufzubauen. Anders als Cabets *Icaria*, war *Altneuland* nicht das Land des Ikarus, der zu nahe an die Sonne flog und folglich umkommen mußte; es war ein Entwurf und ein realistischer, praktikabler Plan, der hier und jetzt im irdischen Jerusalem die sehnsüchtigen Erwartungen der jüdischen Nation, einer Nation ohne Heimstätte, erfüllen konnte.

So sah es Herzl 1902 – eine Vision, von der er glaubte, daß sie bis 1923 verwirklicht werden könnte. Doch bei all seiner Klarsicht bezüglich des prekären Zustands der Doppelmonarchie und den aufziehenden Bedrohungen der langen Friedensperiode in Europa konnte er nicht das zentrale Ereignis zwischen 1902 und 1923 voraussehen – die Ermordung des Erzherzogs Franz Ferdinand in Sarajevo. Dieser Mord, der das Ende einer internationalen Ordnung und den Beginn einer gänzlich anderen markierte, sollte die Notlage der Juden in jenen Ländern erheblich verschärfen, die aus den Trümmern der Habsburger Doppelmonarchie, dem Russischen und dem Deutschen Reich hervorgingen. Der Mord von Sarajevo bahnte den Weg zur Schoah im Zweiten Weltkrieg. Und dennoch sollte mit dem Ausgang des schrecklichen Kriegs, der 1914 in Europa begann, dem jüdischen Volk sich ein Tor der Hoffnung auftun. Die Auflösung des Osmanischen Reichs, die Balfour-Deklaration und die Verfügung des Mandats über Palästina seitens des Völkerbunds sollten der zionistischen Bewegung jene historische Gelegenheit geben, die Herzl gesucht, zeit seines Lebens aber nicht gefunden hatte. Manchmal geht die Geschichte eben seltsame Wege.

Kapitel 8
El-Arisch – Kischinew – Uganda
Von der Fata Morgana zu harten Fakten

Herzl versandte Exemplare von *Altneuland* an führende Politiker und andere einflußreiche Persönlichkeiten, unter anderem an türkische Regierungsvertreter in Konstantinopel. Er pflegte weiter seine auf kompliziert-verschlungenen Bahnen verlaufenden Kontakte zum Hof des Sultans, wobei er türkische Politiker mit Zusagen eines beträchtlichen Darlehens an die Türkei zu locken suchte, für das jüdische Finanziers bürgen würden – Lord Rothschild hatte dem mit Vorbehalten zugestimmt. Auch war er äußerst großzügig mit persönlichen Geschenken an dortige Hofbedienstete. Zunächst sah es auch ganz danach aus, daß seine Bemühungen erfolgreich sein würden – der türkische Botschafter in London bat ihn um ein detailliertes Memorandum hinsichtlich der Ziele einer jüdischen Besiedlung Palästinas einschließlich einer Darlegung, wie diese vonstatten gehen sollte. Ende Juli 1902 begab sich Herzl wiederum nach Konstantinopel in der Hoffnung, ein weiteres Mal vom Sultan empfangen zu werden. Er hoffte sehr, den Charter zu erhalten, den Schutz- und Garantiebrief, um den er sich so engagiert bemüht hatte und der das oberste politische Ziel der zionistischen Bewegung war.

Aber sein Angebot eines Darlehens traf auf Schwierigkeiten – es stellte sich heraus, daß es auch ein Angebot seitens der französischen Regierung gab. Herzls Tagebucheinträge dieser Zeit enthalten vor allem umfängliche finanzielle Pläne und Überlegungen, die ungefähr zu gleichen Teilen Scharfsinn und Wunschdenken verraten. Dutzende Briefe, Memoranden, Berichte und selbst Bitten um Bankkredite, bei denen es um beträchtliche Summen ging, wurden zwischen der zionistischen Leitung und etlichen Hofbeamten gewechselt. Aber am Ende reiste Herzl entmutigt aus Konstantinopel ab. Zwar hatte er einige hohe Vertreter des Hofes treffen können, unter anderem den Großwesir Said Pascha, den Protokollchef und andere Mitglieder des Kabinetts, aber zu der versprochenen Audienz beim Sultan war es nicht gekommen. Die kostspieligen Geschenke hatten ihre Wirkung verfehlt – Herzl mußte erkennen, daß diese Initiative gescheitert war. Die Minister ließen ihn in gelegentlich gewundenen Formulierungen – Herzl nannte sie »byzantinisch« –, aber auch unumwunden und direkt wissen, daß der Sultan mit nicht zusammenhängenden, verstreuten jüdischen Ansiedlungen im gesamten Osmanischen Reich einverstanden sei, welche die Landwirtschaft und die allgemeine wirtschaftliche Entwicklung voranbringen könnten, nicht aber mit einer konzentriert-kompakten Siedlung in einem bestimmten Landesteil wie etwa Palästina. Keinesfalls würde der Sultan seine Zustimmung zu einem Charter geben, der territoriale Autonomie garantierte. Ungeachtet aller Bemühungen Herzls, diesbezügliche Befürchtungen zu entkräften, war es der türkischen Regierung völlig klar, daß ein territorialer Schutz- und Garantiebrief letztendlich zu einem politischen Gemeinwesen führen müßte, das einen der völligen Souveränität nahekommenden Status beanspruchen würde. Das Osmanische Reich hatte weite Teile des Balkans im Laufe des 19. Jahrhunderts verloren, ganz zu schweigen von der Kontrolle über Ägypten, das faktisch unter britischer Oberhoheit stand. Die Hohe Pforte konnte schlechterdings nichts für ein weiteres Unternehmen übrig haben, das im Grunde noch einen Landesteil aus dem Reich herauslösen würde.

Bald nach früheren Enttäuschungen bezüglich seiner Kontakte zu Konstantinopel hatte Herzl im Tagebuch im April 1902 notiert: »So schliesst dieses Buch meines politischen Romans.« Diesen Satz schrieb er jetzt noch einmal, als er die osmanische Hauptstadt verließ. Als er erfuhr, daß die Türken eine Reihe von Verhandlungen mit den Zionisten geführt hatten, um das von französischer Seite erhaltene Angebot in die Höhe zu treiben, fügte er verbittert und zornig hinzu: »Ich verliess die Höhle Ali Babas und der vierzig Räuber.«

Doch unverdrossen optimistisch, setzte Herzl seine Hoffnungen darauf, daß die finanzielle Situation des Osmanischen Reichs sich weiter verschlechtern und die Regierung sich an ihn wenden würde. Nicht ganz zu Unrecht tröstete er sich auch mit dem Gedanken, daß, ungeachtet seines Mißerfolgs, das Osmanische Reich ihn und die zionistische Bewegung weiter für ernst zu nehmende Partner hielt, mit denen gegebenenfalls auch zu verhandeln war. An anderer Stelle im Tagebuch notierte er, daß möglicherweise die Zeit noch nicht reif war und die Zionisten die Auflösung des Osmanischen Reichs abzuwarten hätten – vielleicht würde sich erst dann die günstige Gelegenheit für die zionistische Bewegung bieten. In seltener Weitsicht ahnte Herzl durch den Nebel der Geschichte jenen politischen Kontext voraus, in dem 1917 die Balfour-Deklaration verkündet wurde.

Herzl sah sich nach Alternativen um. Wenn es ihm nicht gelang, die Ansiedlung in Palästina in die Wege zu leiten, so könnten die Juden vielleicht an einen anderen, nahe gelegenen Ort, möglichst unter britischer Herrschaft, gebracht werden, der als Sprungbrett nach Palästina in Frage käme? Während eines Aufenthalts in London im Juli 1902, unmittelbar vor seiner Reise nach Konstantinopel, hatten Angehörige der Familie Rothschild, die mit ihm und der zionistischen Bewegung sympathisierten, sich um eine Begegnung mit dem für die Kolonien zuständigen Minister Joseph Chamberlain bemüht, um über »die Ansiedlung der nothleidenden Juden auf der Sinai-Halbinsel, in Egyptisch-Palästina« zu beraten. Daraus wurde erst einmal nichts.

Nach der herben Enttäuschung in Konstantinopel versuchte Herzl erneut, das Interesse der Engländer zu wecken. Der Zeitpunkt schien politisch günstig – immer mehr Flüchtlinge nutzten Englands freizügige Einwanderungspolitik und flohen aus dem russischen Ansiedlungsrayon. Infolgedessen verwandelte sich Londons East End in ein überwiegend jüdisches Viertel. Angesichts dieser Masseneinwanderung von Juden berief die englische Regierung eine *Royal Commission on Alien Immigration*, die den Entwurf zu einem restriktiveren Einwanderungsgesetz ausarbeiten und alternative Aufnahmeorte für die Flüchtlinge ausfindig machen sollte. Selbst jüdische Repräsentanten waren wegen der »Überschwemmung« durch arme Juden ohne jede Ausbildung besorgt, die ins Land strömten. Sie befürchteten, daß die Neuankömmlinge den Status der im Land ansässigen Juden untergraben und eine Welle des Antisemitismus auslösen könnten. Im Juli hatte Herzl erreicht, vor diese Kommission geladen zu werden, um ihr – und durch sie auch der englischen Öffentlichkeit – die zionistische Alternative einer Masseneinwanderung in den Westen darzulegen. Er kam nun im Oktober 1902 nach London zu einem Treffen mit Chamberlain zurück.

Zu diesem Zeitpunkt hatte er bereits Übung darin, einerseits mit Politikern zusammenzukommen, andererseits von ihnen enttäuscht zu werden. Doch ohne Zweifel hob diese Gelegenheit seine Zuversicht, daß er sich auf dem richtigen Weg befand. Er würde Chamberlain nicht wie ein gewöhnlicher jüdischer Bittsteller gegenübertreten, sondern als anerkannter Repräsentant einer politischen Bewegung – zugegebenermaßen einer schwachen, aber doch einer, die nach und nach von allen Nationen der Welt als diejenige anerkannt werden sollte, die das jüdische Volk vertrat. Aus seinen Tagebüchern geht eindeutig hervor, daß er den Eindruck hatte, einen Durchbruch erzielt zu haben. Er beschrieb ausführlich das Treffen, das am 22. Oktober 1902 in der Downing Street stattfand. Er war sich der Bedeutung dieser Zusammenkunft »mit dem berühmten Herrn von England« bewußt. Chamberlains Stern im politischen System des Empire war im Aufstieg begriffen, und er verfolgte eine Politik der wirtschaftlichen Stärkung des Landes. Herzl gab unumwunden im Tagebuch zu: »Leider vibrierte meine Stimme Anfangs, worüber ich während ich sprach mich sehr ärgerte. Nach ein paar Minuten wurde die Sache indessen besser und ich redete ruhig und eindringlich, soweit das bei meinem holterdipolter Englisch möglich ist.« Bei weiteren Treffen, so vertraute er seinem Tagebuch an, würde er französisch reden »wegen meiner Superiorität in dieser Sprache«.

Herzl begann damit, daß er seinem Wunsch Ausdruck verlieh, dem weltweiten Problem Abhilfe zu schaffen, das durch die aus dem zaristischen Rußland fliehenden Juden verursacht wurde. Er teilte Chamberlain mit, daß er in Verhandlungen mit dem Sultan über Palästina stand, um sogleich hinzuzufügen:

> But you know what turkish negotiations are. If you want to buy a carpet, first you must drink half a dozen cups of coffee and smoke a hundred cigarettes, then you discuss family stories and from time to time you speak again a few words about the carpet. Now I have time to negotiate, but my people has not. They are starving in the Pale [of Settlement].*

Herzls launiger Kommentar zur türkischen Verhandlungspraxis gefiel offenbar dem Kolonialminister, jedenfalls war das Eis gebrochen – »bei der Carpet-Geschichte lachte die Maske« – und Herzl konnte seinen Vorschlag erläutern. Er ersuchte die britische Regierung, sie möge mit ihm in Verhandlungen eintreten mit dem Ziel, den Juden solche Gebiete zu überlassen, die unter britischer Kontrolle standen – Zypern beispielsweise oder die Gegend um El-Arisch im nördlichen Sinai.

Chamberlain erwiderte, daß er als Kolonialminister nur für Zy-

* Aber Sie wissen ja, wie türkische Verhandlungen ablaufen. Wenn Sie einen Teppich kaufen wollen, müssen Sie erst einmal ein halbes Dutzend Tassen Kaffee trinken und hundert Zigaretten rauchen, dann kommt man auf familiäre Angelegenheiten zu sprechen, um dann und wann ein Wörtchen über den Teppich fallenzulassen. Was mich betrifft, so habe ich Zeit für Verhandlungen, mein Volk aber nicht. Sie verhungern im Ansiedlungsrayon. Ich muß ihnen jetzt helfen.

pern sprechen könnte. Ägypten fiel in die Zuständigkeit des Auswärtigen Amtes wegen der indirekten Form der britischen Herrschaft über dieses Land. Was nun Zypern beträfe, sagte Chamberlain,

> so sei die Sache so, dass dort Griechen und Mohammedaner leben, und die könne er neuen Einwanderern zuliebe nicht verdrängen. Er müsse vielmehr pflichtgemäß auf ihrer Seite stehen. Wenn nun die Griechen – vielleicht unterstützt von Griechenland und Rußland her – sich gegen die jüdischen Flüchtlinge wehrten, wäre die Schwierigkeit fertig.

Wenn aber, so fuhr Chamberlain laut Herzls Tagebuchnotiz fort, er [Herzl] »ihm einen Punkt in den englischen Besitzungen zeigen könnte, wo es noch keine weissen Menschen gäbe, da liesse sich reden.« Das war der erste, noch indirekte Hinweis auf Uganda, eine Vorstellung, die erst später Gegenstand ihrer Verhandlungen werden sollte, und zwar in der Folge dramatischer Ereignisse. Chamberlain betonte ausdrücklich seine Sympathie für die Juden und sagte, er wäre stolz, hätte er jüdisches Blut in seinen Adern, »aber, voilà, er habe keinen Tropfen«. Die englische Öffentlichkeit sei beunruhigt über den jüdischen Zustrom nach dem East End, nicht, weil sie antisemitisch eingestellt sei, vielmehr handele es sich um ein Problem der Gewerkschaften, die Billiglohnkräfte befürchteten.

Herzl verstand nun, daß Zypern keine wirkliche Option war, er sollte in einem anderen Kontext darauf zurückkommen. Er hoffte, so sagte er, daß er die Zusage für eine Besiedlung auf dem Sinai und um El-Arisch erhalten werde. In dem Zusammenhang überlegte er, daß, wenn man »die Jewish Eastern Company mit 5 Mill[ionen] £ für Sinai und El Arisch« gründen würde, auch »die Cyprioten Lust bekommen [werden], den Goldregen auch auf ihre Insel zu kriegen. Die Mohammedaner ziehen weg, die Griechen verkaufen ihre Ländereien gern gut und ziehen nach Athen oder Kreta.« Chamberlain enthielt sich jeden Kommentars zu diesem unverhohlenen Vorgehen und wiederholte statt dessen, daß hinsichtlich El-Arisch und dem Sinai das Foreign Office der richtige Ansprechpartner sei. Von der freundlichen Atmosphäre ermutigt, bat Herzl Chamberlain, sich für ihn zu verwenden und ein Treffen mit dem Außenminister, Lord Lansdowne zu arrangieren. Herzl wies darauf hin, daß er am übernächsten Tag abreisen müsse, die Sache also dringlich sei. Seine Beharrlichkeit lohnte sich: »Er dachte nach ...« schrieb Herzl, und Chamberlain forderte ihn auf, ein paar Stunden später zurückzukehren, um den Außenminister zu treffen. Als Herzl zur vereinbarten Zeit zurückkam, empfing ihn Chamberlain »äusserst freundlich« und teilte ihm mit, Lord Lansdowne würde ihn um halb fünf am selben Tag empfangen. Er ließ Herzl wissen: »Tragen Sie ihm die Sache vor, aber sprechen Sie nicht von Cypern. Der Cyperntheil der Sache geht mich an. Sagen Sie ihm namentlich, dass die von Ihnen geplante Colonie kein jumping-off place mit der Spitze nach den Besitzungen des Sultans ist.« Herzl sagte das zu, aber es hört sich ganz so an, als hätten die beiden sich zugezwinkert. So begann eine der faszinierendsten Episoden in der Geschichte des Zionismus – der El-Arisch-Plan.

Vor seiner Sitzung mit dem Außenminister fand Herzl noch ein wenig Zeit, um seine Eindrücke von seinem Treffen mit dem Kolonialminister aufzuschreiben. Aus der Unterhaltung mit Chamberlain entnahm er, daß dieser nicht wußte, wo genau El-Arisch lag. Herzl warf eine Skizze von der Sinai-Halbinsel auf einen Zettel, den er auf Chamberlains Pult liegen sah – »dazu meine Haifa-Hinterland-Idee [...] Jetzt erst verstand er mich ganz, meinen Wunsch einen Versammlungspunkt für das jüdische Volk in der Nähe Palästinas zu bekommen.« Als Chamberlain bemerkte, daß er Schwierigkeiten mit den Ägyptern befürchtete, erwiderte Herzl: »No«, sagte ich, »we will not go to Egypt. We have been there.« Darüber mußte Chamberlain herzlich lachen.

Die Atmosphäre war ausgezeichnet, dennoch notierte Herzl die Schwächen seines Gesprächspartners:

> Der Eindruck Chamberlains ist nicht brillant. Kein Phantasiemensch, ein nüchterner Schraubenfabrikant, der das Geschäft ausdehnen will. Ein Geist ohne literarische oder künstlerische Ressourcen, ein Geschäftsmensch, aber ganz wolkenlos klarer Kopf. Das Wunderbarste an der Unterredung war, dass er sich nicht ganz genau in den britischen Besitzungen auskannte, über die er jetzt zweifellos verfügt.

Bevor er sich verabschiedete, war Herzl so frei, dem Kolonialminister noch einmal die Dringlichkeit der Angelegenheit nahezulegen, obwohl dieser ihn ja schon zweimal darauf hingewiesen hatte, daß Ägypten nicht zu seinem Ressort gehöre. »Wären Sie«, so erkundigte sich Herzl, »damit einverstanden, dass wir da auf der Sinai Halbinsel eine jüdische Colonie begründen?« Chamberlain antwortete vorsichtig, aber durchaus ermutigend: »Ja! [...] wenn Lord Cromer es befürwortet.« Mit dem bescheidenen Titel eines Generalkonsuls, war Cromer de facto Regierungschef in Ägypten.

Auf der Rückfahrt im Zug nach Wien faßte Herzl seine an dieses Gespräch anschließende Begegnung mit Lord Lansdowne zusammen. Auch bei dieser Unterredung – einer der wichtigsten, die er je führen sollte – fühlte er sich mit seinem unzulänglichen Englisch unbehaglich, »Worte fehlten mir etc., bis ich endlich kurz entschlossen zum Französischen überging, wo dann l'affaire sur des roulettes marchait.« [die Sache wie am Schnürchen lief.] Er wiederholte die wesentlichen Punkte, die er mit Chamberlain besprochen hatte, ließ aber Zypern aus, wie es der Kolonialminister empfohlen hatte. Lansdowne bat ihn, seinen Vorschlag schriftlich zu fassen, so daß er ihn dem Kabinett vorlegen und Lord Cromers Meinung einholen könnte. Herzl ersuchte um die Erlaubnis, in der Zwischenzeit einen seiner britischen Verbindungsmänner, Leopold Greenberg, nach Ägypten zu entsenden, um erste vorläufige Erkundungen zu tätigen. Lansdowne gab seine Zustimmung und händigte Herzl ein auf Greenbergs Namen ausgestelltes Empfehlungsschreiben an Lord Cromer aus.

Unter diesen Gegebenheiten ist es kaum verwunderlich, daß Herzl im Tagebuch seine Einschätzung so formulierte: »Gestern war, glaube ich, ein grosser Tag in der jüdischen Geschichte.« Zum ersten Mal hatten zwei Minister im Kabinett der bedeutendsten Weltmacht Herzl und der zionistischen Sache wohlwollend Gehör geschenkt. Dabei war es Herzl nicht entgangen, daß dem Englands Befürchtung zugrunde lag, von jüdischen Flüchtlingen überrannt zu werden. Außerdem war ihr vordringlichstes Anliegen, die britische Präsenz im Nahen und Mittleren Osten zu verstärken. Aber eines stand nun fest: Nach dem Scheitern seiner jahrelangen Verhandlungen in Konstantinopel bot sich die Möglichkeit einer jüdischen Besiedlung eines Palästina benachbarten Territoriums. Herzl gestand sich ein, daß es sich hier um nicht mehr als eine Art Brückenkopf handelte, der möglicherweise und mit türkischer Unterstützung in Richtung des palästinensischen Küstengebietes ausgeweitet werden könnte. Dies dürfte er im Sinn gehabt haben, wenn er sich im weiteren auf das El-Arisch-Projekt stets als »Egyptisch-Palästina« bezog.

Besonders sorgfältig arbeitete Herzl den Entwurf des Memorandums für den Außenminister aus. Eine Kopie sandte er mitsamt einem Brief an Chamberlain, in dem er diesem für die Anbahnung seines Treffens mit Lansdowne dankte. Zu Beginn des Memorandums sprach Herzl die Sorge Englands hinsichtlich der steigenden jüdischen Flüchtlingszahlen an – eine Sorge, die eindeutig nicht frei von antisemitischen Gefühlen war. Aber Herzl wußte das zu seinen Gunsten umzudrehen:

> Die Anregung für die britische Regierung, sich mit dieser Frage [scil. der Judenfrage] zu befassen, ist durch die Immigration im Eastend von London gegeben. Zwar ist das noch keine nennenswerthe Calamität, und wird hoffentlich auch nicht in dem Masse werden, dass England mit dem glorreichen Princip des freien Asyls brechen müsste. Aber der Umstand, dass eine Royal Commission für die Sache eingesetzt

> wurde, wird es in den Augen der Welt hinreichend plausibel erscheinen lassen, wenn sich die britische Regierung zur Eröffnung eines eigenen Territoriums für die überall bedrängten und hiedurch nach England gravitirenden Juden bewogen sieht.

Herzl verband seine Reverenz gegenüber dem britischen Liberalismus mit der Warnung, was geschehen könnte, sollte England seinen Vorschlag ablehnen. Es würde entweder von Juden überschwemmt werden, was zum Aufkommen von Antisemitismus führen müßte, oder es sähe sich genötigt, seine freizügige Einwanderungspolitik aufzugeben, die dem Land doch sein gediegenes Ansehen in der Welt verschafft hatte.

Nach diesen einleitenden Bemerkungen berichtete Herzl von seinen langwierigen und strapaziösen Verhandlungen mit der türkischen Regierung. Im besten Fall würde es noch geraume Zeit dauern, bevor diese Unterredungen zu Ergebnissen führten. Doch es verließen immer mehr jüdische Flüchtlinge Rußland, und in der Zwischenzeit mußte eine Lösung gefunden werden. Daher ersuchte er die britische Regierung, die Ausstellung einer Konzession für die organisierte jüdische Besiedlung auf der Sinai-Halbinsel zu erwägen.

> Im Südosten des Mittelmeeres hat England eine gegenwärtig werthlose und fast gar nicht bevölkerte Besitzung. Es ist die Küstenstrecke von El Arisch und der Sinai Halbinsel. Diese könnte zum Zufluchtsorte, zur Heimat der in aller Welt bedrängten Juden gemacht werden, wenn England die Errichtung einer jüdischen Colonie daselbst gestattet.

Im folgenden führte Herzl die Mittel auf, welche die Zionistische Organisation dem Projekt zur Verfügung zu stellen bereit war, darunter auch Pachtgebühren. Eine Siedlungsgesellschaft, die *Jewish Eastern Company*, mit einem Kapital von 5 Millionen Pfund, würde gegründet werden und die Einwanderung organisieren. »Es wird sofort ein Stab von Technikern und Agronomen hingeschickt, der Bau von Strassen, Bahnen, Häfen vorbereitet, das Land aufgenommen und für die Zutheilung parcellirt.« Um dem Außenminister zu versichern, daß eine seriöse Organisation hinter ihm stand, nannte Herzl die zionistischen Vereine (»Federationen«) und ihre Vorsitzenden in England, Südafrika und Kanada, um leicht übertreibend noch hinzuzusetzen: »Wir haben mehrere Tausend zionistische Vereine in der ganzen Welt. Diese sind in jedem Lande in Federationen zusammengefasst.« Insbesondere hob er hervor, daß es darauf ankäme, die Konzession auf ein ganz bestimmtes Gebiet zu beschränken und eine individuelle Besiedlung unabhängig von dem zionistischen Projekt ausgeschlossen blieb. Sollten diese Rechte gewährt werden, wäre dies

> die gewaltige Attraction für das rechtlose, geschmähte und unglückliche jüdische Volk. Nicht nur die Hungernden von Osteuropa werden dahin ziehen, wo sie Arbeit finden. Auch Leute mit einigem Capital werden dort Unternehmungen gründen, wo sie sich des Erworbenen werden freuen dürfen. Aus Rußland gehen sogar sehr Reiche mit. Das Alles sind mir genau bekannte und vertraulich nachweisbare Thatsachen. In kurzen Jahren wäre das Empire um eine reiche Colonie grösser. […] Die Menschen sind der Reichthum des Landes, und an Menschen kann England eine ungeheure Eroberung machen.

Herzl stellte besonders die weltweiten Vorteile heraus, die England zufielen, wenn es den Juden zu Hilfe käme, und ließ in diesem Zusammenhang den Namen Bismarcks fallen, um anzudeuten, daß es noch andere Optionen gäbe:

> Nicht nur an den Hunderttausenden, die in wenigen Jahren hinwandern werden um das leere Land mit ihrem Capital

> und ihrer Arbeit zu befruchten und eine friedliche Heimat zu begründen. Auch alle anderen Juden der Erde fallen mit einem Schlage England zu, wenn nicht politisch, so doch moralisch. Das ist eines der Imponderabilien, die Bismarck wohl zu schätzen wußte.
>
> Es gibt gering gerechnet zehn Millionen Juden in der ganzen Welt. Sie werden nicht überall die Farben Englands offen tragen dürfen, aber im Herzen werden sie alle England tragen, wenn es durch eine solche That die Schutzmacht des jüdischen Volkes wird. Mit einem Schlage bekommt England zehn Millionen heimliche, aber treue Unterthanen, die in allen möglichen Berufszweigen in der ganzen Welt wirken. Sie verkaufen Zwirn und Nadeln in vielen kleinen Dörfern des Ostens, aber sie stehen im Grosshandel, in der Industrie, an den Börsen, sie sind auch Gelehrte und Künstler und Zeitungsschreiber und Anderes.
>
> Sie alle werden sich wie auf ein Signal in den Dienst der grossmüthigen Nation stellen, die eine längst ersehnte Hilfe bringt. England bekommt zehn Millionen Agenten für seine Grösse und seinen Einfluss. [...] Es ist gewiss nicht übertrieben, wenn man sagt, dass ein Jude die Erzeugnisse eines Landes beziehen und verbreiten wird, welches dem jüdischen Volk eine Wohlthat erwiesen hat, als eines Landes, in dem es den Juden schlecht geht.

Dieses Dokument, das Herzl unter viel Mühe mit Hilfe englischer Freunde und Anhänger der zionistischen Bewegung ausarbeitete, weist zahlreiche Züge der zionistischen Diplomatie auf, die in späteren Jahren zur Balfour-Deklaration und dem Teilungsbeschluß Palästinas durch die Vereinten Nationen am 29. November 1947 führen sollte. Er stimmte das Klagelied über jüdisches Leid an, pries den internationalen Einfluß der Juden, betonte humanitäre Aspekte, um zugleich auf geopolitische Fakten und die Interessen des britischen Empire zu verweisen – und verpackte das Ganze mit einer Reihe kommerzieller Argumente. Herzls politische Reife – durch Mißerfolge gestählt, aber auch von seiner ausgedehnten diplomatischen Erfahrung inspiriert – zeigte sich hier in der Komplexität und Vielseitigkeit der Sache, für die er eintrat.

Das Memorandum wurde Lord Lansdowne am 12. November übergeben. Nachdem Chamberlain sein Exemplar in Empfang genommen hatte, begab er sich auf eine Afrikareise, die ihn auch nach Ägypten führte, wo er Herzls Vorschlag mit Lord Cromer erörterte. Am 22. Dezember erhielt Herzl eine Antwort des Außenministers über den Unterstaatssekretär im Außenministerium. Begeistert vermerkte Herzl im Tagebuch: »Gestern erhielt ich Lord Lansdownes Antwort [...] ein historisches Dokument. Lord Cromer berichtet, die Sache auf der Sinai Halbinsel werde möglich sein – wenn die Commission die realen Verhältnisse möglich findet. Die egyptische Regierung werde nur die ottomanische Unterthanschaft und einen Jahresbeitrag für Erhaltung der Ordnung nach Innen und Aussen verlangen.« Noch am selben Tag antwortete er dem Außenminister und dem Unterstaatssekretär und kündigte seine Reise nach England kurz nach Neujahr an. In der Zwischenzeit bereitete er die Entsendung einer Delegation vor, unter deren Aufsicht das fragliche Gebiet vermessen werden sollte – es war das erste Mal, daß die zionistische Bewegung in der kurzen Zeit ihrer Existenz eine Expertengruppe zusammenstellte, welche die Eignung eines bestimmten Gebiets für eine großangelegte jüdische Ansiedlung begutachtete.

Im Rückblick stellte sich heraus, daß Herzls Hoffnungen bezüglich des El-Arisch-Plans zu optimistisch waren, auch daß Cromers Antwort weit distanzierter ausfiel, als Herzl verstanden hatte. Allem Anschein nach hatte Cromer von Anfang an nichts für den Plan übrig. Da er aber nicht umhinkonnte festzustellen, daß das Vorhaben in London günstig aufgenommen wurde, wußte er – gewiefter Politiker, der er war –, daß die beste Methode, es zu Fall zu bringen, darin bestand, eine Kommission einzusetzen, die den

Plan genau prüfen sollte. Er ging dabei von der Vermutung aus, daß die Experten auf unüberwindbare Schwierigkeiten stoßen würden, die eine Ansiedlung ausschlössen – wie es denn auch genau so kam. Herzl scheint auch von den viel zu optimistischen Depeschen irregeführt worden zu sein, die ihm Greenberg, sein Abgesandter in Kairo, sandte.

Aber Herzls Enthusiasmus war nur zu verständlich. Nach dem Fehlschlag seiner Kontakte zum deutschen Kaiser und Monaten »byzantinischer« Verhandlungen mit osmanischen Hofbeamten sowie einer Clique levantinischer Mittelsmänner, deren Motive nicht selten suspekt waren, führte er nun seriöse diplomatische Gespräche nach europäischen, ihm geläufigen Richtlinien – Schluß mit Bestechungen und orientalischer Servilität – mit zwei der bedeutendsten Minister jener Großmacht, die über ein Palästina benachbartes Gebiet herrschte. Hinzu kam, daß ein Fortschritt in den Verhandlungen mit England auch mögliche zukünftige Annäherungen an Konstantinopel zustande bringen könnte.

Herzl steckte mit seiner Begeisterung alle Mitarbeiter an. Innerhalb weniger Wochen und trotz ausgeprägten Selbstbewußtseins der einen, überzogener Forderungen der anderen Teilnehmer, gelang es, eine siebenköpfige Delegation zusammenzustellen. Ihr gehörten Hydroingenieure, Architekten, ein Agronom und ein Angehöriger des Militärs an, die aus England, Österreich, Belgien, Südafrika und Palästina stammten. Die zionistische Bewegung hatte keinerlei Erfahrung mit solch einem Unternehmen. Herzl verhandelte persönlich mit der Reiseagentur Thomas Cook, um die mit dem Territorium nicht vertraute Delegation auszurüsten und ihre Überfahrt zu organisieren. Das Geld für die Reise stellten die Zionistische Organisation und der englische Zweig der Familie Rothschild zur Verfügung (schließlich stand ja ihre Regierung hinter dem Vorhaben). Es gehört zur Ironie der Geschichte, daß die erste von der Zionistischen Organisation entsandte Landerkundungskommission auf den Sinai und nicht nach Palästina reiste. Aber das war den politischen Umständen geschuldet – die Briten zeigten sich aufgeschlossen, das Vorhaben ernsthaft zu erwägen, sofern die Erkundung günstige Ergebnisse zutage förderte. Der Befund der Delegation, und nicht ein im voraus entworfenes Programm, würde über die Zukunft des Ansiedlungsvorschlags entscheiden.

Die Arbeit der Delegation ist in den Unterlagen der Zionistischen Organisation, in Memoiren und Herzls Tagebüchern gut dokumentiert, und dieses Material könnte, faszinierend, wie es ist, Stoff für einen historischen Roman bieten. Nach Herzls Vorstellung hatte die Delegation eine doppelte Aufgabe. Erstens sollte sie die Eignung der Sinai-Halbinsel und der Gegend um El-Arisch für eine Ansiedlung erforschen, dazu auch die Möglichkeit, einen Tiefseehafen am Bardawil-See zu bauen sowie eine Pipeline, die, ober- oder unterhalb des Suezkanals verlaufend, vom Nil her die Wüstenregion mit Wasser für die Landwirtschaft versorgen sollte. Unter der Voraussetzung, daß die Ergebnisse der Studie diesbezüglich positiv ausfielen, würde, zweitens, die Arbeit der Kommission zu Verhandlungen für einen Schutz- und Garantiebrief über die El-Arisch-Region führen.

Es war Herzl klar, daß er wegen des nach internationalem Recht unbestimmten politischen und diplomatischen Status Ägyptens äußerst umsichtig vorgehen mußte. Offiziell war es nach wie vor Teil des Osmanischen Reiches und stand folglich unter dessen Souveränität; aber nachdem zu Beginn des Jahrhunderts Muhammad Ali an die Herrschaft kam, war das Land praktisch ein autonomes Gebiet, das einem Khedive (Vizekönig) unterstand. Aber eine Reihe von Ereignissen nach Eröffnung des Suezkanals – darunter der Bankrott der ägyptischen Regierung und die Unterdrükkung einer von Achmed Orabi Pascha angeführten Rebellion im Jahr 1882 – hatten England zur faktischen Regierungsmacht erhoben. Der britische inoffizielle Regent Ägyptens war, wie bemerkt, Generalkonsul Lord Cromer. Herzl schrieb von diesen drei neben- oder übereinander befindlichen Regierungslagen, daß das Besitzrecht bei der ägyptischen, die Herrschaft bei der englischen und die Gesetzgebung bei der türkischen Regierung lägen. Eine derart komplexe Situation erschwerte natürlich die Verhandlungsführung, um einen Charter zu erhalten. Zu seinem Verdruß mußte Herzl feststellen, daß er nicht nur mit den Engländern verhandeln, sondern auch die Ägypter mit einbeziehen mußte, was ihn wieder in jenes Milieu brachte, das dem am osmanischen Hof nicht unähnlich war. Gleichwohl pflegte er weiter seine Kontakte zu den Osmanen durch den türkischen Botschafter in Wien, dem er einen neuerlichen Vorschlag unterbreitete, und zwar bezüglich einer Ansiedlung ohne einen Charter und auf das Gebiet Akko – Haifa beschränkt. Er unterrichtete den österreichisch-ungarischen Außenminister, Graf Goluchowski, von diesen Initiativen und bemühte sich, wiederum erfolglos, um eine Audienz beim Zaren.

Von Wien aus versuchte Herzl die Delegation auf diese oder jene Weise zu steuern, wobei er gelegentlich kodierte Telegramme verschickte, um deren Inhalt vor den britischen und ägyptischen Behörden geheim zu halten. Während des mehrwöchigen Aufenthalts der Delegation auf dem Sinai und der Anfertigung ihres Berichts sickerten Nachrichten durch, denen zufolge die ägyptische Regierung keinem Charter zustimmen werde und man sich mit einer Konzession zufriedengeben müsse. Herzl gab seine Zustimmung, aber er war beunruhigt – er erhielt widersprüchliche Meldungen aus Ägypten und verlor allmählich das Vertrauen zu Greenberg, seinen nächsten Verbündeten vor Ort. Greenberg sandte Depeschen mit dem jüdischen Glückwunsch »Mazzeltov« und wußte zu berichten, daß die ägyptische Regierung Herzls Bedingungen akzeptiert habe. Und tatsächlich hatte Greenberg ein Schreiben des ägyptischen Außenministers Boutros Ghali Pascha erhalten, das indes mehr verschwieg als offenbarte – und es erwähnte die zionistische Bewegung oder Herzl mit keinem Wort. Schließlich war Herzl dermaßen beunruhigt, daß er sich nach langem Zaudern entschloß, selbst nach Ägypten zu fahren, um die Dinge zu klären. Am 18. März 1903 fuhr er von Wien nach Triest, um von dort an Bord der *Semiramis* nach Alexandria zu gelangen. Am

23. März erreichte er Kairo und bezog – wie alle europäischen Würdenträger – Quartier im *Shepheard* Hotel.

Diese überstürzte Reise – seine zweite und letzte in den Nahen Osten – ging auf dieselben Motive zurück, die ihn bei seinem ersten Aufenthalt vier Jahre zuvor geleitet hatten: Er hoffte, einen spektakulären Durchbruch zu erreichen. Später sollten sich die Erwartungen, die er auf Kaiser Wilhelm II. gesetzt hatte, als gänzlich unbegründet erweisen; und auch dieses Mal erlitt er mit seinen großen Hoffnungen Schiffbruch. Zunächst wurde sich Herzl dessen nicht bewußt, möglicherweise deshalb, weil er die Subtilitäten der britischen Diplomatie in der Region nicht völlig durchschaute, vielleicht mißachtete er auch die ersten Anzeichen des Scheiterns und fuhr in seinen Bemühungen fort, als stünde alles zum Besten.

Am 25. März wurde Herzl von Lord Cromer empfangen – der keinen guten Eindruck bei ihm hinterließ: »Lord Cromer ist der unangenehmste Engländer, den ich bisher vor mir hatte«, notierte er im Tagebuch, um noch hinzuzusetzen, daß der Generalkonsul sich »herrisch« aufführte. Die Unterredung verlief in einigermaßen angenehmer Atmosphäre, freilich erwiderte Cromer jedesmal, wenn Herzl einen Vorschlag machte – etwa das Angebot, Cromer über die vorläufigen günstigen Forschungsergebnisse der Delegation zu unterrichten –, unverbindlich: »Darüber sprechen wir später«, oder »Wir werden sehen«. Bald erfuhr Herzl, daß Cromers Hauptvorbehalt im Problem der Wasserzufuhr bestand, die zur Kultivierung der Wüstenregion auf dem Sinai unabdingbar war. Als Herzl ihn fragte, ob er den ägyptischen Außenminister aufsuchen sollte, antwortete Cromer knapp: »Ja. Ich habe ihm schon heute Früh gesagt, dass Sie hier sind.« Die beiden Gesprächspartner stimmten also eindeutig ihre Positionen ab.

Am selben Tag noch wurde Herzl vom ägyptischen Außenminister Boutros Ghali Pascha empfangen. Er war sich völlig im klaren darüber, wie unbedeutend sein Gastgeber war: »Ein egyptisches Ministerium, in dem die Egypter nichts zu befehlen haben«, notierte er im Tagebuch und beschrieb Boutros Ghali knapp: »Ein alter, reducirt aussehender verfetteter Herr. Ein Copte.« Das Treffen bestand im wesentlichen im Austausch von Höflichkeiten. Die einzig relevante, praktische Frage, die Ghali stellte, war: »Woher werden Sie das Wasser nehmen?« Es war Herzl völlig klar, daß Ghali von Cromer angewiesen worden war, diese Frage aufzuwerfen. Die beiden Herren schlürften Kaffee, dann endete die Besprechung, weil der österreichische Konsul schon wartete.

Herzl ahnte, daß seine Initiative gestrandet war. Er suchte, sich selbst Mut zuzusprechen und anzunehmen, daß das Problem in dieser oder jener Kleinigkeit bestünde. Vielleicht hätte er mit Cromer Französisch sprechen sollen, vielleicht wäre es ratsam gewesen, vor dem Treffen seinen Sekretär auszufragen. Die Delegationsteilnehmer, die mittlerweile mit einer insgesamt günstigen Beurteilung vom Sinai nach Kairo zurückgekehrt waren, schlugen vor, ihren Bericht direkt an den aufgeschlossenen Außenminister Lansdowne zu schicken statt an den offenkundig negativ eingestellten Cromer. Herzl lehnte das mit der Begründung ab, daß es letztendlich Cromer war, der über die Zukunft des Plans entscheiden würde: Es führte zu nichts, ihn zu umgehen und damit zwangsläufig zu beleidigen. Am 28. März kamen Herzl und die Delegierten mit dem Generalkonsul zusammen, der sie »scharf, aber nicht unliebenswürdig« empfing. Nachdem er den Bericht gelesen hatte, sagte er, der nächste Schritt müsse nun sein, von der ägyptischen Regierung eine Konzession zu erhalten. Er verwies sie an den britischen Rechtsberater der ägyptischen Regierung, der mit ihnen einen Vertragsentwurf ausarbeiten sollte. Indem er seine Gäste noch einmal darauf hinwies, daß er weder jetzt noch in Zukunft übergangen werden könnte, bemerkte er kurz, »die Sache würde [...] hier abgemacht werden, nicht in London«.

Einige Delegierte hatten das Gefühl, die Begegnung sei günstig verlaufen, Herzl war sich dessen nicht so sicher. Gemeinsam beschlossen sie, die Dienste eines in Kairo niedergelassenen englischen Rechtsanwalts belgischer Herkunft in Anspruch zu nehmen, der im örtlichen Rechtssystem bestens Bescheid wußte und ihnen beim

Entwurf des Konzessionsvertrags helfen konnte. Herzl blieb bis zum 9. April in Kairo, traf sich wiederholt mit dem Rechtsberater und anderen Beamten in Begleitung des Rechtsanwalts, der die Interessen der Delegation vertrat. Der Vertragsentwurf, den Herzl einbrachte, war für den Geschmack der britischen Beamten zu weit gefaßt: Sie bemängelten, daß die Zionisten den Versuch unternahmen, Passagen, die im Prinzip auf einen politischen Charter hinausliefen, in eine bloße Konzession, ein rein kommerzielles Dokument mit aufzunehmen. Die Sache blieb unentschieden, als Herzl nach Wien zurückkehren mußte, um seinen Verpflichtungen bei der Zeitung nachzukommen. Auf seinen Wunsch blieben einige Mitglieder der Delegation in Kairo, die versuchen sollten, mit Hilfe des Rechtsanwalts die Verhandlungen zu Ende zu führen. Im tiefsten Innern scheint Herzl aber gewußt zu haben, daß aus seiner Initiative nichts mehr werden würde, dennoch korrespondierte er von Wien aus weiter mit den Delegierten und verfolgte seine Ziele über andere Kanäle. Am 12. Mai wurde ihm aus Kairo mitgeteilt, daß die Verhandlungen gescheitert waren. Dafür gab es eine ganze Reihe von Gründen. Dazu gehörte, daß die Wassermenge, die für jedwede Art landwirtschaftlicher Vorhaben auf dem Sinai erforderlich war, fünfmal größer als von der Delegation angenommen geschätzt wurde; ferner, daß der Bau einer Pipeline vom Nil über den Suezkanal die Schiffahrt auf demselben für einen längeren Zeitraum behindern würde und daher nicht in Frage kam.

Was sich im ersten Augeblick wie ein Angebot an die zionistische Bewegung ausgenommen hatte, eine Art Brückenkopf am Rande Palästinas zu errichten, verlor sich nun im Wüstensand. Am 14. Mai, zwei Tage nachdem er die Nachricht vom Scheitern der Verhandlungen erhalten hatte, schrieb Herzl in sein Tagebuch, daß er absolut sicher gewesen sei, daß dieses Vorhaben aufgehen würde. »Ich hielt die Sinai-Sache für so fertig, dass ich keine Familiengruft mehr auf dem Döblinger Friedhofe kaufen wollte, wo mein Vater provisorisch ruht. Ich halte die Sache jetzt für so gescheitert, dass ich schon auf dem Bezirksamte war und die Gruft Nr. 28 erwerbe.«

In Kairo hatte Herzl drei Wochen nahezu ununterbrochen mit Zusammenkünften und Besprechungen verbracht. Gleichwohl hatte er die Zeit gefunden, einige Sehenswürdigkeiten zu besichtigen – just, als die romantische Ägyptomanie in Europa ihren Höhepunkt erreichte. Natürlich besuchte er auch die Pyramiden. Als er seine Eindrücke von diesem Ausflug im Tagebuch festhielt, standen im Mittelpunkt seiner Aufzeichnungen bemerkenswerterweise mehr die armen Ägypter als die antiken Monumente: »Abends Fahrt zu den Pyramiden … Das Elend der Fellachen am Wege unbeschreiblich. Ich nehme mir vor, auch an die Fellachen zu denken, wenn ich einmal die Macht habe.« Daran hätte auch jeder andere mitfühlende Beobachter denken können, aber es mochte im Kopf eines Mannes von größerer Bedeutung gewesen sein, der vorhatte, eines Tages die Macht im Staat auszuüben – schließlich befand sich Herzl mitten in den Verhandlungen über ein Gebiet, in dem *fellachin* lebten, obwohl ihre Gesamtzahl auf der Sinai-Halbinsel äußerst gering war. Die Implikationen für Palästina und seine dort ansässigen arabischen Bauern waren offenkundig.

Aber Herzl machte sich nicht nur über die Zukunft der Armen Ägyptens Gedanken, sondern auch über die der zusehends wachsenden Bildungsschicht. Seine Auffassungen hinsichtlich der Untertanen der Kolonialregimes heben sich deutlich von denen ab, die damals in Europa gang und gäbe waren. Am 25. März ging er nachmittags zu einem Vortrag von Sir William Wilcox, einem führenden Bewässerungsexperten für Ägypten und Mesopotamien und Ingenieur des ersten Assuan-Staudamms. Im Zusammenhang mit dem El-Arisch-Projekt hatte Herzl die Bedeutung der Wasserzufuhr erkannt und interessierte sich folglich für dieses Thema, doch während des Vortrags – »mordslangweilig« nannte er ihn im Tagebuch – beobachtete er noch etwas anderes, auf das er ausführlich einging:

> Was mich am Meisten interessirte, war die auffallend große Zahl intelligent blickender junger Egypter, welche den Saal gedrängt füllten. Das sind die kommenden Herrn. Es ist wunderbar, dass die Engländer das nicht sehen. Sie glauben, sie werden es ewig mit Fellachen zu thun haben. Heute genügen ihre 18 000 Mann Truppen für das große Land. Aber wie lange noch? [...]
> Die Function der Engländer ist grandios. Sie säubern den Orient, bringen Licht und Luft in die Schmutzwinkel, brechen alte Tyrannien und zerstören Missbräuche. Aber mit der Freiheit und dem Fortschritt lehren sie die Fellachen auch die Auflehnung. Ich glaube, die englische Schule in den Colonien zerstört entweder Englands Colonialherrschaft – oder sie begründet Englands Weltherrschaft. [...] Man möchte in 50 Jahren wiederkommen, um den Ausgang zu sehen.

Beinahe 50 Jahre auf den Tag genau nach Herzls Tagebuchnotiz stürzte die Bewegung der Freien Offiziere unter Führung von Muhammad Naguib und Gamal Abdel Nasser das, was von der britischen Kolonialmacht noch übriggeblieben war. Wenige Europäer waren so weitsichtig wie Herzl und verstanden die dialektischen Implikationen der Modernisierung, welche die Kolonialherrschaft in Asien und Afrika mit sich brachte. Einer aus der Handvoll Westeuropäer, der dasselbe wie Herzl voraussah, war Karl Marx, der ein halbes Jahrhundert früher eine ganz ähnliche Analyse hinsichtlich dessen vorgelegt hatte, wohin die britische Herrschaft – und Erziehung – in Indien führen würde, doch nur wenige Europäer der Zeit zogen eine solche Möglichkeit überhaupt in Betracht. Herzls Anmerkung bezüglich der Zukunft der britischen Herrschaft in Ägypten zeigt nicht nur seine scharfe Beobachtungsgabe, sondern auch sein tiefes Verständnis, daß westlicher Imperialismus nicht von Dauer sein und früher oder später sein Ende finden werde.

Herzl war noch damit beschäftig, sich nach dem Scheitern des El-Arisch-Plans zu sammeln, als etwas geschah, das weitreichende Konsequenzen für die zionistische und allgemein jüdische Geschichte haben sollte. An Ostern 1903 kam es in Kischinew in der damaligen westrussischen Provinz Bessarabien zu einem Pogrom. Er währte drei Tage, am Ende zählte man rund fünfzig ermordete Juden, zweihundert Schwerverletzte und Hunderte in Brand gesetzte und geplünderte Wohnungen und Geschäfte.

Fassungslos und empört vernahmen die zionistische Bewegung und die Juden weltweit von dem Massaker – es war seit 1882 zu keinen gewalttätigen Ausbrüchen gegen russische Juden mehr gekommen. Der Schock war um so heftiger, als es sich um den ersten Pogrom im zwanzigsten Jahrhundert handelte – einem Jahrhundert, das nach vielen Jahrzehnten friedlichen Lebens in Europa mit so viel Optimismus begonnen hatte. Nun kam hier noch dazu, daß Kischinew nahe der westrussischen Grenze lag, weshalb die Nachrichten von dem Pogrom dank der neuen Technologien wie der Telegraphie rasch in den Westen gelangten. Mittels des neuen Mediums der Photographie konnten sich Juden und Nicht-Juden auf der ganzen Welt ein Bild machen von den Zuständen nach dem Pogrom, und die den Kontinent durchkreuzenden Bahnverbindungen ermöglichten es Überlebenden und Augenzeugen, von dem, was sie erlebt oder gesehen hatten, in Gemeinden außerhalb Rußlands zu berichten. Erschütternde Bilder von verstümmelten Körpern und verkohlten Häusern wurden in Umlauf gebracht, und ausführliche Reportagen aus erster Hand erschienen in Zeitungen rund um den Globus, von denen viele – so die *New York Times* und die *Times* in London – den Berichten von dem Pogrom breiten Raum einräumten. Journalisten und Schriftsteller von überall eilten nach Kischinew, und herausragende russische Literaten wie Leo Tolstoi und Maxim Gorki verurteilten aufs schärfste die mörderischen Angriffe. Jüdische Organisationen entsandten Untersuchungskommissionen. Die renommierteste kam aus Odessa, ihr gehörte der hebräische Dichter Chaim Nachman Bialik an.

Nachdem er die angerichteten Verwüstungen gesehen und mit Überlebenden gesprochen hatte, schrieb er eines seiner berühmtesten, ergreifendsten und einflußreichsten Gedichte »In der Stadt des Mordens«.

Kein anderer Pogrom in der Geschichte sollte so starke Auswirkungen haben. Die frühere Welle mörderischer anti-jüdischer Tumulte in Rußland wie die vom Jahr 1882 hatten wochenlang angedauert, in einem weit größeren Gebiet stattgefunden und Tausende Opfer gefordert, aber kaum einen internationalen Aufschrei ausgelöst. 1903 indes entrüstete sich die internationale Gemeinschaft, daß es zu einem derart gräßlichen Ereignis in unmittelbarer Nachbarschaft zum Westen kommen konnte. Der Pogrom warf eine Reihe weiterer Fragen hinsichtlich des zaristischen Regimes und seiner Zukunft auf, auch ob das Bild, das Europa zu Beginn des neuen Jahrhunderts von sich selbst als eines Kontinents des Fortschritts und der Humanität hatte, nicht eine Täuschung war. Die Tatsache, daß die Übergriffe auf die Juden ganze drei Tage wüteten, legte auch die Vermutung nahe, daß die russischen Behörden nichts unternommen hatten, um dem Morden ein Ende zu setzen. Diese Passivität speiste – teils fragwürdige, teils vermutlich begründete – Gerüchte, denen zufolge lokale oder nationale Beamte dem Töten Vorschub geleistet hätten. Eine Persönlichkeit, die sich in diesem Zusammenhang besonders heftigen Angriffen ausgesetzt sah, war der erzkonservative Innenminister Wjatscheslaw von Plehwe, der zuvor Chef der russischen politischen Polizei, der Ochrana, gewesen war und als Inbegriff des zaristischen Autoritarismus galt. Manche machten ihn persönlich für den Pogrom verantwortlich oder warfen ihm zumindest vor, keine Schritte zur Beendigung der Gewalttätigkeiten unternommen zu haben. Zu jenem Zeitpunkt befand sich Rußland inmitten von Verhandlungen mit westeuropäischen und amerikanischen Investmentbanken über ein internationales Darlehen, und jüdische Bankkreise forderten nun eine Sperre der Kreditvergabe an das Land. Zum ersten Mal in der Geschichte hatte ein Pogrom internationale Auswirkungen, die über die Frage hinausgingen, wie auf solch mörderische Angriffe gegen Juden reagiert werden müßte – es wurde eine internationale Angelegenheit, die auch die Finanzwelt insgesamt betraf.

Herzls Reaktion fiel zunächst etwas langsam aus, teils weil er immer noch mit dem El-Arisch-Projekt befaßt war, teils weil er nicht sofort erkannte, welche Ausmaße der Pogrom anzunehmen begann. Aber nachdem er einmal dessen Ungeheuerlichkeit begriffen hatte und auch sah, welche Implikationen die nun nach Westen sich ergießende Flüchtlingswelle barg, rückten in den folgenden Monaten die Geschehnisse von Kischinew in das Zentrum seiner Arbeit. Bis zu einem gewissen Grad entschädigte ihn diese Tätigkeit für die Enttäuschung in puncto El-Arisch. Zwar versuchte er dann und wann, die El-Arisch-Initiative wieder zu beleben, aber die Prioritäten der zionistischen Bewegung waren andere geworden. Unter der Führung Herzls war sie nun an zwei Fronten aktiv.

Zum einen sah Herzl nun die Gelegenheit gekommen, seine bislang erfolglosen Bemühungen um Kontaktaufnahme zu russischen Instanzen wieder aufzunehmen. Die russische Führung befand sich in der Klemme – sie wurde von der öffentlichen Meinung weltweit der Komplizenschaft an den Morden beschuldigt, und dies zu einem Zeitpunkt, da das Land dringend eine Finanzspritze aus dem Ausland benötigte. Herzl begriff, daß dieser Umstand ihm von Nutzen sein könnte, russische Regierungsvertreter zu Verhandlungen mit den Zionisten zu bewegen.

Zum anderen wurde es Herzl nach dem Scheitern seiner Kontakte zu Konstantinopel und Kairo klar, daß, wenn nicht umgehend eine Lösung für die Notlage der Juden seitens der zionistischen Bewegung gefunden würde, diese ihre Bedeutung verlöre. So, wie die Dinge lagen, hatte die zionistische Bewegung bisher nicht vermocht, den nach dem Pogrom von Kischinew aus Rußland flüchtenden Juden einen sicheren Hafen zu bieten. Palästina kam, jedenfalls zum damaligen Zeitpunkt, nicht in Frage, also sah sich Herzl nach Alternativen um – und in diesem Zusammenhang erschien ihm ein möglicher jüdischer Zufluchtsort in Ostafrika, in einem Gebiet, das die Briten als Uganda bezeichneten, als durchaus erwägenswerte Alternative. Er hatte vordem diese Vorstellung rundweg verworfen, als El-Arisch noch ein realistischer Ausweg schien. Nun lag ein Angebot vor, das Englands Unterstützung hatte – wenn auch vielleicht nur deshalb, weil dem Land daran gelegen war, keine weiteren jüdischen Flüchtlinge mehr aufnehmen zu müssen. Mit diesen zwei Vorhaben – Zugang zu russischen Regierungsvertretern zu erhalten, und eine mögliche jüdische Ansiedlung in Uganda – sollte sich Herzl in den beiden letzten Jahren seines Lebens hauptsächlich beschäftigen. Er schickte sich an, eine seiner beeindruckendsten diplomatischen Verhandlungen aufzunehmen – die mit der russischen Regierung, und er beging seinen größten politischen Fehler, indem er seine Bereitschaft bekundete, Uganda als – wenn auch nur zeitweiligen – jüdischen Zufluchtsort in Betracht zu ziehen.

Alle früheren direkten und indirekten Versuche Herzls, Zugang zu Vertretern der russischen Regierung zu erhalten, waren im Sande verlaufen. Jetzt, in der Folge des Massakers von Kischinew, sollte er Erfolg haben. Am 19. Mai 1903 richtete er an den russischen Innenminister Plehwe einen Brief, in dem er sich eingangs bescheiden vorstellte: »Ew. Excellenz wird mein Name vielleicht als der des Führers der zionistischen Bewegung bekannt sein«, um unmittelbar darauf das ihm zur Verfügung stehende politische Waffenarsenal zur Schau zu stellen. Verzweifelt würden sich, so warnte er, die meisten jungen russischen Juden revolutionären Bewegungen anschließen. Nur der Zionismus und eine Massenauswanderung der Juden aus Rußland könnten dem Einhalt gebieten. Anders gesagt: Bei seinem ersten Versuch, mit einem Kabinettsmitglied in Kontakt zu treten, das für seine entschiedene Abneigung gegenüber Juden bekannt war, führte er keine humanitären Gründe an, sondern nannte direkt und unverblümt die gemeinsamen Interessen der Zionisten und der russischen Regierung beim Namen: Juden bei der Emigration aus Rußland zu helfen. Herzl erneuerte sein Gesuch, vom Zaren, den er zuvor auf Umwegen vergeblich darum gebeten hatte, empfangen zu werden. »Nun wird mir von sehr ernsten Leuten mitgetheilt, dass es ein Mittel gäbe, die verzweifelte Stimmung unserer armen Leute sofort zu beruhigen, und das wäre: dass mir Seine Majestät der Czar eine Audienz gewähre. Diese Thatsache allein schon würde eine augenblickliche Beschwichtigung zur Folge haben, auch wenn vom Inhalte der Unterredung kein Wort an die Öffentlichkeit dränge.«

Am selben Tag noch sandte Herzl eine Abschrift seines Briefes an Plehwe an Konstantin Pobjedonoszew, der jahrelang als Oberprokurator der russisch-orthodoxen Kirche tätig gewesen war. Seine Stimme war innerhalb von Regierungskreisen bei allem, was Juden betraf, ausschlaggebend: Ihm wurde – erklärter Antisemit, der er war – die Bemerkung zugeschrieben: »Es gibt nur eine Lösung der Judenfrage: Ein Drittel der Juden muß ausgewiesen werden, ein Drittel getauft und das letzte Drittel exekutiert werden.« Gleichzeitig vermochte Herzl seine langjährige Freundin, die Menschenrechtsaktivistin Bertha von Suttner, zu überreden, sich direkt an den Zaren zu wenden und ihn um eine Audienz für Herzl zu bitten. In dem von ihm, Herzl, entworfenen Brief sollte sie ihn als »écrivain hors ligne et courageux lutteur pour tous les mouvements humanitaires« [herausragenden Schriftsteller und mutigen Kämpfer für alle humanitären Bewegungen] vorstellen, der ihr bei der Ausrichtung der Haager Friedenskonferenz 1899 von großer Hilfe gewesen sei. Auch wird erwähnt, daß Herzl bereits vom türkischen Sultan und dem deutschen Kaiser zu ausführlichen Gesprächen empfangen wurde, »jetzt aber könnte er, sollte er vom Zaren empfangen werden, zugunsten des Friedens im russischen Reich und der Menschheit tätig sein«. Herzl ließ Suttner das Argument wiederholen, das er in seinem Brief an Plehwe angeführt hatte: »Le fait d'une pareille audience apporterait de l'espoir et du calme au sein d'une population affollée de terreur«, um noch hinzuzusetzen: »On ne laisse pas 7 millions de malheureux dans la crainte d'être assassinés.«*

Damit ließ es Herzl aber nicht genug sein. Auf Grund seines sich zusehends verschlechternden Gesundheitszustandes, woran seine rastlose Tätigkeit, die internen Streitigkeiten innerhalb der zionistischen Bewegung und die politisch-diplomatischen Enttäuschungen schuld gewesen sein dürften, hatte er sich nach dem Kurort Alt-Aussee begeben, von wo er am 8. Juli einer anderen langjährigen Freundin schrieb, der polnischen Dichterin Paulina Korwin-Piotrowska, die damals in St. Petersburg lebte und gute Beziehungen zu Plehwe unterhielt. Als polnische Nationaldichterin unterstützte sie die zionistische Bewegung und hatte sogar ein Gedicht für das jüdische Volk verfaßt, das zur Eröffnung des Zweiten Zionistenkongresses vorgetragen wurde. Er unterrichtete sie kurz, daß seine Gesuche und Anfragen beim Zaren, bei Minister Plehwe und anderen offiziellen Regierungsvertretern keinerlei Erfolg gezeitigt hatten und bat sie inständig, Plehwe darzulegen, daß er, Herzl, den praktikablen Plan »einer geordneten Emigration ohne Rückkehr« ausgearbeitet habe; er gab seiner Hoffnung Ausdruck, daß es ihr gelingen werde, Plehwe davon zu überzeugen, daß dies entschieden im Interesse Rußlands wäre.

Tatsächlich hatte Korwin-Piotrowska Erfolg – am 23. Juli notierte Herzl im Tagebuch: »Frau v. Korwin hat mir die Audienz bei Plehwe verschafft, ›der sich sehr freut eine so interessante Persönlichkeit wie Dr. Herzl kennen zu lernen, und eine Emigration ohne Rückkehr de tout son cœur unterstützen will‹«. Offensichtlich hatte die Formulierung »Emigration ohne Rückkehr« die erwünschte Antwort erbracht. Plehwe schlug einen Termin Ende August vor, worauf Herzl um ein früheres Datum bat, da er mit den Vorbereitungen zum Sechsten Zionistenkongreß vollauf be-

* Das Zustandekommen einer solchen Audienz würde Hoffnung und Beruhigung unter einer Bevölkerung verbreiten, die außer sich vor Angst ist. [...] Man lässt nicht einfach 7 Millionen Unglückliche in der Furcht, ermordet zu werden.

schäftigt war, der am 23. August beginnen sollte. Plehwe war einverstanden und nannte den 8. August.

Nach allerlei hektischen Erledigungen im voraus – so die Ausstellung des russischen Visums – und nach einem kurzen Zwischenaufenthalt in Warschau kam Herzl am 7. August in St. Petersburg an. In Begleitung von zwei russischen Zionisten quartierte er sich im Hotel *Europa* am Newski Prospekt ein. Auch dies gehört zur Ironie der Geschichte, daß keiner seiner Briefe, nicht eine seiner Anfragen über die Jahre ihm Zugang zur russischen Führung verschafft hatten, wohl aber der Pogrom von Kischinew, weil die internationale Entrüstung über die Art und Weise, wie das zaristische Regime mit den Juden verfuhr, die außerordentlich prekäre politische und finanzielle Lage des Landes verschärft hatte.

Nicht alle waren davon angetan, daß Herzl sich zu einem Treffen mit Plehwe auf den Weg gemacht hatte. Viele Juden sahen im russischen Innenminister den Inbegriff des Antisemitismus, und die russische revolutionäre Bewegung sprach von ihm als dem Henker des Zaren. Nicht wenige russische Zionisten hielten die Zusammenkunft – die im übrigen keiner von ihnen je hätte zustande bringen können – für einen historischen Fehler. Viele Angehörige des *Bund*, der anti-zionistischen sozialistischen Partei und damals zahlenmäßig größten Arbeitervereinigung im zaristischen Rußland, sahen in der Begegnung einen weiteren Beweis für den reaktionären Charakter der Herzl'schen Bewegung. Herzl beachtete die Kritik nicht weiter. Er würde russische Regierungsvertreter sehen, die vor ihm noch kein jüdischer Abgesandter hatte sprechen können, und dies nach Jahren der Weigerung seitens der russischen Führung. Zunächst traf er sich mit Frau Korwin-Piotrowska, um ihr für die Anbahnung der bevorstehenden Treffen zu danken. Sie wußte zu berichten, daß sie von einer Reihe russischer Intellektueller und Beamter Unterstützung erfahren hatte. Wie bei früheren Besuchen in anderen Hauptstädten, knüpfte Herzl auch hier Kontakte zu Einheimischen, um sich selbst ein Bild von der Lage zu machen.

Am Tag nach seiner Ankunft wurde er von Plehwe zu einem Gespräch empfangen, das anderthalb Stunden dauerte. Dieses und noch eine weitere Begegnung sollten zu den Höhepunkten von Herzls diplomatischer Karriere gehören und seine gereifte politische Erfahrung unter Beweis stellen. Sein Tagebuch erwähnt nirgends den Rangunterschied zwischen Plehwe und ihm – auf der einen Seite einer der mächtigsten Staatsmänner Europas, auf der anderen der Vorsitzende einer kleinen Gruppe von Juden. Auch wenn man einmal die Übertreibung außer acht läßt, zu der Herzl in seinen Tagebüchern gelegentlich neigte, so kann man doch nicht umhin, von der bei den Zusammenkünften herrschenden Atmosphäre beeindruckt zu sein. Herzl berichtet von ihnen wie von einem komplizierten Schachturnier zwischen zwei Staatsmännern, die ihre gegensätzlichen Interessen abstecken, um herauszufinden, ob man eine gemeinsame Basis für eine Übereinkunft erreichen könnte. Bei diesen und noch weiteren Begegnungen in der russischen Hauptstadt verhandelte Herzl, als sei er der Außenminister eines jüdischen Staates – obwohl dieser Staat noch gar nicht bestand.

Herzl wußte genau, warum Plehwe ihn zu treffen bereit gewesen war: Er wollte eine weitere beschämend-peinliche Situation für Rußland abwenden und einem Frontalangriff auf dem Sechsten Zionistischen Kongreß zuvorkommen. Zugegebenermaßen stellte die zionistische Bewegung nicht eben eine bedeutende Macht dar, aber Rußland wollte eine neuerliche Flut von Verurteilungen seiner Politik in der internationalen Presse verhindern, zumal diese ja vom Kongreß berichten würde. Entsprechend negative Zeitungsberichte würden sich auf die Aussichten Rußlands auswirken, Darlehen von internationalen Banken zu erhalten, an deren Spitze bekanntermaßen vielfach Juden standen. Dieses Zusammentreffen von jüdischer Notlage in Osteuropa mit jüdischer Finanzmacht im Westen war Herzls Trumpf bei den Verhandlungen.

In diesem Sinne begann Herzl das Gespräch und legte Plehwe

eine Denkschrift vor, die den Entwurf einer Entschließung enthielt, welche die russische Regierung nach der Audienz veröffentlichen sollte. Das war nun ein ausgesprochen kühner Schachzug – die zionistische Bewegung legte der zaristischen Regierung den Entwurf eines Beschlusses vor, den diese zu unterzeichnen ersucht wurde. Sollten die Russen dem Dokument zustimmen, würde auf dem Zionistischen Kongreß eine entsprechende Verlautbarung erfolgen, »et il dépendra de Votre Excellence dans quelle mesure et de quelle façon cela sera livré à la publicité.« [und es hängt ganz von Eurer Exzellenz ab, in welchem Umfang und auf welche Weise sie der Öffentlichkeit bekanntgegeben wird.]

Die in Französisch abgefaßte Denkschrift – die Sprache, in der die Gespräche mit Plehwe geführt wurden – beginnt mit einer Präambel: »Le Gouvernement Impérial Russe ayant l'intention de résoudre la question juive d'une manière humanitaire et répondant tant aux exigences de l'État Russe qu'aux besoins du peuple juif, il a été jugé utile, de venir en aide au mouvement sionniste, dont les tendances loyales ont été reconnues.«* Das wechselseitige Entgegenkommen dieser Formulierung springt ins Auge – Rußland würde der zionistischen Bewegung beistehen und die Legitimität der Organisation anerkennen. Im Gegenzug würden die Zionisten Rußlands Anspruch bestätigen, demzufolge es die Judenfrage auf »humanitäre« Art und Weise lösen werde. Nach dem Massaker von Kischinew und der darauf folgenden weltweiten Verschlechterung des russischen Ansehens kam dies einer Stärkung Rußlands und möglicherweise der Stellung Plehwes persönlich gleich, der bekanntlich als »böser Geist« des zaristischen Regimes und dessen antisemitischer Politik angesehen wurde. Dem Memorandum zufolge würde die Unterstützung der zionisti-

* In der Absicht, die jüdische Frage auf humanitäre Weise zu lösen, und damit sowohl den Ansprüchen des russischen Staates als auch den Bedürfnissen des jüdischen Volkes Genüge zu tun, hat die kaiserliche russische Regierung es für dienlich erachtet, die zionistische Bewegung zu unterstützen, deren loyale Ausrichtung zur Kenntnis genommen wurde.

schen Bewegung seitens der russischen Regierung folgendes beinhalten:

- Die wirkungsvolle Intervention bei Seiner Kaiserlichen Majestät dem Sultan, um einen Kolonisationscharter für Palästina zu erhalten, wobei das Land unter der Oberhoheit Konstantinopels verbliebe, die Verwaltung geschähe allerdings durch die Jewish Settlement Society.
- Die russische Regierung würde der jüdischen Emigration nach Palästina eine finanzielle Unterstützung gewähren, wozu sie bestimmte Fonds und Abgaben ausschließlich jüdischer Herkunft heranziehen würde.
- Die russische Regierung erleichtert die gesetzlich geregelte Organisierung russischer zionistischer Vereinigungen gemäß dem Baseler Programm.

Das war ohne Zweifel ein ausgesprochen zweischneidiges Programm. Herzl wußte sehr wohl, daß die Regierung des Zaren nicht allen Vorschlägen zustimmen würde. Doch nie zuvor war ein solch beispielloses Memorandum von irgendeiner jüdischen Persönlichkeit irgendeiner Regierung der Welt vorgelegt worden.

Plehwe eröffnete das Gespräch mit Höflichkeiten, indem er darauf verwies, daß er Herzl »diese Unterredung bewilligt« habe, um sich mit ihm über die zionistische Bewegung zu verständigen, »deren führender Repräsentant Sie sind. Die Beziehungen, die sich zwischen der Kaiserlichen Regierung und dem Zionismus herstellen werden und die, ich will nicht sagen freundschaftlich, aber doch einvernehmlich werden könnten, werden von Ihnen abhängen.« Er stellte fest, daß »die Judenfrage [...] für uns keine vitale, aber doch immerhin eine ziemlich wichtige Frage [ist]«, um dann zu betonen, daß das Problem der jüdischen Bevölkerung im Reich ein schwieriges Thema darstelle, für das es noch keine befriedigende Lösung gebe. Zum einen, sagte der Innenminister, muß »der russische Staat [...] eine Homogenität seiner Bevölkerung wünschen«, um allerdings gleich einzugestehen: »Wir müssen beispielsweise zugeben, daß die ältere skandinavische Cultur sich als etwas Gewordenes in Finland behauptet.« Zum anderen aber gelte: »Was wir aber von allen Völkern unseres Reiches, also auch von den Juden fordern müssen, ist, daß sie den russischen Staat als etwas Gegebenes patriotisch auffassen. Wir wollen sie uns assimiliren.« [...] Wie dies geschehen werde? Nun, da gebe es »zwei Wege: den des höheren Unterrichts und den des ökonomischen Aufstiegs. Wer gewisse Bedingungen dieser beiden Arten erfüllt hat und von dem wir daher annehmen zu dürfen glauben, dass er durch seine Bildung oder seinen Wohlstand ein Anhänger der bestehenden Ordnung geworden ist, dem geben wir die bürgerlichen Rechte. Aber«, so fuhr er fort, »diese Assimilirung, die wir wünschen, vollzieht sich nur sehr langsam.«

Da war die Katze aus dem Sack – nach einer Einleitung, die vermeintlich den russischen Juden Toleranz und Integration anbot – wenn auch eindeutig nur um den Preis der Aufgabe ihrer nationalen Identität und Kultur –, gestand Plehwe ein, wie schwierig das Problem tatsächlich war: »Wir können allerdings die Wohlthaten des höheren Unterrichts nur einer beschränkten Anzahl von Juden zu theil werden lassen, weil wir sonst bald keine Ämter mehr für die Christen hätten.« Die Juden würden, so der Innenminister, »zu den Umsturzparteien übergehen«. England würde demnächst die Einwanderung aus Rußland beschränken, was seinem Land nur Schwierigkeiten bereiten könnte – von daher begegnete die Regierung des Zaren der zionistischen Bewegung mit »Sympathie«. Herzl verstand wohl die Sorge, der Plehwe Ausdruck verlieh – der *numerus clausus*, die Quote, welche die Zahl der zum Studium an den Universitäten und höheren Bildungsanstalten zugelassenen Juden begrenzte, trieb die jungen Leute ins revolutionäre Lager. Hier deckten sich nun die gegensätzlichen Positionen der zaristischen Regierung und der zionistischen Bewegung – beiden lag daran, daß die Juden Rußland verließen.

An diesem Punkt der Unterredung überraschte Plehwe seinen

Gast, indem er ihm buchstäblich vor Augen führte, wie gut er über die internen Angelegenheiten der russischen zionistischen Bewegung Bescheid wußte. »Und thatsächlich«, so Herzl im Tagebuch, »erhob er sich und holte einen schönen grossen von Lesezeichen starrenden Band, braun mit Golddruck: dies ist der Bericht des Ministeriums über die zionistische Bewegung.« Die Regierung des Zaren stand, so fuhr Plehwe fort, der zionistischen Bewegung wohlwollend gegenüber, »so lange sie auf die Emigration hinarbeitete. Aber seit dem Minsker Congresse bemerken wir un changement des gros bonnets [eine Veränderung seitens der führenden Repräsentanten]. Es ist weniger vom palästinensischen Zionismus die Rede, als von Cultur, Organisation und jüdischer Nationalität. Das passt uns nicht.«

Das brachte Herzl in eine schwierige Lage. Die Zusammenkunft der russischen Zionisten, die im September 1902 in Minsk stattgefunden hatte, war die erste, von den Behörden erlaubte Konferenz dieser Art. Ihr wichtigster Wortführer war Achad Ha'am, der führende Vertreter des »Kulturzionismus«, der das Bemühen um eine politische Lösung der Judenfrage hintanstellte und insofern eine gegensätzliche Position zu der Herzls bezog. Daher hatte sich die Konferenz hauptsächlich mit jüdischer Kultur und Identität beschäftigt. Die Auseinandersetzung zwischen Herzl und Achad Ha'am war von großer Bedeutung für die zionistische Bewegung – ging es doch um die Frage, welche Prioritäten sie sich setzte. Für die russischen Behörden sah es allerdings so aus, als wären die russischen Zionisten nicht so sehr an ihrer Auswanderung interessiert, als vielmehr an Ausbildung und Pflege einer eigenen jüdischen Kultur *innerhalb* des russischen Reichs. Zu einem Zeitpunkt, da noch weitere Minderheiten im russischen Reich wie die Polen und Ukrainer gleichfalls ihre besondere nationale Identität zu bestimmen suchten und die Anerkennung ihrer Sprache sowie anderer kultureller, nationaler Rechte verlangten, sahen Plehwe und seine Kollegen im Erwachen eines jüdischen Nationalbewußtseins innerhalb Rußlands eine staatsgefährdende Bedrohung.

Die Regierung reagierte auf diese jüdische Nationalbewegung genau so, wie sie zuvor schon anderen nationalen Strömungen begegnet war – mit Repression.

Herzl fühlte sich natürlich nicht wohl dabei, seinen Disput mit Achad Ha'am im Büro des Innenministers fortzusetzen, um so mehr, als Plehwe sich bestens informiert gezeigt hatte über die internen Auseinandersetzungen innerhalb der zionistischen Bewegung. Er spulte die Namen der russischen Zionisten herunter, die nach den ihm vorliegenden Geheimdienstberichten Herzls Auswanderungsprogramm nicht unterstützten, sondern sich die Pflege jüdischer Kultur in Rußland angelegen sein ließen. Herzl tat sein Bestes, die Bedeutung dieser Debatte herunterzuspielen, aber er zog die naheliegenden Schlüsse. Um die russischen Behörden davon abzuhalten, die zionistische Bewegung zu verfolgen, müßte diese unzweideutig klarstellen, daß es ihr um die Auswanderung als einzig möglicher Lösung der jüdischen Not ging. Insofern war die Unterstützung des Palästina-Plans seitens der russischen Zionisten unabdingbar. Verständlicherweise wäre es Herzl lieber gewesen, mit diesem Dilemma nicht durch russische Behörden konfrontiert zu werden, aber so wiederholte er ein weiteres Mal, daß das einzige Ziel des Zionismus die Wiederansiedlung der Juden in Palästina sei und bleibe. Diese Zusicherung sollte Herzl indes weitere Schwierigkeiten mit einigen russischen Kulturzionisten einbringen, die sich hauptsächlich um die Förderung jüdisch-hebräischer Kultur in Rußland kümmerten und nicht um eine Auswanderung nach Palästina.

Herzl bat Plehwe, sich für ihn bei Finanzminister Graf Sergej Witte um eine Audienz zu verwenden. Witte gehörte, wie Plehwe auch, zum baltendeutschen Adel, der in der zaristischen Bürokratie prominente Stellen besetzte. Witte war Plehwes Hauptrivale und Gegner im Kabinett, daher reagierte der Innenminister zurückhaltend. Herzl erläuterte, daß eine solche Unterredung von entscheidender Bedeutung sei, da der Finanzminister im Juni 1899 den Verkauf von Anteilen der *Jewish Colonial Trust Company* untersagt hatte, also jener Institution, deren Aufgabe die Kapitalisierung der zionistischen Bank war. Schließlich sagte Plehwe, man werde noch einmal zusammenkommen, nachdem er, Plehwe, das Memorandum gelesen habe, das Herzl ihm überreicht hatte. Vor diesem zweiten Gespräch traf Herzl den Finanzminister sowie Baron Nicholas Hartwig, Direktor der Asien-Abteilung im Außenministerium, dazu Präsident der Kaiserlich orthodoxen Palästina-Gesellschaft und von daher zuständig für die heiligen Stätten der russisch-orthodoxen Kirche in Palästina.

Am 12. August sandte Plehwe an Herzl einen Brief, in dem er das Ergebnis ihrer ersten Unterredung zusammenfaßte. Dieses Schreiben sollte Herzl unmittelbar vor dem Sechsten Zionistischen Kongreß veröffentlichen. Am 13. August kamen die beiden Herren zu ihrem zweiten Treffen zusammen. Im Tagebuch notierte Herzl: »Meine [...] zweite Unterredung mit Plehwe verlief noch günstiger als die erste.« Offensichtlich schätzten sich beide und genossen die diplomatische Schachpartie, die sie spielten. Bei einem Gambit gleich zu Beginn entschuldigte sich Plehwe für die verzögerte Antwort auf das Memorandum sowie die Wartezeit vor der zweiten Begegnung – er könne ein offizielles Dokument »von so wichtiger Angelegenheit« nicht ohne Zustimmung des Zaren aus der Hand geben, »der Chef des Landes, Chef der Regierung und le souverain autocrate« sei. Da es sich um die Unterstützung seitens der Regierung des zionistischen Auswanderungsplans handelte, wiederholte Plehwe noch einmal, wie stark der Zar durch die gegen ihn gerichteten Angriffe gekränkt sei, zumal nach dem Pogrom von Kischinew. Es war deutlich spürbar, wie kompliziert die Position Rußlands war und in welcher Zwangslage die Regierung steckte. Plehwe verurteilte die seiner Meinung nach bestehende Scheinheiligkeit westlicher Regierungen – sie konnten leicht Rußland kritisieren, hatten sie doch weit weniger Juden in ihren Ländern.

> Bei dieser Gelegenheit äusserte sich Seine Majestät der Kaiser auch über die Angriffe, denen Rußland in letzter Zeit wegen der Juden ausgesetzt war. Es hat ihn ausserordentlich geschmerzt, dass man zu behaupten wagte, die russische Regierung habe bei der Veranstaltung von Ausschreitungen mitgewirkt oder sie auch nur passiv geduldet. Seine Majestät ist als Oberhaupt des Staates allen seinen Unterthanen gleich gut gesinnt und in seiner bekannten grossen Güte schmerzt es ihn besonders, wenn man ihm etwas Inhumanes zutraut. Die fremden Regierungen und die öffentliche Meinung des Auslandes haben es allerdings leicht, eine grossmüthige Attitüde anzunehmen und uns Vorwürfe zu machen wegen der Behandlung unserer Juden. Aber wenn es sich für sie darum handeln sollte 2-3 Millionen armer Juden bei sich aufzunehmen, da sprechen sie aus einem anderen Tone. Von solcher Aufnahme ist keine Rede und sie überlassen es uns, mit dieser Schwierigkeit fertig zu werden. Nun will ich allerdings nicht leugnen, dass die Lage der Juden im russischen Reiche keine glückliche ist. Ja, wenn ich ein Jude wäre, so wäre ich wahrscheinlich auch ein Feind der Regierung.

Dann fügte Plehwe noch hinzu: »Aber thatsächlich können wir uns nicht anders helfen, als wir es bisher thaten, und uns wäre darum die Errichtung eines unabhängigen Judenstaates, der einige Millionen Juden aufnehmen könnte, am liebsten.«

Herzl erkannte sehr genau, wie schwach Plehwes Verteidigungsposition war und wollte daher das Eisen schmieden, solange es glühte. Er hob Plehwe gegenüber hervor, wie wichtig es sei, wenn die russische Regierung ihren ganzen Einfluß in Konstantinopel und auf höchster Ebene zur Geltung brächte: »Mit dem grössten Nachdruck betonte ich [...], dass alles darauf ankomme, wie energisch die russische Regierung für uns in Konstantinopel interveniren werde.« Es reiche wohlgemerkt nicht aus, wenn dies auf der Ebene der Außenminister geschehe: »Tout dépend de l'efficacité de l'intervention auprès de Sa Majesté Impériale le Sultan.« Noch einmal ersuchte er Plehwe, eine Audienz beim Zaren zu erwirken, aber die Antwort des Innenministers war ausweichend und Herzl verstand, es war nicht der richtige Moment. In dem Brief allerdings, den er an Plehwe nach der zweiten Unterredung sandte, bestand er noch einmal auf einer entschiedenen und baldigen Fürsprache beim Sultan: »Depuis longtemps il n'y avait pas de moment aussi propice que celui-ci, et qui sait quand des circonstances tellement utilisables se représenteront de nouveau.«*

Im Verlauf des zweiten Gesprächs hatte Plehwe bemerkt, daß Rußland durchaus nicht alle seine Juden verlieren wollte: »Les fortes intelligences« und die Wohlhabenden unter den Juden wollte man schon gern im Lande behalten. Herzl ergriff die Gelegenheit und bat, die gegen die Juden verhängten Restriktionen zu lockern:

> Einstweilen aber, Excellenz, wäre es vielleicht doch gut, wenn Sie etwas mehr für Ihre in Rußland verbleibenden Juden thäten. Es würde mir mein Friedenswerk wesentlich erleichtern, wenn Sie beispielsweise das Ansiedlungsrecht auf Kurland und Riga ausdehnten, oder wenn Sie im jetzigen Ansiedlungsrayon gestatteten, dass Juden zum Betrieb des Ackerbaues bis zu zehn Dessjatinen (ungefähr 20 Morgen) Landes erwerben dürften.«

Plehwe zeigte sich durchaus geneigt, das Ansiedlungsrecht in Kurland zu billigen, einer überwiegend von Deutschen und Letten bewohnten Region im Baltikum. »Wir haben durchaus nichts dagegen, die Juden dorthin kommen zu lassen, wo sie der Bevölkerung wirthschaftlich nicht überlegen sind.« Was nun den Landerwerb durch Juden im Ansiedlungsrayon betraf, so hätte er, Plehwe,

* Seit langem gab es keinen so günstigen Augenblick wie diesen, und wer weiß, wann sich je wieder vergleichbar vielversprechende Umstände ergeben werden.

schon früher einmal daran gedacht – »aber als ich diese Absicht durch die Zeitungen lanciren ließ, erhoben sich stürmische Proteste von russischer Seite: ich wolle das Land verjuden etc. So musste ich den Plan aufgeben.« Im übrigen sei er, so fügte er hinzu, ein Freund der Juden. »Ich kenne die Juden sehr gut. Ich habe meine Jugend unter ihnen verbracht. Das war in Warschau [...] wir hatten da eine kleine Wohnung und wir Kinder mussten in dem weiten Hof spielen. Ich spielte da ausschließlich mit Judenkindern. Meine Jugendfreundschaften waren jüdisch. Sie sehen also, dass Sie bei mir eine gewisse Prädisposition finden, etwas für die Juden zu thun.« Herzl ging natürlich nicht weiter auf diese Bemerkungen ein, nicht einmal in seinem Tagebuch, wo er nur einfach Plehwes Worte wiedergab. Plehwe war sich nicht sicher, ob er noch einmal den Landkauf durch einzelne Juden zur Sprache bringen könnte, doch »wenn Sie ganze Gemeinden, des bourgs juifs, ansiedeln wollen, hätte die Regierung wohl nichts dagegen und innerhalb dieser bourgs könnten sie dann den Einzelnen solches Privateigenthum zulassen«. Herzl schöpfte angesichts dieses Plans wieder Mut, wiederholte indes abermals, daß es vor allem auf die Intervention des Zaren beim Sultan ankäme.

Von allen Gesprächen, die Herzl je mit Politikern führte, waren die mit Plehwe in politischer Hinsicht die wichtigsten. Herzl handelte und verhandelte hier nach Grundsätzen, die für die zionistische Diplomatie von da an maßgeblich waren. Er beschränkte sich nicht darauf, nur mit Leuten zusammenzukommen, die Juden im allgemeinen und der zionistischen Sache im besonderen gewogen waren – sie hatten vielfach keinerlei politischen Einfluß; nichts hielt ihn ab, sich auch mit gegnerischen oder selbst antisemitischen Politikern zu treffen, um eine Grundlage gemeinsamer Interessen zu finden; er hatte erkannt, daß humanitäre Gründe niemals ausreichen würden, die Ziele des Zionismus zu erreichen. Die von den Nationalbewegungen der europäischen Völker gemachte Erfahrung – der Griechen, Serben, Rumänen und Bulgaren – lehrte Herzl, daß nur ein Zusammenspiel der Interessen politisch wirksam werden konnte. So war beispielsweise die Unterstützung der Christen auf dem Balkan seitens der westeuropäischen Mächte nicht einfach der Sympathie für die leidenden, unter osmanisch-muslimischer Herrschaft lebenden Christen oder rein humanitären Gefühlen geschuldet. England und Rußland, deren Interessen im großen und ganzen einander zuwiderliefen, sahen sich gleichwohl im Wunsch vereint, den Machtbereich des Osmanischen Reichs zurückzudrängen. Nutznießer dieser Politik waren die schwachen Balkanvölker. Hätten die Mächte ihre Interessen nicht gemäß der Realpolitik verfolgt, hätten die Christen des Balkans weiter unter dem türkischen Joch geschmachtet. Herzl suchte diese Erkenntnis auf die Bestrebungen der zionistischen Bewegung zu übertragen, aber nicht alle ihre Anhänger stimmten hier mit ihm überein. Er wußte, daß es einfacher war, »*Gewald!*« zu rufen und Juden als Opfer hinzustellen, als komplizierte Verhandlungen mit einem Mann wie dem russischen Innenminister zu führen, zumal wenn man sich auf kaum vorhandene wirkliche Macht stützen konnte.

Herzls Treffen mit dem russischen Finanzminister fand am 9. August in dessen Sommerresidenz auf einer Insel in der Newa kurz vor deren Mündung in den Finnischen Meerbusen statt. Es war keine angenehme Begegnung – Herzl beschrieb ihn als »gar nicht liebenswürdig«. Ein wenig herablassend vermerkte er im Tagebuch, daß Wittes Französisch »sehr schlecht« und »miserabel« war. Der Finanzminister führte eine Reihe von Gründen für den Antisemitismus und vier Typen von Antisemiten auf, um noch hinzuzufügen: »Nun muss man zugeben, dass die Juden auch Anlass genug zur Feindschaft geben.« Im Gegensatz zum diplomatischen Fingerspitzengefühl Plehwes, der seine persönlichen Empfindungen in die Sprache politischer Interessen zu kleiden verstand, gab sich Witte keinerlei Mühe, seine Ausdrucksweise zu mäßigen. Immerhin war Herzl von seiner Offenheit beeindruckt. Plehwe hatte sich bemüht, das Dilemma seiner Regierung hinsichtlich der Juden in einigermaßen stringente Formulierungen zu bringen. Witte sagte unverblümt: »Während von den 136 Millionen unserer Bevölkerung nur 7 Millionen Juden sind, ist ihre Betheiligung an den Umsturzparteien ungefähr 50 Prozent.« Er weigerte sich, irgendwelche Überlegungen gelten zu lassen, die begründeten, warum Juden sich den Revolutionären anschlossen. Allerdings gestand er verdrossen ein, es könnte daran liegen, »daß man [...] die Juden zu sehr [bedrängt]«, um noch hinzuzufügen, daß er einst dem verstorbenen Zaren Alexander III. gesagt habe: »Majestät, wenn es möglich ist, die 6 oder 7 Millionen Juden im Schwarzen Meer zu ersäufen, bin ich damit vollkommen einverstanden. Wenn es aber nicht möglich ist, so muss man sie leben lassen.«

Es fiel Herzl schwer, eine gemeinsame Sprache mit diesem Mann zu finden, der ihm gegenüber unter anderem noch bemerkte: »Rußland hat eine Widerstandskraft, von der man sich im Auslande keine Vorstellung macht.« Damit gab er zu verstehen, daß Druck von außen keinerlei Wirkung auf die Politik seines Landes haben würde. Anders gesagt: Er zeigte nicht im mindesten die Sensibilität hinsichtlich der weltweiten Verurteilungen der russischen Politik gegenüber den Juden, die Plehwe auszeichnete, der zudem darauf verwiesen hatte, daß auch der Zar diesbezüglich nicht unempfindlich war. Und was das zionistische Programm betraf, kramte Witte den abgedroschenen Witz über den österreichischen Juden hervor, der sich den Zionisten anschloß, um erster jüdischer Botschafter in Wien zu werden.

Trotz des unwirschen Verhaltens des Finanzministers gelang es Herzl doch, jene Bitte vorzutragen, die das Hauptanliegen der Unterredung war – die Zurücknahme des Verbots von Angebot und Verkauf der Anteile (»shares«) an dem *Jewish Colonial Trust*. Wittes Antwort überraschte ihn: Er zeigte sich bereit, das Ersuchen günstig zu erwägen unter der Bedingung, daß eine Filiale in Rußland eröffnet würde, »damit man die Gebarung controlliren könne«. »Ich nahm die Bedingung sofort an«, schrieb Herzl im Tagebuch, »so hatte ich eigentlich von dem unangenehmen Manne doch zugesagt erhalten, was ich wollte.«

Herzl kam noch zu einem anderen, kürzeren Treffen mit Hartwig, dem Leiter der Asien-Abteilung, zusammen. Auch bei dieser Gelegenheit gab man ihm zu verstehen, daß die russische Regierung auf dem neuesten Stand hinsichtlich der zionistischen Bewegung und deren internen Entwicklungen war. Hartwig zeigte Herzl einen Ordner mit Berichten von den Baseler Kongressen, die alljährlich von dem russischen Gesandten – »der in Bern nicht viel zu thun hatte« – übermittelt worden waren. Herzl war davon angetan und stellte mit Befriedigung fest, daß die zionistische Bewegung ungeachtet ihrer geringen Größe die Aufmerksamkeit europäischer Diplomaten erregt hatte. Hartwig erkundigte sich besorgt, welchen Status die christlichen heiligen Stätten im jüdischen Staat erhielten, wenn er denn gegründet werden sollte – ein Thema, das auch von Witte zur Sprache gebracht worden war. Herzl tat sein Bestes, seinem Gesprächspartner zu versichern, daß den heiligen Stätten ein extraterritorialer Status gewährt werden würde. »Da wurden seine Nasenlöcher freundlicher.« Auch hier brachte Herzl seine zuvor schon Plehwe unterbreitete Bitte vor, der russische Botschafter in Konstantinopel möge beim Sultan vorstellig werden. Hartwig bat Herzl um eine schriftliche Zusammenfassung, die er dem Außenminister zukommen lassen wollte. Herzl ging aus der Begegnung mit dem Gefühl, daß sie gut verlaufen sei – eine unverbindliche Unterredung mit einem Regierungsvertreter, der, zwar nur von mittlerer Rangordnung, immerhin für den relevanten Geschäftsbereich im Außenministerium zuständig war.

Während seines zweiwöchigen Aufenthalts in St. Petersburg kam es unvermutet zu politischen Ereignissen, von denen es den Anschein hatte, sie könnten sich negativ auf Herzls Mission auswirken. Er notierte sie in seinem Tagebuch, aber unvorhersehbare Geschehnisse sind nicht eben selten in der Politik, und Herzl hatte damit schon früher seine Erfahrung machen können. Ein türkischer Soldat hatte den russischen Konsul im mazedonischen Monastir – in einer Balkanprovinz des Osmanischen Reichs gelegen –

ermordet, was natürlich zu Spannungen zwischen beiden Ländern führte. In der Folge lehnte der russische Außenminister, Graf Wladimir Lambsdorff, eine Begegnung mit Herzl ab. Dieser kommentierte in seinem Tagebuch, daß es wohl das Beste sei abzuwarten, bis sich die Lage beruhigt habe, im übrigen lasse er sich von der Absage nicht entmutigen.

Kurz bevor er St. Petersburg verließ, sandte er einen Brief an Lord Rothschild, in dem er ihn von den positiven Antworten in Kenntnis setzte, die er von den russischen Regierungsvertretern erhalten hatte, wobei er noch hinzufügte: »Zur weiteren Verbesserung der Lage würde es allerdings beitragen, wenn die judenfreundlichen Blätter aufhörten, einen so gehässigen Ton gegen Rußland anzuschlagen. In dieser Richtung müsste man demnächst zu wirken versuchen.« Da Herzls diplomatische Bemühungen auf der unbehaglichen Lage aufbauten, in der sich Rußland nach dem Massaker von Kischinew befand, ließ er nichts unversucht, einerseits daraus Nutzen zu ziehen, andererseits Rußland eine Gegenleistung anzubieten. Eine Gelegenheit bot sich anläßlich eines von den Petersburger Zionisten ihm zu Ehren veranstalteten Balls am 12. August – das war zwischen seinen beiden Begegnungen mit Plehwe. Herzl wußte, daß, was immer er auf der Veranstaltung sagte, dies der politischen Polizei und Plehwe persönlich übermittelt werden würde. So erklärte er in seiner Ansprache, daß dies nicht die Zeit sei, soziale Fragen – gemeint waren natürlich sozialistische Forderungen – in die innerhalb der jüdisch-zionistischen Bewegung geführte Debatte hineinzutragen. Hätten die Juden erst einmal ihren eigenen Staat in Palästina, könnten sie über politische Ideologien debattieren – derlei Diskussionen hätten ihren Platz im künftigen jüdischen Gemeinwesen, nicht in Rußland. Auch warnte Herzl die russischen Juden, nicht denselben Fehler wie die westeuropäischen Juden zu begehen, nämlich sich in die Politik der Länder, in denen sie lebten, einzumischen. Dieses Engagement hätte ihre Lage keineswegs verbessert, sondern ihnen nur geschadet.

Ganz in diesem Sinne schrieb Herzl an Plehwe, bevor er die Hauptstadt verließ. Zum einen wiederholte er noch einmal seine dringliche Bitte, beim Sultan mit Entschiedenheit vorstellig zu werden; zum anderen überließ er es seinem Urteil, welche nächsten Schritte er für die besten hielte.

> Je me propose de travailler à l'œuvre d'apaisement avec tous les moyens même avant le Congrès. Je pars demain samedi soir et je compte m'arrêter dimanche entre deux trains à Wilna, pour y faire un discours. On me dit, qu'il y aura là peut-être quelques manifestations hostiles contre moi, mais cela ne m'effraye pas, et c'est justement pour mettre des égarés – s'il y en a – dans la bonne voie, que j'y vais.*

Das war gleichsam die Retourkutsche für den Brief, den Plehwe an Herzl gesandt hatte. Er wurde in seiner original französischen Fassung am 25. August 1903 in der *Welt* veröffentlicht, als der Sechste Zionistische Kongreß tagte. Es war das in seiner Aussage deutlichste Dokument, das die zionistische Bewegung je von einer Regierung erhalten hatte, und Herzl lag an der Veröffentlichung, ungeachtet des Widerstands seitens der meisten russischen Mitglieder der Zionistischen Exekutive, die nach wie vor die Verhandlungen mit Plehwe skeptisch beurteilten.

Im ersten Absatz heißt es:

* Ich bin fest entschlossen, mich vor dem Kongreß schon mit allen mir zur Verfügung stehenden Mitteln um eine Aussöhnung zu bemühen. Ich reise morgen, Samstagabend [15. August] ab und plane, in Wilna zwischen zwei Zugverbindungen Station zu machen, um dort eine Ansprache zu halten. Man hat mich wissen lassen, daß es vielleicht dort zu Demonstrationen gegen mich kommen wird, aber das schreckt mich nicht ab, denn ich gehe ja gerade deshalb dahin, um die Irregeleiteten – so es sie denn gibt – auf den rechten Weg zu bringen.

> Tant que le Sionisme consistait à vouloir créer un état indépendant en Palestine, et promettait d'organiser l'émigration de Russie d'un certain nombre de ses sujets juifs, le gouvernement russe pouvait parfaitement lui être favorable. [...] Il [scil. le Sionisme] pourrait en ce cas compter sur un appui moral et matériel.*

Der Brief enthielt ferner die Zusage, daß die russische Regierung Vertreter der zionistischen Bewegung bei ihren Kontakten zu osmanischen Instanzen unterstützen werde. Sie werde desweiteren die Aktivität solcher zionistischer Organisationen innerhalb Rußlands gestatten, die auf die Auswanderung der Juden hinarbeiteten und würde ihnen finanziell unter die Arme greifen, indem sie der jüdischen Bevölkerung Steuererleichterungen gewährte. Schließlich verspricht die russische Regierung, den Juden das Recht zuzugestehen, auch außerhalb des Ansiedlungsrayons sich niederzulassen, und überhaupt Maßnahmen zu ergreifen, die allgemeine Lage der Juden im Reich zu verbessern, und dies parallel zur Förderung der Emigration.

Freilich waren diese Zusagen mit restriktiven Bedingungen verbunden, welche die Spannungen zwischen Herzl und den russischen Zionisten weiter verschärften. Diese Reibereien erklären zum Teil den Widerstand gegen Herzl, als er auf dem Kongreß die Möglichkeit zur Sprache brachte, mit den Engländern über den Uganda-Vorschlag zu verhandeln. Aber Plehwes Brief warnte: »Mais du moment où ce but principal du Sionisme se trouve être abandonné pour se faire remplacer par une simple propagande de la concentration nationale juive en Russie, il est naturel que le gou-

* Solange der Zionismus in dem Willen bestand, einen unabhängigen Staat in Palästina zu schaffen, und solange er die Auswanderung einer gewissen Anzahl jüdischer Untertanen aus Rußland zu organisieren versprach, konnte die russische Regierung ihm sehr wohl günstig sein. [...] In diesem Falle könnte er [...] auf moralische und materielle Unterstützung rechnen.

vernement ne peut dans aucun cas tolérer cette nouvelle voie du Sionisme.«*

Wie gesagt, die Entschiedenheit der russischen Einstellung rührte von der seitens der zaristischen Regierung gehegten Befürchtung her, daß unterschiedliche Nationalbewegungen innerhalb des Reiches ermutigt werden könnten, »die den vaterländischen Gefühlen, welche die Stärke eines jeden Staates ausmachen, vollkommen fremd oder sogar feindlich gegenüberstehen würden«.

Es war offensichtlich, daß Herzls Leistung – die erste offizielle Erklärung seitens einer europäischen Regierung, die Errichtung eines unabhängigen jüdischen Staates in Palästina zu unterstützen – einen hohen Preis verlangte: Jüdische kulturelle Aktivitäten innerhalb Rußlands wurden eingeengt, dazu kam die sich zunehmend vertiefende Kluft zwischen Herzl und den Anhängern von Achad Ha'am, der persönlich internationale Politik und Diplomatie für belanglos und von zweitrangiger Bedeutung hielt. Herzl indes pflegte seinen Kontakt zu Plehwe und korrespondierte weiter mit ihm, auch während der Debatte über das Uganda-Projekt. Er bedrängte regelrecht Frau Korwin-Piotrowska, bei Plehwe eine weitere Audienz für ihn zu erwirken, und brachte diesem gegenüber noch einmal seinen Wunsch in Erinnerung, vom Zaren empfangen zu werden. In einem Brief vom 24. Oktober 1903 an Plehwe versicherte Herzl »auf sein Ehrenwort«, daß entgegen anderslautender und verbreiteter Gerüchte »nicht einer der russischen Delegierten auf dem Kongreß seine moralischen und gesetzlichen Pflichten als russischer Bürger vernachlässigt habe«. Wie in jedem Parlament gebe es natürlich unterschiedliche Auffassungen unter den Abgeordneten, aber er verbürge sich dafür, daß die russischen Zionisten sich loyal gegenüber ihrem Land verhielten, »[...] je suis

* Allein in dem Augenblicke, wo dieses Hauptziel des Zionismus aufgegeben scheint, um durch eine einfache Propaganda der jüdisch-nationalen Zusammenfassung in Rußland ersetzt zu werden, ist es natürlich, daß die Regierung diese neue Bahn des Zionismus in keinem Falle dulden kann.

sûr de la loyauté des vrais sionnistes, même de ceux qui me font de l'opposition.« [… so sicher bin ich mir der Loyalität der wahren Zionisten, auch derer, die gegen mich opponieren].

Am 6. Dezember schrieb Plehwe an Herzl, daß nach Konsultationen mit dem Außenminister Graf Lambsdorff der russische Botschafter in Konstantinopel, Iwan Zinowjew, dahingehend unterrichtet worden sei, den osmanischen Regierungsvertretern mitzuteilen, daß Rußland dem zionistischen Vorhaben, die Juden nach Palästina zurückzuführen, durchaus mit Wohlwollen begegne, und daß die Zustimmung des Osmanischen Reichs zu diesem Plan von Rußland als Zeichen dafür aufgefaßt werden würde, die wechselseitigen Beziehungen zu verbessern. Am 11. Dezember bedankte sich Herzl bei Plehwe für das Schreiben und den Vorstoß in Konstantinopel, machte allerdings darauf aufmerksam, daß angesichts der Gepflogenheiten der türkischen Diplomatie, mit denen sie beide nur zu gut vertraut waren, eine Anfrage der üblichen Art auf Botschafterebene wohl kaum ausreichen dürfte. »À mon humble avis le seul moyen efficace de faire prendre au sérieux la chose par Sa Majesté Impériale le Sultan aurait été un acte personnel de Sa Majesté l'Empereur de Russie soit dans une lettre au Sultan, soit dans une audience accordée à moi, que j'aurais été autorisé de publier.«*

Plehwe empfing einen Abgesandten Herzls, und in einem Brief vom 27. Dezember bedankte sich Herzl bei Plehwe und übermittelte ihm die Liste mit den Namen der vorgeschlagenen Vorstandsmitglieder des *Jewish Colonial Trust*. »Tous sont d'honnêtes gens et méritent une confiance absolue.« [Alle sind ehrenhafte Leute und absolut vertrauenswürdig.]

* Meiner bescheidenen Meinung nach hätte die einzig wirksame Methode in einer persönlichen Initiative Seiner Majestät des Kaisers von Rußland bestanden – sei es in einem Brief an den Sultan, sei es in einer mir gewährten Audienz, von der öffentlich zu berichten mir gestattet worden wäre –, damit Seine Kaiserliche Majestät der Sultan die Angelegenheit ernst genommen hätte.

Dieser Briefwechsel fand in der Weihnachtszeit statt, und Herzl, der sehr wohl ahnte, was die russische Regierung befürchtete, fügte eine diplomatisch verpackte, aber ernst gemeinte Warnung hinzu:

Qu'il me soit permis encore d'attirer l'attention de Votre Excellence sur une nouvelle évidemment controuvée mais qui fait maintenant le tour de la presse européenne. On fait circuler le bruit qu'il y aura de nouveaux massacres à Kischineff à l'occasion des fêtes russes de Noel. [Das russische Weihnachtsfest fiel auf den 7. Januar 1904.] Pour moi, c'est une invention abominable, mais je crois devoir vous en avertir, puisque je connais maintenant vos vues humanitaires.*

Am 4. Januar 1904 teilte Herzl Plehwe abermals mit, daß ihm aus Konstantinopel berichtet worden sei, daß, sollte die russische Demarche nicht auf allerhöchster Ebene – das heißt vom Zar persönlich – unternommen werden, kein Durchbruch zu erzielen sei.

Einen Monat später, am 4. Februar, brach der Russisch-Japanische Krieg aus. Herzl wußte, daß die Russen dringend Kredite benötigten und unternahm einen letzten Versuch, Plehwe zu einem Vorstoß mit vereinten Kräften zu bewegen. Der letzte Brief Herzls an Plehwe datiert vom 13. Mai, den er aus dem Kurort Franzensbad abschickte, wohin er sich nach einer neuerlichen Verschlechterung seines Gesundheitszustandes begeben hatte. Er schrieb Plehwe, daß er ihm nunmehr mitteilen könnte, daß ein amerikanischer Bankier, Jacob Schiff von der Bank Kuhn, Loeb & Co.be-

* Es sei mir noch gestattet, die Aufmerksamkeit Eurer Exzellenz auf eine offensichtlich erfundene Nachricht hinzuweisen, die indes derzeit in der europäischen Presse ihre Runde macht. Man setzt das Gerücht in Umlauf, daß es anläßlich des russischen Weihnachtsfestes zu neuerlichen Massakern in Kischinew kommen werde. Ich halte das für eine abscheuliche Unterstellung, glaube aber, Sie davon in Kenntnis setzen zu müssen, da ich nun Ihre menschenfreundlichen Ansichten kenne.

reit war, ein Darlehen auszuhandeln, »falls man etwas für die Juden in Rußland thäte«. Er ersuchte Plehwe, seinen persönlichen Emissär Dr. Katzenelsohn zu einem Gespräch darüber zu empfangen. Schiff unterrichtete er über seine Gespräche mit Plehwe und die genauen Vorschläge, die er ihm in seinem Memorandum unterbreitet hatte – von denen ja nur einige in dem Schreiben aufgeführt wurden, das in der *Welt* veröffentlicht worden war. Diese Kontakte vermochten nicht den Durchbruch zu erzielen – Plehwe wurde am 15. Juli auf offener Straße in seinem Wagen in St. Petersburg erschossen. Der Attentäter gehörte der Russischen Sozialrevolutionären Partei an.

Aber hier sind wir den Ereignissen vorausgeeilt.

Wie Herzl Plehwe mitgeteilt hatte, unterbrach er seine Heimreise nach Wien in Wilna. Die Begegnung mit den Juden der Stadt gehörte zu den erfreulichsten Begebenheiten seines Lebens und sollte zu einem nicht geringen Teil dazu beitragen, seinen Status als anerkannter Repräsentant der osteuropäischen Juden zu festigen. Über den Besuch wurde in der Presse ausführlich berichtet. Einige russische Zionisten hatten Herzl abgeraten, nach Wilna zu fahren – die Stadt war eine Hochburg vom *Bund*, und es war nicht auszuschließen, daß Anhänger der sozialistischen Organisation für Aufruhr sorgen würden: Ihre ganze Wut richtete sich gegen ihn – wegen seiner Verhandlungen mit Plehwe und seiner Verurteilung revolutionärer Aktivitäten anläßlich der ihm zu Ehren abgehaltenen Festveranstaltung in der Hauptstadt.

Aber der kurze Aufenthalt in Wilna übertraf die hochfliegendsten Erwartungen und blieb für immer in Herzls Gedächtnis. Die russische Polizei, die Ausschreitungen befürchtete – sei es von Zionisten, sei es von Bundisten –, hatte für die Dauer von Herzls Aufenthalt jegliche Versammlungen und ihm persönlich den Besuch einer Synagoge und eine Besichtigungstour durch die Stadt untersagt. Trotz des Verbots »fuhr [ich] dann doch durch aufgeregte jüdische Gassen in das Gemeindeamt, wo mich die Vorsteher und Deputationen in gedrängter Menge erwarteten«. Es war dies Herzls erste Begegnung mit osteuropäischen Juden in deren Heimat, eine völlig neue Erfahrung, mit Juden in einer so großen Zahl zusammenzukommen, die als eine kohärente Gemeinschaft agierten und einen beträchtlichen Teil der Bevölkerung bildeten, wie es in Wilna der Fall war. Herzl zeigte sich tief bewegt von den ihm zu Ehren gehaltenen Reden, als gewiefter Journalist war er sich der politischen Bedeutung des Ereignisses bewußt. »Es war ein Ton in den Begrüssungen, der mich derart rührte, dass ich meine Thränen nur mit dem Gedanken an die Zeitungsberichte zurückhalten konnte. Die vielerlei Ansprachen überschätzten mich gewaltig, aber das Unglück dieser schwergedrückten Menschen war echt.«

Abends war er zu einem Diner in einem Vorort eingeladen, »eine Stunde von der Stadt, wo Juden sonst nicht wohnen dürfen«. Ein Geschäftsmann aus Wilna, selbst zionistischer Aktivist, hatte es trotzdem irgendwie geschafft, ein Sommerhaus anzumieten. Das Diner selbst, zu dem fünfzig Personen eingeladen worden waren, beeindruckte Herzl nicht sonderlich – »Ghetto mit guten Ghettogesprächen«, schrieb er im Tagebuch. »Und der Hausherr hielt unter vielen Toasten der Anderen eine schöne stattliche Hausherrnrede von wirklicher altjüdischer Vornehmheit.« Was ihn aber zutiefst rührte, waren »die Zaungäste, die plötzlich draussen in der Nacht vor der [...] Veranda erschienen: arme Jünglinge und Mädchen aus Wilna, die den Weg heraus (zu Fuss etwa 2 Stunden) gemacht hatten, um mich bei Tische zu sehen.« Unter ihnen befand sich ein junger Arbeiter in blauem Kittel, den Herzl zunächst für einen Bundisten hielt. Er überraschte Herzl mit einem Trinkspruch »auf die Zeit, in der ›Hamelech Herzl‹ [der König Herzl] herrschen würde«. Draußen war der hebräische Hochruf »Hedad« zu vernehmen. Um Mitternacht begab sich die Gesellschaft zur Eisenbahnstation. »Die Stadt war wach, weil sie meine Abfahrt erwarteten. In den Strassen, die wir passiren mussten, standen und gingen sie und riefen Hedad als sie mich erkannten. So auch von den Balconen.« Die Polizei tat, was sie konnte, um die Menge von der Bahnstation fernzuhalten, doch »eine kleine Gruppe, etwa 50-60 meiner Freunde hatten sich dennoch in den Bahnhof hineingeschmuggelt. Mit denen stand ich in stillem Gespräch, als ein Polizeioffizier, gefolgt von einem Sergeanten, durch den Speisesaal heran sporenklirrte. Er postirte sich hinter uns beobachtend an einem Tisch. Als ich dann vor meinen Freunden den Hut zog, grüsste auch er ergebenst mit.« Herzl registrierte das Verhalten der Polizei mit Verwunderung. »Ist das auf eine Ordre aus Petersburg, um mich zu schützen, oder auf die geheime Angst der Polizeioffiziere vor der Menge zurückzuführen?« Als sein Zug die Grenzstation Eydtkuhnen erreichte, erwartete ihn eine Gruppe von Zionisten aus einer nahegelegenen Stadt. »Noch eine Ansprache und ein Bouquet.«

Diese überwältigenden Gefühlsbekundungen, die Herzl gänzlich fremd waren, vermittelten ihm erstmals ein wahres Bild sowohl von der Vitalität als auch dem Leid der osteuropäischen Juden. Bis dahin war er lediglich zionistischen Aktivisten von dort begegnet oder Studenten, die zur Ausbildung nach Wien gekommen waren. Sie alle hatten sich die Zurückhaltung zu eigen gemacht, die nach westlichen Vorstellungen zum guten Benehmen gehörte. Nun hatte er sich von Angesicht zu Angesicht den jüdischen Massen gegenüber gesehen, in ihrer ganzen Emotionalität, ihrem Schmerz, ihrer Verzweiflung. Und er hatte das Gefühl, als könnte er die Hoffnung sehen, die er ihnen brachte – vielleicht war das der Moment gewesen, da er wirklich ganz verstand, wessen Repräsentant er recht eigentlich war. Nur zu verständlich, daß er seinen ausführlichen und bewegenden Bericht von seinem Besuch in Wilna im Tagebuch mit den Worten abschloß: »Das war Rußland.« Rußland war Plehwe und Witte, aber auch der Ansiedlungsrayon und die große Zahl jüdischer Einwohner. Diese Juden – und nicht die aus Wien – grüßten ihn als König Herzl. Ganz offensichtlich fühlte er sich davon geschmeichelt, vielleicht verdrehte es ihm sogar ein wenig den Kopf – aber Begeisterung wie Notlage könnten ihn auch zur vermutlich schwerwiegendsten Fehlentscheidung seines Lebens motiviert haben – den Uganda-Plan, der just zu der Zeit vorgeschlagen wurde, ernsthaft in Erwägung zu ziehen. In Wilna hatte er aus nächster Nähe erkannt, wie gefährdet das Leben der osteuropäischen Juden war, wie stark sie auch die Vorstellung eines jüdischen Staates ergriffen hatte, so daß er jede Möglichkeit zu nutzen bereit war, die diesen Millionen Juden als vorübergehende Notunterkunft, gleichsam als »Nachtasyl« dienen könnte. Nur wenige der großen politischen Fehleinschätzungen in der Geschichte beruhten auf derart noblen Motiven.

In den Tagen vor dem Sechsten Zionistischen Kongreß, der vom 23. bis zum 28. August in Basel stattfand, mußte Herzl sich zwischen mehreren Alternativen entscheiden. Jede hatte ihre Befürworter und Gegner und würde ihn nicht nur zu einer bestimmten Vorgehensweise verpflichten, sondern auch die tiefsten Spaltungen hervorrufen, welche die zionistische Bewegung bis dahin kannte. Einerseits mußte Herzl feststellen, daß seine diplomatischen Initiativen des letzten Jahres fehlgeschlagen waren. Seine über lange Jahre verfolgten Bemühungen, die Zustimmung der türkischen Regierung zu den zionistischen Vorhaben zu erlangen, waren ergebnislos geblieben: Zypern stand nicht mehr auf der Agenda; und trotz seines unermüdlichen Einsatzes, trotz hoher Erwartungen und des anfänglich positiven Berichts von der Sinai-Expertengruppe hatte sich der El-Arisch-Plan zerschlagen. Der Pogrom von Kischinew hatte unter den russischen Juden eine neuerliche Krise ausgelöst, und England erschwerte die weitere jüdische Einwanderung. Diese russischen Juden klopften nun an die Pforten des Habsburger Reichs, sehr zum Mißfallen der Herrschenden. Und auch die österreichisch-ungarischen Juden waren alles andere als begeistert, Massen von Ostjuden in ihrer Mitte begrüßen zu müssen.

Auf der Habenseite fand sich Herzls Rußlandreise, in deren Ergebnis der Brief von Plehwe stand, in dem die Unterstützung seitens der russischen Regierung für die Errichtung eines jüdischen Staates in Palästina beziehungsweise die Förderung der Auswanderung aus Rußland – freilich auch der Vorbehalt hinsichtlich jüdischer nationaler und kultureller Aktivitäten innerhalb des Zarenreichs – offiziell bestätigt wurde. Davon aber abgesehen, mußte Herzl der Tatsache ins Auge sehen, daß seine diplomatischen Bemühungen samt und sonders gescheitert waren und daß der Zionismus nach wie vor keinen Zufluchtsort bieten konnte – dies zu einer Zeit, da die Notlage der Juden sich ständig verschärfte. Er konnte bestenfalls auf den Hoffnungsschimmer verweisen, daß die russische Regierung der zionistischen Bewegung ihre Unterstützung zugesagt hatte. Zugegebenermaßen war das zionistische Unternehmen zu keinem Zeitpunkt in ruhigen Gewässern gesegelt, und Herzl war sich stets der schwärzesten Not zahlloser Juden bewußt, nun aber zog ein Sturm auf und schleuderte das Schiff hin und her.

Unter diesen Voraussetzungen erschien das von den Engländern früher einmal unterbreitete, nicht näher präzisierte Angebot zu Uganda in einem neuen Licht. Der Vorschlag war, wie erinnerlich, erstmals vom Kolonialminister Chamberlain anläßlich seiner dritten Unterredung mit Herzl am 23. April 1903 zur Sprache gekommen, nach seiner Rundreise durch die englischen Kolonien in Afrika. »Ich habe auf meiner Reise ein Land für Sie gesehen [...], und zwar Uganda. An der Küste ist's heiss, aber dem Inneren zu wird das Klima vorzüglich auch für Europäer. Sie können dort Zucker und Baumwolle pflanzen. Da habe ich mir gedacht, das wäre ein Land für Dr. Herzl. Aber der will ja nur nach Palästina oder in dessen Nähe gehen.« Das hatte Herzl seinerzeit bestätigt: »Ja, ich muss. [...] Die Basis müssen wir in oder nächst Palästina haben. Später können wir auch Uganda besiedeln, denn wir haben Massen von Menschen, die zur Emigration bereit sind. Wir müssen aber auf einer nationalen Basis bauen, darum müssen wir die politische Attraction in Elarish haben.«

Obwohl es sich zu diesem Zeitpunkt schon abzeichnete, daß daraus nichts werden würde, legte Herzl noch einmal dem Kolonialminister dar, wie wichtig der El-Arisch-Plan innerhalb des

Machtpokers im Nahen Osten sei. »Und wenn wir in Elarish unter dem Union Jack sind, so wird dann auch unser Palästina in the british sphere of influence fallen.«

Als sich endgültig herausstellte, daß der El-Arisch-Plan keine Zukunft hatte, und nachdem er den Pogrom von Kischinew in seiner ganzen Bedeutung erfaßt hatte, schrieb Herzl am 30. Mai an Lord Rothschild, daß er ungeachtet seiner Mißerfolge doch »nicht decouragirt« sei. »Ich habe schon einen anderen Plan [...] Kischenew ist nicht zu Ende. Die Wirkungen kommen erst. Nach meinen Berichten hat sich eine furchtbare Angst der Juden in Rußland bemächtigt. Die nächste Folge wird eine neue Auswanderungsbewegung sein. Wohin? Nach Amerika? Nach England?« In seiner Verzweiflung streckte Herzl Fühler in Richtung des portugiesischen Botschafters hinsichtlich der portugiesischen Kolonien in Afrika aus – auch dieser Versuch führte zu nichts.

Gleichzeitig legten Englands Zionisten, die die Kontakte zu Chamberlain hergestellt hatten, Herzl dringend nahe, den Uganda-Plan nicht abzulehnen. Es wäre sehr mißlich, würden die Verbindungen zur englischen Regierung und zumal zu Chamberlain persönlich gekappt, der auf seine Weise besser als irgendjemand sonst unter den englischen Politikern bereit und imstande war, die Notlage der Juden zu verstehen und diesen zu helfen. Herzl war unsicher, obwohl aus seinem Briefwechsel mit Nordau hervorgeht, daß er überlegte, ob nicht die englische Unterstützung für eine jüdische Ansiedlung in Afrika die Türken bewegen könnte, wenn schon nicht an anderer Stelle im Land, dann wenigstens einer begrenzten Siedlung in der Gegend von Akko ihre Zustimmung zu geben. Als sich aber erwies, daß das El-Arisch-Projekt erledigt war, und nach dem bewegenden Aufenthalt in Wilna schien Herzl zum ersten Mal bereit, nach dem dargereichten Strohhalm zu greifen.

Am 14. August, also einen Tag nachdem Plehwe seinen Brief mit der Zusicherung der Unterstützung gesandt hatte, übermittelte Sir Clement Hill, Vorsteher der Abteilung für die afrikanischen Schutzgebiete im englischen Außenministerium, ein Schreiben an Leopold Greenberg, den Verbindungsmann der Zionisten zur englischen Regierung. In seinem Brief bekundete Hill seine Bereitschaft, die Möglichkeit einer jüdischen Ansiedlung in Ostafrika zu erwägen – mit Vorbehalten, gemäß bester Tradition der britischen Diplomatie.

Da Hills Brief die Grundlage der dem Sechsten Zionistischen Kongreß unterbreiteten Uganda-Resolution bildete, lohnt es sich, den Wortlaut genauer unter die Lupe zu nehmen. Hill führte aus, daß, in Erwiderung auf eine Anfrage des Kolonialministers Chamberlain der englische Außenminister Lansdowne sich mit dem Vorschlag befaßt habe. Zwar habe er noch nicht die Zeit gehabt, alle Einzelheiten zu prüfen – die im übrigen auch noch nicht ausführlich vom gesamten Kabinett besprochen worden waren –, doch sei man bereit, der Entsendung einer Forschungsexpedition in das ostafrikanische Protektorat zuzustimmen, die entscheiden könnte, ob es »dort freies Land giebt, das sich für die ins Auge gefassten Zwecke eignet«. Ferner schrieb Hill:

> Wenn ein Landstrich gefunden werden kann, den der *Jewish Colonial Trust* und Sr. Majestät Vertreter als geeignet betrachten, und der Sr. Majestät Regierung empfehlenswert scheint, dann wird Lord Lansdowne geneigt sein, Vorschläge zur Errichtung einer jüdischen Kolonie oder Ansiedelung unter Bedingungen günstig aufzunehmen, die den Mitgliedern die Möglichkeit gewähren, ihre Volksbräuche zu beobachten.

War solch ein Gebiet einmal gefunden, dann wäre der Außenminister nach weiteren zweckdienlichen Konsultationen bereit,

> die Einzelheiten eines Plans zu erörtern, dessen Hauptpunkte sein sollten: die Gewährung eines ansehnlichen Stückes Land, die Ernennung eines jüdischen Beamten zum Oberhaupt

der örtlichen Verwaltungsbehörde und die Gewährleistung voller Bewegungsfreiheit an die Kolonie für Munizipalgesetzgebung und für die Ordnung der religiösen und ausschliesslich inneren Verwaltungsangelegenheiten; dieses örtliche Selbstverwaltungsrecht muss indes das Recht Sr. Majestät Regierung unberührt lassen, eine allgemeine Oberaufsicht zu üben.

Es war ganz klar: Was hier auf dem Tisch lag, war ein minimales Zugeständnis mit bürokratischen und politischen Bedingungen, die zukünftig erst noch auszuarbeiten waren, und zwar auf der Grundlage des von der Forschungsexpedition erstellten Berichts. Aber in einer Krisenzeit nahm sich das alles wie ein Hoffnungsstrahl aus, und so entschied Herzl, Hills Brief – wie zuvor den Plehwes – in der *Welt* zu veröffentlichen; er erschien in der Ausgabe vom 27. August.

Zum Verlauf des Sechsten Zionistischen Kongresses finden sich nur wenige Einträge in Herzls Tagebuch. Das lag nicht am Zeitmangel nach den anstrengenden und spannungsreichen Debatten. In der Vergangenheit war er immer und auch unter Druck noch imstande gewesen, seine Beobachtungen aufzuzeichnen. Enttäuscht, fiel es ihm offensichtlich jetzt schwer, über das, was sich auf dem Kongreß abspielte, zu berichten. Bis zu einem gewissen Grad erkannte Herzl einfach auch nicht, in was für ein ideologisches und persönliches Minenfeld er sich manövriert hatte, als er den Uganda-Vorschlag zur Diskussion stellte.

Erste Alarmzeichen des heraufziehenden Sturms hatten sich bei einem Treffen der Zionistischen Exekutive unmittelbar vor Kongreßeröffnung am 21. August gezeigt. Herzl berichtete vom Scheitern des El-Arisch-Projekts, von den Ergebnissen seiner Rußlandreise sowie dem englischen Ostafrika-Vorschlag. Die meisten russischen Mitglieder der Exekutive beurteilten Plehwes Zusagen skeptisch und nahmen das englische Angebot äußerst reserviert auf. Wie es scheint, hat Herzl die Stärke der Opposition gar nicht wahrgenommen. Er ignorierte die Empfehlung einiger weniger russischer Mitglieder, er möge wohl das Angebot der englischen Regierung als eine positive Errungenschaft erwähnen, nicht aber den Kongreß zur formellen Entscheidung darüber auffordern. Dieses Procedere hätte die heraufziehende Krise zu entschärfen vermocht.

In seiner Eröffnungsansprache am 23. August legte Herzl dar, daß seine sämtlichen diplomatischen Bemühungen in Konstantinopel fehlgeschlagen waren und das El-Arisch-Vorhaben wegen des Wassermangels nicht durchführbar sei. Ferner berichtete er, daß er das Angebot mehrerer englischer Regierungsmitglieder vorliegen habe – und er hütete sich wohlweislich auszuführen, daß es sich hier um eine offizielle britische Initiative handelte –, die Möglichkeit einer Gebietsüberlassung für eine autonome jüdische Ansiedlung in Ostafrika zu erörtern. »Das ist nicht Zion und kann es auch niemals sein«, beeilte er sich hinzuzufügen, dennoch lag ihm daran darauf hinzuweisen, daß eine afrikanische Ansiedlung den Juden wertvolle Erfahrungen einbrächten, die sie später in Palästina nutzbringend anwenden könnten. Er schlug die Berufung eines Unterkomitees vor, das sich genauer mit dem Angebot für Ostafrika befassen sollte. Max Nordau befürwortete in seiner Ansprache am nächsten Tag ebenfalls, den englischen Vorschlag genauer zu prüfen. Übrigens war er es, der zuerst die ostafrikanische jüdische Siedlung als »Nachtasyl« bezeichnet hatte, womit er sagen wollte, daß es sich hierbei ja nur um eine Station auf dem Weg zur letztlichen Heimstatt in Palästina handelte. Er unterstütze Herzls Anregung, daß die Zionisten in administrativer und politischer Hinsicht nur von einer solchen Erfahrung lernen könnten.

Von diesem Punkt an schlugen die Verhandlungen des Kongresses in bitterbösen Streit um, bei dem es um ideologische Vorhaben, Kultur und einzelne Persönlichkeiten ging. Die russischen Delegierten hielten eine gesonderte Abstimmung ab und entschieden mehrheitlich, der britischen Regierung ihre Dankbarkeit für das Angebot auszusprechen, sie zugleich aber darüber zu informieren, daß ein *zionistischer* Kongreß sich keinesfalls ernsthaft mit einer jüdischen Kolonie in Ostafrika befassen könnte. Die folgenden Tage waren mit umfänglichen, komplizierten parlamentarischen Manövern und Kompromißbemühungen ausgefüllt – aber es half alles nichts. Herzl bestand darauf, daß die Ernennung eines Unterkomitees als Antwort keinesfalls genügen konnte, sondern ein ausdrücklicher Beschluß, eine Forschungsdelegation nach Afrika zu entsenden, zur Abstimmung vor den Kongreß gebracht werden mußte. Nach einer stürmischen Debatte in der Zionistischen Exekutive wurde ein Entwurf der Vollversammlung zur Abstimmung vorgelegt. Dem Beschluß stimmten 295 Delegierte zu, 178 stimmten dagegen, 99 enthielten sich der Stimme. Einige Oppositionelle verließen nach der Abstimmung unter Protest den Saal. Die meisten Oppositionellen waren russische Zionisten, mit Ausnahme der Anhänger der religiösen Misrachi-Bewegung, die sich aus pragmatischen Erwägungen einer Erörterung des Uganda-Plans gegenüber aufgeschlossen zeigten. Was die nicht-religiösen russischen Zionisten betraf, so kam ihrer Meinung nach die Aufgabe Zions auch nur für eine Stunde einer schweren und grundsätzlichen ideologischen Häresie gleich.

Ungeachtet der formalen Annahme von Herzls Vorschlag, war dies ein Pyrrhussieg. Erst später sollte Herzl erkennen, daß er gänzlich besiegt worden war. Zunächst aber mußte er damit fertig werden, daß er sich ungerecht behandelt fühlte – schließlich war er es gewesen, der lang und mühsam viele Monate hindurch mit Rußland und England verhandelt hatte. Keinen seiner Mitarbeiter »streifte [...] auch nur sekundenlang der Gedanke, dass mir für die grössten der bisherigen Leistungen ein Wort, ja ein Lächeln des Dankes gebühre«, schrieb er verbittert im Tagebuch. Vielmehr wurden ihm »verschiedene Vorwürfe« gemacht. Zum Abschluß des Kongresses und nachdem er als Präsident wiedergewählt und das Unterkomitee beauftragt worden war, den Uganda-Vorschlag genauer zu prüfen und zu diesem Behufe Experten zu benennen, rief er vor den Delegierten auf Hebräisch aus: »'Im eschkachech,

Yeruschalayim, tischkach yemini!« (So ich deiner vergesse, Jerusalem, verdorre meine Rechte! [Psalm 137, 5]). Das vermochte seine Gegner kaum zu besänftigen. Es sah den Zionistischen Kongreß am Rande der Spaltung. Der Streit warf einen Schatten über die folgenden Monate, welche die letzten von Herzls Leben sein sollten. Er gipfelte im Versuch, einen regelrechten Putsch gegen seine Führung zu inszenieren, und zwar auf der Konferenz der russischen Zionisten, die im November 1903 in Charkov stattfand und sich ausdrücklich von den Beschlüssen des Sechsten Kongresses distanzierte. Auf einem Chanukka-Ball am 19. Dezember in Paris feuerte ein russisch-jüdischer Student, Chaim Selig Louban, zwei Schüsse auf Max Nordau ab mit dem Ruf »Tod dem Afrikaner Nordau!«. Nordau kam mit ein paar Kratzern davon, aber die zionistische Bewegung machte hier erstmals die Bekanntschaft mit einem aus ideologischen Motiven unternommenen Mordversuch. Russische revolutionäre Gewalt hatte ihren Weg in den Zionismus gefunden.

Und dennoch nahm Herzl nicht den Riß, wenn nicht gar die Spaltung wahr, welche die Grundlagen der von ihm ins Leben gerufenen Bewegung erschütterte. Die langen Monate, die er auf Reisen und mit einer enormen Bandbreite an diplomatischen Verhandlungen verbracht hatte, schienen seiner Meinung nach – und durchaus zu Recht – trotz allem beeindruckende Resultate für die Bewegung erbracht zu haben, indem die politische, diplomatische und öffentliche Aufmerksamkeit auf sie gelenkt worden war. Er war mehrfach mit dem englischen Außenminister und dem Minister für die Kolonien zusammengetroffen, mit dem de facto in Ägypten regierenden englischen Gouverneur, mit Repräsentanten des Sultans, mit dem russischen Innen- und Finanzminister, und hatte auf diese Weise die Legitimität der Zionistischen Organisation als anerkannter Vertretung des jüdischen Volkes verankert. Die Regierungen von Rußland und England hatten ihm politische Angebote unterbreitet, die, wenn sie auch nicht sämtliche zionistischen Hoffnungen erfüllten, doch im weiteren den Status der Organisation aufzubessern vermochten. Die Bewegung war Faktor in der internationalen Politik geworden. Keine jüdische Persönlichkeit vor ihm hatte diese Stellung erreicht. Er hatte den Uganda-Plan als »Nachtasyl«, als unmittelbare und praktische Lösung nach dem Pogrom von Kischinew und angesichts der wachsenden Gefährdung der russischen Juden vorgeschlagen. Hatte irgendeiner seiner Kritiker eine bessere Antwort?

Die russischen Zionisten, von denen die meisten aus der Choveve-Zion-Bewegung kamen, die auf jahrzehntelange Erfahrung bei der Besiedlung Palästinas zurückblickte, sahen in der Niederlassung dort und der Förderung der jüdisch-hebräischen Kultur in Rußland ihre vorrangigsten Ziele. Da sie unter dem repressiven zaristischen Regime lebten, lagen ihnen politisch-diplomatische Unternehmen gänzlich fern. Wer von ihnen war je einem amtierenden Minister oder sonst einem Politiker begegnet, sei es in Rußland, sei es im Westen? Kein Wunder, daß ihnen Herzls rastlose diplomatische Tätigkeit nicht zusagte. Sie blickten einigermaßen scheel auf diese Betriebsamkeit, die sie weitgehend für nichts anderes als eitles, selbstbezogenes Gebaren Herzls hielten. Umgekehrt bezeichnete Herzl in seinem Tagebuch Menachem Ussischkin, den Kopf seiner russischen Gegner, als einen Provinzler, der keine Ahnung hatte, wie es in der Welt zuging. Herzls geringe Meinung von Ussischkin zeigte sich in der geringschätzigen Art und Weise, wie er ihn in der Öffentlichkeit behandelte, was zweifellos nicht zur Verbesserung der Beziehungen zwischen den verfeindeten Lagern beitrug.

Herzls Unterredungen mit Plehwe, in denen er sich bereit gezeigt hatte, für die Einschränkung jüdischer kultureller Aktivitäten innerhalb Rußlands Sorge zu tragen, nahmen sich in den Augen vieler russischer Zionisten wie Verrat aus. Die »Uganda-Abweichung« brachte das Faß zum Überlaufen. Hinzu kam noch, daß die russischen Zionisten im Unterschied zu denen aus den westeuropäischen Ländern, nicht mit der parlamentarisch-demokratischen Gepflogenheit vertraut waren, Mehrheitsvoten zu akzeptieren. Sie weigerten sich entschieden, den Kongreßbeschluß zu Uganda mitzutragen und ließen nichts unversucht, ihn zu unterlaufen.*

Dabei bewegte sich jede Seite der Kontrahenten innerhalb ihrer angestammten politischen und kulturellen Umgebung. Das wiederum hatte interne Widersprüche zur Folge, die in den unterschiedlichen Traditionen, aus denen die Angehörigen der zionistischen Bewegung hervorgingen, begründet lagen. Auch die Mitglieder der Führungsmannschaft hatten überaus unterschiedliche politische Identitäten und kulturelle Hintergründe. Es stimmt einfach nicht, wenn, wie gelegentlich der Fall, behauptet wird, daß der Disput zwischen den »zionistischen Zionisten« und den Befürwortern des Uganda-Plans einzig und allein auf den Gegensatz zwischen der engen und unmittelbaren Lebenserfahrung der *Jiddischkeit*, dem Ensemble aus Tradition, Gemeinschaft und Kultur, der osteuropäischen Juden einerseits, der eher traditionsfernen Herkunft von Personen wie Herzl oder Nordau andererseits zurückgeht.

Aus einer ganzen Reihe von Gründen sollte die Realisierung des Uganda-Plans zu keinem Zeitpunkt auch nur näherungsweise in Betracht kommen. Die englische Regierung vertrat, insbesondere nach dem Rücktritt Chamberlains 1903, kurz nach dem Zionistischen Kongreß, diesbezüglich keinen konsequenten Standpunkt. Etliche Persönlichkeiten in London waren von dem Vorhaben durchaus nicht angetan, auch wurde nie klar, welches Gebiet überhaupt zur Debatte stand. Herzl unternahm verschiedentlich Ver-

* Zu dieser Zeit sah sich die russische sozialdemokratische Partei denselben Problemen gegenüber – sie war außerstande, einen *modus vivendi* zwischen der Mehrheit, den Bolschewiki, und der Minderheit der Menschewiki herzustellen. Interne Parteistreitigkeiten sollten die Mitglieder auf Jahre hinaus beschäftigen, es kam zu Animositäten und neuerlichen Spaltungen, welche die Bewegung schwer beeinträchtigten. Im Unterschied dazu gelang es den meisten sozialdemokratischen Bewegungen Westeuropas, mit ideologischem Pluralismus und Abweichungen zu leben.

söhnungsversuche, insbesondere anläßlich einer eigens einberufenen Sitzung der Zionistischen Exekutive am 11. und 12. April 1904 in Wien. Zu diesem Zeitpunkt hatte er die unmittelbare Tätigkeit der Bewegung wieder auf Palästina ausgerichtet und erklärte engagiert, daß für sie nur in Palästina eine Lösung gefunden werden könne. Die Zusammenkunft, die unter dem Namen »Versöhnungskonferenz« in die Geschichte einging, stimmte einer Resolution der russischen Zionisten zu, weiter Land in Palästina zu erwerben – auch ohne politische Übereinkunft mit dem Osmanischen Reich. Herzl und Ussischkin trafen sich, um ihre Differenzen auszuräumen, und beide Seiten waren sich darin einig, daß der Streit weit über die zulässigen Grenzen hinausgegangen war.

Zwar war die Spaltung der Bewegung abgewendet worden, aber es blieben Sprünge zurück, sowohl unter den Zionisten wie in ihren Herzen. Auf dem Siebten Zionistischen Kongreß, der nach dem Tod Herzls 1905 zusammentrat, wurde der Uganda-Plan offiziell von der Agenda gestrichen. Als Antwort darauf verließen einige der frühesten Anhänger Herzls – unter ihnen der englisch-jüdische Schriftsteller Israel Zangwill, der, wie erinnerlich, die von Herzl entschieden verworfene Ansicht vertrat, die Juden bildeten eine Rasse – die Zionistische Organisation und gründeten die *Jewish Territorial Organization*, die, ohne je irgendetwas zu erreichen, bis zur Veröffentlichung der Balfour-Deklaration bestand.

Auch nach der Versöhnungskonferenz gab es weiter viel böses Blut. Die bis dahin unangefochtene Führungsposition Herzls war geschwächt. Gleichwohl setzte Herzl, als einmal der interne Streit beigelegt war, seine diplomatischen Bemühungen fort, um eine Übereinkunft hinsichtlich Palästinas zu erreichen. Als es im September 1903 zwischen Christen und Muslimen in Beirut zu blutigen Auseinandersetzungen kam, schrieb Herzl seinem alten Freund, Prinz Philipp von Eulenburg, dem deutschen Botschafter in Wien: »Die Vorfälle in Beirut lassen es vielleicht den Mächten wünschenswerth erscheinen, endlich in dieser Gegend der Ordnung und modernen Civilisation zum Durchbruch zu verhelfen.« Unter Verweis auf den Brief Plehwes erinnerte er Eulenburg daran, daß »Rußland [...] sich offen dafür erklärt, uns Palästina zu geben«. Vielleicht wäre jetzt der richtige Zeitpunkt, neuerlich die deutsche Regierung um Unterstützung zu bitten?

Am 23. Dezember versuchte Herzl abermals sein Glück mit den Türken, diesmal vermittels des Militärattachés in Wien, Schukri Pascha, Sohn des osmanischen Kriegsministers. Herzl überreichte ihm ein Memorandum für seinen Vater, in dem er den minimalistischen Vorschlag wiederholte, den er bereits in der Vergangenheit unterbreitet hatte – keinen Charter für ganz Palästina, lediglich das Recht auf Ansiedlung im Sandschak von Akko, im Austausch für eine jährliche Zahlung von 1000000 türkischen Pfund und Zusagen für ein umfassendes internationales Darlehen an das Osmanische Reich. Wie schon erwähnt, setzte er auch seine Korrespondenz mit Plehwe und anderen Personen am zaristischen Hof fort, um die russische Regierung zu bewegen, die versprochene Unterstützung zu gewähren, indem der Zar sich persönlich an den Sultan wende. Ferner sandte er ein ausführliches Memorandum an Hartwig, in dem er sein Angebot erneuerte, den heiligen Stätten einen exterritorialen Status zu verleihen. Besorgt, daß der Uganda-Plan möglicherweise Rußlands Bereitschaft mindern könnte, beim Sultan zugunsten der zionistischen Bewegung und deren Wunsch nach einer Ansiedlung in Palästina zu intervenieren, fügte Herzl noch hinzu:

> Das einzige Land der Welt aber, das fast alle russischen Juden unwiderstehlich anzieht, mit Ausnahme einer winzigen Minderheit, ist Palästina. Alle anderen Länder haben nur für die verlorenen Kinder des Judentums Anziehungskraft. Einzig das Gelobte Land, das Land der Vorfahren, erregt sie alle, die Gläubigen.

Ussischkin und seine Verbündeten mochten wohl an Herzls Treue gegenüber Zion zweifeln, aber sie hatten keinerlei Möglichkeit, mit der russischen Führung zu verhandeln und ihr die zentrale Bedeutung Zions für die zionistische Bewegung zu erläutern.

Wie schon in der Vergangenheit, sollten auch diese Bemühungen erfolglos bleiben, doch Herzl gab nicht auf. Dank seiner weitreichenden Kontakte reiste er im Januar 1904 zu einer Begegnung mit dem italienischen König nach Rom. Im Verlauf seines Aufenthalts kam es auch zu einer unvorhergesehenen Audienz bei Papst Pius X.

Zur gleichen Zeit war Herzl auch weiter als Feuilletonredakteur bei der *Neuen Freien Presse* tätig. Und zu alledem kam noch hinzu, daß während des Sechsten Zionistischen Kongresses sein Stück *Solon in Lydien* am Berliner Königlichen Schauspielhaus seine Premiere erlebte. Seinem Freund, General Alexander Kirejew in Petersburg, schickte er Anfang September ein Exemplar des Stücks und schrieb ihm kurz, daß er der Premiere nicht beiwohnen konnte, »parce que j'avais en même temps mon congrès sionniste à Bâle« (weil ich zur gleichen Zeit meinen zionistischen Kongreß in Basel hatte). Die Verbitterung, die ihm der Kongreß beschert hatte, kommt noch in der Bemerkung zum Ausdruck: »De beaucoup je préfère les lettres à la politique.« (Ich ziehe bei weitem die Literatur der Politik vor.) Das Drama geht auf ein *feuilleton* zurück, das er für seine Zeitung im April 1900 geschrieben hatte. Anderthalb Jahre später, als er auf eine Antwort des Sultans auf eine seiner zahlreichen Petitionen wartete, gab er dem Prosatext seine dramatische Fassung, die Aufführung ließ allerdings aus verschiedenen Gründen auf sich warten.

Es ist nicht ganz einfach, dem Stück seinen richtigen Ort im weiteren Kontext von Herzls Gedankenwelt zuzuweisen. Der Stoff ist einer griechischen Sage entnommen, nach der Solon, der athenische Gesetzgeber, einige Zeit am Hof des Königs von Lydien, König Kroisos (Kroesus) verbringt, der ungeachtet seines legendären Reichtums nicht glücklich zu werden vermag. Herzl fügte der Geschichte noch eine besondere Wendung ein: Ein junger Mann erscheint am Hofe des Königs und erklärt, er habe ein chemisches

Verfahren erfunden, ohne Getreide Mehl herzustellen. Damit wäre der Lebensunterhalt für alle gesichert und der Menschheit bliebe Mühe und Arbeit erspart. Alle stimmen begeistert dieser Lösung menschlichen Elends zu, Herzl aber – im Stück Solon – ist anderer Auffassung. Wenn die Menschen nicht mehr arbeiten, sich nicht mehr plagen müssen, werden sie verweichlicht und faul, und der kulturelle Fortschritt kommt zum Erliegen. Schließlich ist es Not und Notwendigkeit, die sie antreiben, Neues auszuprobieren und zu erfinden. Und tatsächlich brechen, als Mehl gratis an das Volk verteilt wird, Aufruhr und Revolutionen aus. Zum Schluß stimmen alle Solon zu, daß der Erfinder umzubringen sei, und jener reicht dem jungen Menschen selbst den Becher mit dem vergifteten Wein.

Die Vorstellung, derzufolge Mangel und Not die kulturelle Entwicklung der Menschheit befördere, war nicht originell, aber sie lief doch manchen Strömungen der romantizistischen Einstellung des 19. Jahrhunderts zuwider. Die melodramatische Art und Weise, wie Herzl das Thema darbot, war ausgesprochen seicht und wenig überzeugend. Auch war er ja nicht der erste, der verkündete, daß Ziel und Zweck des menschlichen Lebens nicht in der Jagd nach Glück, sondern in Erfüllung und Befriedigung durch sinnvolle Arbeit liege. Es ist daher nicht recht ersichtlich, warum Herzl diesen Stoff für ein Schauspiel wählte. Das Stück war, wie nicht verwunderlich, kein Erfolg. Auch fällt es schwer, einen Zusammenhang zwischen dem Stoff des Dramas und irgendeiner belangvollen Erkenntnis hinsichtlich der jüdischen Frage auszumachen. Das Stück bekundet Sympathie für die hungrigen Massen und tadelt die Getreidespekulanten – hier findet anscheinend Herzls Engagement für soziale Gerechtigkeit seinen Widerhall. Aber das tritt gegenüber der Hauptaussage in den Hintergrund, daß es nämlich um die Menschen weit schlechter bestellt wäre, könnten sie alles, wessen sie bedürfen, mühelos erhalten. Manche Autoren verstanden das Stück in dem Sinne, daß Herzl hier seiner Skepsis gegenüber Utopien Ausdruck verleihen wollte; obwohl es zur Gattung der Zukunftsromane zählte, ging es *Altneuland* ja gerade darum, keine utopischen Lösungen und Auswege aufzuzeigen. Wie auch immer – während der Spielzeit stand das Stück durchaus nicht im Mittelpunkt von Herzls Aufmerksamkeit. Statt dessen konzentrierte er sich darauf, weitere Wege ausfindig zu machen, eine jüdische Heimstätte in Palästina zu sichern. Mit dieser Absicht trat er die Reise nach Rom an, wenige Monate vor seinem Tod.

Kapitel 9
Dem Ende zu
Rom und Jerusalem

Als Herzl den *Judenstaat* schrieb, kannte er Moses Hess' Schrift *Rom und Jerusalem* nicht, die 1862 erschienen war. Ein enger Freund und Mitarbeiter von Karl Marx, hatte Hess sein Buch unter dem Eindruck der Vereinigung Italiens und der politischen Theorie Giuseppe Mazzinis verfaßt, in der er die Errichtung eines jüdischen Gemeinwesens in Palästina als Lösung für *Die Letzte Nationalitätsfrage* – so der Untertitel – forderte. Es ist nicht bekannt, wie Herzl auf das Werk aufmerksam wurde. Doch nach der Gründung der *Welt* beauftragte Herzl einen seiner Mitarbeiter, Leon Kellner, »eine Serie literarischer Charakterköpfe von Vertretern des Zionismus zu schreiben: Disraeli, George Elliott [sic], Moses Hess«. Am 2. Mai 1901, seinem einundvierzigsten Geburtstag, berichtete er im Tagebuch von einer kurz zuvor unternommenen Reise nach Aussee:

> Die [...] Stunden der Hin- und Herfahrt verkürzte mir Hess mit seinem Rom und Jerusalem, das ich 1898 in Jerusalem zum erstenmale zu lesen begonnen aber in Drang und Hast dieser Jahre nie hatte ordentlich zu Ende lesen können. Nun ward ich von ihm entzückt und erhoben. Welch ein hoher edler Geist. Alles, was wir versuchen, steht schon bei ihm. Lästig nur das Hegelianische seiner Terminologie. Herrlich das Spinozistisch-Jüdische und Nationale. Seit Spinoza hat das Judenthum keinen grösseren Geist hervorgebracht als diesen vergessenen, verblaßten Moses Hess.

Im Januar 1904 begab sich Herzl zu einer Audienz bei König Victor Emmanuel III. nach Rom, die von einem führenden italienischen Zionisten angebahnt worden war. Als Teil der unerläßlichen, von allen kultivierten Europäern verlangten Bildungsfahrt zu den Sehenswürdigkeiten Italiens, hatte Herzl seine erste Romreise im Alter von siebenundzwanzig Jahren im Februar 1887 unternommen. Nun, 44jährig und gesundheitlich stark mitgenommen, kehrte er in einer jüdisch-nationalen Mission zurück. Durch Zufall begegnete er in Venedig einem ungarischen Maler, Berthold Dominik Lippay, der, zum päpstlichen Grafen ernannt, als Künstler an der römischen Kurie tätig war. Er versprach Herzl, ihn Papst Pius X. vorzustellen. Herzl war zunächst skeptisch, aber Lippay sollte Wort halten. Wie aus den Tagebucheinträgen hervorgeht, schien Herzl die nicht geplante Begegnung mit dem Papst ungeachtet ihres enttäuschenden Ergebnisses weit bedeutungsvoller, als die Audienz beim italienischen König.

Als Herzl am 22. Januar in Rom ankam, erwartete ihn schon im Hotel eine Mitteilung, daß der Papst ihn nach einem Gespräch mit Kurienkardinal Rafael Merry de Val, Staatssekretär des Heiligen Stuhls, empfangen werde. Lippay bereitete ihn auf die Begegnung vor. Es hatte ihn stark beeindruckt, wie Herzl bei ihrem zufälligen Treffen in Venedig von Jesus gesprochen hatte, nämlich daß dieser ihm »als Jude« gelte. Daher legte Lippay Herzl nahe, dem Kurienkardinal mitzuteilen, daß er »auf katholischem Standpunkte stehe«. Herzl reagierte wütend: »Herr, das werde ich nicht! [...] Was fällt Ihnen denn ein? Ich gehe doch nicht als Proselyt in den Vatican, sondern als der Politiker meines Volkes.« Daraufhin schlug Lippay vor, er solle vom Papst ein Protektorat verlangen, »Auch nicht! Ich will nichts verlangen, was ihn in Verlegenheit bringen könnte. Ich verlange nur das Mögliche: er soll in einer Encyclica erklären, dass er nichts gegen den Zionismus habe ...«

Inzwischen war schon deutlich geworden, daß Lippay nicht uneigennützig agierte. Er wollte ein Darlehen von Herzl oder einem seiner Sponsoren ergattern – oder irgendwie erreichen, daß ein

Rothschild oder ein anderer jüdischer Banker seine Gemälde kaufte. Letztendlich war Lippay aber mit Herzls Verhalten einverstanden, versprach ihm ein weiteres Mal, daß die Audienz bestimmt stattfinden werde, und begleitete ihn zum Vatikan. Dort ließ man Herzl geraume Zeit warten, was ihm allerdings »nicht langweilig [war]. Das Kommen und Gehen der Wachen, Kämmerer, Prälaten und der Lakaien in der roth damascirten Seidenlivrée amüsirte. [...] Das Ganze hatte sicher etwas Hofmässiges«, notierte er im Tagebuch. Auch war er tief beeindruckt von den Gemälden Raffaels, die in dem Vorraum hingen, in dem er wartete. Besonders faszinierte ihn ein »Bronzecrucifix [...] der Gekreuzigte, kümmerlich, leidend, ein Bild des menschlichen Elends«, und er fragte sich, was Jesus wohl zu dem so pompös zur Schau gestellten Reichtum vor seinen Augen gesagt hätte. »Hätte es ihm das Sterben leichter oder schwerer gemacht?«

Diese Überlegungen eines Juden europäischer Kulturerziehung mit all den damit zusammenhängenden Assoziationen über Jesus den Juden wurden unterbrochen, als er zum spanischen Kurienkardinal Merry de Val gerufen wurde. Die Unterhaltung wurde auf Französisch geführt, und in ihrem Verlauf brachte Herzl abermals den Wunsch vor, den Lippay zuvor schon dem päpstlichen Staatssekretär zur Kenntnis gebracht hatte: »Ich sagte ihm, was ich wollte: das Wohlwollen des heiligen Stuhls für unsere Sache.« Der Kardinal drückte sich direkt und unverblümt aus – wie der Papst später, wenn auch etwas verbindlicher im Ton – und legte die doktrinären Positionen dar, welche die Einstellung des Heiligen Stuhls gegenüber dem Zionismus und Israel bis zur Aufnahme diplomatischer Beziehungen zwischen beiden Seiten 1993 charakterisieren sollten:

> Ich sehe nicht recht, wie wir da eine Initiative ergreifen sollen. So lange die Juden die Gottheit Christi leugnen, können wir uns doch nicht für sie erklären. Nicht als ob wir ihnen Übles wollten. Im Gegentheil, die Kirche hat sie immer in

> Schutz genommen. Für uns sind sie die nothwendigen Zeugen des Vorganges, wie Gott auf der Erde war. Aber sie leugnen Christi Gottesthum. Wie sollen wir nun, ohne unsere eigenen höchsten Principien preiszugeben, uns damit einverstanden erklären, dass sie wieder in Besitz des heiligen Landes gesetzt werden?

Herzl versicherte, daß er kein theologisches Imprimatur verlange. »Wir verlangen nur die profane Erde«, sagte er, um sogleich noch einmal zu betonen, daß die heiligen Stätten einen extraterritorialen Status erhalten würden. Auch ginge es durchaus nicht darum, daß der Papst öffentlich seine Unterstützung für den Zionismus erklärte – es genügte völlig, wenn er sich nicht gegen ihn ausspräche. »Sie können hier eine grosse moralische Eroberung machen.« Aber der Kardinal beharrte auf seinem Standpunkt und erwiderte:

> Gewiss ist für mich ein Jude, der sich aus Überzeugung tauft, das Ideal. In einem solchen finde ich das Körperliche der Abstammung vom Volke Christi mit dem Geistigen vereint. Ein Jude, der Christi Gottheit anerkennt – mais c'est Saint Pierre, c'est Saint Paul.

Aber Herzls Worte schienen doch nicht ganz auf taube Ohren gefallen zu sein. Der Staatssekretär zeigte sich von Plehwes Brief beeindruckt, den Herzl ihm zu lesen gab – wenn auch aus keinem anderen Grund als dem, daß er von der weltweit größten orthodoxen Macht stammte, der theologisch-religiösen Rivalin des Vatikans. Herzl bat den Kardinal, sich zu seinen Gunsten für eine Audienz beim Papst zu verwenden, und er hatte den Eindruck, daß er eine positive Antwort erhalten werde, obgleich seine Unterredung mit Merry de Val eher den Charakter von zwei Monologen gehabt hatte. Herzl sollte recht behalten: Eine Einladung wurde ihm zugesandt, allerdings erst nach vier Tagen.

In den Tagen nach dem Treffen mit dem Staatssekretär wurde Herzl vom italienischen König empfangen. Natürlich wußte Herzl, daß der König als Staatsoberhaupt einer konstitutionellen Monarchie keine politischen Entscheidungen treffen konnte, aber daß er mit dem führenden Repräsentanten der zionistischen Bewegung zusammenkam, war ein Zeichen und könnte den Zugang zum Premierminister, zum Außenminister und anderen Politikern erleichtern.

Trotz ihrer begrenzten praktischen Bedeutung gehörte diese Begegnung hinsichtlich der angeschlagenen Gesprächsthemen und der Atmosphäre zu den erfreulichsten, zu denen Herzl je mit einem Staatsoberhaupt zusammenkam. Es stellte sich heraus, daß Victor Emmanuel noch kleiner von Statur war, als Herzl gedacht hatte, im übrigen aber durchaus umgänglich. Er kannte sich gut in politischen Fragen aus und stellte eine zuweilen verblüffende Vertrautheit mit jüdischen Angelegenheiten unter Beweis. Offenkundig meinte der König zunächst, Herzl sei Rabbiner und nicht bloß der Gründer der zionistischen Bewegung – und der Irrtum mußte behutsam korrigiert werden. Auch diese Unterredung wurde auf Französisch geführt. Anfangs gab der König seinem verständlichen Stolz Ausdruck, daß die italienischen Juden gleichberechtigt seien und mehr als in irgendeinem anderen europäischen Land zu erreichen vermocht hatten. »Bei uns gibt's keine Differenzen zwischen Juden und Christen. Die Juden können Alles werden, sie werden auch Alles. Armee, Ämter, selbst Diplomatie – überall ist ihnen Alles zugänglich.« Er bemerkte, daß derzeit achtzehn Juden im Parlament vertreten waren, »obwohl nach der Bevölkerungszahl kaum Einer, vielleicht ein halber, sein sollte«. Fast in jedem Kabinett hatte ein jüdischer Minister gesessen, jetzt war es Finanzminister Luigi Luzzatti, der später Premierminister werden sollte; General Giuseppe Ottolenghi, der von 1902 bis 1903 Kriegsminister und Leone Wollemborg, der einst Finanzminister gewesen war. Er nannte noch andere Namen – zu viele, als daß Herzl sie alle notieren konnte.

Als sie auf Palästina zu sprechen kamen, sagte der König, daß er das Land von seinen Besuchen her gut kenne. »Das Land ist schon sehr jüdisch. Es wird und muss Ihnen zufallen, es ist nur eine Frage der Zeit, wenn Sie erst ½ Million Juden dort haben.« Herzl war von der wohlwollenden und ganz weltlichen Einstellung des Königs beeindruckt, die sich so merklich vom theologischen Dogmatismus abhob, dem er tags zuvor im Vatikan begegnet war. Er berichtete dem König von den Schwierigkeiten, die der jüdischen Besiedlung Palästinas bereitet würden, und daß zumal das Osmanische Reich jeglichen Versuch, zu einer Einigung beziehungsweise zur Gewährung eines Schutz- und Garantiebriefs zu gelangen, zurückwies. Der König erwiderte, es sei dies eine Frage des Geldes – die Türken wären immer käuflich, es ginge lediglich darum, sich auf den Preis zu einigen.

Vorsichtig wies Herzl noch einmal darauf hin, daß man auf die Türken diplomatischen Druck ausüben müsse, und zeigte dem König Plehwes Brief. Er ersuchte den Monarchen, sich in einem Schreiben an den Sultan zu wenden, worauf der König erklärte, daß ihm – ungeachtet seiner Sympathie für die zionistische Sache – dies die Verfassung verbiete ohne vorherige Konsultation des Außenministers Tommaso Tittoni. Er empfahl Herzl, sich mit Tittoni zu beraten.

Die von Beginn an angenehme Unterredung wurde im weiteren Verlauf ausgesprochen freundschaftlich, ohne allerdings ein bestimmtes Ziel zu verfolgen. Unvermittelt kam der König auf Sabbatai Zwi zu sprechen, den falschen Messias aus dem siebzehnten Jahrhundert, und berichtete, daß einer seiner Vorfahren, Herzog Carlo Emmanuel II. von Savoyen, »mit Zwi conspirirt [...] hat. Er wollte König von Macedonien, Cypern, was weiss ich, kurz irgendein König werden« – für ein solches Unterfangen gibt es keinerlei Belege. Spaßeshalber fragte der König, ob es immer noch Juden gäbe, die auf den Erlöser hofften. Diplomatisch antwortete Herzl: »Natürlich, Majestät, in den religiösen Kreisen. In unseren, den studirten und aufgeklärten gibt es das natürlich nicht. [...]

Die Bewegung ist rein national.« Zur »Belustigung« des Königs setzte er noch hinzu, daß er auf seiner Palästinafahrt mit Bedacht vermieden habe, einen weißen Esel oder ein weißes Pferd zu besteigen, »damit man mich nicht mit einem Messiasglauben incommodire«. Der König brach in Gelächter aus.

Alsdann sprach Victor Emmanuel von den Juden in Eritrea, das Italien unlängst besetzt hatte – man nennt sie, so der König, Falaschas. Er hatte auch von Juden in China gehört. Er erinnerte Herzl daran, daß Napoleon den Versuch unternommen hatte, den Sanhedrin wieder einzusetzen, den Rat der Weisen, der in alten Zeiten die oberste jüdische Instanz in religiösen und juristischen Angelegenheiten gewesen war. Ein Mitglied der Familie Ottolenghi, wußte der König zu berichten, war bei diesem Unterfangen beteiligt gewesen. Darauf Herzl: »Napoleon hatte Wiederherstellungsgedanken für die jüdische Nation, Sire!« Das sah der König anders: »Nein, er wollte nur die Zerstreuten in aller Welt zu seinen Agenten machen.«

Herzl zufolge verlief das Gespräch »flatterhaft«, und er bemühte sich nach Kräften, wieder auf Palästina zurückzukommen. Er verwies auf den Uganda-Plan, um dem König klarzumachen, welch gute Verbindungen er zu den Engländern unterhielt. Als Herzl gegen Ende des Gesprächs bemerkte, daß »die Theilung der Türkei [...] doch kommen [wird]«, stimmte der König zu, um allerdings hinzuzufügen: »Wann? Es ist wahr, ein Volk wie Ihres kann auch hundert Jahre warten.«

So sprunghaft unzusammenhängend die Unterredung auch verlaufen war, sollte sie doch Ergebnisse zeitigen. Der König bat Außenminister Tittoni, Herzl zu empfangen, und die beiden führten ein kurzes, aber sachliches Gespräch. Zuvor hatte der König Tittoni von Herzls Ersuchen in Kenntnis gesetzt, Italien möge in Konstantinopel zugunsten der Zionisten vorstellig werden; nun sicherte der Außenminister zu, den italienischen Botschafter in Konstantinopel dahin gehend zu instruieren, daß er mit den Russen gemeinsam vorgehe. »Die persönliche Intervention des Königs könne man aber natürlich erst riskieren, nachdem man sich vorher versichert habe, dass sie angenommen würde.« Dann bat der Minister um ein ausführliches Memorandum mit den Forderungen der zionistischen Bewegung an die Türkei, speziell was den Charter für das Gebiet von Akko beträfe. Er hob dabei hervor, daß Italien insofern ein größeres diplomatisches Gewicht habe, als das Land kein jüdisches Problem kenne.

Zwei Tage später war Herzls Audienz beim Papst anberaumt. Sowohl von der Thematik als auch von Protokoll und Substanz her war sie das getreue Spiegelbild sämtlicher Spannungen und Ambivalenzen der jüdisch-christlichen Beziehungen, und selbst ein areligiöser Jude wie Herzl konnte sich nur unbehaglich fühlen. Man führte ihn zusammen mit Lippay an prächtigen Vorzimmern und Salons, »an Schweizern, Lakaien, die wie Cleriker und Clerikern die wie Lakaien aussehen, an päpstlichen Offizieren und Kämmerern vorbei«. Lippay hatte ihn darauf aufmerksam gemacht, daß man von ihm erwarte, die Hand des Papstes zu küssen, aber Herzl erklärte kategorisch, er werde vor dem Papst weder knien noch sich verbeugen.

> Er empfing mich stehend und reichte mir die Hand, die ich nicht küsste. Lippay hatte mir gesagt, ich müsste es thun, aber ich that es nicht. Ich glaube, dadurch verdarb ich es mir mit ihm, denn Jeder, der zu ihm kommt, kniet nieder und küsst ihm mindestens die Hand. Dieser Handkuss hatte mir viel Sorgen gemacht. Ich war ganz froh, als ich endlich darüber weg war.

Vom spanischen Kardinalstaatssekretär hatte Herzl den Eindruck eines erfahrenen Diplomaten der Kurie gehabt. Der Papst hingegen erschien ihm wie »ein guter, grobschlächtiger Landpfarrer«, der nicht Französisch konnte, so daß sich Herzl notgedrungenermaßen mit ihm auf Italienisch unterhalten mußte – eine Sprache, die er nicht fließend, aber einigermaßen gut beherrschte. Als Herzl sich für sein »miserables Italienisch« entschuldigte, widersprach der Papst höflich: »No, parla molto bene, signor Commendatore.« (Nein, Sie sprechen es sehr gut). Einem Rat Lippays folgend, hatte Herzl an jenem Tag erstmals seinen Medschidie-Orden angelegt, den ihm der Sultan verliehen hatte, und nach vatikanischem Protokoll sprach ihn der Papst als »Commendatore« an. Dies und der Umstand, daß die beiden sich auf Italienisch unterhielten, verliehen der ohnehin eigenartigen Unterredung einen leicht surrealen Charakter. Päpste waren schon in der Vergangenheit Juden begegnet, nun aber hatte der Inhaber des Stuhles Petri zum erstenmal dem Repräsentanten einer modernen jüdischen Nationalbewegung eine Audienz gewährt. Herzl war sich dieses Novums durchaus bewußt.

Wie zuvor bei seinem Treffen mit Merry del Val, kam Herzl gleich auf sein Anliegen zu sprechen und ersuchte den Papst um dessen Unterstützung. Pius war nicht weniger eilfertig, seine Ablehnung in Wendungen der herkömmlichen christlichen Lehrmeinung zu kleiden. Die Erwiderung des Papstes notierte Herzl in seinem sonst deutsch geführten Tagebuch im Original, also auf Italienisch.

> Noi non possiamo favorire questo movimento. Non potremo impedire gli Ebrei di andare a Gerusalemme – ma favorire non possiamo mai. La terra di Gerusalemme si non era sempre santa, è santificata per la vita di Jesu Cristo (er sagte nicht Gesu, sondern venetianisch Jesu). Io come capo della chiesa non posso dirle altra cosa. Gli Ebrei non hanno riconosciuto nostro Signore, per ciò non possiamo riconoscere il popolo ebreo.*

* Wir können diese Bewegung nicht begünstigen. Wir können die Juden nicht daran hindern, nach Jerusalem zu gehen – aber wir können das nicht begünstigen. Sofern sie nicht schon immer heilig war, ist die Erde Jerusalems durch das Leben Jesu Christi geheiligt. Als Oberhaupt der Kirche

Dazu bemerkte Herzl trocken: »Der Conflict zwischen Rom, das er, und Jerusalem, das ich vertrat, war somit wieder aufgerollt.« Er versuchte vergeblich, die Abfuhr des Papstes dadurch abzumildern, daß er sein »Sprüchlein von der Exterritorialisation« der heiligen Stätten aufsagte – es machte ebensowenig Eindruck wie bei dem Kardinal. Als Herzl so frei war zu fragen, wie denn die Kirche mit der gegenwärtig bestehenden Lage zurechtkomme, erwiderte der Papst: »Ich weiss, es ist nicht angenehm, dass die Türken unsere heiligen Stätten besitzen. Das müssen wir eben ertragen. Aber die Juden in der Erlangung der heiligen Stätten begünstigen, das können wir nicht.« Herzl ging davon aus, daß, wenn er den humanitären Aspekt des Zionismus hervorhöbe, um die Nöte so vieler Juden zu veranschaulichen, und auch den areligiösen Charakter der Bewegung betonte, er zugleich auch die theologischen Einwände ausräumen könnte. Damit geriet er allerdings vom Regen in die Traufe. Der Papst stellte klar:

> Zwei Fälle sind möglich. Entweder die Juden bleiben bei ihrem Glauben und erwarten noch den Messias, der für uns schon gekommen ist. Dann leugnen sie die Gottheit Jesu und wir können ihnen nicht helfen. Oder sie gehen ohne jede Religion hin, dann können wir erst recht nicht für sie sein. Die jüdische Religion war die Basis der unseren, aber sie wurde ersetzt durch die Lehre Christi und wir können ihr keinen weiteren Bestand zuerkennen. Die Juden, welche die Ersten hätten sein sollen, Jesum Christum zu erkennen, haben ihn noch heute nicht anerkannt.

Herzl enthielt sich einer direkten Antwort, bemerkte aber doch: »Der Schrecken und die Verfolgungen waren vielleicht nicht die

kann ich Ihnen nichts anderes sagen. Die Juden haben unseren Herrn nicht anerkannt, darum können wir das jüdische Volk nicht anerkennen.

richtigen Mittel, um die Juden zu belehren.« Der Papst erwiderte ihm – »und diesmal war er grossartig in seiner Einfachheit«:

> Unser Herr kam ohne Macht. Era povero. Er kam in pace. Er verfolgte Niemanden. Man verfolgte ihn. Sogar von den Aposteln wurde er abbandonnato. Erst nachher wuchs er. Erst nach drei Jahrhunderten war die Kirche entwickelt. Die Juden hatten also Zeit, sich ohne Druck zu seiner Gottheit zu bekennen. Aber sie thaten es nicht, sie thun es noch heute nicht.

Herzl verstand, daß es unsinnig war, diese Art von theologischer Debatte fortzuführen, deshalb lenkte er das Gespräch wieder auf die elenden Lebensbedingungen der verfolgten und unterdrückten Juden in Osteuropa, die verzweifelt einen Zufluchtsort suchten. Der Papst fragte: »Muss es Gerusalemme sein?« Herzl erwiderte, daß man »nicht Jerusalem, sondern Palästina, nur das profane Land« verlange. Es machte keinen Unterschied. Die Kirche, sagte der Papst, kannte die Notlage der Juden durchaus. »Wir beten ja auch für sie: dass ihr Sinn erleuchtet werde.« Er machte darauf aufmerksam, daß das Datum ihrer Zusammenkunft, der 25. Januar, in dieser Hinsicht bedeutungsvoll war – laut dem römisch-katholischen Fest- und Heiligenkalender war es der Tag *Pauli conversio*, der Bekehrung des Paulus durch die Erscheinung Jesu auf dem Weg nach Damaskus. An diesem Tag beteten die Katholiken, daß alle Ungläubigen ebenfalls das Licht erblickten, das Paulus einst schaute. »Und so, wenn Sie nach Palästina kommen und ihr Volk ansiedeln werden, wollen wir Kirchen und Priester bereit halten, um Sie Alle zu taufen.«

Es war eindeutig klar, das Gespräch führte zu nichts. Die Stellung des Papstes war und bleib ein dogmatisches *non possumus*: »Wir können nicht dafür sein.« Als die Audienz sich ihrem Ende neigte, kam Lippay hinzu, und als der Papst sie verabschiedete, kniete »Lippay längere Zeit vor ihm und konnte sich an seiner Hand nicht satt küssen«, notierte Herzl im Tagebuch. »Da sah ich, dass der Papst das gern hat. Ich drückte ihm aber auch zum Abschiede nur warm die Hand und verbeugte mich tief.« Beim Verlassen der päpstlichen Gemächer bemerkte Herzl ein von Raffael gemaltes Fresko – es zeigte Karl den Großen, wie er vor dem auf einem Thron sitzenden Papst kniet, der ihm die Krone des Heiligen Römischen Reiches auf das Haupt setzt. »So will es Rom haben«, bemerkte Herzl lakonisch.

Man würde wohl gern wissen, ob Herzl während der Audienz an jene Vorstellung dachte, die er vor Jahren einmal flüchtig im Sinn hatte – die Massenbekehrung der Juden zum Christentum, wobei, wohlgemerkt, er und die führenden Repräsentanten der jüdischen Gemeinden auf die Taufe verzichteten. Sollte er sich daran erinnert haben – wie unendlich fern muß ihm dieser Anfall von Verzweiflung in der damaligen Situation vorgekommen sein! Das Oberhaupt der römisch-katholischen Kirche war persönlich jenem Mann begegnet, der sich selbst als Haupt des jüdischen Volkes sah, eines Volkes, das zu seiner Identität und seinem Land zurückfand. Der eine besaß Macht, der andere hegte bloß Wünsche und Hoffnungen. Aber in ihren Unterredungen begegneten sie sich auf Augenhöhe.

Während seines Aufenthalts in Rom schwelgte Herzl in der Schönheit der Stadt und ihrer historischen Fülle. Aber er mußte ständig an Jerusalem denken. Wie anläßlich seiner Reise 1898 und später, als er sich in *Altneuland* vorstellte, wie die Stadt 1923 aussehen würde, konnte er einfach nicht umhin, die beiden Ewigen Städte zu vergleichen. Im Tagebuch hielt er fest, daß er bei seiner Fahrt zur Audienz beim König im Quirinal – bis zur Enteignung der Kirche im Zuge der Einigung Italiens 1871 eine päpstliche Residenz – diesen Einfall hatte:

> Unterwegs im altneuen Rom kam mir der Gedanke, eine Strasse in Jerusalem zu bauen, welche Strasse der Diaspora heissen soll und die Baustile aller Zeiten und Völker haben

soll, durch die wir gezogen sind. Es soll eine Bauvorschrift für die einzelnen Abschnitte dieser Strasse gegeben werden und nur der den Grund (gratis?) erhalten, der sich verpflichtet im Stil seines Abschnittes zu bauen.
Um 11 Uhr fuhr ich im Quirinal beim Flügel des Königs vor.

Wahrlich – so ich dein vergesse, Jerusalem …

Das letzte Treffen von Bedeutung, das Herzl vor seinem Tod noch wahrnahm, war das mit dem österreichisch-ungarischen Außenminister Graf Agenor von Goluchowski. Wie zahlreiche führende Staatsmänner in Wien entstammte auch er der polnisch-galizischen Aristokratie. Rückblickend kann man nur sagen, daß die Begegnung eine ironische Note hatte. Herzl, Staatsangehöriger der österreichisch-ungarischen Doppelmonarchie, war mit Staatsoberhäuptern und führenden Ministern zahlreicher europäischer Staaten zusammengekommen, aber nicht ein einziges Mal mit dem Außenminister des Habsburger Reichs. Wie erinnerlich, besaßen Österreich und Ungarn seit 1867 zwei gesonderte Regierungen, aber ein gemeinsames Außenministerium. Im Laufe der Jahre war Herzl zwei österreichischen Ministerpräsidenten begegnet, Graf Kasimir Badeni und Ernest von Koerber, die seine Vorhaben grundsätzlich unterstützten, aber kaum in der Lage waren, auf Konstantinopel Druck auszuüben. An diesem mangelnden Einflußvermögen Österreichs auf die Türkei hatte es gelegen, daß Herzl zuvor keinen Grund gehabt hatte, den österreichisch-ungarischen Außenminister mit seinen Anliegen anzusprechen, obwohl er Goluchowski zuvor schon flüchtig kennengelernt hatte – als dieser im diplomatischen Dienst in Paris und Herzl als Korrespondent der *Neuen Freien Presse* ebendort tätig war. Nun, im Frühjahr 1904, bat Herzl um ein Treffen, das am 30. April stattfand. Im Tagebuch notierte Herzl, es könnte sich um »eine grosse und vielleicht folgenschwere Unterredung« gehandelt haben. Man kann über Herzls Einschätzung geteilter Meinung sein, aber aus dem

Eintrag im Tagebuch geht hervor, wie er in den letzten Monaten seines Lebens nach jedem sich bietenden Strohhalm haschte. Seine Niedergeschlagenheit dürfte zweifellos zur Verschlechterung seines Gesundheitszustandes beigetragen haben.

In seinem Ersuchen um eine Unterredung bemerkte Herzl, daß es doch eigenartig sei, daß er den Außenminister »seines Vaterlandes« nicht schon eher getroffen habe. Zu Beginn der Unterredung ließ er Goluchowski wissen, daß er ihn nicht habe behelligen wollen, solange es nichts Relevantes zu besprechen gäbe. Nun sei die Situation allerdings eine andere, und er zog den Brief von Plehwe vor, »den er [Goluchowski] mit gut verborgener Verblüffung zweimal [las]«. Die Unterhaltung wandte sich der Geschichte zu, von den ersten jüdisch-christlichen Beziehungen zu der Frage, warum es in Frankreich angesichts der geringen Zahl an Juden überhaupt Antisemitismus geben könne. Goluchowski gab an, daß er »die Judenmisère in Galizien [… von seinem Majoratsgute her« gut kenne: »Ils crèvent de faim et de misère.«* Herzl setzte dieselbe Waffe ein wie in St. Petersburg und erklärte: »Mais avant de mourir […] ils s'en iront aux partis révolutionnaires.«**

Goluchowski stimmte zu, daß die jüdische Frage in Europa nicht zu lösen sei und daß er deshalb Herzls Vorhaben unterstützte, wobei, wie er hinzufügte, es nicht ausreichte, die Auswanderung von hundert- oder selbst zweihunderttausend Menschen zu fördern. Anders sähe es aus, »wenn wir von der Türkei Land und Gerechtsame für 5-6 Millionen Juden verlangen«. Herzl war begeistert. »Mehr verlange ich doch nicht, rief ich. Wollen Sie, Excellenz, sich an die Spitze dieser Action setzen?« Goluchowski schlug vor, daß Herzl auch Graf István Tisza, den Ministerpräsidenten von Ungarn, mit einbeziehe. Dagegen wandte Herzl ein, daß die »einflussreichen Grossjuden« Ungarns dem mit Sicherheit entgegenstünden. Dann machten sich Goluchowski und Herzl noch darüber

* Sie sterben vor Hunger und Not.

** Aber bevor sie sterben, schließen sie sich den revolutionären Parteien an.

lustig, daß die *Neue Freie Presse* nicht über die zionistische Bewegung berichte, weil die jüdischen Eigentümer der Ansicht waren, es gäbe nichts dergleichen wie ein jüdisches Volk. Nicht ohne Bitterkeit bemerkte Herzl, daß er sowohl von der Einstellung der Zeitungseigentümer als auch der österreichischen Juden im allgemeinen enttäuscht sei, die einfach nicht die harten Fakten zur Kenntnis nehmen wollten, unter denen sich jüdisches Leben in der Donaumonarchie abspielte. Die Folge war, daß sie keine wirkliche Heimat hatten, um doch zugleich eben dies in Abrede zu stellen. Der Außenminister fragte Herzl, ob etwa einer der beiden Eigentümer der *Neuen Freien Presse* Protestant sei. Herzl erwiderte: »Nein. Er gehört einer Spezies an, die ich niemals zuvor gesehen habe: er ist Österreicher. Ich kenne Deutsche, Polen, Tschechen – einem Österreicher bin ich nie begegnet.«

Auch darin stimmte Goluchowski zu, daß es darauf ankäme, Englands Unterstützung zu gewinnen, überhaupt fand er »die Unternehmung, die Juden nach Palästina zu führen, so löblich, dass [...] seiner Meinung nach [...] alle Regierungen die Sache finanziell unterstützen [sollten]«. Man schied in bestem Einvernehmen, ohne daß allerdings irgendeine verpflichtende Zusage erfolgt wäre, wirklich initiativ zu werden.

Am 3. Juli 1904 starb Herzl in Edlach, einem Kurort nahe Wien. Zu seiner Bestattung am 7. Juli kamen Zehntausende, viele per Bahn aus allen Teilen des Habsburger Reichs und aus ganz Europa. Nie zuvor, sagte man, habe es in Wien ein solches Begräbnis gegeben.

Herzls Leben und Werk sind untrennbar mit der Geschichte der zionistischen Bewegung verbunden. Aus einer in kleinen Zirkeln hochgebildeter, aber gesellschaftlicher Außenseiter der jüdischen Intelligenz diskutierten Vorstellung formte er die Idee von einer jüdischen Heimstatt, die zu einem Thema der internationalen politischen Agenda werden sollte, und dies bis zum heutigen Tag. Mit der Gründung der Zionistischen Weltorganisation, ihren Agenturen und Tochterunternehmen legte er den Grundstein der nach den Grundsätzen der repräsentativen Demokratie geleiteten Institutionen nicht nur der zionistischen Bewegung, sondern auch des Staates Israel. Herzl erkannte, daß es mit dem Zionismus seine eigene Bewandtnis hatte: Auf den ersten Blick nahm er sich wie eine weitere nationale Bewegung aus, aber sein Ziel und Anliegen war die Wiederherstellung eines Volkes – das so viele nicht für eine Nation hielten – in einem Land, in dem es seit nahezu 2000 Jahren nicht mehr gelebt hatte. Um dies zu erreichen, war er auf die Hilfe der Großmächte und eine der Verwirklichung des Projekts günstige internationale Lage angewiesen.

Trotz rastloser Bemühungen war Herzl nicht imstande, die Großmächte davon zu überzeugen, daß die Schaffung einer jüdischen Heimstätte in Palästina nicht nur im Interesse der Juden, sondern auch in dem Europas und der ganzen Welt überhaupt lag. Er wußte sehr wohl, daß ohne ihre Unterstützung die zionistische Idee nur ein Traum bleiben würde. Doch wie er verschiedentlich bemerkte, folgte aus der Tatsache, daß er persönlich erfolglos agiert hatte, nicht zwangsläufig, daß der jüdische Staat nicht einst gegründet werden würde: »Kein Moses kommt ins Gelobte Land.« Zwar hatte Herzl nicht mehr die Geburt des jüdischen Staates erlebt, aber sein Ableben, von dem nachgerade die gesamte Weltpresse berichtete, kündigte die Rückkehr seines Volkes in sein Land an. So erfolglos sie auch blieben, machten seine diplomatischen Bemühungen das europäische Bildungsbürgertum, Königshäuser, Ministerpräsidenten und Außenminister mit der Existenz der zionistischen Bewegung bekannt. Als der richtige Zeitpunkt tatsächlich kam – zunächst mit dem Zerfall des Osmanischen Reichs nach dem Ersten Weltkrieg, dann 1947 nach dem Zweiten Weltkrieg und der Schoah –, konnte die zionistische Bewegung ihre nationale Heimstatt und den jüdischen Staat auf der ideologischen, organisatorischen und diplomatischen Grundlage ins Leben rufen, die Herzl während der neun Jahre seiner Führungstätigkeit gelegt hatte. Die zahlreichen diplomatischen Mißerfolge, die er einstecken mußte, sollte man als rühmliche Fehlschläge einschätzen, die desungeachtet einen tiefen Eindruck in der Geschichte der Juden und der Menschheit insgesamt hinterließen. Im Laufe des zwanzigsten Jahrhunderts machten noch etliche andere kleine Nationen auf sich aufmerksam – nicht selten, indem sie die internationale Gemeinschaft in vielen Fällen durch Terror, Mord und Gewalt aufschreckten. Herzl indes erkannte, daß Worte genauso vernehmbar waren, und daß die modernen Massenmedien den Ohnmächtigen Macht verleihen konnten. Und wie kein Staatsmann vor ihm setzte er die Macht des Wortes ein, um seine Ziele zu erreichen.

Vielleicht war es Herzl selbst, der die zutreffendsten Worte über sich und sein Werk fand – in den trüben Tagen im Juni 1901, als sich eine Opposition innerhalb der Bewegung formierte, die kurz zuvor erst durch sein Engagement ins Leben gerufen worden war, schrieb er ins Tagebuch:

> Wenn einmal der Judenstaat existiren wird, wird Alles klein und selbstverständlich erscheinen. Vielleicht wird ein gerechterer Geschichtsschreiber finden, dass es immerhin etwas war, wenn ein mittelloser jüdischer Journalist inmitten der tiefsten Erniedrigung des jüdischen Volkes, zur Zeit des ekligsten Antisemitismus, aus einem Lappen eine Fahne und aus einem gesunkenen Gesindel ein Volk gemacht hat, das sich aufrecht um diese Fahne schaarte.

Könnte es eine bessere Grabinschrift geben?

Während der Französischen Revolution kursierte ein Bonmot: »Wie schön war die Republik – unter der Monarchie.« Visionen einer idealen Zukunft entsprechen selten den Erwartungen der Propheten, die von ihr träumten. So war es in der Französischen Revolution, als die Ideale von Freiheit, Gleichheit und Brüderlichkeit in das jakobinische Regime der *Terreur* umschlugen; dasselbe geschah mit den der Aufklärung verpflichteten Ideen der amerikanischen Gründungsväter, die alle Menschen für gleich erklärten, aber eine Verfassung verabschiedeten, welche die Sklaverei gestattete. Es wäre auch ein Leichtes, eine lange Liste mit all den Unvereinbarkeiten zwischen Herzls Vision vom Alt-Neu-Land und den Gegebenheiten des Staates Israel zu erstellen. Aber ohne Berücksichtigung des Phänomens Theodor Herzl gelangt man kaum zu einem zutreffenden Verständnis des europäischen kulturellen und politischen Kontexts, aus dem der Zionismus hervorging mitsamt den gewaltigen Energien, die wiederum in das zionistische Projekt und die Errichtung des jüdischen Staates einflossen. Mehr als irgendeiner Persönlichkeit sonst, ist es Herzls weitem intellektuellen Horizont, seiner unerschöpflichen Energie, seinem politischen Fingerspitzengefühl und seinen Einsichten zu danken, daß die zionistische Idee von einem Traum zu einer dynamischen, organisierten politischen Bewegung auf solider institutioneller Basis wurde. Wer die Kluft zwischen dem heutigen Israel und Herzls Vision schließen und das nicht selten mit Fehlern und Mängeln behaftete irdische Israel in ein himmlisches *Altneuland* umwandeln möchte, tut gut daran, sich das Motto in Erinnerung zu rufen, das Herzl im Hinblick auf das, was Menschen vermögen, mit Bedacht gewählt hatte:

»Wenn Ihr wollt, ist es kein Märchen.«

Aber das ist Thema eines anderen Buchs.